Contribuições Previdenciárias
Sobre a Remuneração

Conselho Editorial
André Luís Callegari
Carlos Alberto Alvaro de Oliveira
Carlos Alberto Molinaro
Daniel Francisco Mitidiero
Darci Guimarães Ribeiro
Elaine Harzheim Macedo
Eugênio Facchini Neto
Draiton Gonzaga de Souza
Giovani Agostini Saavedra
Ingo Wolfgang Sarlet
Jose Luis Bolzan de Morais
José Maria Rosa Tesheiner
Leandro Paulsen
Lenio Luiz Streck
Paulo Antônio Caliendo Velloso da Silveira

C764   Contribuições previdenciárias sobre a remuneração / Leandro Paulsen,
Alessandro Mendes Cardoso (organizadores). – Porto Alegre: Livraria
do Advogado Editora, 2013.

253 p.; 25 cm.

ISBN 978-85-7348-849-4

1. Contribuição previdenciária. 2. Contribuições para a seguridade social. 3. Direito tributário - Contribuição previdenciária - Salários. 4. Previdência social - Legislação - Brasil. I. Paulsen, Leandro. II. Cardoso, Alessandro Mendes.

CDU 34:336.2

349.3

CDD 344.8102

Índice para catálogo sistemático:
1. Direito tributário   34:336.2
2. Previdência social: Legislação   349.3

(Bibliotecária responsável: Sabrina Leal Araujo – CRB 10/1507)

Leandro Paulsen
Alessandro Mendes Cardoso
(organizadores)

CONTRIBUIÇÕES PREVIDENCIÁRIAS SOBRE A REMUNERAÇÃO

ALESSANDRO MENDES CARDOSO
ANDRÉ MENDES MOREIRA
ANDREI PITTEN VELLOSO
DOUGLAS FISCHER
FLORIANO MARTINS DE SÁ NETO
HELENO TAVEIRA TORRES
JOSÉ EDUARDO SOARES DE MELO
JULIANO SANDER MUSSE
LÍVIA MENDES MOREIRA MIRAGLIA
LEANDRO PAULSEN
MARCEL CORDEIRO
MARCIANO SEABRA DE GODOI
MIGUEL HORVATH JÚNIOR
RAPHAEL SILVA RODRIGUES
SOPHIA GORETI ROCHA MACHADO
WAGNER BALERA

Porto Alegre, 2013

©

Alessandro Mendes Cardoso, André Mendes Moreira,
Andrei Pitten Velloso, Douglas Fischer, Floriano Martins de Sá Neto,
Heleno Taveira Torres, José Eduardo Soares de Melo,
Juliano Sander Musse, Lívia Mendes Moreira Miraglia,
Leandro Paulsen, Marcel Cordeiro, Marciano Seabra de Godoi,
Miguel Horvath Júnior, Raphael Silva Rodrigues,
Sophia Goreti Rocha Machado e Wagner Balera
2013

Capa, projeto gráfico e diagramação
Livraria do Advogado Editora

Revisão
Rosane Marques Borba

Direitos desta edição reservados por
Livraria do Advogado Editora Ltda.
Rua Riachuelo, 1300
90010-273 Porto Alegre RS
Fone/fax: 0800-51-7522
editora@livrariadoadvogado.com.br
www.doadvogado.com.br

Impresso no Brasil / Printed in Brazil

Sumário

Nota dos organizadores..7

1 – Solidariedade como princípio de custeio da seguridade social
Leandro Paulsen..9

2 – Imunidade das contribuições para seguridade social
Miguel Horvath Júnior..21

3 – A reforma do custeio previdenciário e a atual política de desoneração da folha de salários
Wagner Balera..35

4 – Seguridade social e os efeitos da política de desoneração nos pilares econômico e social
Floriano Martins de Sá Neto e *Juliano Sander Musse*..55

5 – O tratamento agravado das instituições financeiras na legislação das contribuições sociais sobre o lucro e sobre a folha de salários e demais rendimentos do trabalho
Marciano Seabra de Godoi..67

6 – O conceito de salário na jurisprudência do TST e os institutos de bônus de entrada e retirada e das *stock options*
Marcel Cordeiro..81

7 – Evolução da jurisprudência a respeito da participação nos lucros e resultados
Alessandro Mendes Cardoso..97

8 – A incidência das contribuições previdenciárias sobre verbas indenizatórias e a jurisprudência
José Eduardo Soares de Melo..115

9 – Aspectos controvertidos da contribuição acidentária (SAT/RAT): inconstitucionalidade do FAP e do arbitrário reenquadramento das empresas
Andrei Pitten Velloso..127

10 – Responsabilidade em matéria de contribuições previdenciárias: limites à responsabilização de terceiros na representação de não residentes
Heleno Taveira Torres..173

11 – A competência da Justiça do Trabalho para a execução de contribuições previdenciárias e seus desdobramentos
André Mendes Moreira, Lívia Mendes Moreira Miraglia e *Sophia Goreti Rocha Machado*..199

12 – Pressupostos jurídicos da ação regressiva previdenciária
Raphael Silva Rodrigues..217

13 – Crimes previdenciários de natureza tributária: pressupostos e limites jurídicos
Douglas Fischer..231

Nota dos organizadores

As contribuições previdenciárias estão no topo da lista de tributos federais de maior arrecadação, acima até mesmo do Imposto de Renda e da COFINS. Elevada arrecadação implica significativos ônus para o setor produtivo e para os segurados, dando margem a inúmeros questionamentos.

Ademais, a matéria tem vieses de grande importância axiológica. A seguridade social é estruturada a partir de valores e critérios como a solidariedade, a universalidade, a diversidade da base de financiamento. A previdência social, em especial, ainda tem caráter contributivo. Destaca-se, também, a diretriz constitucional de desoneração da folha de salários. Todas essas referências contribuem para tornar complexa a abordagem do tema.

Sabedores da necessidade de aprofundarmos o estudo da matéria, é com satisfação que damos ao conhecimento da comunidade jurídica os artigos compilados nesta obra coletiva. Elaborados por grandes autores, permitem uma análise qualificada de problemas jurídicos atualíssimos relacionados às contribuições previdenciárias.

Uma breve leitura do sumário já permite descortinar a abrangência e relevância da obra.

Cabe-nos, neste momento, manifestar nosso profundo agradecimento aos autores que, a par de todos os seus compromissos, aceitaram nosso convite para levar adiante este projeto e torná-lo realidade. Nossos tributaristas, aliás, têm se distinguido como profissionais capazes de cooperar para a produção e compartilhamento do conhecimento, virtude essa aqui mais uma vez revelada e que é de se louvar.

Que esta obra aporte subsídios para que possamos compreender melhor os diversos problemas jurídicos abordados, qualificando e facilitando nosso trabalho!

Leandro Paulsen e *Alessandro Mendes Cardoso*

— 1 —

Solidariedade como princípio de custeio da seguridade social

LEANDRO PAULSEN

Doutor em Direitos e Garantias do Contribuinte
Professor de Direito Tributário da PUC/RS
Juiz Federal

Sumário: Introdução; 1. A solidariedade no financiamento da seguridade social; 2. A legalidade tributária e a capacidade contributiva como limites; 3. Aplicação do princípio da solidariedade no custeio da solidariedade social pelo Supremo Tribunal Federal; Conclusão; Bibliografia.

Introdução

A previsão constitucional de custeio da seguridade social por toda a sociedade tem levado ao entendimento de que o princípio da solidariedade pauta a instituição das respectivas contribuições.

Dúvidas surgem, todavia, quanto ao alcance que se pode dar a tal princípio. Há o temor de que a invocação da solidariedade se torne panaceia capaz de justificar eventuais abusos das leis instituidoras de contribuições ou da sua aplicação. Daí a relevância de se perquirir se a garantia da legalidade e o princípio da capacidade contributiva sofrem, na matéria, alguma exceção ou atenuação ou se persistem tendo de ser aplicados na sua inteireza.

Importa registrar em que situações e com que efeitos o Supremo Tribunal Federal tem considerado o princípio da solidariedade relativamente às contribuições de seguridade. Para tanto, analisamos inúmeros precedentes sobre a matéria.

São esses os temas sucintamente tratados nos três capítulos deste trabalho.[1]

---

[1] Analisamos o princípio da solidariedade e abordamos cada uma das contribuições de seguridade social também no livro: PAULSEN, Leandro; VELLOSO, Andrei Pitten. *Contribuições: Teoria Geral, Contribuições em Espécie*. 2ª ed. Porto Alegre: Livraria do Advogado, 2012.

1. A solidariedade no financiamento da seguridade social

Solidariedade,[2] conforme o léxico, é um "laço ou vínculo recíproco de pessoas", "adesão ou apoio a causa, empresa, princípio, etc., de outrem", "sentido moral que vincula o indivíduo à vida, aos interesses e às responsabilidades dum grupo social, duma nação, ou da própria humanidade", "dependência recíproca".[3] Também pode significar "compromisso pelo qual as pessoas se obrigam umas às outras e cada uma delas a todas", "sentimento de simpatia ou piedade pelos que sofrem", "cooperação ou assistência moral que se manifesta ou testemunha a alguém", "estado ou condição de duas ou mais pessoas que dividem igualmente entre si as responsabilidades de uma ação ou de uma empresa ou negócio, respondendo todas por uma e cada uma por todas; interdependência".[4]

A solidariedade, assim, aparece como sentimento, como vínculo, como relação, como laço que une as pessoas, verdadeiro valor que transcende o individualismo para comprometer as pessoas umas com as outras. Leda de Oliveira Pinho, analisando diversas acepções da palavra *solidariedade*, destaca justamente que nelas "estão presentes as ideias de ligação entre pessoas ou coisas e das consequências daí advindas".[5] Marciano Seabra de Godoi também chama atenção para o fato de que, embora plurívoco, o termo *solidariedade* "aponta sempre para a ideia de união, de ligação entre as partes de um todo".[6]

Ricardo Lobo Torres ensina que "A reaproximação entre ética e direito nas últimas décadas trouxe, entre as suas inúmeras consequências, a recuperação da ideia de solidariedade, que o liberalismo do século XIX e de boa parte do século XX abandonara".[7]

Esse valor acabou servindo de elemento para a elaboração da Constituição Federal de 1988, incorporando-se, assim, com elevado destaque, ao plano normativo. Construir "uma sociedade livre, justa e solidária" é o primeiro dos objetivos fundamentais da República Federativa do Brasil, estampado no art. 3º, I, da Constituição brasileira.

Forte na supremacia da Constituição, que conforma o sentido e a finalidade de todo o ordenamento jurídico, a solidariedade assume papel essencial a inspirar o legislador e a orientar o aplicador do direito. A "solidariedade

---

[2] André Lalande, em seu *Vocabulário técnico crítico da filosofia*, 3ª ed. São Paulo: Martins Fontes, 1999, p. 1051, refere que a palavra *solidariedade* deriva de "solidum". E aponta, também, o sentido de "característica dos seres ou das coisas ligadas de tal maneira que o que acontece a cada um deles repercute no outro ou nos outro".

[3] *Novo Dicionário Aurélio da Língua Portuguesa*. 4ª ed. Curitiba: Ed. Positivo, 2009, p. 1870.

[4] *Dicionário Houaiss da Língua Portuguesa*. Rio de Janeiro: Ed. Objetiva, 2009, p. 1766.

[5] PINHO, Leda de Oliveira. O conteúdo Normativo do Princípio da solidariedade no Sistema da Seguridade Social. In: LUGON, Luiz Carlos de Castro; LAZZARI, João Batista (coord.). *Curso Modular de Direito Previdenciário*. Floranópolis: Conceito Editorial, 2007, p. 51.

[6] GRECO, Marco Aurélio; GODOI, Marciano Seabra de (coord.). *Solidariedade Social e Tributação*. São Paulo: Dialética, 2005, p. 142.

[7] TORRES, Ricardo Lobo. *Tratado de Direito Constitucional Financeiro e Tributário*. Vol. II: Valores e Princípios Constitucionais Tributários. Rio de Janeiro/São Paulo/Recife: Renovar, 2005, p. 180.

social não é apenas uma ideia", mas "um princípio em nosso direito positivo, pelo menos a partir da Constituição Federal de 1988...", destaca Hugo de Brito Machado.[8]

Nessa perspectiva, cabe ter em conta a lição de Carlos Ayres Britto quando refere a supereficácia normativa dos princípios enquanto centro do ordenamento jurídico.[9] Pode-se dizer que os princípios permeiam o sistema, atribuindo-lhe sentido, servindo de fios condutores a emprestar-lhe legitimidade, coerência e direção.

A eficácia dos princípios projeta-se de modo positivo e sobre tantos atores quantos forem aqueles que se encontrem sob a Constituição, ou seja, sobre todas as pessoas públicas ou privadas, políticas ou civis, jurídicas ou físicas. Não apenas o legislador deve considerá-los, mas também o intérprete e aplicador da norma na identificação do seu sentido e alcance, sem que tal o autorize, é verdade, à cobrança de tributo sem lei ou à aplicação da lei tributária impositiva por analogia. Marco Aurélio Greco, referindo-se ao princípio da capacidade contributiva, ensina que, embora não justifique cobrar "tributos sem lei ou fora do tipo legalmente previsto", ilumina o texto legal e é importante para a sua interpretação.[10]

Para Ricardo Lobo Torres, a "solidariedade não traz conteúdos materiais específicos", mas "informa e vincula a liberdade, a justiça e a igualdade".[11] Importa perquirir, de qualquer modo, qual o conteúdo normativo que a ela se pode atribuir de modo a verificar sua influência sobre o custeio da seguridade social. Há de se considerar, ainda com o eminente tributarista, que "... se a solidariedade exibe primordialmente a dimensão do dever segue-se que não encontra melhor campo de aplicação que o do direito tributário, que regula o dever fundamental de pagar tributo...".[12]

Especial relevo assume a solidariedade no âmbito do custeio da seguridade social. Leda de Oliveira Pinho destaca que "O próprio 'ato de instituição da seguridade social', em si, 'já é um ato de solidariedade'", na medida em que "'é o reconhecimento de que a ação individual não é suficiente para debelar as necessidades decorrentes das contingências sociais, razão da ação comum (solidária) de todos os membros da sociedade no intuito de efetivar a proteção social em face dessas necessidades'".[13]

Destaca, ainda, a referida autora, que "dizer que o princípio da solidariedade é fundamental e norteador do sistema da seguridade social, não é simplesmente falar de direitos; é falar também em deveres, uma vez que ele

---

[8] MACHADO, Hugo de Brito. *Curso de Direito Tributário*. 33ª ed. São Paulo: Malheiros, 2012, p. 45.

[9] BRITTO, Carlos Ayres. *Teoria da Constituição*. Rio de Janeiro: Forense, 2003, p. 181.

[10] GRECO, Marco Aurélio. *Planejamento Tributário*. 3ª ed. São Paulo: Dialética, 2011, p. 341/346.

[11] TORRES, Ricardo Lobo. *Tratado de Direito Constitucional Financeiro e Tributário*. Vol. II: Valores e Princípios Constitucionais Tributários. Rio de Janeiro/São Paulo/Recife: Renovar, 2005, p. 181.

[12] TORRES, Ricardo Lobo. *Tratado de Direito Constitucional Financeiro e Tributário*. Vol. II: Valores e Princípios Constitucionais Tributários. Rio de Janeiro/São Paulo/Recife: Renovar, 2005, p. 182.

[13] PINHO, Leda de Oliveira. O conteúdo Normativo do Princípio da solidariedade no Sistema da Seguridade Social. In: LUGON, Luiz Carlos de Castro; LAZZARI, João Batista (coord.). *Curso Modular de Direito Previdenciário*. Floranópolis: Conceito Editorial, 2007, p. 62.

se desdobra no princípio da solidariedade contributiva ao financiamento da seguridade social...".[14]

Efetivamente, a Constituição dispõe, em seu art. 195, *caput*, que "A seguridade social será financiada por toda a sociedade". Conforme Silvania Conceição Tognetti, é "a solidariedade que justifica a manutenção pelo Estado de um sistema de prestações públicas na área do direito social".[15] Forte na solidariedade, a todos cabe a manutenção do sistema de seguridade social, tal como venha a ser estabelecido por lei.

As ações e serviços de saúde são de acesso universal e igualitário, conforme o art. 196 da Constituição, não demandando contrapartida específica por parte dos usuários. Os serviços e benefícios assistenciais, por sua vez, por determinação expressa do art. 203 da Constituição, também são gratuitos, prestados a quem necessitar, independentemente de contribuição. Já o regime geral de previdência social é de filiação obrigatória e tem caráter não apenas solidário, mas também contributivo, conforme estabelece o art. 201 da Constituição, com a redação da EC 20/98. Note-se que a aposentadoria se dá, ordinariamente, por tempo de contribuição. Assim, os segurados obrigatórios têm de contribuir também, eles próprios, para a previdência social, participando necessariamente do esforço que é de toda a sociedade.

As contribuições de seguridade social ostentam uma referibilidade ampla, total. Isso significa que não se exige do legislador que indique os contribuintes dentre os pertencentes a qualquer grupo específico. Nessas contribuições, o grupo é toda a sociedade. A solidariedade que inspira tais contribuições, portanto, apresenta um sentido mais abrangente do que aquela que justifica as contribuições em geral, conforme a lição de Silvania Conceição Tognetti:

> 10.1... as contribuições para a manutenção da seguridade social fundamentam-se no princípio da solidariedade. Entretanto, a solidariedade, em si, pode ser compreendida em duas acepções: a solidariedade com os membros de um grupo social e a solidariedade entre os diversos membros da sociedade. 10.2. Primeiramente, solidariedade pode ser entendida como a que aproxima os membros de um determinado grupo, criando entre eles laço de afinidade, capaz de justificar que cada membro do grupo contribua para a manutenção de um sistema de proteção especial voltado para tal grupo. É esta concepção de solidariedade que justifica a cobrança de contribuições sociais propriamente ditas, ou seja, as pertencentes à espécie tributária 'contribuições'. 10.3. Entretanto... novo conceito de solidariedade se impôs. Neste novo conceito, a solidariedade é ampliada para alcançar mais do que o grupo de beneficiados, mas toda a sociedade, é a segunda acepção do princípio da solidariedade. É a solidariedade que justifica a manutenção pelo Estado de um sistema de prestações públicas na área do direito social, independentemente de qualquer prestação por parte dos beneficiados. Reconhece-se na sociedade a existência de situações especiais que demandam prestações públicas, exigindo recursos de toda a sociedade para manter tal sistema de proteção. É a solidariedade que justifica

---

[14] PINHO, Leda de Oliveira. O conteúdo Normativo do Princípio da solidariedade no Sistema da Seguridade Social. In: LUGON, Luiz Carlos de Castro; LAZZARI, João Batista (coord.). *Curso Modular de Direito Previdenciário*. Floranópolis: Conceito Editorial, 2007, p. 62.

[15] TOGNETTI, Silvania Conceição. *Contribuições para o Financiamento da Seguridade Social: Critérios para Definição de sua Natureza Jurídica*. Rio de Janeiro: Renovar, 2004.

a universalidade das prestações de seguridade social e que se coaduna com a existência de prestações tributárias destinadas para a manutenção de tais prestações.[16]

Em face desse traço marcante da solidariedade no custeio da seguridade social, podem ser chamadas a contribuir as pessoas físicas e jurídicas independentemente de terem relação direta com os segurados ou de serem destinatárias de benefícios. Aliás, as pessoas jurídicas jamais serão destinatárias de benefícios de previdência social, jamais serão alcançadas por prestações assistenciais ou se utilizarão de serviços de saúde pública. A solidariedade impõe sacrifício financeiro daqueles que revelam capacidade para contribuir ainda que não beneficiários dos serviços e benefícios da seguridade social.

Assim é que se explica a própria Constituição prever, por exemplo, a contribuição do importador, a contribuição sobre concurso de prognósticos e a contribuição dos aposentados e pensionistas do serviço público. É a solidariedade que legitima, ainda, a contribuição do aposentado do regime geral que permanece ou retorna à atividade, mesmo que não tenha a expectativa de obter outro benefício e que não haja a previsão de devolução a título de pecúlio. Nesse sentido, aliás, há diversos precedentes do Supremo Tribunal Federal, que veremos adiante.

A solidariedade, como princípio de custeio da seguridade social, tem esses efeitos de ampliação potencial do espectro de contribuintes e de ruptura com qualquer condicionamento de perspectiva individualista ou fundado em visões de caráter estritamente comutativo ou sinalagmático. Porém, tal não afasta a necessidade de observância das limitações constitucionais ao poder de tributar na instituição das respectivas contribuições.

2. A legalidade tributária e a capacidade contributiva como limites

As contribuições, enquanto espécie tributária, atendem a princípios de justiça fiscal, como a solidariedade, a capacidade contributiva e a isonomia, e de segurança jurídica, como a legalidade estrita ou absoluta, a irretroatividade e a anterioridade.[17]

A solidariedade deve ser coordenada com os demais princípios e limitações ao poder de tributar. Vale, no ponto, a lição de Marco Aurélio Greco:

> O grande desafio para todos aqueles que lidam com o direito tributário é encontrar o ponto de equilíbrio entre os valores constitucionalmente consagrados. não podemos ler a constituição pela metade, ou seja, só pensando em solidariedade social, pois estaríamos cometendo a mesma distorção cometida por aqueles que lêem a constituição só pensando na liberdade indi-

---

[16] TOGNETTI, Silvania Conceição. *Contribuições para o Financiamento da Seguridade Social: Critérios para Definição de sua Natureza Jurídica*. Rio de Janeiro: Renovar, 2004.

[17] Abordagem detida e específica de cada uma das limitações ao poder de tributar, com referência ao potencial normativo dos diversos dispositivos constitucionais que cuidam da matéria, vide em nosso: *Direito Tributário: Constituição e Código Tributário à Luz da Doutrina e da Jurisprudência*. 14ª ed. Porto Alegre: Livraria do Advogado, 2012.

vidual; temos de ler o conjunto, porque é pela conjugação dos valores protetivos da liberdade e modificadores da solidariedade que iremos construir uma tributação efetivamente justa.[18]

O princípio da solidariedade não enseja, de modo algum, a cobrança de tributo com extrapolação das normas de competência ou sem lei. Tampouco permite considerar contribuinte quem não tenha sido indicado por lei como sujeito passivo da obrigação tributária ou exigir contribuições em face de fatos não previstos na hipótese de incidência como geradores de obrigação tributária. Enfim, não autoriza seja desconsiderada a legalidade estrita que condiciona o exercício válido das competências tributárias.

A instituição das contribuições de seguridade social dá-se por lei ordinária (art. 150, I) quando recaia sobre as revelações de riqueza e pessoas já referidas nos incisos I a IV do art. 195 ou por lei complementar quando se trate de contribuições ainda não previstas constitucionalmente, respeitadas, nesse caso, a não cumulatividade e a vedação do *bis in idem* (§ 4º do art. 195 c/c art. 154, I).

Hugo de Brito Machado ressalta que a solidariedade e a capacidade contributiva não justificam a relativização da legalidade tributária. Refere que o Estado pode utilizar a tributação como instrumento para a concretização do princípio da solidariedade, com vista à redistribuição de renda, mas que isso "há de ser feito sem desconsideração alguma pelo princípio da legalidade, até porque um não se contrapõe ao outro...".[19] Afirma que a solidariedade e capacidade contributiva são "princípios dirigidos ao legislador" e que não podem ser vistas "como caminho para burlar o princípio da legalidade".[20]

A capacidade contributiva também é princípio a ser observado no custeio da seguridade social. Aliás, para Luís Eduardo Schoueri, trata-se de decorrência da própria solidariedade:

> O princípio da capacidade contributiva, que está no art. 145, nada mais é do que uma decorrência do princípio da solidariedade. Pergunta-se: por que razão uns pagam imposto e outros não? Porque uns podem mais e outros menos. É a solidariedade. E a solidariedade é fundamento do nosso ordenamento como um todo.[21]

Ainda que o art. 145, § 1º, da CF se refira apenas aos impostos, não há dúvidas quanto à sua aplicação como princípio geral de direito tributário, aplicável a todas as espécies tributárias, ainda que, por vezes, com peculiaridades. O Supremo Tribunal Federal já teve oportunidade de enfrentar a questão, tendo decidido pela aplicação da capacidade contributiva às contribuições de seguridade social, conforme se vê do voto condutor do Min. Ricardo Lewandowski no RE 573.675:

---

[18] GRECO, Marco Aurélio; GODOI, Marciano Seabra de (coord.). *Solidariedade Social e Tributação*. São Paulo: Dialética, 2005, p. 189.

[19] MACHADO, Hugo de Brito. *Curso de Direito Tributário*. 33ª ed. São Paulo: Malheiros, 2012, p. 45.

[20] Idem, p. 46.

[21] SCHOUERI, Luís Eduardo. Exigências da CIDE sobre *Royalties* e Assistência Técnica ao Exterior. RET 37/144, jun/04.

> [...] a despeito de o art. 145, § 1º, da Constituição Federal, que alude à capacidade contributiva, fazer referência apenas aos impostos, não há negar que ele consubstancia uma limitação ao poder de imposição fiscal que informa todo o sistema tributário. É certo, contudo, que o princípio da capacidade contributiva não é aplicável, em sua inteireza, a todos os tributos. [...] Como se sabe, existe certa dificuldade em aplicá-lo, por exemplo, às taxas, que pressupõem uma contraprestação direta em relação ao sujeito passivo da obrigação. Na hipótese das contribuições, todavia, o princípio em tela, como regra, encontra guarida, como ocorre no caso das contribuições sociais previstas no art. 195, I, *b* e *c*, devidas pelo empregador.

Permite-se que o legislador busque maior custeio de quem ostente mais capacidade contributiva, inclusive mediante a aplicação de alíquotas progressivas. O dimensionamento da carga tributária decorre de uma opção política do legislador, sujeita, contudo, a limites. O princípio da capacidade contributiva revela diretrizes de cuja observância depende a validade das leis instituidoras dos tributos. Luís Eduardo Schoueri adverte que "Mínimo existencial e confisco oferecem as balizas da capacidade contributiva, no sentido subjetivo, que 'começa além do mínimo necessário à existência humana digna e termina aquém do limite destruidor da propriedade'".[22]

Não é dado ao legislador determinar que contribuam aqueles que, para tanto, teriam de comprometer o seu mínimo vital. Isso, aliás, atentaria também e essencialmente contra a dignidade da pessoa humana, violando justamente o valor em torno do qual se estruturam as garantias fundamentais. Exigir contribuição de quem não tem capacidade contributiva, de modo a destinar os recursos ao custeio da seguridade social – que tem, dentre seus objetivos, justamente, atender as pessoas em situação de risco social – seria, ademais, absolutamente irrazoável.

Também não é dado ao legislador estabelecer níveis confiscatórios de tributação, por maior que seja a capacidade contributiva ostentada pelos contribuintes. Para Roque Carrazza, "o princípio da não confiscatoriedade... deriva do princípio da capacidade contributiva". Ressalta que as leis não podem compelir os contribuintes "a colaborar com os gastos públicos além de suas possibilidades".[23]

Nesse ponto, aliás, vale ter em conta que a vedação de confisco não envolve apenas a defesa do direito de propriedade. Conforme Luiz Felipe Silveira Difini, "também os princípios do livre exercício profissional e da livre iniciativa podem entrar em conflito com outros princípios, que visam a fins de sociabilidade objeto de proteção constitucional, derivados do princípio do Estado Social e Democrático de Direito, aplicando-se, no campo da tributação, o princípio da não confiscatoriedade, como norma de colisão para a solução destes conflitos".[24]

É inconstitucional, por violação direta ao art. 150, IV, da Constituição, exigir dos contribuintes a manutenção de um sistema de seguridade ideal

---

[22] SCHOUERI, Luís Eduardo. *Direito Tributário*. 2ª ed. São Paulo: Saraiva: 2012, p. 322.

[23] CARRAZZA, Roque Antônio. *Curso de Direito Constitucional Tributário*. 9ª ed. São Paulo: Malheiros, 1997, p. 70.

[24] DIFINI, Luiz Felipe Silveira. *Proibição de tributos com Efeito de Confisco*. Porto Alegre: Livraria do Advogado, 2007, p. 266.

cujo custeio implique sacrifícios exagerados. Contribuições demasiadamente onerosas não se sustentam. Não se pode dar à solidariedade dimensão tal que acabe por subordinar desproporcionalmente os interesses individuais aos sociais, fazendo com que os contribuintes reveladores de maior capacidade contributiva acabem não sendo respeitados no direito individual que têm não apenas ao trabalho e à livre iniciativa, mas também aos frutos de tais atividades econômicas.

3. Aplicação do princípio da solidariedade no custeio da solidariedade social pelo Supremo Tribunal Federal

Na jurisprudência do Supremo Tribunal Federal, é possível identificar diversos casos em que o princípio da solidariedade aparece como fundamento normativo.

O STF invocou o princípio da solidariedade quando decidiu pela impossibilidade de interpretação extensiva da imunidade das receitas de exportação, vedando sua aplicação à CPMF. Tal ocorreu no RE 566259, Rel. Min. Ricardo Lewandowski, julgado pelo Tribunal Pleno em 12/08/2010. Em seu voto, o Ministro-Relator destacou que "o financiamento da Seguridade Social encontra arrimo no princípio da solidariedade" e que o STF, no RE 227.832, rel. o Min. Carlos Velloso, já entendera incompatível com tal princípio estender a imunidade do art. 155, § 3°, da CF a contribuições, transcrevendo pronunciamento de Sacha Calmon Navarro Coelho, que considerara um "absurdo lógico" tal extensão. Disse, ainda, o Min. Ricardo Lewandowski que, quando se analisa imunidade relativa a contribuições sociais, é preciso sopesar valores, "sendo escusado dizer que o valor solidariedade prepondera sobre qualquer outro de cunho econômico, visto estar ele diretamente referenciado ao postulado da dignidade humana, pilar sobre o qual se assenta o próprio arcabouço republicano".

No RE 474.132, julgado pelo Tribunal Pleno sob a relatoria do Min. Gilmar Mendes, em 12/08/2010, o Min. Ayres Brito referiu que "a seguridade social há de ser financiada por toda a sociedade, porque ela obedece a uma base de inspiração...: a solidariedade. Uma solidariedade que é impositiva, que é imposta a toda a sociedade". E segue: "Por que por toda a sociedade? Porque essa seguridade social é serviente daquele valor chamado solidariedade, que está na cabeça do artigo 3°, inciso I, que é o primeiro dos objetivos fundamentais da República Federativa do Brasil...". Mais: "Então, a solidariedade há de recair sobre toda a sociedade. Por isso, não pode ser interpretada no plano da excludência desse ou daquele segmento social, mais ainda, desse ou daquele segmento empresarial; não pode ser interpretada a solidariedade no plano da excludência senão restritivamente, porque a regra é da inclusão, será financiada por toda a sociedade".

Na ADI 3128, julgada pelo Tribunal Pleno em 18/08/2004, o relator para o acórdão, Min. Cezar Peluso, reconheceu a possibilidade de se obrigar também os servidores públicos aposentados, bem como os pensionistas, ao pagamento de contribuições previdenciárias, invocando-se a "Obediência aos princípios da solidariedade e do equilíbrio financeiro e atuarial, bem como aos objetivos constitucionais de universalidade, equidade na forma de participação no custeio e diversidade da base de financiamento". Em seu voto, afirmou que a previsão de custeio da previdência pública por toda a sociedade, de forma direta e indireta, "bem poderia chamar-se *princípio estrutural da solidariedade*".

Em outra oportunidade, quando a Primeira Turma julgou o AI 668531 AgR, em junho de 2009, o Min. Ricardo Lewandowski, relator, afirmou que "A contribuição previdenciária do aposentado que retorna à atividade está amparada no princípio da universalidade do custeio da Previdência Social...".

Na ADI 3138, por sua vez, o Tribunal Pleno, em 14/09/2011, conduzido pela Min. Carmen Lúcia, entendeu que o art. 201, § 9°, da Constituição, que trata da contagem recíproca do tempo de contribuição nos diversos regimes previdenciários, "há de ser interpretado à luz da solidariedade". Justificou, assim, a validade da norma que exige dos regimes públicos estaduais e municipais alíquota mínima não inferior à dos servidores federais, estampada no art. 149, § 1°, com a redação da EC 41/2003.

Vale referir, ainda, que, no AI 724.582 AgR, julgado pela Segunda Turma em 22/03/2011, o Min. Joaquim Barbosa ressaltou o caráter solidário do custeio em detrimento de uma ótica estritamente retributiva. Assim, rejeitou a alegação de que o aumento da contribuição previdenciária teria de ser respaldado diretamente por igual acréscimo de benefício (retributividade linear), "pois não enfrenta o alcance do princípio da solidariedade".

Lembro, também, que, no RE 490576 AgR, julgado pela Segunda Turma em 01/03/2011, relator mais uma vez o Min. Joaquim Barbosa, o STF afastou alegação de violação à isonomia e justificou a "possibilidade de as instituições financeiras sofrerem sacrifícios marginais proporcionalmente maiores, nos termos do princípio da solidariedade no custeio da seguridade social".

Mas na ADI 2010 MC, relatada pelo Min. Celso de Mello em setembro de 1999, a solidariedade do custeio da seguridade social não impediu o reconhecimento do caráter confiscatório do aumento da contribuição previdenciária dos servidores federais que, considerada ainda a incidência do imposto de renda, levaria à retenção na fonte de cerca da metade da remuneração. Resta expresso na ementa desse precedente que: "O Poder Público, especialmente em sede de tributação (as contribuições de seguridade social revestem-se de caráter tributário), não pode agir imoderadamente, pois a atividade estatal acha-se essencialmente condicionada pelo princípio da razoabilidade".

Conclusão

A solidariedade, como princípio de custeio da seguridade social, permite ao legislador que busque o custeio da seguridade de toda a sociedade. Pode impor contribuições sem observância da referibilidade que normalmente caracteriza as contribuições, visto que, relativamente à seguridade, a referibilidade é ampla ou total. Tanto pessoas físicas como jurídicas podem ser obrigadas a contribuir, independentemente da percepção de benefícios. Mesmo quanto aos segurados, inexiste, necessariamente, um caráter sinalagmático entre as contribuições e os benefícios.

As garantias fundamentais do contribuinte, todavia, devem ser respeitadas irrestritamente, tais como a legalidade tributária e a capacidade contributiva, inclusive quanto à vedação do confisco. A legalidade estrita opera integralmente, não se podendo cobrar contribuições que não tenham sido instituídas por lei, tampouco relativamente a fatos geradores ou contribuintes nela não previstos. As contribuições de seguridade social podem e devem ser graduadas conforme a capacidade contributiva dos contribuintes. Mas a vedação do confisco, limite decorrente do princípio da capacidade contributiva, impede tributação demasiadamente onerosa que viole os direitos e liberdades do contribuinte.

O Supremo Tribunal Federal, invocando a solidariedade, justificou a validade das contribuições de aposentados dos regimes próprios de previdência e a cobrança das contribuições dos servidores estaduais em montante equivalente pelo menos às alíquotas mínimas dos servidores federais. Além disso, entendeu viável o aumento de contribuição sem um aumento direto e equivalente de benefício. Também decidiu pela impossibilidade de interpretação extensiva de imunidades relativas às contribuições de seguridade social, considerando que a solidariedade é inclusiva e não exclusiva. Forte na solidariedade, ainda, justificou a validade da cobrança de contribuições maiores das instituições financeiras. A solidariedade, contudo, não impediu o Supremo Tribunal Federal de considerar inconstitucional aumento da contribuição dos servidores públicos federais que, somado à incidência do imposto de renda, levaria a uma tributação demasiadamente onerosa e, portanto, confiscatória.

Bibliografia

BRASIL. Supremo Tribunal Federal. Tribunal Pleno. ADI 2010. Rel. Min. Celso de Mello. 30/09/1999.

——. Tribunal Pleno. ADI 3128. Rel. Min. Cezar Peluso. 18/08/2004.

——. Primeira Turma. AI 668.531. Rel. Min. Ricardo Lewandowski. jun 2009.

——. Segunda Turma. AI 724.582 AgR. Rel. Min. Joaquim Barbosa. 22/03/2011.

——. Tribunal Pleno. RE 150.764. Rel. p/ Acórdão Min. Marco Aurélio. 16.12.92.

——. Segunda Turma. RE 227.832. Rel. Min. Carlos Velloso. 01/07/1999.

——. Tribunal Pleno. RE 474.132. Rel. Min. Gilmar Mendes. 12/08/2010.

——. Segunda Turma. RE 490.576 AgR. Rel. Min. Joaquim Barbosa. 01/03/2011.

——. Tribunal Pleno. RE 566.259. Rel. Min. Ricardo Lewandowski. 12/08/2010.

——. Tribunal Pleno. RE 573675. Rel. Min. Ricardo Lewandowski. 25/03/2009.

BRITTO, Carlos Ayres. *Teoria da Constituição*. Rio de Janeiro: Forense, 2003.

CARRAZZA, Roque Antônio. *Curso de Direito Constitucional Tributário*. 9ª ed. São Paulo: Malheiros, 1997.

Dicionário Houaiss da Língua Portuguesa. Rio de Janeiro: Ed. Objetiva, 2009, p. 1766.

DIFINI, Luiz Felipe Silveira. *Proibição de Tributos com Efeito de Confisco*. Porto Alegre: Livraria do Advogado, 2007.

GRECO, Marco Aurélio. *Planejamento Tributário*. 3ª ed. São Paulo: Dialética, 2011.

——; GODOI, Marciano Seabra de (coord.). *Solidariedade Social e Tributação*. São Paulo: Dialética, 2005.

LALANDE, André. *Vocabulário técnico crítico da filosofia*. 3ª ed. São Paulo: Martins Fontes, 1999.

MACHADO, Hugo de Brito. *Curso de Direito Tributário*. 33ª ed. São Paulo: Malheiros, 2012.

Novo Dicionário Aurélio da Língua Portuguesa. 4ª ed. Curitiba: Ed. Positivo, 2009, p. 1870.

PAULSEN, Leandro. *Direito Tributário: Constituição e Código Tributário à Luz da Doutrina e da Jurisprudência*. 14ª ed. Porto Alegre: Livraria do Advogado, 2012.

——; VELLOSO, Andrei. *Contribuições: Teoria Geral, Contribuições em Espécie*. 2ª ed. Porto Alegre: Livraria do Advogado, 2012.

PINHO, Leda de Oliveira. O conteúdo Normativo do Princípio da solidariedade no Sistema da Seguridade Social. In: LUGON, Luiz Carlos de Castro; LAZZARI, João Batista (coord). *Curso Modular de Direito Previdenciário*. Floranópolis: Conceito Editorial, 2007

SCHOUERI, Luís Eduardo. *Direito Tributário*. 2ª ed. São Paulo: Saraiva, 2012.

——. Exigências da CIDE sobre *Royalties* e Assistência Técnica ao Exterior. *RET 37*/144, jun/04.

TOGNETTI, Silvania Conceição. Contribuições para o Financiamento da Seguridade Social: Critérios para Definição de sua Natureza Jurídica. Rio de Janeiro: Renovar, 2004.

TORRES, Ricardo Lobo. *Tratado de Direito Constitucional Financeiro e Tributário*. Vol. II: Valores e Princípios Constitucionais Tributários. Rio de Janeiro/São Paulo/Recife: Renovar, 2005.

——. *Tratado de Direito Constitucional Financeiro e Tributário*. Vol. IV: Os Tributos na Constituição. Rio de Janeiro/São Paulo/Recife: Renovar, 2007.

— 2 —

Imunidade das contribuições para seguridade social

MIGUEL HORVATH JÚNIOR

Procurador Federal. Professor do Programa de Pós-Graduação de Direito e da
Graduação da Pontifícia Universidade Católica de São Paulo – PUC/SP

Sumário: 1. Do conceito de imunidade; 1.1. Diferenças entre imunidade e isenção; 1.1.1. Previsões constitucionais acerca de imunidade de contribuições sociais; 1.1.2. Função da imunidade; 1.1.3. Imunidade das contribuições previdenciárias – problema terminológico; 2. Conceito de entidades Beneficentes de Assistência Social; 3. Instrumentalização da imunidade do art. 195, § 7º, da Constituição Federal – da exigência ou não de lei complementar; 4. Dos requisitos para reconhecimento da imunidade das contribuições de seguridade social; 4.1. Dos requisitos específicos para certificação das entidades de saúde; 4.2. Das informações que a entidade de saúde deverá prestar ao Ministério da Saúde; 4.3. Das informações que a entidade de educação deverá prestar ao Ministério da Educação; 4.4. Das informações que a entidade de assistência social deverá prestar ao Ministério de Desenvolvimento Social e Combate à Fome.

1. Do conceito de imunidade

Preliminarmente, destacamos que o poder de tributar determinado constitucionalmente ao Estado visa a instrumentalizar o dever fundamental de pagar tributo.

O poder de tributar é expressamente disciplinado na Constituição Federal. Porém, alguns institutos têm o efeito exonerativo como v.g., as imunidades, isenções, reduções de bases de cálculo e alíquotas.

1.1. Diferenças entre imunidade e isenção

Imunidade é a não incidência tributária estabelecida na Constituição Federal. Enquanto isenção é a não incidência tributária estabelecida em lei.

Estes conceitos precisam ser melhor analisados até para que possamos embasar nosso entendimento acerca da necessidade ou não de lei complementar para a regulamentação da imunidade das contribuições previdenciárias.

O Professor Paulo de Barros Carvalho,[1] ao tratar do conceito de imunidade tributária, leciona:

Classe finita e imediatamente determinável de normas jurídicas, contidas no texto da Constituição da República, e que estabelecem, de modo expresso, a incompetência das pessoas políticas de direito constitucional interno para expedir regras instituidoras de tributos que alcancem situações específicas e suficientemente caracterizadas.

Na imunidade, a Constituição Federal estatui uma vedação que inibe o legislador ordinário de regular matérias específicas. Sendo assim, a imunidade é vista como exclusão ou supressão do poder tributário.

Sobre o tema, assim ensina Hugo de Brito Machado:[2] "Há quem afirme, é certo, que a imunidade não é uma limitação da competência tributária porque não é posterior à outorga desta. Se toda atribuição de competência importa uma limitação, e se a regra que imuniza participa da demarcação da competência tributária, resulta evidente que a imunidade é uma limitação dessa competência".

Verifica-se na realidade uma "blindagem" constitucional. A imunidade atua no campo da competência tributária, atuando no aspecto negativo. Atua sob a delimitação da competência tributária. Não atua no momento de incidência, opera em momento anterior.

Por sua vez, entende Souto Maior[3] que: "(...) a imunidade não subtrai a competência tributária,pois essa é apenas a soma de atribuições fiscais que a Constituição Federal outorgou ao poder tributante e o campo material constitucionalmente imune nunca pertenceu à competência deste. A competência já nasce limitada".

Para Roque Carazza,[4] "a imunidade tributária é um fenômeno de natureza constitucional. As normas constitucionais que direta ou indiretamente, tratam do assunto, fixam, por assim dizer a 'incompetência' das entidades tributantes para onerar com exações, certas pessoas, seja em função de sua natureza jurídica, seja porque coligadas a determinados fatos bens ou situações".

Considera-se a imunidade atuando no campo de competência negativa. Não se pode concordar que a imunidade trata de limitação constitucional ao poder de tributar. Em sendo assim, não se aplica a imunidade à previsão do art. 146, II, da Constituição Federal que determina que cabe à lei complementar regular as limitações constitucionais ao poder de tributar.

A isenção por sua vez opera no campo da incidência tributária. A sua previsão e operacionalização se dá no ambiente do legislador ordinário. Atua como instrumento redutor do campo de abrangência dos critérios da hipótese de incidência.

---

[1] *Direito Tributário, linguagem e método.* 2ª ed. São Paulo: Editora Noeses, 2008, p. 341.

[2] *Curso de Direito Tributário.* 13ª edição. São Paulo:Malheiros, 1998, p192.

[3] *Isenções Tributárias.* São Paulo: Sugestões Literárias, 1969, p. 181.

[4] *Curso de Direito Constitucional Tributário.* 21 ed. São Paulo: Malheiros, 2005, p. 675.

1.1.1. Previsões constitucionais acerca de imunidade de contribuições sociais

Na Constituição de 1988 encontramos algumas previsões acerca de imunidade de contribuições sociais a saber:

A imunidade prevista no art. 149, § 2º, I da Constituição Federal, com a redação determinada pela Emenda Constitucional 33/2001, que determina que as contribuições sociais e de intervenção no domínio econômico não incidirão sobre a importação de produtos estrangeiros ou serviços.

A imunidade prevista no artigo 195, II, que determina a não incidência de contribuição sobre aposentadorias e pensões concedidos pelo Regime Geral de Previdência Social (RGPS) administrado e gerido pela Autarquia Federal Instituto Nacional do Seguro Social (INSS).

A imunidade do art. 195, § 7º, determina a imunidade das contribuições para a seguridade social das entidades beneficentes de assistência social .

Reza o art. 195, § 7º: "São 'isentas' de contribuição para a seguridade social as entidades beneficentes de assistência social que atendam às exigências estabelecidas em lei".

1.1.2. Função da imunidade

A concessão de imunidade visa à preservação de valores constitucionais reconhecidos como de alta relevância social. A imunidade é prevista para os coadjuvantes do Estado na concretização e efetivação dos valores sociais, dentre eles os relativos à seguridade social.

Segundo Luciano Amaro:[5] "o fundamento das imunidades é a preservação de 'valores' que a Constituição reputa relevantes (a atuação de certas entidades, a liberdade religiosa, o acesso à informação, a liberdade de expressão etc.), que faz com que se ignore a eventual (ou efetiva) capacidade econômica revelada pela pessoa (ou revelada na situação), proclamando-se, independentemente da existência dessa capacidade, a não tributabilidade das pessoas ou situações imunes".

A imunidade em relação às contribuições de seguridade social é prevista porque as entidades beneficentes de assistência social atuam como auxiliares/coadjuvantes do Estado na entrega das prestações de seguridade social. Para que haja enquadramento como entidade beneficente de assistência social sob o ponto de vista operacional tem que haver uma atuação supletiva à do Estado, necessariamente.

1.1.3. Imunidade das contribuições previdenciárias – problema terminológico

O art. 195, § 7º, da Constituição Federal determina:

São "isentas" de contribuição para a seguridade social as entidades beneficentes de assistência social que atendam às exigências estabelecidas em lei.

---

[5] *Direito Tributário Brasileiro.* 17ª ed. São Paulo: Saraiva, 2011, p. 175.

No texto constitucional, há atecnia legislativa. Verificamos um problema terminológico já sanado pelo Supremo Tribunal Federal (STF) no Recurso Extraordinário (RE) 146.733-9 ao interpretar que onde está escrito "isentas" leia-se "imunes".

Sobre esta atecnia constitucional, colacionamos decisão da 2ª Turma do TRF da 4ª Região, AC 2005.71.13.001191-7, com ênfase no item 3:

> TRIBUTÁRIO. PRESCRIÇÃO. CONTRIBUIÇÃO PATRONAL. ENTIDADE BENEFICENTE DE ASSISTÊNCIA SOCIAL. LEI COMPLEMENTAR *VERSUS* LEI ORDINÁRIA. POSIÇÃO ECLÉTICA. PRECEDENTES DO STF. ART. 195, § 7º, DA CF/88. ART. 55 DA LEI 8.212/91. OBSERVÂNCIA DOS REQUISITOS LEGAIS. PIS.REPETIÇÃO DO INDÉBITO. CORREÇÃO MONETÁRIA. JUROS. VERBA HONORÁRIA.
>
> 1. (...)
>
> 2. (...)
>
> 3. A cláusula inscrita no art. 195, §7º, da Carta Política – não obstante referir-se impropriamente à isenção de contribuição para a Seguridade Social – contemplou com o favor constitucional da imunidade tributária, desde que preenchidos os requisitos fixados em lei. A jurisprudência constitucional do Supremo Tribunal Federal já identificou, na cláusula inscrita no art. 195, §7º, da Constituição da República, a existência de uma típica garantia de imunidade (e não de simples isenção) estabelecida em favor das entidades beneficentes de assistência social.

2. Conceito de entidades Beneficentes de Assistência Social

A imunidade em relação às contribuições para a seguridade social é prevista porque as entidades beneficentes de assistência social atuam como auxiliares do Estado na entrega das prestações de seguridade social. No atual estágio do ordenamento jurídico, não devemos confundir entidade filantrópica com entidade beneficente de assistência social.

A entidade filantrópica é aquela que presta seus serviços de forma exclusivamente gratuita à população carente, enquanto nas entidades beneficentes de assistência social o serviço prestado pode ser remunerado, com a condição de os valores obtidos (receita) serem revertidos na manutenção ou expansão da própria atividade da entidade.

A expressão constitucional "entidades beneficentes de assistência social" traz à discussão se esta imunidade alcançaria também as demais entidades beneficentes (as que atuam na área de saúde e educação, por exemplo).

No artigo 203, incisos I a V, da Constituição Federal, encontramos os objetivos da assistência social que são:

Inciso I – a proteção à família, à maternidade,à infância , a adolescência e à velhice;

Inciso II – ampara às crianças e adolescentes carentes;

Inciso III – a promoção da integração ao mercado de trabalho

Inciso IV – a habilitação e reabilitação das pessoas portadoras de deficiências e ao idoso que comprove não possuir meios de prover à própria manutenção ou de tê-la provida à vida comunitária.

As entidades de assistência social, de acordo com o Decreto nº 6.308/2007 e artigo 33 do Decreto nº 7.237/10, devem ser, isolada ou cumulativamente:

I. de atendimento: aquelas que, de forma continuada, permanente e planejada, prestam serviços, executam programas ou projetos e concedem benefícios de proteção social básica ou especial, dirigidos às famílias e indivíduos em situações de vulnerabilidade ou risco social e pessoal;

II. de assessoramento: aquelas que, de forma continuada, permanente e planejada, prestam serviços e executam programas ou projetos voltados prioritariamente para o fortalecimento dos movimentos sociais e das organizações de usuários, formação e capacitação de lideranças, dirigidos ao público da política de assistência social; e

III. de defesa e garantia de direitos: aquelas que, de forma continuada, permanente e planejada, prestam serviços e executam programas ou projetos voltados prioritariamente para a defesa e efetivação dos direitos socioassistenciais, construção de novos direitos, promoção da cidadania, enfrentamento das desigualdades sociais, articulação com órgãos públicos de defesa de direitos, dirigidos ao público da política de assistência social.

As características marcantes das entidades e organizações de assistência social são:

I – realizar atendimento, assessoramento ou defesa e garantia de direitos na área da assistência social;

II – garantir a universalidade do atendimento, independentemente de contraprestação do usuário; e

III – ter finalidade pública e transparência nas suas ações

Por várias vezes e em inúmeras decisões judiciais houve o reconhecimento de que o conceito de assistência social ultrapassa o limite estrito de assistência social enquanto subárea da seguridade social, alcançando a atuação na área de saúde, inclusive ultrapassando os limites da seguridade social, alcançando entidades educacionais.

Sobre o tema, colaciono decisão recente do Supremo Tribunal Federal (STF):

Em conclusão, o Plenário, por maioria, julgou improcedente pedido formulado em ação direta ajuizada pela Confederação Nacional dos Estabelecimentos de Ensino, pelo Partido Democratas e pela Federação Nacional dos Auditores-Fiscais da Previdência Social contra a MP 213/2004, convertida na Lei 11.096/2005, que instituiu o Programa Universidade para Todos (PROUNI), regulou a atuação de entidades de assistência social no ensino superior, e deu outras providências – v. Informativo 500. O programa instituído pela norma adversada concedera bolsas de estudos em universidades privadas a alunos que cursaram o ensino médio completo em escolas públicas ou em particulares, como bolsistas integrais, cuja renda familiar fosse de pequena monta, com quotas para negros, pardos, indígenas e àqueles com necessidades especiais. (...) Afastou-se a alegação de que os arts. 10 e 11 da lei impugnada afrontariam os arts. 146, II, e 195, § 7º, da CF, ao argumento de invadirem seara reservada à lei complementar, ao pretenderem conceituar entidade beneficente de assistência social, e ao estabelecerem requisitos para que assim fosse intitulada. Nesse ponto, assentou-se que o termo 'isenção', contido no § 7º do art. 195 da CF, traduziria imunidade tributária, desoneração fiscal que teria como destinatárias as entidades beneficentes de assistência social que satisfizessem os requisitos legais. Assim, ter-se-ia conferido à lei a força de aportar consigo as regras de configuração de determinadas entidades privadas como de beneficência no campo da assistência social, para terem jus a uma desoneração antecipadamente criada. Repeliu-se, de igual modo, a assertiva de que os dispositivos legais em causa não se limitariam a estabelecer requisitos para o gozo dessa imunidade, mas desvirtuariam o próprio conceito constitucional de 'entidade beneficente de assistência social'. Aduziu-se que a elaboração do conceito dogmático haveria de se lastrear na própria normatividade constitucional, na regra que teriam as entidades beneficentes de assistência social como instituições privadas que se somariam ao Estado para o desempenho de atividades tanto de inclusão e promoção social quanto de integração comunitária (CF, art. 203, III). Esclareceu-se que esta seria a principal razão pela qual a Constituição, ao se referir às entidades de beneficência social que atuassem especificamente na área de educação, tê-las-ia designado por "escolas comunitárias confessionais ou filantrópicas" (art. 213). Destacou-se que a lei em comento não teria laborado no campo material reservado à lei complementar, mas tratado apenas de erigir critério objetivo de contabilidade compensatória da aplicação financeira em gratuidade por parte das instituições educacionais que, atendido, possibilitaria o gozo integral da isenção quanto aos impostos e contribuições. (ADI 3.330, Rel. Min. Ayres Britto, julgamento em 3-5-2012, Plenário, Informativo 664.)

A Lei nº 12.101/2009 desmitifica esta discussão ao prever a certificação das entidades beneficentes de assistência social e a isenção de contribuições para a seguridade social para as pessoas jurídicas de direito privado, sem fins lucrativos, reconhecidas como entidades beneficentes de assistência social com a finalidade de prestação de serviços nas áreas de assistência social, saúde ou educação.

A imunidade das contribuições sociais afeta o princípio da equidade, posto que todos os integrantes da sociedade brasileira, de acordo com suas circunstâncias e capacidade contributiva, deverão participar do financiamento da seguridade social. Assim, só se justifica a imunidade caso as entidades atuem de alguma maneira de forma supletiva à atividade estatal.

O Supremo Tribunal Federal, na ADIN 2.028-5 (ainda aguardando julgamento definitivo) e na 2.036-6 (Medida Cautelar), já se manifestara no sentido de que o fato na entidade beneficente de assistência social receber pagamento pelos serviços prestados (à população que pode pagar) não desnatura sua natureza de entidade beneficente, desde que sejam sem fins lucrativos e voltadas ao bem dos outros, e não dos seus integrantes.

O que se extrai do texto constitucional é que para uma entidade ser considerada como beneficente de assistência social ela deve: ser constituída sem a finalidade lucrativa; prestar serviços gratuitos ainda que não de forma exclusiva, mas de maneira substancial, que atenda aos objetivos da assistência social elencados no art. 203 da Constituição Federal.

Entidade beneficente de assistência social, portanto é aquela constituída sem fins lucrativos e voltada para a realização do bem dos outros, e não de seus integrantes, podendo ou não estabelecer contrapartida.

3. Instrumentalização da imunidade do art. 195, § 7º, da Constituição Federal – da exigência ou não de lei complementar

Em que pese a edição da Lei nº 12.101, de 27 de novembro de 2009, a polêmica acerca da necessidade ou não de os requisitos indispensáveis à imunidade serem veiculados através de lei complementar ou ordinária permanece. Uma vez que a Lei nº 12.101/09 é mera lei ordinária.

Muito se discute se os requisitos para o gozo da imunidade poderiam ser veiculados por lei ordinária ou dever-se-ia aplicar a regra do art. 14 do Código Tributário recepcionado como lei complementar pela Constituição Federal de 1988.

Embora os arts. 9° e 14 do CTN refiram-se à imunidade dos impostos, os defensores da necessidade de lei complementar sustentam que também são aplicáveis às contribuições, pois, conforme já mencionado, o dispositivo legal específico das referidas exações – art. 29 da Lei n° 12.101/2009 – não pode ser aplicado por não ter sido introduzido pelo veículo a que a Constituição se refere no art. 146, II. Por outro lado, para os que defendem que os requisitos podem ser fixados por lei ordinária, são válidas as condições estabelecidas no art. 29 da Lei n° 12.101/2009, pois a Constituição, no art. 195, § 7°, não prescreve a necessidade de lei complementar.

Particularmente, entendemos que no caso do § 7° do art. 195 da Constituição Federal não há necessidade de lei complementar para sua regulamentação.

Acompanhando o entendimento de Zélia Pierdoná,[6] entendemos que os requisitos podem ser fixados por lei ordinária, porque o constituinte não exigiu a observância de lei complementar, uma vez que o art. 149, *caput*, da CF, ao determinar que as contribuições lá referidas deveriam observar os princípios aplicáveis aos demais tributos, não mencionou o inciso "II" do art. 146 também da CF, conforme se verifica abaixo:

> Art. 149. Compete exclusivamente à União instituir contribuições sociais, de intervenção no domínio econômico e de interesse das categorias profissionais ou econômica, como instrumento de sua atuação nas respectivas áreas, observado o disposto nos arts. 146, III e 150, I e III, e sem prejuízo do previsto no art. 195, § 6º, relativamente às contribuições a que alude o dispositivo.

E, conforme já vimos, as contribuições para a seguridade social estão incluídas no referido dispositivo. O motivo pelo qual o constituinte não incluiu, no art. 149, o inciso II do art. 146, ambos da Constituição Federal, não exigindo, com isso, lei complementar para regular as limitações ao poder de tributar relativamente às contribuições, deve-se a dois fatores: primeiro, porque não é caso de uniformização, como ocorre com os impostos, por exemplo, pois a competência para instituir as referidas exações, como regra geral, é apenas da União (os Estados, o Distrito Federal e os Municípios conforme § 1° do art. 149 da Constituição Federal, apenas podem instituir contribuições previdenciárias dos seus servidores públicos); e segundo, porque também não seria o caso de dificultar a criação de instrumento normativo utilizando *quorum* qualificado, como por exemplo, a instituição de empréstimos compulsórios, nos termos do art. 148 da Constituição Federal, pois a imunidade foi prevista na Constituição, tendo sido remetidas ao legislador infraconstitucional apenas as exigências que deverão ser observadas pelas entidades de assistência social, as quais, de certa forma, já estão pressupos-

---

[6] *Contribuições para a Seguridade Social*. São Paulo: Editora LTr,2003, p. 106

tas na Constituição, uma vez que o enunciado menciona que devem ser beneficentes e de assistência social.

Entendemos que o art. 14 do CTN trata da imunidade geral enquanto o art. 195, § 7º, da Constituição trata de imunidade especial, razão pela qual também sob este aspecto pode a imunidade das contribuições sociais ser veiculada por lei ordinária.

Reza o art. 146, II, da Constituição Federal que cabe à lei complementar (...) II- regular as limitações constitucionais ao poder de tributar.

Ocorre que se a imunidade atua no campo da competência, e não no uso da incidência, não se aplicaria tal previsão a esta situação. Decorrendo daí a possibilidade de a imunidade ser veiculada por lei ordinária.

"São 'isentas' de contribuição para a seguridade social às entidades beneficentes de assistência social que atendam às exigências estabelecidas em lei". Para que possamos progredir em nossa investigação, devemos indagar a que tipo de lei se refere o texto constitucional. Da sistemática constitucional, temos que sempre que se exige a regulamentação por lei complementar isto está expresso no texto constitucional. No caso em tela, o texto maior cita apenas que atendam às exigências estabelecidas em lei.

Em um breve quadro podemos sintetizar a opinião de alguns doutrinadores acerca da matéria:

Favoráveis à regulamentação da imunidade do art. 195, § 7º, por lei ordinária: Miguel Horvath Júnior, Fábio Zambitte Ibrahim, Zélia Luiza Pierdoná, Daniel Zanetti Marques Carneiro.

Favoráveis à regulamentação da imunidade do art. 195, § 7º, por lei complementar: Roque Antonio Carrazza, Wagner Balera, Paulo de Barros Carvalho.

4. Dos requisitos para reconhecimento da imunidade das contribuições de seguridade social

Os requisitos genéricos para o reconhecimento do direito à imunidade das contribuições de seguridade social estão previstos no art. 29 da Lei nº 12.101/2009:

Art. 29. A entidade beneficente certificada fará jus à imunidade do pagamento das contribuições de que tratam os arts. 22 e 23 da Lei nº 8.212, de 24 de julho de 1991, desde que atenda, cumulativamente, aos seguintes requisitos:

I – não percebam seus diretores, conselheiros, sócios, instituidores ou benfeitores, remuneração, vantagens ou benefícios, direta ou indiretamente, por qualquer forma ou título, em razão das competências, funções ou atividades que lhes sejam atribuídas pelos respectivos atos constitutivos;

II – aplique suas rendas, seus recursos e eventual superávit integralmente no território nacional, na manutenção e desenvolvimento de seus objetivos institucionais;

III – apresente certidão negativa ou certidão positiva com efeito de negativa de débitos relativos aos tributos administrados pela Secretaria da Receita Federal do Brasil e certificado de regularidade do Fundo de Garantia do Tempo de Serviço – FGTS;

IV – mantenha escrituração contábil regular que registre as receitas e despesas, bem como a aplicação em gratuidade de forma segregada, em consonância com as normas emanadas do Conselho Federal de Contabilidade;

V – não distribua resultados, dividendos, bonificações, participações ou parcelas do seu patrimônio, sob qualquer forma ou pretexto;

VI – conserve em boa ordem, pelo prazo de 10 (dez) anos, contado da data da emissão, os documentos que comprovem a origem e a aplicação de seus recursos e os relativos a atos ou operações realizados que impliquem modificação da situação patrimonial;

VII – cumpra as obrigações acessórias estabelecidas na legislação tributária;

VIII – apresente as demonstrações contábeis e financeiras devidamente auditadas por auditor independente legalmente habilitado nos Conselhos Regionais de Contabilidade quando a receita bruta anual auferida for superior ao limite fixado pela Lei Complementar nº 123, de 14 de dezembro de 2006.

Este é um dos aspectos inovadores da novel lei, assim as entidades com faturamento superior a R$ 2,4 milhões por ano estão obrigados a apresentar suas demonstrações contábeis devidamente auditadas por auditor independente legalmente habilitado nos Conselhos Regionais de Contabilidade.

A imunidade não se estende a entidade com personalidade jurídica própria constituída e mantida pela entidade à qual a isenção foi concedida. Os requisitos genéricos hão de ser cumpridos de forma integral sob pena de não direito à imunidade.

Se não forem cumpridos os requisitos de caráter formal, não há direito à imunidade. Sobre o tema, colacionamos decisão do STJ:

RECURSO ESPECIAL Nº 463.335 – PR (DJ 17/12/2004) R.P/ACÓRDÃO: MINISTRO JOSÉ DELGADO

RECORRENTE: INSS

RECORRIDO: CRUZADA SÃO SEBASTIÃO

EMENTA: TRIBUTÁRIO. CONTRIBUIÇÃO PREVIDENCIÁRIA. ENTIDADE FILANTRÓPICA. ISENÇÃO. INTERPRETAÇÃO RESTRITIVA. CONDICIONAMENTO AOS REQUISITOS LEGAIS. RECURSO ESPECIAL.

1. Se o contribuinte não deu cumprimento ao comando do artigo 55, § 1º, da Lei 8.212/91 em relação aos exercícios de 1997/1998 não reveste a qualidade de "isento" devendo, pois, pagar as contribuições sociais inadimplidas.

2. Às entidades cabe o cumprimento cumulativo de todos os requisitos legais para que possam usufruir da isenção pleiteada. É do conhecimento médio de quem trilha a seara do direito tributário que, relativamente às regras de isenção, a interpretação deve ser literal nos termos do artigo 111 do CTN. Saliente-se, outrossim, a precariedade da "isenção" sob comento, ou seja, a entidade encontrasse sujeita à verificação pelo INSS, do cumprimento de todas as condições legais necessárias à outorga ou permanência no gozo da isenção.

3. *In casu*, a recorrida, no período em que as contribuições lhe foram cobradas, não se encontrava amparada pela isenção em face do não-cumprimento do requisito inserto no artigo 55, § 1º, da Lei 8.212/91. Recurso especial provido.

4.1. Dos requisitos específicos para certificação das entidades de saúde

Para ser considerada beneficente e fazer jus à certificação, a entidade de saúde deverá, nos termos do regulamento:

I – comprovar o cumprimento das metas estabelecidas em convênio ou instrumento congênere celebrado com o gestor local do SUS;

II – ofertar a prestação de seus serviços ao SUS no percentual mínimo de 60% (sessenta por cento);

III – comprovar, anualmente, da forma regulamentada pelo Ministério da Saúde, a prestação dos serviços ao SUS no percentual mínimo de 60%, com base nas internações e nos atendimentos ambulatoriais realizados

O atendimento do percentual mínimo pode ser individualizado por estabelecimento ou pelo conjunto de estabelecimentos de saúde da pessoa jurídica, desde que não abranja outra entidade com personalidade jurídica própria que seja por ela mantida.

No conjunto de estabelecimentos de saúde da pessoa jurídica, poderá ser incorporado aquele vinculado por força de contrato de gestão, na forma do regulamento.

4.2. Das informações que a entidade de saúde deverá prestar ao Ministério da Saúde

A entidade de saúde deverá ainda informar, obrigatoriamente, ao Ministério da Saúde, na forma por ele estabelecida:

I – a totalidade das internações e atendimentos ambulatoriais realizados para os pacientes não usuários do SUS;

II – a totalidade das internações e atendimentos ambulatoriais realizados para os pacientes usuários do SUS; e

III – as alterações referentes aos registros no Cadastro Nacional de Estabelecimentos de Saúde – CNES.

A entidade de saúde que presta serviços exclusivamente na área ambulatorial deverá observar os itens I e II acima arrolados Quando a disponibilidade de cobertura assistencial da população pela rede pública de determinada área for insuficiente, os gestores do SUS deverão observar, para a contratação de serviços privados, a preferência de participação das entidades beneficentes de saúde e das sem fins lucrativos.

Não havendo interesse de contratação pelo Gestor local do SUS dos serviços de saúde ofertados pela entidade no percentual mínimo (60%), a entidade deverá comprovar a aplicação de percentual da sua receita em gratuidade na área da saúde, da seguinte forma:

I – 20% (vinte por cento), se o percentual de atendimento ao SUS for inferior a 30% (trinta por cento);

II – 10% (dez por cento), se o percentual de atendimento ao SUS for igual ou superior a 30 (trinta) e inferior a 50% (cinquenta por cento); ou

III – 5% (cinco por cento), se o percentual de atendimento ao SUS for igual ou superior a 50% (cinquenta por cento) ou se completar o quantitativo das internações hospitalares e atendimentos ambulatoriais, com atendimentos gratuitos devidamente informados de acordo com o disposto no art. 5º, não financiados pelo SUS ou por qualquer outra fonte.

A receita prevista no *caput* será a efetivamente recebida da prestação de serviços de saúde.

Em hipótese alguma será admitida como aplicação em gratuidade a eventual diferença entre os valores pagos pelo SUS e os preços praticados pela entidade ou pelo mercado.

A entidade de saúde de reconhecida excelência poderá, alternativamente, para dar cumprimento ao requisito previsto no art. 4º da Lei nº 12.101/2009, realizar projetos de apoio ao desenvolvimento institucional do SUS, celebrando ajuste com a União, por intermédio do Ministério da Saúde, nas seguintes áreas de atuação:

I – estudos de avaliação e incorporação de tecnologias;

II – capacitação de recursos humanos;

III – pesquisas de interesse público em saúde; ou

IV – desenvolvimento de técnicas e operação de gestão em serviços de saúde.

O Ministério da Saúde definirá os requisitos técnicos essenciais para o reconhecimento de excelência referente a cada uma das áreas de atuação previstas neste artigo.

O recurso despendido pela entidade de saúde no projeto de apoio não poderá ser inferior ao valor da isenção das contribuições sociais usufruída.

O projeto de apoio será aprovado pelo Ministério da Saúde, ouvidas as instâncias do SUS, segundo procedimento definido em ato do Ministro de Estado.

As entidades de saúde que venham a se beneficiar das regras complementares dos percentuais mínimos poderão complementar as atividades relativas aos projetos de apoio com a prestação de serviços ambulatoriais e hospitalares ao SUS não remunerados, mediante pacto com o gestor local do SUS, observadas as seguintes condições:

I – a complementação não poderá ultrapassar 30% (trinta por cento) do valor usufruído com a isenção das contribuições sociais;

II – a entidade de saúde deverá apresentar ao gestor local do SUS plano de trabalho com previsão de atendimento e detalhamento de custos, os quais não poderão exceder o valor por ela efetivamente despendido;

III – a comprovação dos custos com projetos de apoio com a prestação de serviços ambulatoriais poderá ser exigida a qualquer tempo, mediante apresentação dos documentos necessários; e

IV – as entidades conveniadas deverão informar a produção na forma estabelecida pelo Ministério da Saúde, com observação de não geração de créditos.

A participação das entidades de saúde ou de educação em projetos de apoio previstos neste artigo não poderá ocorrer em prejuízo das atividades beneficentes prestadas ao SUS.

CONTRIBUIÇÕES PREVIDENCIÁRIAS SOBRE A REMUNERAÇÃO

O conteúdo e o valor das atividades desenvolvidas em cada projeto de apoio ao desenvolvimento institucional e de prestação de serviços ao SUS deverão ser objeto de relatórios anuais, encaminhados ao Ministério da Saúde para acompanhamento e fiscalização, sem prejuízo das atribuições dos órgãos de fiscalização tributária.

4.3. Das informações que a entidade de educação deverá prestar ao Ministério da Educação

A entidade de educação deverá aplicar anualmente em gratuidade pelo menos 20% (vinte por cento) da receita anual efetivamente recebida nos termos da Lei nº 9.870, de 23 de novembro de 1999.

Para o cumprimento da aplicação em gratuidade de pelo menos 20% da receita anual efetivamente recebida, a entidade deverá:

I – demonstrar adequação às diretrizes e metas estabelecidas no Plano Nacional de Educação – PNE, na forma do art. 214 da Constituição Federal;

II – atender a padrões mínimos de qualidade, aferidos pelos processos de avaliação conduzidos pelo Ministério da Educação; e

III – oferecer bolsas de estudo nas seguintes proporções:

a) no mínimo, uma bolsa de estudo integral para cada 9 (nove) alunos pagantes da educação básica;

b) bolsas parciais de 50% (cinquenta por cento), quando necessário para o alcance do número mínimo exigido.

As proporções de oferta das bolsas de estudo poderão ser cumpridas considerando-se diferentes etapas e modalidades da educação básica presencial.

Complementarmente, para o cumprimento das proporções de oferta de bolsas de estudo, a entidade poderá contabilizar o montante destinado a ações assistenciais, bem como o ensino gratuito da educação básica em unidades específicas, programas de apoio a alunos bolsistas, tais como transporte, uniforme, material didático, além de outros, definidos em regulamento, até o montante de 25% (vinte e cinco por cento) da gratuidade da receita anual efetiva.

Para alcançar a condição das proporções de oferta de bolsas de estudo, a entidade poderá observar a escala de adequação sucessiva, em conformidade com o exercício financeiro de vigência desta Lei:

I – até 75% (setenta e cinco por cento) no primeiro ano;

II – até 50% (cinquenta por cento) no segundo ano;

III – 25% (vinte e cinco por cento) a partir do terceiro ano.

Consideram-se ações assistenciais aquelas previstas na Lei nº 8.742, de 7 de dezembro de 1993.

Para a entidade que, além de atuar na educação básica ou em área distinta da educação, também atue na educação superior, aplica-se o disposto no art. 10 da Lei nº 11.096, de 13 de janeiro de 2005 (PROUNI – Programa Universidade para Todos).

Na dicção da Lei nº 12.101/2009, a bolsa de estudo refere-se às semestralidades ou anuidades escolares fixadas na forma da lei, vedada a cobrança de taxa de matrícula e de custeio de material didático.

A bolsa de estudo integral será concedida a aluno cuja renda familiar mensal *per capita* não exceda o valor de 1 1/2 (um e meio) salário mínimo.

A bolsa de estudo parcial será concedida a aluno cuja renda familiar mensal *per capita* não exceda o valor de 3 (três) salários mínimos.

Para fins da certificação, o aluno a ser beneficiado será pré-selecionado pelo perfil socioeconômico e, cumulativamente, por outros critérios definidos pelo Ministério da Educação.

Os alunos beneficiários das bolsas de estudo ou seus pais ou responsáveis, quando for o caso, respondem legalmente pela veracidade e autenticidade das informações socioeconômicas por eles prestadas.

Compete à entidade de educação aferir as informações relativas ao perfil socioeconômico do candidato.

As bolsas de estudo poderão ser canceladas a qualquer tempo, em caso de constatação de falsidade da informação prestada pelo bolsista ou seu responsável, ou de inidoneidade de documento apresentado, sem prejuízo das demais sanções cíveis e penais cabíveis.

É vedada qualquer discriminação ou diferença de tratamento entre alunos bolsistas e pagantes.

4.4. Das informações que a entidade de assistência social deverá prestar ao Ministério de Desenvolvimento Social e Combate à Fome

A certificação ou sua renovação será concedida à entidade de assistência social que presta serviços ou realiza ações assistenciais, de forma gratuita, continuada e planejada, para os usuários e a quem deles necessitar, sem qualquer discriminação, observadas as previsões da Lei Orgânica de Assistência Social – Lei nº 8.742, de 7 de dezembro de 1993.

Legalmente, devemos entender como entidades de assistência social aquelas que prestam, sem fins lucrativos, atendimento e assessoramento aos beneficiários, bem como as que atuam na defesa e garantia de seus direitos.

As entidades que prestam serviços com objetivo de habilitação e reabilitação de pessoa com deficiência e de promoção da sua integração à vida comunitária e aquelas abrangidas pelo disposto no art. 35 da Lei nº 10.741, de 1º de outubro de 2003, poderão ser certificadas, desde que comprovem a oferta de, no mínimo, 60% (sessenta por cento) de sua capacidade de atendimento ao sistema de assistência social.

A capacidade de atendimento será definida anualmente pela entidade, aprovada pelo órgão gestor de assistência social municipal ou distrital e comunicada ao Conselho Municipal de Assistência Social.

CONTRIBUIÇÕES PREVIDENCIÁRIAS SOBRE A REMUNERAÇÃO

Previsão interessante foi a de determinar a prioridade das entidades certificadas como de assistência social na celebração de convênios, contratos, acordos ou ajustes com o poder público para a execução de programas, projetos e ações de assistência social.

Requisitos adicionais para a certificação de uma entidade de assistência social:

I – estar inscrita no respectivo Conselho Municipal de Assistência Social ou no Conselho de Assistência Social do Distrito Federal, conforme o caso, nos termos do art. 9º da Lei nº 8.742, de 7 de dezembro de 1993; e

II – integrar o cadastro nacional de entidades e organizações de assistência social de que trata o inciso XI do art. 19 da Lei nº 8.742, de 7 de dezembro de 1993.

Quando a entidade de assistência social atuar em mais de um Município ou Estado ou em quaisquer destes e no Distrito Federal, deverá inscrever suas atividades no Conselho de Assistência Social do respectivo Município de atuação ou do Distrito Federal, mediante a apresentação de seu plano ou relatório de atividades e do comprovante de inscrição no Conselho de sua sede ou de onde desenvolva suas principais atividades.

Quando não houver Conselho de Assistência Social no Município, as entidades de assistência social dever-se-ão inscrever nos respectivos Conselhos Estaduais.

A comprovação do vínculo da entidade de assistência social à rede socioassistencial privada no âmbito do Sistema Único de Assistência Social (SUAS)[7] é condição suficiente para a concessão da certificação, no prazo e na forma a serem definidos em regulamento.

---

[7] Sistema Único de Assistência Social (Suas) é um sistema público que organiza, de forma descentralizada, os serviços socioassistenciais no Brasil. Com um modelo de gestão participativa, ele articula os esforços e recursos dos três níveis de governo para a execução e o financiamento da Política Nacional de Assistência Social (PNAS), envolvendo diretamente as estruturas e marcos regulatórios nacionais, estaduais, municipais e do Distrito Federal. Coordenado pelo Ministério do Desenvolvimento Social e Combate à Fome (MDS), o Sistema é composto pelo poder público e sociedade civil, que participam diretamente do processo de gestão compartilhada.

— 3 —

A REfORMA do CUSTEio pREVidENCIÁRIO E A ATUAL política dE dEsoNERAÇÃO dA folHA dE saLáRIOS

WAGNER BALERA

O tema da reforma previdenciária ocupa o cenário político e institucional há mais de trinta anos.

A reforma foi suscitada pela crise do Estado do Bem-Estar e, dentro dele, do sistema previdenciário.

A primeira reforma de envergadura foi realizada na Espanha, no contexto da redemocratização, e como fruto direto do que ficou conhecido como Pacto de Moncloa. É de 1978.

Logo em seguida, a onda de reformas tomaria conta do mundo e, particularmente, dos países da América Latina.[1]

Não é de hoje que o tema ocupa a pauta das prioridades na agenda de reformas do Estado brasileiro.

Com efeito, dois dos mais notáveis especialistas brasileiros já escreviam sobre o assunto no início dos anos oitenta.[2]

Exceto quanto ao experimento do Chile, não foi questionado em lugar algum o caráter público do sistema de seguridade social, porque esse dado é essencial para que o modelo, tal como concebido no final do século XIX, siga sendo o que é.

Aliás, em linha com o caráter público é que se coloca o tema e o problema do custeio, cujo deslinde exige a opção por uma das seguintes vias: a das cotizações suportáveis por todos os que venham a beneficiar (direta ou indiretamente) das prestações; a do regime híbrido, em que tanto o Estado

---

[1] Como dá conta o amplo panorama traçado por Carmelo Mesa-Lago no texto *"As reformas da previdência na América Latina e seus impactos nos princípios da Seguridade Social"*, Brasília, MPS, Coleção Previdência Social, volume 23, 2007.

[2] Celso Barroso Leite. *A crise da Previdência Social*. Zahar Editores. Rio de Janeiro: 1981; Rio Nogueira, *A crise moral e financeira da previdência social*, DIFEL, São Paulo, 1985.

quanto a sociedade cooperam no financiamento da proteção social e, finalmente, o esquema do financiamento público, através do orçamento fiscal.

O modelo brasileiro – no marco da Constituição de 1988 – é o do esquema híbrido. A enfática assertiva estampada no *caput* do art. 195 da Lei Magna é taxativa: toda a sociedade financiará a seguridade social, de forma direta (cotizações) e indireta (transferência de recursos orçamentários das diversas pessoas políticas – União, Estados, Distrito Federal e Municípios).

Aqui convém abrir um parêntese.

O cenário ideal da reforma previdenciária, no caso do Brasil, teria sido o da Assembleia Nacional Constituinte, instalada logo após o fim da ditadura militar.

No entanto, os constituintes configuraram um modelo ideal, já então ignorando os graves problemas que as estruturas de proteção social apresentavam mundo afora.

E que se tratava de modelo precário é, hoje, cabalmente demonstrado pela catadupa de reformas que se seguiram. Passados menos de vinte anos da promulgação da Constituição e a mesma já foi objeto de reformas de porte em três momentos distintos: 1998, 2003 e 2007.

Voltemos, porém, ao tema.

No modelo constitucional de 1988, com as alterações advindas das reformas específicas, às quais se podem ajuntar as medidas introduzidas na Constituição nos marcos da reforma tributária, e fixada a diretriz do financiamento híbrido, o que a comunidade política não decidiu foi a parcela de responsabilidade do Poder Público e a da sociedade no custeio do sistema.

Já não teria cabimento cogitar-se, como fizera a Constituição de 1934, da contribuição tríplice e igual dos três atores sociais: trabalhadores, patrões e União.

Esse esquema tinha algum sentido no marco estrito da previdência e, mesmo aí, não parava em pé conceitualmente porque, como se sabe, o patrão não contribuiria diretamente, repassando aos custos a carga contributiva que se lhe impusesse, enquanto a União trataria de sacar da sociedade, de algum modo, a parte que lhe incumbiria verter. Aliás, foi o que se fez por intermédio do mecanismo intitulado "quota de previdência", mediante o qual de distintas receitas se destacava uma quota que seria repassada ao orçamento previdenciário como contribuição da União.

Assim delineada a questão, não é difícil constatar que, sob a perspectiva prática, somente o trabalhador tinha responsabilidade direta pelo financiamento do plano de previdência social que, no marco de um regime geral de caráter obrigatório, estipulava a cota que cada qual deveria verter com base na respectiva remuneração ou salário de contribuição.

Evidentemente, uma verdadeira reforma teria que cogitar não apenas da desoneração da contribuição das empresas, mero arrumar de contas, porque seguirá sendo a sociedade, mediante mecanismos econômicos que se intuem, quem pagará a conta como, igualmente, da contribuição dos trabalhadores que foi sendo progressivamente aumentada sem que, em contrapartida, o catálogo de prestações fosse por igual incrementado.

Alguém poderia responder: alto lá! Só se está cogitando, aqui, de considerações de ordem política.

E minha réplica seria imediata: claro que sim! Reforma é cogitação, que leva em conta o modelo existente (o direito posto) com vistas ao que deverá existir (o direito proposto) se e quando as forças políticas nacionais encontrarem o consenso necessário para que, em novo modelo de financiamento, se aperfeiçoe a proteção social querida e imposta pelo constituinte.

Quais os pressupostos para a reforma.

Aqueles ditados pelas significativas alterações demográficas que afetam as estruturas do sistema. Aqueles ditados pela experiência do risco, que demonstraram as prestações cujo teor e extensão se mostram incompatíveis com o dado demográfico.

Aqueles ditados pelas condições adversas do mundo do trabalho no qual o emprego não seguirá em ritmo crescente na mesma proporção do incremento das prestações.

A reforma previdenciária deverá, portanto, operar alterações normativas que imponham, mediante estímulos e apoios, melhor integração econômica e social entre as forças produtivas.

No capítulo relativo ao custeio, tema deste estudo, a reforma deverá rever as bases contributivas do meio rural, fazendo incidir tributos sobre a produção, industrialização e comercialização rural proporcionais à importância que tal setor representa na economia de um país que, como se dizia outrora, é essencialmente agrícola.

Evidentemente, novas fórmulas de inclusão social devem proporcionar o ingresso no quadro de contribuintes do expressivo contingente de trabalhadores informais.

Mas tal medida não poderia vingar mediante cotizações gravosas, que não possam ser suportadas por quem aufere rendimentos em montantes bastante próximos do salário mínimo.

Assim como se elaborou, inteligentemente, um SUPERSIMPLES para as empresas de pequeno porte, convém que se cuide de implantar modelo contributivo adequado, mediante cotas módicas que estimulem os trabalhadores a aderir ao plano previdenciário.

Ademais, interessa estimular os trabalhadores a que cooperem na formação de verdadeira consciência fiscal, mediante estímulos concretos a que se identifiquem os negócios jurídicos para efeito de incidência e, com isso, que cada qual obtenha como que uma pontuação pelas notas fiscais emitidas em seu favor. Bem poderiam servir de exemplo a essa tomada de consciência as campanhas que concedem bônus para redução de impostos a quem soma tantos pontos pela quantidade de valores de notas fiscais emitidos em nome de contribuintes pessoas físicas.

Espera-se que a reforma no custeio da seguridade social, que só pode ser alinhada à reforma do sistema tributário nacional, tenha início com a convocação de toda a sociedade para amplo debate em torno do tema. Cabe à comunidade, no seu todo considerada, tomar ciência do que significa, em termos de custo financeiro, a promessa do atendimento integral em matéria de saúde que foi formulada pelo constituinte. Vale dizer, aceito como dado que todos terão direito a todas as prestações sanitárias, é necessário estimar o montante de recursos que, em decorrência dos crescentes avanços da medicina e da farmacologia, aliados ao aumento da longevidade, serão necessários para cumprir tão ambiciosa meta.

De outra parte, e nisto entra a questão de que nos ocupamos aqui, há um limite máximo de capacidade contributiva.

Consta que, no Brasil, esse limite já foi ultrapassado. Isto é, a comunidade já paga mais tributos do que a respectiva capacidade contributiva poderia suportar sem sacrifícios tanto do potencial de investimentos como de consumo.

Ora, essa assertiva só pode ser comprovada mediante a empírica verificação do real tamanho da base contributiva, com a abertura de dados objetivos tanto da produção quanto da arrecadação e do dispêndio públicos.

A exoneração da folha de salários é um dentre os inúmeros itens da pauta das reformas.

O que se espera dessa medida?

De um lado, que os recursos retirados da base contributiva sejam utilizados pelas empresas para o incremento da produção. Isto é, aumento de competitividade, exigência cada vez mais necessária em um mercado que se globaliza e no qual só terão vez aqueles que forem capazes de oferecer seus produtos com preços adequados e razoáveis.

De outro, que haja incremento do emprego e da formalização da mão de obra que, hoje em dia, opera na clandestinidade.

As notórias deficiências administrativas da gestão pública fiscal e previdenciária, presentes tanto na estrutura organizacional quanto no material humano e nos equipamentos informáticos não permitem, força reconhecer, que tais medidas sejam avaliadas de modo expedito e que, consequentemente, os efeitos reais sobre a economia nacional sejam concretamente percebidos.

Ocorre que o fato objetivo da redução das receitas será percebido no dia seguinte, ou melhor, noventa dias depois da promulgação da reforma das leis de custeio.

Um estudo realizado pela Associação Nacional dos Auditores Fiscais da Receita Federal do Brasil (ANFIP) e pela Fundação ANFIP de Estudos da Seguridade Social demonstra que, somente com a fórmula adotada pela Lei

n. 12.546, de 2011, a redução no valor da arrecadação previdenciária chegou a 46% (quarenta e seis por cento).[3]

É bem possível que outra fonte de custeio tenha sido projetada para substituir essa significativa quebra da arrecadação própria da seguridade social. Não foram, no entanto, tornados disponíveis os estudos atuariais que demonstrassem a relação, que não é meramente numérica, entre o que se deixa de arrecadar com uma fonte relativamente estável e outra mais sujeita a oscilações próprias da dinâmica do mercado.

Interessa perquirir se a nova fonte de custeio, ou a ampliação da atualmente existente (no caso, a contribuição para o financiamento da seguridade social – COFINS), não deveria ter sido reservada, com exclusividade, ao custeio dos encargos da seguridade social, tal como previsto no art. 167, XI, da Constituição.

De cara, não efetuada nenhuma ressalva – o que dependeria de modificação no Texto Magno até agora não concretizada – qualquer nova fonte de custeio ou, ainda, majoração ou extensão das fontes existentes, ficaria sujeita ao desvio impropriamente denominado Desvinculação das Receitas da União (DRU).

Percebe-se, de pronto, a perigosa nota de provisoriedade das medidas instituídas até aqui.

Aliás, ao valer-se do grosseiro instrumento da medida provisória, carecedor de adequados estudos e provocador de um processo legislativo célere e pouco propenso aos naturais cuidados que o tema comporta, o Estado brasileiro bem demonstra a falta de seriedade com que trata do assunto.

Com efeito. Ao lançar a Medida Provisória n. 540, de 2011, o Governo iniciava o processo paulatino de desoneração, mediante a redução da alíquota da contribuição patronal em percentuais que variariam de 20% a 0% e com consequente criação de contribuição de 1,5% sobre o faturamento de produtos vendidos no mercado interno, excetuadas as exportações.

O texto da Medida Provisória já revelava que, nos estudos ocultos, apurou-se, de pronto, que haveria queda da arrecadação.

Não há outra justificativa para o autoexplicativo preceito assim redigido:

Artigo 9º Para fins do disposto nos Artigos 7º e 8º:

(...)

IV – a União compensará o Fundo do Regime Geral de Previdência Social, de que trata o Artigo 68 da Lei Complementar no 101, de 4 de maio de 2000, no valor correspondente à estimativa de renúncia previdenciária decorrente da desoneração, de forma a não afetar a apuração do resultado financeiro do Regime Geral de Previdência Social (BRASIL, 2011b).

Note-se: mesmo sem efetuar estimativa alguma – o que só seria possível mediante a elaboração de um verdadeiro plano de custeio, já se sabe, de antemão e adrede, que haverá perda de arrecadação para o Regime Geral.

---

[3] *"Desoneração da Folha de Pagamentos – Oportunidade ou ameaça"?* In http://www.anfip.org.br/publicacoes/livros/includes/livros/arqs-pdfs/desoneracao_folha_2012.pdf.

Ao dizer que a União compensará o Fundo do Regime Geral em valor correspondente, em verdade o simplificado comando supõe que não existe qualquer diferença ontológica e formal entre a receita fiscal comum (aquela de onde será sacado o recurso financeiro para a compensação) haurida da tributação geral da receita parafiscal especial cobrada dos beneficiários diretos e indiretos da proteção social conferida pelo RGPS.

Mas, para o constituinte pátrio, a diferenciação é essencial. Tanto que o art. 165, da Lei das Leis, cria o orçamento da seguridade social que, dentro da lei orçamentária, não se confunde com o orçamento fiscal. Não se confunde porque as receitas são rubricadas e o mesmo ocorre com as despesas.

Misturando tudo, a medida provisória mascara os dados da realidade previdenciária e não permite que a comunidade acompanhe, com transparência, a evolução da receita e o destino orçamentário dos recursos.

Diga-se de passagem que o orçamento da seguridade social, no contexto do modelo híbrido adotado, é dos dados mais positivos para a compreensão do perfil institucional do Estado Social.

Advirta-se, para logo, que não estou advogando aqui a manutenção do modelo. Tão somente interpreto o propósito constituinte e a cabal violência contra esse propósito.

Acompanhemos o raciocínio.

Se se pretendia pôr em destaque, como receita separada, os recursos destinados aos programas de seguridade social (saúde, previdência social e assistência social), inclusive para possibilitar que esse setor criasse, por assim dizer, sua própria política, vale dizer, a política social, consoante explicita o art. 195, § 2º, da Constituição, e gerenciasse as fontes arrecadadas, não faria qualquer sentido que, em nível infraconstitucional, fosse solapado esse propósito com a redução das receitas parafiscais e a criação de uma paulatina dependência desse setor de recursos repassados (quando, como, onde?) pela União.

Isso implicaria, por via transversa, a centralização da gestão da seguridade social, em confronto aberto com o princípio do *caráter democrático e descentralizado da gestão da administração*, de que cuida o inciso VII do Parágrafo único do art. 195 da Superlei.

De fato, se à União resta o dever pouco claro, consoante preceito acima transcrito – de repassar recursos para o RGPS e não o efetiva[4] – quem, em verdade, passa a dirigir os destinos do sistema é a União, e não os órgãos que, por mandato constitucional, foram incumbidos de tratar de tal assunto. Norma Fundamental.

---

[4] A União não é um devedor idôneo. Assim o demonstra o art. 215 da Lei Orgânica da Previdência Social, ao apontar a existência da dívida da União para com o RGPS e, trinta e um anos depois, o art. 90 da Lei de Organização e Custeio da Seguridade Social, ao reiterar a dívida da União para com o sistema de seguridade social. Sublinhe-se que o montante dessa dívida jamais foi oficialmente apurado.

Para que se iniciassem estudos aptos a promover essa delicadíssima passagem de um modelo de financiamento para outro, sem riscos de solução de continuidade na prestação dos benefícios e serviços para a comunidade protegida, seria necessário começar do início.

O começo do começo consiste em indagar *quem é* a população amparada pelo sistema de seguridade social. Eis um dos pontos que Rio Nogueira denominou *"Axiomática ético-securitária"*.

Tal dado deveria configurar o cadastro nacional dos beneficiários, apto a revelar o perfil elementar da população brasileira.

O cadastro atualmente existente, o dito CNIS, está repleto de inconsistências, que incontáveis recadastramentos não lograram corrigir, seja pela falta de integração com os demais bancos de dados oficiais, seja por falta de vontade política.

Deveras. Não se sabe quem nasce nem tampouco quando nasce, porque contam-se aos milhares aqueles de quem não se faz nem mesmo o registro de nascimento.[5] Tampouco se sabe quem morre, porque mesmo depois de mortas as pessoas seguem percebendo benefícios.[6]

A falta de dados consistentes impede que seja interrompido, *opportuno tempore*, o pagamento de benefícios a quem perdera a qualidade de dependente – por exemplo, por completar a maioridade; em razão do casamento, etc. – e, por conseguinte, seguem sendo pagas as prestações.

Em outro giro, são alarmantes os dados sobre o mercado informal de trabalho.[7]

Naturalmente, esse dado agrava, ainda mais, o já grave problema da cada vez mais estreita relação entre trabalhadores em atividade e os inativos e pensionistas.

São contados entre os integrantes do mercado informal de trabalho os que ainda não tiveram acesso ao primeiro emprego, enquanto se satisfazem com pequenas ocupações esporádicas.

Vão para o mercado informal os desempregados durante o período de fruição do benefício do seguro-desemprego.

Faltam dados sobre o perfil dos dependentes dos segurados. Dados indispensáveis para que se saiba, com a maior exatidão, a possível duração dos benefícios devidos a esse grupo na hipótese de falecimento do segurado.

A inconsistência dos registros oficiais em tema de risco do trabalho só recentemente começou a ser substituída pelo tratamento dos dados constantes do perfil profissiográfico. Mas ainda não se pode avaliar, em razão da

---

[5] Na Comarca de Barreirinhas, Estado do Maranhão, a estimativa é de que entre 20 e 25% da população não tenham registro oficial. Diversos Estados do Brasil estão cuidando de criar, para cumprir provimento do Conselho Nacional de Justiça, o Programa de Erradicação do Sub-registro Civil de Nascimento.

[6] Conquanto haja, no âmbito da DATAPREV, um *Sistema Informatizado de Controle de Óbitos (SISOBI)* é do quotidiano a notícia de percepção de benefícios por pessoas já falecidas. O SISOBI é notoriamente ineficiente, como registrou o Tribunal de Contas da União no Acórdão TCU nº 2349/2006 – Plenário.

[7] Dados da Pesquisa Nacional do IBGE apontam que, em 2009, a formalização da mão de obra passou para 53,6%, e a informalização estava em 46,4%.

pouco expressiva duração dessa metodologia, se os dados revelam determinada tendência.

Dados da Previdência Social[8] demonstram que o grupo dos idosos já somava 11,1% da população em 2008. Tudo indica que esse percentual prosseguirá em crescendo porque o incremento da esperança de vida ao nascer que, em 1960, era de 60 anos, está presentemente em 73 anos. Quanto maior a longevidade, maiores os gastos do sistema de seguridade social com esse significativo grupo populacional que, aliás, aciona com frequência mais acentuada os serviços do SUS.

O IBGE aponta outro dado para o qual se deve prestar atenção: o do número de filhos em cada família. Em 1960, esse número era de seis filhos por família, enquanto em 2008 o número médio era de 1,86.[9]

Esse último dado afeta diretamente a projeção de arrecadação porque revela a tendência de que a População Economicamente Ativa – PEA – crescerá menos, com consequente declínio da potencial base contributiva da contribuição sobre a folha de salários.

O financiamento dos programas da seguridade social deveria estar estimado em bem estruturado plano de custeio.

É que a modelagem constitucional estipulou que as contribuições sociais, instituto híbrido que reúne características ora de imposto ora de taxa, embora não se confunda com nenhuma dessas espécies de tributos, ainda que tenham sido catalogadas provisoriamente na Lei das Leis, devem merecer configuração específica, tendo em vista a finalidade constitucional da arrecadação.

De conformidade com tal modelagem, é possível que duas contribuições incidam sobre a mesma base, como ocorre com as duas contribuições sobre o faturamento. É que, neste caso, contrariamente ao comando do art. 4º, II, do Código Tributário Nacional, *a invocação das finalidades constitucionalmente prestigiadas*, como acentua Geraldo Ataliba, é o que confere natureza específica ao fenômeno jurídico designado contribuição.[10]

Trata-se de fenômeno tributário e financeiro no qual interessa não apenas saber a estimativa do montante a ser arrecadado como a dinâmica do repasse dos recursos para o fundo de seguridade social, figura contábil que permitirá a apuração dos dados indispensáveis acerca do custeio.

Quando a lei cria um modelo como o do SIMPLES, a aparente simplificação cria complicador de difícil deslinde para a rigorosa apuração do montante que deve ser destinado ao financiamento dos programas sociais.

As desonerações desse tipo podem intervir diretamente sobre a realidade econômica, direcionando o progresso de certos setores, mas não há qualquer relação entre elas e os propósitos constitucionais da seguridade social.

---

[8] BRASIL. Ministério da Previdência Social. Previdência Social: Reflexões e Desafios. Brasília: MPS, 2009. p. 88.

[9] Vide: IBGE – Projeção da População 1980-2050 – Revisão 2008.

[10] Cf. GERALDO ATALIBA, Hipótese de Incidência Tributária, São Paulo, RT, 1973.

E deve existir, necessariamente, um nexo entre a incidência da contribuição e os riscos sociais, como enuncia com claridade, em preceito que modela o fenômeno dessa espécie de tributo, o § 4º do art. 239 da Constituição.

Portanto, como passo inicial de toda e qualquer reforma nas bases de financiamento da seguridade social, devem ser catalogados os dados relativos ao perfil da população protegida, enquanto comunidade de risco, assim como estabelecidos os diferenciais de risco entre as distintas classes de contribuintes.

Em suma, e com mais uma reiteração para que se enfatize a insistência apontada aqui: nenhuma reforma pode ser engendrada sem a prévia elaboração do Plano de Custeio da Seguridade Social, carregado dos dados técnicos indispensáveis.

Em que consiste o Plano de Custeio? O antigo Decreto n. 84.245, de 1979, ao definir o Plano de Custeio, assim se expressa:

> Art. 1º O Plano Plurianual de Custeio do Sistema Nacional de Previdência e Assistência Social é um conjunto de normas e indicadores apoiados em previsões de receita e despesa, calculados com base na experiência de riscos, na prestação de serviços e nas expectativas futuras de desenvolvimento do regime de previdência e assistência social, a cargo das entidades do Sistema Nacional de Previdência e Assistência Social, tendo como objetivo orientar a programação econômica do sistema e assegurar o seu equilíbrio financeiro.

Convém destacar a expressão *experiência de riscos*, como o motor definidor das distintas bases contributivas. Esse dado é o que garantirá a diferenciação entre os contribuintes, particularmente as empresas.

Aliás, a metodologia fora adotada em conformidade com considerando grafado na Portaria n. 3.609, de dezembro de 1985:

> Considerando os estudos realizados na Secretaria de Estatística e Atuária, com base nos dados fornecidos pela DATAPREV, calcados na experiência de risco, no desempenho das empresas agrupadas por atividade, no último triênio, resolve:
>
> 1. Aprovar a revisão efetuada no Anexo I do Regulamento do Custeio da Previdência Social, para efeito da taxação de riscos das atividades das Empresas, para o custeio do Seguro de acidentes do Trabalho.
>
> 2. Os efeitos da presente Portaria terão vigência por três anos, a partir de 01/01/86, revogadas as disposições em contrário.[11]

Mesmo que se venha a adotar, em substituição à contribuição sobre a folha de salários, outra base contributiva para as empresas, não se ajustaria ao princípio constitucional da equidade na forma de participação no custeio qualquer modelo que não cuidasse de estabelecer distinções entre contribuintes que geram riscos distintos, já devidamente mapeados nos dados apurados com a experiência dos riscos.

Com efeito, além do pressuposto técnico do Plano de Custeio, é indispensável que a reforma obedeça à equidade no custeio.

---

[11] Publicada no Diário Oficial da União de 20 de dezembro de 1985.

De todo modo, o financiamento da seguridade social pela via principal da contribuição social sobre o faturamento não constituiria nenhuma novidade.

No primeiro diploma normativo que cuidou de previdência social no Brasil, a conhecida Lei Eloy Chaves (Decreto n. 4.682, de 24 de janeiro de 1923) encontrava previsão a contribuição sobre o faturamento das estradas de ferro, nos termos do art. 3º, b, criava a contribuição sobre o faturamento das empresas (as estradas de ferro).

Assim também ocorreu com o financiamento do PRORURAL – Programa de Assistência Social ao Trabalhador Rural, que, igualmente, dependia da contribuição sobre o faturamento das empresas. Esse fenômeno foi incorporado pela Constituição de 1988 cujo art. 195, § 8º, faz incidir as contribuições dos segurados especiais sobre o respectivo faturamento.

Em documento de extrema relevância, que projetou o futuro da seguridade social, a Organização Internacional do Trabalho explicitava que tributação sobre a folha de salários não resistiria aos embates do tempo, tanto por apresentar-se como socialmente regressiva como por conta da crise do emprego e do incremento da tecnologia. Propunha, já em 1983, que a seguridade social deveria buscar o respectivo financiamento nos chamados tributos progressivos.[12]

Força reconhecer que é plena de dificuldades a conexão entre faturamento e a fenomenologia do trabalho.

Para essa base, como ensina Ataliba, seria necessário cogitar da referibilidade indireta entre a atuação estatal (prestação da seguridade social) e a empresa (que verte a contribuição social).[13]

Nas "verdadeiras contribuições" (segundo a expressão de Ataliba) se infiltra, entre o credor da contribuição social (o Poder Público) e o devedor do tributo (as empresas), o elemento intermediário que defino como o risco do negócio econômico.[14] Risco que deve ter conexão com as atividades de quem agrega valor ao capital, isto é, o trabalhador.

A dinâmica de tal contribuição erige à condição de pressuposto para a cobrança que o empregador provoque (por presunção estatística, naturalmente) especial despesa para o sistema de seguridade social, em decorrência do desgaste natural ou acidental da força de trabalho. Em consequência, incumbe a ele custear os dispêndios de tal sistema de proteção social dos trabalhadores.

---

[12] Cf. *A Seguridade Social na Perspectiva do Ano 2000*, São Paulo, LTr-OIT, tradução de Celso Barroso Leite, p. 92 a 96

[13] GERALDO ATALIBA, "Hipótese...", cit., p. 168.

[14] Cf. o meu "A Organização e o Custeio da Seguridade Social", in *Curso de Direito Previdenciário, Homenagem a Moacyr Velloso Cardoso de Oliveira*, São Paulo, LTr, 5ª ed. 2005, p. 54 e segs.

Conquanto o fenômeno se situe na realidade de relações jurídicas distintas – a de custeio e a de proteção –, os mesmos se acham intrinsecamente interligados.[15]

A contribuição sobre o faturamento ou receita, que será o sucedâneo financeiro da contribuição sobre a folha salarial, deverá proporcionar o incremento do fundo social com o mesmo ou com montante superior de arrecadação.

É que a seguridade social – ao conferir direitos à saúde, à previdência social e à assistência social – depende de volumes sempre crescentes de recursos.

As contribuições sociais, conquanto distintas em suas bases de cálculo, são expressões manifestas de solidariedade social. Como explica, com exatidão, Gomes de Sousa, trata-se de: "...tributo cobrado de uns em benefício direto de outros".[16]

Estão presentes, hoje em dia, no sistema tributário nacional, quatro contribuições sociais sobre o faturamento ou receita.

De fato, as duas primeiras derivam, diretamente, da Constituição de 1988, enquanto as demais foram incorporadas ao ordenamento por força do disposto na Emenda Constitucional n. 42, de 2003.

Mais precisamente, a primeira contribuição sobre o faturamento, no sistema tributário vigente desde 1967, foi criada pela Lei Complementar n. 7, de 1970.

Tratava-se da denominada contribuição para o Programa de Integração Social (PIS), que o art. 239 da Constituição de 1988 reconfiguraria em contribuição para o custeio da seguridade social.

O montante de recursos arrecadados sob essa rubrica, no entanto, teve destinação específica: o Fundo de Amparo ao Trabalhador. Desse fundo social são captados os recursos para o pagamento do benefício do seguro-desemprego e do abono anual.

A segunda contribuição social sobre o faturamento veio a ser instituída por intermédio da Lei Complementar n. 70, de 1991. Trata-se da contribuição para o Financiamento da Seguridade Social (COFINS).

Quanto a esta fonte de custeio, não existe específica destinação dos recursos. Inserida no orçamento da seguridade social, pode ser utilizada no custeio de quaisquer dos programas sociais.

Conviria, no entanto, que sobre ela valesse a expressa restrição estampada no art. 167, XI, inserido na Lei Magna pela Emenda Constitucional n. 20, de 1998, cujo teor é o seguinte:

---

[15] Como percebeu RUBENS GOMES DE SOUSA: "...o poder público, por seus órgãos delegados, interpõe-se entre as duas partes interessadas (empregador e empregado), substituindo-se respectivamente a uma e ... outra como sujeito ativo de exigir a prestação e como sujeito passivo da obrigação de prestar o benefício" (*Natureza Tributária da Contribuição para o FGTS*, Revista de Direito Público n. 17, p. 317, 1971).

[16] Local e página citados acima.

Art. 167. São vedados:

XI – a utilização dos recursos provenientes das contribuições sociais de que trata o art. 195, I, a, e II, para a realização de despesas distintas do pagamento de benefícios do regime geral de previdência social de que trata o art. 201.

Essa seria a garantia específica de que a empresa estaria contribuindo, de modo específico, para programas que lhe conferem especial vantagem: a proteção social dos trabalhadores que lhe prestam serviços.

Desde logo, essa vedação impediria que a receita fosse solapada em 20% que, nos termos da Emenda Constitucional n. 68, de 2011, é montante desvinculado da aplicação em programas de proteção social.

De outra parte, o Poder Público teria que respeitar o indiscutível caráter sinalagmático de que se revestem os tributos da espécie contribuição social.

Veja-se que, ao admitir a possibilidade de incidência de duas contribuições sociais sobre a mesma base, o Poder Judiciário deixou claro que tal modalidade de tributo é, em tudo e por tudo, distinta dos impostos e das taxas.

Foi o que ocorreu com as contribuições incidentes sobre a produção da empresa (cuja representação numeral é o faturamento ou a receita), que se acha sujeita à incidência da contribuição instituída pela referida Lei Complementar n. 7, de 1970 e, também, pela contribuição social criada pela Lei Complementar n. 70, de 1991.

Essa última contribuição social, aliás, foi objeto de intensa polêmica desde a edição da Lei Complementar. Tratou-se do primeiro caso a ser apreciado em sede de Ação Declaratória de Constitucionalidade.

O Supremo Tribunal Federal entendeu que, sim, poderiam ser criadas duas contribuições sociais sobre o faturamento, porque a destinação do produto da arrecadação de ambas era, e segue sendo, o financiamento da seguridade social.[17] E a distinção entre as duas é a peculiaridade concernente ao destino dos recursos amealhados, pois enquanto a primeira contribuição social financia programa de seguridade social específico (o do seguro-desemprego e do abono anual), a segunda terá seus recursos destinados a todos os demais programas de proteção social de que cuida o art. 194 da Lei das Leis.

Ao longo do tempo, a base de cálculo do tributo foi sendo modificada sem que, com isso, tenha havido qualquer descaracterização da fonte de custeio.

A expressão *faturamento*, definidora da base de cálculo do tributo em estudo, desde a Lei Eloy Chaves, coincide com o conceito que interessa para a legislação do imposto de renda: receita operacional bruta.

Na verdade, o vocábulo possuía conceito mais elementar na linguagem comercial comum.

---

[17] Ação Declaratória de Constitucionalidade n. 1-1 Distrito Federal, Relator o Min. MOREIRA ALVES, publicada no Diário da Justiça da União de 16 de junho de 1995.

Faturar significa extrair faturas. E *fatura* outra coisa não é que: "a relação de mercadorias ou artigos vendidos, como os respectivos preços de venda quantidade e demonstrações acerca de sua qualidade e espécie...".[18]

Na lei, o termo *faturamento* ganharia sentido específico. Passou a significar a receita operacional bruta da empresa, como tal entendida a expressão numérica da respectiva produção. Em suma, pode ser identificado como o tributo sobre a produção.

Nos dizeres do citado documento produzido pela OIT seria essa a fórmula mais adequada de oneração fiscal para o momento presente da proteção social.

Força reconhecer que os debates atuais, notadamente a partir da discussão mais ampla a respeito da Reforma Tributária, segundo os termos da Proposta de Emenda Constitucional n. 233/08, não colocam em pauta a questão mais específica do custeio dos programas sociais.

Com efeito. Parece que a ideologia da Reforma (se é que se pode utilizar adequadamente tal expressão, tantos e tantos avanços e recuos já foram propostos ao longo destes últimos quinze anos) consiste, mais propriamente, em desestruturar os tributos sociais.

Portanto, um dos grandes avanços da Constituição de 1988 – a criação de orçamento específico para a seguridade social – pode ser comprometida pelas mudanças que atualmente se encontram em pauta.[19]

Aliás, em documento bastante contundente, a Conferência Nacional dos Bispos do Brasil assim se pronunciou:

> Essa nova versão do art. 195 desmorona a construção constitucional que assegura direitos sociais, com prioridade de recursos para o atendimento das legítimas demandas atuais e futuras. Na proposta de emenda desaparece a garantia de proteção aos pobres e de busca da igualdade. Os recursos das contribuições anteriormente destinadas à Seguridade Social são remetidos à competição entre setores financeiros, empresariais e políticos com peso e poder econômicos bem maiores que os dos credores preferenciais de todo sistema de proteção social no mundo moderno – órfãos, viúvas, desempregados, idosos e incapacitados para o trabalho.[20]

A opção da União Europeia, consistente na criação de um tributo sobre o valor agregado, permitiria, segundo estudos levados a efeito pela Confederação Nacional do Comércio, que com alíquota de 5,62% sobre tal valor, acrescida da arrecadação de 2,2% sobre o faturamento das empresas, seria suficiente para substituir a contribuição previdenciária clássica, incidente sobre a folha salarial.[21]

---

[18] O conceito é de DE PLACIDO E SILVA, *Vocabulário Jurídico*, Rio de Janeiro: Forense, 1973, 3ª ed., voc: *faturamento*.

[19] Alerta claramente para essa realidade o assim chamado MANIFESTO EM DEFESA DOS DIREITOS SOCIAIS BÁSICOS SOB AMEAÇA NA REFORMA TRIBUTÁRIA, cujo teor se encontra publicado no seguinte sítio: http://conselho.saude.gov.br/webtributaria/doc/carta.pdf.

[20] Nota da CNBB: *EM DEFESA DOS DIREITOS SOCIAIS BÁSICOS*, emitida em 2009.

[21] Vide FERREIRA, Roberto Nogueira. *Desoneração da Folha de Pagamento: breve estudo preliminar*. CNI: Brasília, maio de 2007, mimeo. 8 p.

Pareceria porém preferível que o Brasil já contasse com algum dado de experiência, antes de embarcar em proposta ainda tão pouco testada empiricamente.

Conquanto tenha despertado, desde os seus primórdios, profunda resistência, é um fato que a tributação sobre a movimentação financeira revelou-se de extrema simplicidade e de notável potencial arrecadatório.

Basta dizer que, na primeira incidência integral do tributo, e sem que o mesmo fosse destinado por inteiro para o sistema de seguridade social, a receita com a extinta Contribuição sobre Movimentação Financeira custeou com folga todo o orçamento do setor de saúde.

Desgraçadamente, o Estado brasileiro, desleal como poucos, retirou todo o aporte de recursos para a saúde que destinava pela via do orçamento fiscal. Deste modo, a comunidade não foi beneficiada pela nova fonte de custeio.

Ademais de ser tributo de simplíssima arrecadação, a exação sobre movimentação financeira impõe maior transparência ao mundo dos negócios e coíbe a sonegação e a evasão fiscal.

Na perspectiva da instrumentalidade do dever fiscal, essa base de incidência reduz a quase nada a burocracia na contabilidade das empresas e, indiretamente, reduz um dos custos indiretos que a tributação múltipla traz consigo.

Dentre os inumeráveis estudos que foram produzidos sobre a matéria, a partir da proposta um tanto utópica do imposto único, defendida com ardor pelo Professor Marcos Cintra,[22] destaca-se o da Fundação Getúlio Vargas, segundo o qual a incidência de alíquota de 0,5% sobre a movimentação financeira das empresas seria suficiente, de per si, para a extinção da contribuição patronal sobre a folha salarial.

Em estudo igualmente abalizado, a Confederação Nacional de Serviços (CNS) propôs a substituição da contribuição patronal sobre a folha por um tributo sobre movimentação financeira (CMF) de 0,63%.[23]

No recente histórico normativo, parece evidenciada a estratégia governamental de não enfrentar o problema.

Estão a promover ensaios experimentais, que se iniciaram com a desoneração sobre a folha de cinco setores da economia.

Sem o debate necessário, a primeira Medida Provisória que abordou a questão foi convertida na Lei n° 12.546, de dezembro de 2011.

Ao veicular tão grave questão por meio de uma simples Medida Provisória, o Estado brasileiro bem demonstra que não está preparado para discutir, com seriedade, a questão. Medidas Provisórias, como a própria in-

---

[22] São dezenas os trabalhos do Professor MARCOS CINTRA sobre o tema, valendo destacar, dentre outros, o de 2004, publicado no Diário do Commercio, denominado *"A idéia do Imposto Único"*. Concretamente, no exercício do mandato de Deputado Federal, o Professor defendeu a aprovação da Proposta de Emenda Constitucional n. 474, de 2001, que instituia o imposto único federal.

[23] http://www.fesesp.org.br/fesesp/noticias/77.html.

titulação faz crer, não podem prestar-se à instauração de temas estruturais da sociedade pátria como é o do financiamento do sistema de seguridade social.

Esse dado demonstra que, ao abrir a porteira, por assim dizer, o Estado brasileiro parecia fazer parte de um monumental teatro, no qual cedia cada vez mais o papel principal aos grupos empresariais mais poderosos.

Todos bradaram, é claro, queremos tais medidas também para nós.

E, sem nenhum tenteio prévio, o número de setores da economia escolhidos para integrarem o rol dos desonerados foi sendo elevado, ao sabor das pressões, como resulta demonstrado pelo amplo espectro atingido pela Medida Provisória n. 563/12, convertida na Lei n° 12.715, de setembro de 2012.

Assim como os recursos que entram são solapados mediante a ausência de critérios para a respectiva aplicação, igualmente os recursos que deixam de entrar não obedecem a qualquer correlação com os critérios informadores da equidade no custeio.

De fato, cotejarem-se os empréstimos realizados pelo BNDES com recursos do Fundo de Amparo ao Trabalhador, hauridos da contribuição para o PIS/PASEP, com o incremento do emprego, revela distanciamento abissal.

Do mesmo modo, os recursos alocados ao FGTS têm sido vertidos em programas e projetos totalmente desatrelados da missão institucional de integração social daquele cabedal de recursos sociais.

Há questões pontuais a serem levantadas, discutidas e resolvidas no decorrer do processo da reforma previdenciária.

Segundo o Boletim Estatístico da Previdência Social, os gastos previdenciários representaram, em 2009, 7,2% (sete vírgula dois por cento) do Produto Interno Bruto do Brasil.

É bem verdade que a receita com as contribuições sociais somou cerca de 6% (seis por cento) do PIB.

Ora, o problema é bem esse.

Ainda não percebemos a explosão das contas da previdência social porque o incremento da arrecadação, em um período de bonança fiscal, como que compensou o aumento significativo das despesas.

Mas, estamos falando de dois conceitos distintos.

O dispêndio que está crescendo é o das contas da Previdência Social, enquanto a arrecadação é da seguridade social, e esta deve lastrear os dispêndios dos sistemas de saúde e de assistência social.

Como ninguém vai querer que ocorra a majoração dos tributos, porque a carga tributária é quase insuportável, o único modo de regularizar a situação, sem que haja completa *débâcle* nas contas públicas, será por intermédio do controle sobre as despesas, mediante renovadas medidas legislativas que, aperfeiçoando as normas existentes, imponham restrições à concessão dos benefícios futuros.

O caso das pensões é o mais dramático de todos, porque o Brasil já gasta com tais benefícios três vezes mais do que os demais países, notadamente os mais ricos, vale dizer aqueles que integram a OCDE.

Os recursos capitalizados nos fundos sociais, bem assinala Dupeyroux, foram ajustados ao perfil keynesiano de política social.[24]

A primeira e principal finalidade de tais recursos consiste em atuarem como molas propulsoras do pleno emprego, objetivo constitucional da Ordem Econômica e Financeira (art. 170 da Lei das Leis).

A segunda finalidade de tais recursos é a do dispêndio nos programas sociais, dos quais o cardápio mais alentado é o da seguridade social.

Para que tanto um como outro dos objetivos sejam atingidos, a Constituição de 1988 inscreveu no seu preceituário o princípio estampado no art. 1994, parágrafo único, VI, que diz respeito à: *diversidade das bases de financiamento.*

Essa diversificação exige a adequada distribuição das diferentes fontes de financiamento e deve ser meditada neste momento em que uma reforma tributária é objeto de discussão pelo Congresso Nacional.

Reclamam da cumulatividade das contribuições e o fenômeno é, de fato, danoso para o conjunto da economia. Mas não apresentam alternativas viáveis; alternativas que garantam, a um só tempo, a manutenção do nível de receita compatível com a importância dos programas e a necessária transparência na aplicação dos recursos.

Ademais, há outra diretriz constitucional que deve merecer cabal observância. Trata-se da: *equidade na forma de participação no custeio* (art. 194, único, V, da Constituição).

Conforme escrevi em outro lugar, a equidade "autoriza a imposição de maiores encargos aos que menores necessidades possuem. Vice-versa quanto maior a necessidade, menor ou nenhum ônus deve ser cometido ao indivíduo".[25]

Entendo que o debate, necessário e urgente, sobre a desoneração da folha salarial, não pode ser iniciado sem a apreciação conjunta de outros tópicos inseridos na mais ampla discussão sobre a estrutura tributária que o Brasil quer configurar.

Esse debate, na esfera específica das contribuições, deve marchar conjuntamente com o ideário da necessária combinação entre as distintas exações sociais.

Conquanto devam guardar certa harmonia com o todo, é manifesta a distinção que existe entre as diversas contribuições sociais.

O constituinte tratou de definir algumas delas com maior riqueza de detalhes, adjudicando-lhes especial regime jurídico, o que reforça a sua ca-

---

[24] JEAN-JACQUES DUPEYROUX, *Droit de La Securité Sociale*, 18ª ed. Paris, Dalloz, 1977, p. 181.

[25] Cf. o nosso *A Seguridade Social na Constituição de 1988*, RT, São Paulo, 1989, p. 42.

racterização como *special assessment* ou tributo especial, como recordou, com apoio na doutrina estrangeira, Ataliba.[26]

A outras, porém, a legislação infraconstitucional lançou na vala comum dos impostos. É o que ocorre, exemplificativamente, com a contribuição social sobre o lucro, que se transformou num simples clone do imposto sobre a renda das empresas, sem qualquer viés de equidade no custeio.

Os vigorosos traços com que é, na Constituição, delineado o perfil jurídico do tributo impõem rigorosa tipificação à figura das contribuições sociais para a seguridade social, para a qual a Lei Maior definiu certas bases de cálculo.

No plano constitucional, o modelo da contribuição sobre a folha, como ente ideal, de há muito desapareceu do horizonte normativo pátrio.

Com efeito, a Carta Magna de 1934 expressamente instituiu a tríplice contribuição[27] da União, dos empregadores e dos trabalhadores.

No plano ideal, os trabalhadores, os empregadores e o Estado brasileiro rateariam entre si, em partes iguais, o dispêndio do sistema previdenciário.

Estimava-se, então, que o custo total com as prestações equivaleria a algo como vinte e quatro por cento da base salarial.

Ora, esses cálculos, realizados há quase setenta anos, não correspondem nem de longe ao perfil e ao alcance da seguridade social, tal como delineada pela Lei Magna em vigor desde outubro de 1988.

A contribuição do empregador, que correspondia, com exatidão, ao montante arrecadado dos trabalhadores, inclusive quanto ao limite do salário de contribuição, foi não apenas duplicada como passou a incidir sobre o total da folha salarial, sem qualquer limite. Ademais, o empregador passou a responder, com exclusividade, pelo custeio das prestações acidentárias.

Só esses dados revelam que o modelo primitivo, distante da realidade, já não pode servir como pauta de discussão para a questão atual do financiamento da seguridade.

Como se sabe, os recursos carreados para o Fundo de Previdência e Assistência social instituído sob a égide da LOPS foram onerados, igualmente, pelo dever assumido pelo Estado brasileiro para com a população rural.

Se isso se justifica, conceitualmente, no marco da seguridade social, é evidente que toda a configuração do financiamento se distancia, cada vez mais, do universo restrito da folha salarial, para se aproximar de receitas gerais dos Poderes Públicos.

Sim, porque também sob este último aspecto importa insistir que, nos termos do art. 195 da Constituição, toda a sociedade financiará a seguridade social. Esse ideário somente se torna factível mediante destinação de recursos dos orçamentos fiscais da União, dos Estados, do Distrito Federal e dos Municípios.

---

[26] ATALIBA, Geraldo. *Hipótese de Incidência Tributária*, Malheiros, São Paulo, 1994, 5ª edição, p. 171.

[27] Trata-se do art. 121, § 1º. letra *h*, da Constituição de 16 de julho de 1934.

Encartado no conceito de seguridade social não se encontra, é certo, somente o da proteção social dos trabalhadores. Toda a comunidade pátria faz jus, *iure proprio*, aos planos de proteção social.

A alternativa à desoneração da folha que mais condiz com o perfil universalista da seguridade social não é a da substituição deste ou daquele tributo por outro.

Convém mais ao modelo que seja destinado, pela Constituição, parcela do produto da arrecadação dos tributos em geral para o financiamento da seguridade social.

O modelo, já delineado pela Emenda Constitucional n. 29, de 2000, deveria servir como pauta de discussão para o futuro do financiamento da seguridade social.

O mesmo movimento que amplia a cobertura subjetiva previdenciária, como o da Emenda Constitucional nº 47, de 5 de julho de 2005, que permitiu a criação de um sistema especial de inclusão previdenciária para atender a trabalhadores de baixa renda; que instituíra o Plano Simplificado por meio da Lei Complementar nº 123/06 reduzindo a alíquota dos contribuintes individuais que prestassem serviços para pessoas físicas e contribuintes facultativos, e a Lei nº 12.470/11, que alterou os artigos 21 e 24 da Lei 8.212, de 24 de julho de 1991, para estabelecer alíquota diferenciada de contribuição para o microempreendedor individual e do segurado facultativo sem renda própria que se dedique exclusivamente ao trabalho doméstico no âmbito de sua residência; deveria estar sendo discutido em uníssono com o da Reforma Tributária.

Enfim, o país parece não ter, ainda, compreendido a que veio a Constituição de 1988 e quer, a um só tempo, prestigiar a universalização da cobertura e reduzir as bases de financiamento dos programas sociais.

São atitudes antagônicas e incompatíveis!

Há trinta anos, em exercício de futurologia, Celso Barroso Leite[28] apontava como fatores básicos da crise da Previdência Social o aumento do número de pessoas idosas e o aumento da vida média do homem, fenômenos que acarretariam maiores acréscimos de encargos para o Estado. Em face destes fenômenos sociais, registrava estudos feitos nos Estados Unidos da América que haveria muita gente reclamando benefícios sem a contrapartida das contribuições.[29]

Essa realidade já chegou e tende a se agravar com as isoladas medidas de desoneração sobre a folha salarial que, sem consideração sobre o conjunto da proteção social, têm sido tomadas aqui e ali.

Serão muitos aqueles que terão vertido contribuições durante um período, com a correspondente participação das empresas, e cujas prestações encontram suporte em adequada base financeira e atuarial.

---

[28] LEITE, Celso Barroso. *A crise da Previdência Social*. Zahar Ediores. Rio de Janeiro: 1981, p. 21.

[29] Idem, p. 41

Serão muitos mais os que ficarão à mercê de um puro e simples (SIMPLES) assistencialismo do Estado, de todo distanciado da configuração constitucional dos direitos humanos sociais.

Enfim, o presente debate está apenas e tão somente se iniciando.

— 4 —

Seguridade social e os efeitos da política de desoneração nos pilares econômico e social

FLORIANO MARTINS DE SÁ NETO

Auditor Fiscal da RFB e Presidente da Fundação ANFIP de
Estudos da Seguridade Social.

JULIANO SANDER MUSSE

Economista especialista em direito previdenciário.

Sumário: Introdução; A ameaça de desmonte da Seguridade Social; Arrecadação, desaquecimento e as desonerações como soluções paliativas; Uma alternativa à desoneração da folha: a contribuição sobre o faturamento líquido; Referências.

Introdução

A luta pela ampliação protetiva dos direitos sociais, da transformação do Estado Liberal em Estado de Bem-Estar Social, do universalismo do *Welfare State*, teve seu ápice ao longo dos anos 70 e 80 e foi focada na satisfação de algumas demandas da população desprotegida. São exemplos direcionados à universalização dos direitos sociais: a criação do Instituto Nacional de Alimentação e Nutrição (INAN), do Funrural e, posteriormente, das Ações Integradas de Saúde (AIS) do SUDS, do SUS, dos mecanismos de seguro-desemprego, dentre outras.

Mas foi com a Constituição Cidadã de 1988, concebida num momento histórico de transição de um regime ditatorial-militar para um regime liberal-democrático, que o rol dos Direitos e Garantias Fundamentais se contextualizou, inserindo a Seguridade Social – um conjunto integrado de ações destinadas a assegurar direitos relativos à saúde, à previdência e à assistência social – como parcela fundamental dos Direitos Sociais.

A partir de então, a Seguridade teve grande relevância, ocupando um espaço inexistente nas Constituições anteriores. Tratou-se de inserir na Carta Maior os direitos antes previstos em legislação ordinária, como uma espécie de garantia permanente, externando como principais diretrizes: a universalidade da cobertura e do atendimento; uniformidade e equivalência dos benefícios e serviços às populações urbanas e rurais; seletividade e distributividade na prestação dos benefícios e serviços; irredutibilidade no valor dos benefícios; equidade na forma de participação no custeio; diversidade da base de financiamento; caráter democrático e descentralizado da gestão administrativa, mediante gestão quadripartite, com participação dos trabalhadores, dos empregadores, dos aposentados e do Governo nos órgãos colegiados.[1]

As fontes de custeio da Seguridade estão previstas no art. 195, §§ 1º e 2º, da Carta de 1988 e são provenientes de recursos dos Orçamentos da União, Estados, Distrito Federal e Municípios, e das denominadas contribuições sociais, sendo que a receita dos mesmos não será integrada ao Orçamento da União, bem como o Orçamento da Seguridade Social será elaborado pelos órgãos responsáveis pela saúde, previdência social e assistência social, objetivando as prioridades e metas estabelecidas na lei orçamentária.

O artigo 165, § 5º, inciso III, expõe que é o Poder Executivo que constitui a lei orçamentária anual, a compreender o Orçamento da Seguridade Social que deverá abranger todas as entidades e órgãos vinculados a ela, bem como os fundos e fundações mantidas pelo Poder Público.

Assim, a Constituição Federal de 1988 estabelece que a receita da Seguridade Social conste de orçamento próprio, evitando o derramamento de recursos para despesas públicas que não as pertencentes a sua área de atuação.

Não por outra razão que seu financiamento é imputado a toda sociedade de forma solidária. As pessoas que possuem capacidade contributiva irão contribuir diretamente através das contribuições sociais, e as que não têm capacidade contributiva participarão indiretamente do custeio através dos orçamentos fiscais dos entes federativos.

São algumas das receitas da Seguridade Social que compõem o Orçamento: Receita previdenciária líquida que corresponde a receitas previdenciárias próprias do RGPS deduzidas as transferências a terceiros; a Cofins – Contribuição para o Financiamento da Seguridade Social –, que tem a base de cálculo incidindo sobre o faturamento e receita das empresas (art .195, I, *b*, da CF); a CSLL – Contribuição Social sobre o Lucro Líquido (art. 195, I, *c*); o PIS/Pasep – Contribuição para o Programa de Integração Social. A CF vincula o PIS ao seguro-desemprego e ao abono salarial (art. 201 CF); dentre outras.

Pelo lado das despesas, pertencem ao Orçamento os benefícios previdenciários que correspondem a todos os benefícios, urbanos e rurais, pagos pelo INSS; os Benefícios Assistenciais que correspondem aos pagamentos da LOAS (urbano) e RMV, de caráter assistencial (previstos constitucionalmente). No caso do LOAS, tem direito o Idoso com mais de 65 anos; pessoa com deficiência e carente (no caso do carente e de sua família serem incapazes de prover seu sustento); o Bolsa-Família e as Transferências de Renda, que

---

[1] TÁCITO, Caio. *Constituições Brasileiras: 1988*. Brasília: Senado Federal e Ministério da Ciência e Tecnologia, Centro de Estudos Estratégicos, 2001. p. 209-210.

beneficiam famílias em situação de pobreza e de extrema pobreza; o EPU – Encargos Previdenciários da União – que são os recursos destinados a pagamento dos proventos de aposentadoria e pensões dos servidores civis e militares da administração direta da União; a saúde, a assistência e a previdência dos respectivos Ministérios (incluindo pessoal), que representam as despesas com ações e programas de saúde (SUS), além de despesas de custeio e pessoal do MS; complementação dos benefícios de ação continuada do Bolsa-Família, além de outras ações de assistência complementares ao Fome Zero do MDS; benefícios do FAT, que correspondem às despesas com o Fundo de Amparo ao Trabalhador. O FAT mantém dois grandes benefícios (o seguro desemprego e o abono salarial); dentre outras.

É importante que se diga que há anos esse Orçamento, composto pelo conjunto de receitas e despesas anteriormente citados, vem se mantendo superavitário. Em 2011, o resultado foi positivo em R$ 77 bilhões. Em 2010, o saldo foi superavitário em R$ 57 bilhões, segundo dados da Anfip e Fundação Anfip.[2]

Analisar a previdência como parte da Seguridade é a maneira correta de fazer uma apreciação orçamentária. Quando o governo divulga um suposto déficit trata simplesmente da receita de contribuições previdenciárias *versus* as despesas com o sistema.

Portanto, não se pode falar de déficit previdenciário quando se sabe que a Constituição Federal de 1988 criou o sistema de Seguridade Social, financiado por toda a sociedade. O orçamento desse sistema realiza com folga de recursos a cobertura universal necessária para a manutenção e ampliação das políticas de saúde, previdência e assistência social. Mesmo em período recessivo, como o da crise mundial de 2008/2009 e a crise do Euro, mesmo com medidas de desoneração adotadas pelo governo para amenizar a crise, houve superávit.

Além disso, é estranha a divulgação exaustiva do denominado "déficit da previdência" concomitante a utilização de mecanismo de renúncias previdenciárias para supostamente socorrer a economia e a fragilidade competitiva.

A ameaça de desmonte da Seguridade Social

O principal desafio enfrentado para a consolidação dos direitos sociais foi a permanente subordinação das políticas públicas a uma lógica monetarista que buscou a estabilização financeira por meio de uma política paradoxal de elevação da taxa de juros e aumento do superávit primário, em detrimento de medidas que impulsionassem o desenvolvimento e assegurassem a vigência dos direitos conquistados.

O processo de desmonte da Seguridade segue por diversos caminhos. Vários princípios constitucionais estão sendo desconsiderados: a universalidade dos direitos, a uniformidade e equivalência dos direitos, a diversidade

---

[2] Análise da Seguridade Social em 2011. Disponível em: http://www.anfip.org.br/publicacoes/livros/includes/livros/arqs-pdfs/analise2011.pdf

de financiamento e a gestão democrática e descentralizada. Esses princípios estão sendo gradualmente diluídos.

As desonerações aparecem como "bola da vez" na tentativa de socorrer a economia e driblar os efeitos de um comércio mundial mais competitivo por meio do Plano Brasil Maior. A desoneração da folha, que prevê a troca de 20% da contribuição previdenciária sobre a folha de pagamento pelo recolhimento de 1,5% a 2,5% do faturamento, é uma alternativa que poderá resultar em pouco impacto para a economia brasileira. No decorrer desse artigo, serão mostradas as premissas e os efeitos da desoneração.

Arrecadação, desaquecimento e as desonerações como soluções paliativas

O acumulado da Arrecadação Federal do primeiro semestre de 2012 não foi dos melhores, mostrando uma perda de fôlego em consequência do desaquecimento da economia e das desonerações. E pelo que se vê, o restante do ano manterá o mesmo ritmo, com poucos avanços. A Receita Federal do Brasil (RFB) prevê que a arrecadação terá crescimento real entre 1,5 e 2% em 2012, abaixo da estimativa feita no início do ano de 3,5 a 4%.

O que segurou a arrecadação no acumulado dos primeiros seis meses de 2012, não deixando desgastar ainda mais a situação, mesmo com a desoneração da folha de pagamento de diversos setores, foi o desempenho da receita previdenciária que teve crescimento real de 8,2% (Tabela 1). As receitas da previdência que mais contribuíram para o resultado do período foram de empresas em geral, repasses, retenção de 11%, órgãos do poder público, empresas optantes pelo SIMPLES, parcelamentos administrativos e judiciais e arrecadação de pessoa física. O aumento da massa salarial também contribuiu para o bom desempenho das receitas previdenciárias.

TABELA 1

Arrecadação Federal - 1° semestre de 2012 (em R$ bilhões a preços de jun/2012 - IPCA)

Tributos	Acumulado (jan a jun)			% Partic. 2011	% Partic. 2012	junho		
	2011 (a)	2012 (b)	% b/a			2011 (c)	2012 (d)	% d/c
PREV (Receita Previdenciária)	130,99	141,67	8,2	26,5	27,6	22,55	23,87	5,9
IR (Imposto sobre a Renda - Total)	135,36	140,23	3,6	27,4	27,4	22,15	21,93	-1,0
COFINS (Contrib. p/ Fin. Seg. Social)	80,92	83,09	2,7	16,4	16,2	13,84	14,54	5,1
CSLL (Contrib. Social s/ Lucro)	29,16	31,02	6,4	5,9	6,1	3,54	3,29	-7,0
IPI (Imposto s/ Prod. Industrializado - Total)	23,56	23,76	0,8	4,8	4,6	3,94	3,40	-13,8
PIS/Pasep (Contrib. Prog. Integração Social)	21,64	22,45	3,7	4,4	4,4	3,65	3,90	6,6
Receitas Administradas - outros órgãos	15,62	19,12	22,4	3,2	3,7	1,74	1,86	7,1
IOF (Imposto s/ Operações Financeiras)	15,75	16,07	2,0	3,2	3,1	2,95	2,65	-10,1
II (Imposto s/ Importação)	12,76	14,56	14,1	2,6	2,8	2,16	2,54	17,3
PSS (Contrib. Plano Seguridade do Servidor)[1]	10,89	10,69	-1,8	2,2	2,1	1,86	1,80	-3,0
Outras Receitas Administradas	12,82	7,14	-44,3	2,6	1,4	7,55	0,84	-88,9
CIDE (Contrib. Interv. Domínio Econômico)	4,77	2,53	-46,9	1,0	0,5	0,78	0,43	-45,5
FUNDAF (Fundo Esp. Des. e Aperf. Ativ. Fiscaliz	0,26	0,26	0,0	0,1	0,1	0,08	0,06	-27,6
ITR (Imposto s/ Propriedade Teritorial Rural)	0,06	0,07	25,4	0,0	0,0	0,01	0,01	-15,4
TOTAL	494,56	512,65	3,7	100,0	100,0	86,79	81,11	-6,6

Fonte: RFB (Boletim *Análise da Arrecadação das Receitas Federais*). Elaboração própria.
(1) A partir de agosto de 2010 (art. 23, MP n° 497/10) a PSS passou a ser administrada pela RFB.
Obs: A opção por números reais, corrigidos pela inflação, reflete melhor o real situação arrecadatória.

Essas breves linhas anteriormente escritas podem ser assim resumidas: a economia não consegue manter um crescimento desejável, e as medidas de apoio (renúncias) adotadas pelo governo surtem pouco ou nenhum efeito macroeconômico. Os parágrafos seguintes detalham melhor essa questão.

Mesmo com o avanço no PIB de 0,4% no segundo trimestre, na comparação com o primeiro trimestre do ano, quando a economia ficou praticamente estável (0,1%), as estatísticas revelam que o Brasil teve um desempenho bem inferior a alguns países da América Latina como, por exemplo, o México, que cresceu 0,9%, e o Chile, com avanço de 1,6%. Os percentuais são também inferiores ao grupo dos BRICS – Rússia, Índia, China e África do Sul – quando comparado o segundo trimestre de 2012 com o de 2011. Nesse período, enquanto o PIB brasileiro expandiu 0,5%, o da China cresceu 7,6%, o da Índia, 5,5%, o russo apresentou crescimento de 4,0% e o da África do Sul, 3,2%. Esse comparativo é viável por se tratar de um grupo político de cooperação, de um mesmo grupo de países em processo de desenvolvimento econômico, a revelar uma baixa expectativa para o caso brasileiro.

A desaceleração da economia e a baixa previsão de crescimento do PIB refletiram em crescimento menor da arrecadação em 2012. Para incentivar a economia o governo prorrogou a medida que reduz o Imposto sobre Produtos Industrializados (IPI) para automóveis, móveis e produtos da chamada linha branca (fogão, máquina de lavar roupas, refrigerador e tanquinho).

Essa é uma tentativa do governo de alavancar a economia, principalmente o setor industrial, por meio da expansão do consumo das famílias, principal variável do PIB. Tentativa, diga-se de passagem, com resultados pouco satisfatórios. Tal medida, no entanto, é uma "faca de dois gumes", pois ao mesmo tempo em que se busca aquecer a economia, tende a incentivar o endividamento das famílias, fato que já se percebe com o aumento da inadimplência. Dados do Serasa mostram que a inadimplência cresceu 19% no primeiro semestre do ano em comparação a igual período de 2011.

Outra medida é a substituição da cota patronal (INSS) de 20% sobre a folha de pagamento pela tributação sobre o faturamento de alíquotas variando entre 1% e 2%. Oficialmente, o governo lançou, em 2011, o Plano Brasil Maior, reduzindo a alíquota de 20% para zero no intuito de aumentar a competitividade da indústria nacional, traçando uma nova política industrial, tecnológica, de serviços e de comércio exterior. Recentemente, anunciou a inclusão de mais 25 setores no regime tributário que "zera" a contribuição patronal para o INSS e cria uma contribuição sobre o faturamento. Serão, ao todo, 40 setores incluídos a partir de 2013. A troca, segundo o governo, leva a uma redução de impostos para as empresas, reduzindo o "fardo" do empresariado. Mas uma grande indagação permeia esse novo cenário, recheado de incertezas e interpretações dúbias: muitos acreditam que nada será mudado com as novas medidas e que, na prática, será apenas uma substituição da base tributária. Será que para todos os setores a mudança é viável, compensatória? É o correto retirar a contribuição patronal para o INSS e criar uma contribuição sobre o faturamento? O empresário irá mesmo investir, contratar ou irá apenas aumentar seu lucro, "embolsar" as renúncias?

O líder do governo na Câmara dos Deputados justificou assim a questão: "a desoneração da folha de pagamento é fundamental para que o setor produtivo no Brasil reduza seus custos de produção e se torne mais competitivo. É também uma medida que concorre para estimular a criação de postos de trabalho." (Disponível em: http://vaccarezza.com.br/artigo-a-semente--de-uma-mudanca-estrutural/. Acesso em 17/10/2012).

Por diversas razões essa afirmativa não procede. Nada contra incentivar a economia. Medidas de apoio são sempre bem-vindas. O problema aqui são as maneiras de se conseguir isso, métodos pouco eficazes, polêmicos.

A arrecadação sobre a folha de pagamentos de empregados, trabalhadores avulsos e contribuintes individuais – empresários e autônomos – é a principal fonte de recursos da Previdência Social, como parte integrante da Seguridade Social. Assim, desonerar a principal fonte de recursos do Orçamento carece de cuidados extremos, estudos aprofundados sobre seus impactos, discussão profunda junto à sociedade, o que não tem sido feito. A medida, segundo Ribeiro *et al.*(2011),[3] é passível de diversas críticas, como quanto ao seu possível impacto regressivo na distribuição de renda ou com relação à desestruturação das bases de financiamento da previdência sem ampla discussão.

Segundo um cálculo feito pelo MPS,[4] utilizando-se de uma amostra para o ano de 2010, seriam R$ 5,2 bilhões, por ponto percentual desonerado, de perda de receita previdenciária. Para o estudo, ao zerar a alíquota (de 20%), o desequilíbrio nas contas do RGPS se situaria em mais de R$ 100 bilhões.

E mesmo com a justificativa governamental de compensação do RGPS (Lei 12.546/11, art. 9°, IV) no valor correspondente à estimativa de renúncia previdenciária, a complexidade dos cálculos condenam a correta avaliação compensatória da constitucionalmente denominada atividade econômica. Compensação, ressalte-se, que não poderá ser feita com recursos do orçamento fiscal. Nesse caso, é importante frisar: o maior erro está em "trocar" uma compensação financeira por um fundamento constitucional, uma conquista social. Os direitos à Saúde, Previdência e Assistência Sociais foram elevados a garantias fundamentais, reservando-lhes lugar privilegiado na Constituição Federal, e por isso, precisam ser efetivamente destinados a seus propósitos finalísticos, sob pena de comprometer a eficácia dos referidos direitos.

O tema desoneração da folha de pagamentos, seja gradual, parcial ou total, está há anos à mesa de discussões "pró-reformas". Seus defensores, parte do empresariado e governo, levantam uma série de argumentos para a sua concretização, a citar algumas: (i) melhorar, para as empresas, as condições de competitividade internacional via redução de encargos sobre a folha de salários, sobretudo dos setores intensivos em mão de obra; (ii) melhorar

---

[3] Desoneração da Folha de Pagamentos: breves lembretes e comentários. *In: Progressividade da Tributação e Desoneração da Folha de Pagamentos*. Brasília: Ipea, Sindifisco e Dieese, 2011.

[4] Informe da Previdência Social, dezembro de 2011, volume 23, número 12. p.6

as condições do mercado de trabalho, pela redução do custo tributário do emprego com carteira assinada, com objetivo de diminuir a informalidade e a terceirização e melhorar os níveis de proteção social; (iii) melhorar as condições tributárias.

Com olhar mais crítico é preciso mostrar o que de fato ocorre, pois essas premissas mascaram o "outro lado da moeda". A questão da competitividade da economia brasileira e a alegação de que o custo da mão de obra com os encargos deixa o produto brasileiro muito caro, prejudicando as exportações, carece de fundamentos. Primeiro que os problemas da redução das exportações muito se relacionam à desaceleração da economia mundial, como, por exemplo, a ocorrência de queda dos preços das *commodities*, que prejudica o fluxo das exportações, tanto em termos de volume como nos preços, se refletindo no saldo da balança comercial do país. Medidas mais eficazes relacionadas à competitividade das empresas se concentram em melhorias no aparato da produção nacional, bem como uma política cambial ajustada com os interesses macroeconômicos, abertura comercial ou medidas protecionistas (barreiras tarifárias e não tarifárias), aumento de vantagens absolutas/comparativas/competitivas. Isso sim são políticas que podem ser utilizadas no intuito de tornar um produto mais atraente no cenário internacional.

Segundo que não se pode afirmar que a competitividade das indústrias não está vinculada ao custo da mão de obra, mas à qualidade e quantidade produzidas por essa mão de obra. Peguemos dois exemplos para ilustrar: enquanto a Alemanha exportou US$ 1,3 trilhão, no ano de 2010, a saída de bens, produtos e serviços do Brasil alcançou US$ 0,2 trilhão. O custo/hora da mão de obra alemã, na ocasião, era de US$ 40 e no Brasil a média era de US$ 6. A relação é praticamente a mesma, mas a alta produtividade e qualidade dos produtos alemães fortalecem a competitividade do país no exterior e resultam em aumento de vendas muito superior à brasileira.

Na realidade, o custo com mão de obra no Brasil não é alto, pelo contrário, é baixo quando comparado ao de outros países. Uma parte considerável do empresariado afirma que os encargos sociais representam mais de 100% do salário dos trabalhadores. Contudo, não explicitam a sociedade que, nesses cálculos, estão inclusos os direitos sociais historicamente conquistados pelos trabalhadores, como: o pagamento de férias, 13º salário, descanso semanal remunerado e FGTS. De acordo com o DIEESE,[5] deve ser considerada encargo social somente aquela parcela do custo do trabalho que não vai para o bolso do trabalhador. Nesse caso, a conta se reduziria a 25% da remuneração do trabalhador. Além do mais, é preciso ter a consciência de que esses e outros benefícios, conquistados com anos de luta pelos trabalhadores, na maioria dos casos devido aos baixos salários que ainda vigoram na economia brasileira, irão se converter em consumo, aumentando a base de arrecadação tributária, impulsionando e gerando um efeito multiplicador na economia.

---

[5] DIEESE. Encargos sociais e desoneração da folha de pagamentos: revisitando uma antiga polêmica. *Nota Técnica 101* – julho de 2011.

Sobre a geração de postos formais de trabalho a substituição da folha de pagamentos pelo faturamento, ou qualquer outra forma de base de cálculo para a contribuição previdenciária, não fará aumentar o nível de emprego, nem a sua formalização. Primeiro porque essa é uma decisão que cabe ao empresário e está diretamente associada ao aumento da lucratividade de sua empresa (advindo do aumento da demanda e consequente aumento das vendas) e a capacidade de expansão de seu negócio; segundo porque existem inúmeras variáveis correlacionadas à variação do emprego dispostas pela teoria econômica, todas mais eficazes em seus propósitos que as renúncias.

O nível de emprego está intrinsecamente ligado a um conjunto de variáveis e depende do que se produz e das expectativas dos empresários em torno do que vão produzir, da tecnologia empregada, de políticas econômicas, do mercado consumidor, da expansão de programas de proteção social. Acreditar em uma relação unívoca e inversa entre o custo do trabalho e o nível de emprego é tratar o complexo mundo real como os mais simples modelos microeconômicos.

Também sobre essa temática nunca é demais lembrar que nas micro e pequenas empresas já existe a desoneração. Depois da criação do regime tributário do SIMPLES, que hoje já alcança mais de três milhões de empresas, a imensa maioria das micro e pequenas empresas não pagam a cota previdenciária sobre a folha de pagamentos. Para elas, a contribuição patronal recai sobre o faturamento. Em 2010, por exemplo, cerca de 4 milhões de empresas entregaram GFIP e, destas, 2,3 milhões eram optantes pelo Simples. Deste total, 2 milhões tinham entre 1 e 5 empregados e apenas 17,4 mil tinham 251 ou mais empregados formalizados. Como a informalidade é relativamente baixa nas médias e grandes empresas, o efeito da desoneração terá pouco efeito sobre a formalização.

Além disso, desde 2003 o mercado de trabalho brasileiro tem alcançado melhorias satisfatórias, tanto em termos de formalização como de ganhos reais de salários em decorrência de aumentos reais do salário mínimo. Justificar uma desoneração para alavancar a formalização é improcedente. A Tabela 2 mostra essa evolução, acompanhada de crescimento do PIB e aumentos reais do salário mínimo.

TABELA 2

Evolução do mercado de trabalho: PO empregada, dempregada e servidores - regiões metropolitanas; var. real PIB; var. saldo adm./dem. Caged e var. real SM - 2002 a 2011

milhares de pessoas

Anos	População Ocupada				Desemp.	Var. real PIB	Var. saldo CAGED	Var. real SM
	Total	Emp.	Emp. c/ carteira	Servidores				
2002	17.780	13.225	8.092	1.996	2.345	2,66	28,99	
2003	18.520	13.628	8.198	1.985	2.608	1,15	-15,34	1,23
2004	19.052	14.014	8.331	2.013	2.473	5,71	136,01	1,19
2005	19.554	14.601	8.790	2.066	2.139	3,16	-17,68	8,23
2006	19.926	14.971	9.179	2.139	2.213	3,96	-2,02	13,04
2007	20.435	15.361	9.621	2.161	2.100	6,09	31,64	5,10
2008	21.122	16.026	10.263	2.246	1.813	5,17	-10,21	4,03
2009	21.276	16.174	10.504	2.308	1.872	-0,33	-31,48	5,79
2010	22.019	16.857	11.221	2.389	1.591	7,53	114,74	6,02
2011	22.473	17.375	11.917	2.424	1.426	2,73	-26,72	0,37
Aumento 2002 a 2011 (%)	26,4	31,4	47,3	21,5	-39,2			

Fonte: PME - IBGE. Médias Anuais; IPEADATA (saldo Caged, var. real do PIB e SM)

Nos dez últimos anos, a quantidade de postos sob a forma de emprego cresceu 31%, mais, portanto, do que o número de pessoas ocupadas. Durante os anos 90, segundo o IBGE, ocorreu o oposto, uma grande precarização do trabalho. Nas regiões metropolitanas, o número de empregados com carteira diminuiu de 9,6 milhões (média de 1990) para 7,3 milhões (média de 1999), uma queda de 24%. E a qualidade do emprego também aumentou do ponto de vista da formalização. O quantitativo de trabalhadores empregados com carteira cresceu 47%, o triplo da expansão da população em idade ativa e quase o dobro do aumento no número de pessoas ocupadas.

Em outra análise de emprego, a variação dos saldos de admitidos e demitidos do CAGED confrontados com a variação real do PIB demonstra ser importante a manutenção do crescimento econômico com foco em políticas macroeconômicas para gerar postos formais de trabalho. Excetuando os anos atípicos, de crise, por exemplo, há uma relação positiva entre essas duas variáveis. A desoneração, seja de impostos específicos ou da folha, não é capaz de propiciar um incremento no mercado de trabalho na magnitude dos efeitos do crescimento econômico.

Devido a esse conjunto de proposições, fundamental para estabelecer direitos de cidadania para a maioria dos trabalhadores e para equacionar o financiamento direto da Previdência Social, mais uma vez não se justifica uma desoneração com esse intento.

A informação colocada de que com a desoneração da folha as empresas poderiam contratar mais funcionários também cai no vazio ao se observar as experiências internacionais, pois nos países onde foram implantadas não ocorreram melhoras para a população, nem incremento do mercado de trabalho – Chile, Argentina e Venezuela são bons exemplos. No Chile, houve uma desoneração radical não acompanhada de mudanças nos níveis de informalidade. Houve impacto grande nos salários, mas que de certa forma levou a uma piora na distribuição da renda, pois favoreceu aqueles que já estavam inseridos no mercado formal, tornando o sistema mais regressivo.

Outro equívoco é dizer que haverá melhorias no nosso sistema tributário, muito pelo contrário, há grandes possibilidades de haver um acirramento da injustiça tributária e da complexidade do sistema. Com desonerações amplas e expandidas para um grande número de setores, haverá, de maneira variada, aumento da lucratividade do empresariado. Isso não sendo revertido em ações que promovam ganhos econômicos e sociais para o país, como novos postos formais de emprego, o que haverá é um aumento da concentração de renda; no caso da não simplificação do sistema, um exemplo, citado em estudo da Anfip,[6] deixa claro o tamanho do problema. Ao se utilizar a Nomenclatura Comum do Mercosul (NCM) – uma convenção de categorização de mercadorias adotados, desde 1995, pelo Uruguai, Paraguai, Brasil e Argentina – para efeito de desoneração, há um nítida complicação, uma dificuldade de entendimento acerca dos resultados obtidos, ao passo que tornaria mais simplificado se o sistema utilizasse a Classificação Nacional de Atividades Econômicas – CNAE – aplicada a todos os agentes econômicos que estão engajados na produção de bens e serviços. "Para se beneficiar da desoneração, as empresas terão que faturar separadamente os produtos beneficiados, uma vez que o benefício só se estende aos produtos correspondentes aos códigos NCM incluídos no Anexo único da MP nº 563 de 2012. E terão que apurar de forma separada também o valor da mão de obra correspondente a cada parcela, uma vez que em um mesmo processo ou atividade podem ser fabricados tanto produtos incluídos no anexo único da MP nº 563 de 2012, quanto produtos não incluídos". Esta é mais uma medida a dificultar a vida do contribuinte e do cumprimento de suas obrigações assessórias.

Complementando essa ideia, trabalhar o CNAE de uma empresa, uma atividade econômica específica, facilita o entendimento de todos e caso não haja a distinção por mercadoria, todos os produtos industrializados ou serviços prestados estariam englobados. Da forma como tem se estabelecido, por produto, é gerado um clima de insegurança muito grande.

Uma alternativa à desoneração da folha: a contribuição sobre o faturamento líquido

Uma alternativa à desoneração da Folha de Salários, menos onerosa do ponto de vista socioeconômico, pode ser a Contribuição Social sobre o Faturamento Líquido, vista aqui como a diferença entre o faturamento bruto

---

[6] Zanghelini, A. N. (et al) Desoneração da Folha de Pagamentos: oportunidade ou ameaça? Brasília: Anfip, 2012.

das empresas e o valor da folha de pagamentos, base da contribuição previdenciária.

Essa proposta permitiria, em um médio prazo, um progressivo aumento da contribuição sobre o faturamento, diminuindo-se, ainda que proporcionalmente, o encargo sobre a folha de salários.

Essa hipótese vai de encontro à formalização da mão de obra, sem, entretanto, desestimular as empresas que investem em modernização e objetivam melhorar os níveis de competitividade.

Diferente de propostas como a substituição total da folha de salários, essa alternativa, além de manter a atual alíquota sobre a folha, procura privilegiar as empresas intensivas em mão de obra com uma redução considerável no faturamento e, ao mesmo tempo, onerar com maior veemência as empresas intensivas em capital.

O *status quo* das fontes de financiamento previsto pela CF precisa ser mantido. A defesa da Seguridade Social, do seu Orçamento e das suas fontes exclusivas é dever de todas as entidades e de setores organizados da nossa sociedade que lutam por melhorias e avanços sociais. Neste sentido, a desoneração total da folha não é a melhor opção. Muito menos pelos efeitos justificados.

Sempre será mais prudente, mesmo diante de alternativas, uma maior discussão entre poder público, empresariado e sociedade. Lembrando que pela grandeza do que se quer alcançar com as desonerações, políticas estruturais ou mesmo conjunturais, quando bem aplicadas, são sempre mais eficientes que as medidas pontuais. Ensejar reformas totais ou parciais sem um amplo estudo de seus efeitos é possibilitar um retrocesso das conquistas de 1988.

Referências

ANFIP – ASSOCIAÇÃO NACIONAL DOS AUDITORES FISCAIS DA RECEITA FEDERAL DO BRASIL. *Análise da Seguridade Social 2011*. Brasília: Anfip, 2012, 138 p.

DIEESE – DEPARTAMENTO INTERSINDICAL DE ESTATÍSTICA E ESTUDOS SOCIOECONÔMICOS. Encargos sociais e desoneração da folha de pagamentos: revisitando uma antiga polêmica. *Nota Técnica 101* – julho de 2011.

MPS – MINISTÉRIO DA PREVIDÊNCIA SOCIAL. *Informe da Previdência Social* – dezembro de 2011, volume 23, número 12. p.6

RFB – RECEITA FEDERAL DO BRASIL. *Análise da Arrecadação das Receitas Federais*, Junho de 2012. Disponível em: http://www.receita.fazenda.gov.br/publico/arre/2012/Analisemensaljun12.pdf. Acesso em: 10 out. 2012.

RIBEIRO, J. A. C. *et al*. Desoneração da Folha de Pagamentos: breves lembretes e comentários. *In: Progressividade da Tributação e Desoneração da Folha de Pagamentos*. Brasília: Ipea, Sindifisco e Dieese, 2011

TÁCITO, Caio. *Constituições Brasileiras: 1988*. Brasília: Senado Federal e Ministério da Ciência e Tecnologia, Centro de Estudos Estratégicos, 2001. p. 209-210.

ZANGHELINI, A. N. et al. Desoneração da Folha de Pagamentos: oportunidade ou ameaça? Brasília: Anfip, 2012.

— 5 —

O tratamento agravado das instituições financeiras na legislação das contribuições sociais sobre o lucro e sobre a folha de salários e demais rendimentos do trabalho

MARCIANO SEABRA DE GODOI

Sumário: 1. Introdução; 2. Legislação; 3. Doutrina; 4. Jurisprudência; 5. O que se espera do Supremo Tribunal Federal na análise da questão?; 6. Conclusões.

1. Introdução

O presente estudo investiga a validade jurídica da diferenciação, promovida desde 1989 pela legislação de algumas contribuições sociais de seguridade social, entre a alíquota aplicável aos contribuintes em geral e uma alíquota específica – superior à alíquota geral – aplicável às instituições financeiras. Passa-se em revista a legislação e, em seguida, avalia-se criticamente a doutrina que sobre o tema foi produzida nos últimos vinte anos, analisando-se detidamente os argumentos oferecidos pelos defensores da validade e pelos defensores da invalidade do referido tratamento diferenciado. Ao final do estudo, apresenta-se e analisa-se criticamente a jurisprudência produzida nos últimos anos sobre o tema, com ênfase na jurisprudência do Supremo Tribunal Federal que começa a se formar sobre a matéria.

2. Legislação

O tratamento diferenciado das instituições financeiras pela legislação da contribuição social sobre o lucro, prevista no art. 195, I, *c*, da Constituição, é tão antigo quanto a própria instituição desse tributo.

A Lei 7.689, que instituiu a contribuição em 1989, previu (em seu artigo 3º) a alíquota de 8% para a generalidade dos contribuintes, e a alíquota específica de 12% para os "bancos comerciais, bancos de investimento, bancos de desenvolvimento, caixas econômicas, sociedades de crédito, financiamento e investimento, sociedades de crédito imobiliário, sociedades corretoras, distribuidoras de títulos e valores mobiliários e empresas de arrendamento mercantil". As Leis 7.856, de 1989, e 8.114, de 1990, majoraram as alíquotas da contribuição, que permaneceram diferenciando a situação das instituições financeiras da situação dos demais contribuintes.

A Lei Complementar 70, de 1991, que instituiu a COFINS e dela isentou as instituições financeiras, determinou que a alíquota da contribuição social sobre o lucro dessas instituições fosse elevada de 15 para 23% (art.11). Essa alíquota atingiu o valor de 30%, por força da promulgação da Emenda Constitucional de Revisão 1, de 1994, alíquota que prevaleceu de 1994 a janeiro de 1996, quando a Lei 9.249 (art.19, parágrafo único) reduziu para 18% a alíquota da contribuição social sobre o lucro das instituições financeiras, que ainda assim permanecia bastante superior à alíquota da contribuição aplicável aos demais contribuintes.

Somente a partir de janeiro de 1999, por força da edição da Medida Provisória 1.807, de 1999, foi estabelecida uma alíquota comum para as instituições financeiras e para os demais contribuintes da contribuição social sobre o lucro. Esse tratamento paritário foi mantido até que novo tratamento diferenciado veio a ser instituído pela Medida Provisória 413, de 2008, posteriormente convertida na Lei 11.727. A partir de maio de 2008, a alíquota da contribuição social sobre o lucro das instituições financeiras foi fixada em 15%, seis pontos percentuais acima da alíquota genérica de 9%. Nos termos da legislação atualmente em vigor, a alíquota agravada (15%) da contribuição social sobre o lucro se aplica às pessoas jurídicas de seguros privados, de capitalização, aos bancos de qualquer espécie, distribuidoras de valores mobiliários, corretoras de câmbio e de valores mobiliários, sociedades de crédito, financiamento e investimentos, sociedades de crédito imobiliário, administradoras de cartões de crédito, sociedades de arrendamento mercantil, cooperativas de crédito e associações de poupança e empréstimo.

No caso da legislação da contribuição social sobre a folha de salários e demais rendimentos do trabalho, prevista no art.195, I, "a", da Constituição, o tratamento diferenciado das instituições financeiras também remonta ao ano de 1989, quando a Lei 7.787 determinou (art. 3º, § 2º) a incidência de uma alíquota adicional de 2,5% sobre essa categoria de contribuintes, alíquota adicional que foi mantida pela Lei 8.212, de 1991, que instituiu o Plano de Custeio da seguridade social. A alíquota adicional das instituições financeiras vigora até hoje, sem qualquer solução de continuidade. No caso dessa contribuição sobre a folha de salários e demais rendimentos do trabalho, o rol de instituições sujeitas à alíquota adicional de 2,5% é um pouco distinto do relativo à alíquota agravada da contribuição sobre o lucro. Nos termos do art. 22, § 1º, da Lei 8.212, de 1991, estão sujeitos à alíquota adicional de 2,5% os "bancos comerciais, bancos de investimentos, bancos de desenvolvimento, caixas econômicas, sociedades de crédito, financiamento e investimento, sociedades de crédito imobiliário, sociedades corretoras, distribuidoras de títulos e valores mobiliários, empresas de arrendamento mercantil, cooperativas de crédito, empresas de seguros privados e de capitalização, agentes autônomos de seguros privados e de crédito e entidades de previdência privada abertas e fechadas".

Quanto à legislação constitucional, a Emenda Constitucional de Revisão 1, de 1994, e a Emenda Constitucional 10, de 1996, previram expressamente a cobrança da contribuição social sobre o lucro das instituições financeiras sob a alíquota de 30%, nos termos da redação que referidas emendas imprimiram ao art. 72, III, do Ato das Disposições Constitucionais Transitórias. Em 1998, a Emenda Constitucional 20 criou o § 9° do art. 195 do texto constitucional, estabelecendo que as contribuições de seguridade social cobradas das empresas e pessoas jurídicas equiparadas (art. 195, I, da Constituição) "poderão ter alíquotas ou bases de cálculo diferenciadas, em razão da atividade econômica ou da utilização intensiva de mão de obra". A redação desse dispositivo foi alterada pela Emenda Constitucional 47, de 2005: além da "atividade econômica" e da "utilização intensiva de mão de obra", também o "porte da empresa" e a "condição estrutural do mercado de trabalho" foram arrolados como razões para estabelecer "alíquotas ou bases de cálculo diferenciadas" para as referidas contribuições.

3. Doutrina

Ao longo dos últimos vinte anos, a doutrina que se ocupou especificamente do tema ora estudado pronunciou-se majoritariamente no sentido da invalidade do *discrimen* estabelecido pela legislação em detrimento das instituições financeiras.

Em 1992, obra coletiva veiculou a opinião de diversos tributaristas sobre a seguinte questão:[1]

> Havendo identidade de benefícios, é constitucional a previsão de alíquotas mais elevadas para a contribuição sobre o lucro e sobre a folha de salários devida por contribuintes pertencentes a determinados setores da atividade econômica?

Parte dos autores considerou que a capacidade contributiva é critério de gradação aplicável somente aos impostos, e apenas os custos e ônus provocados direta ou indiretamente pelos contribuintes poderiam constituir critério válido para a previsão de alíquotas mais elevadas das contribuições sociais para o financiamento da seguridade social.[2] Alguns autores defenderam que o fato de as instituições financeiras estarem – pelo menos àquela altura – isentas da contribuição social sobre o faturamento instituída pela Lei Complementar 70, de 1991, justificava o agravamento da alíquota da con-

---

[1] MARTINS, Ives Gandra (coord.). Contribuições Sociais, *Caderno de Pesquisas Tributárias – Vol. 17*, São Paulo: Resenha Tributária – Centro de Extensão Universitária, 1992, p.1.

[2] Neste sentido, vide ULHÔA CANTO, Gilberto; SOUZA, Antonio Carlos Garcia & FONSECA, Marcelo Beltrão da. Contribuições Sociais, In: MARTINS, Ives Gandra (coord.). Contribuições Sociais, *Caderno de Pesquisas Tributárias – Vol. 17*, São Paulo: Resenha Tributária – Centro de Extensão Universitária, 1992, p.25-67.

tribuição social sobre o lucro a elas aplicável.[3] Um número considerável de autores admitiu o uso da capacidade contributiva como critério de gradação da contribuição social sobre o lucro, mas considerou que definir alíquotas agravadas apenas para alguns setores específicos de atividade econômica não se mostrava consentâneo com a capacidade contributiva: "a igualdade tributária tem de prevalecer entre contribuintes em geral e não apenas entre contribuintes de determinado setor econômico".[4]

Dentre os autores que consideraram o *discrimen* válido, uns argumentaram que não tem cabida a aplicação do princípio da igualdade ao problema ora estudado, visto que o artigo 150, II, da Constituição não seria aplicável às contribuições aludidas no art.149 da Constituição, cujo texto somente faz remissão aos incisos I e III do art.150 da Constituição;[5] outros argumentaram que o artigo 150, II, da Constituição aplica-se às contribuições sociais, mas que a própria norma da igualdade impõe tributação diferenciada em razão de desigualdades econômicas, como reflexo do princípio da capacidade contributiva, daí decorrendo a validade das alíquotas diferenciadas sobre o lucro e sobre a folha de salários de contribuintes pertencentes a distintos setores de atividade econômica.[6]

Em estudo publicado em 1995, Luciano Amaro defendeu, com argumentos a nosso ver de todo procedentes, a inconstitucionalidade do tratamento agravado das instituições financeiras pela legislação da contribuição social sobre o lucro. Aduziu referido autor que o *discrimen* não tem por critério a capacidade contributiva dos contribuintes, pois a alíquota agravada incide tanto sobre o lucro expressivo de determinado banco, quanto sobre o lucro reduzido de outra instituição financeira. Caso fosse a capacidade contributiva o real critério do *discrimen*, a alíquota agravada seria direcionada não a um setor específico, mas a todos os contribuintes que apurassem lucros superiores a determinado patamar. Sobre a justificação da alíquota agravada com base na isenção da COFINS conferida pela Lei Complementar 70/1991 às instituições financeiras, Luciano Amaro lembra que o trato diferenciado remonta a 1989, quando ainda nem havia sido criada a COFINS. A conclusão do autor é de que o tratamento diferenciado não se baseia no fato

---

[3] Neste sentido, vide SOUZA, Hamilton Dias de. Contribuições Sociais. In: MARTINS, Ives Gandra (coord.). Contribuições Sociais, *Caderno de Pesquisas Tributárias – Vol. 17*, São Paulo: Resenha Tributária – Centro de Extensão Universitária, 1992, p.457 e AMARAL, Antonio Carlos Rodrigues do. Op. cit., p.383.

[4] MELLO, Gustavo Miguez de. Contribuições Sociais. In: MARTINS, Ives Gandra (coord.). Contribuições Sociais, *Caderno de Pesquisas Tributárias – Vol. 17*, São Paulo: Resenha Tributária – Centro de Extensão Universitária, 1992, p.511. No mesmo sentido, FILHO, Marçal Justen. *Op. cit.*, p.165-170.

[5] Neste sentido, vide ROCHA, Valdir de Oliveira, Contribuições Sociais. In: MARTINS, Ives Gandra (coord.). Contribuições Sociais, *Caderno de Pesquisas Tributárias – Vol. 7*, São Paulo: Resenha Tributária – Centro de Extensão Universitária, 1992, p. 309-310. Discordamos do argumento. Como observa Luís Eduardo Schoueri, o art.149 não faz remissão ao art.150, II da Constituição pelo fato de que o critério da referibilidade, um dos possíveis critérios a serem levados em conta na distribuição dos ônus do financiamento da seguridade, pode indicar um trato diferenciado em função das ocupações profissionais ou ramos de atividade econômica. Mas isso não significa que a isonomia não seja aplicável às figuras tributárias previstas no art. 149 da Constituição – cf. SCHOUERI, Luís Eduardo. *Direito Tributário*, 2ª ed., São Paulo: Saraiva, 2012, p.323-324.

[6] Cf. MELO, José Eduardo Soares de. *Caderno de Pesquisas Tributárias – Vol.17*, São Paulo: Resenha Tributária – Centro de Extensão Universitária, 1992, p.253-254.

de as instituições financeiras serem mais lucrativas, mas apenas no fato de "serem instituições financeiras", o que viola o princípio da isonomia previsto no art. 150, II, da Constituição.[7]

Eduardo Botallo, analisando a alíquota adicional de 2,5% da contribuição previdenciária sobre pagamento de rendimentos do trabalho sem vínculo de emprego, também se pronunciou no sentido de sua invalidade. Segundo o autor, a causa que poderia explicar a criação do adicional seria "uma presumida maior capacidade contributiva" do setor financeiro, o que não seria válido, visto que o critério da capacidade contributiva somente teria cabida na legislação dos impostos. A juízo do autor, referida alíquota adicional somente se justificaria se os serviços tomados pelas instituições financeiras, pelo fato mesmo de terem sido tomados por instituições financeiras, repercutissem "de modo particularizado ou excepcional na execução da atividade estatal específica consistente na manutenção e custeio da Seguridade Social".[8]

Nesse mesmo sentido é o artigo de Heloísa Hernandez Derzi sobre o tratamento diferenciado das instituições financeiras na legislação da contribuição social sobre o lucro. Para a autora, a isonomia tributária (art. 150, II, da Constituição) é traduzida, no campo do financiamento da seguridade social, pelo princípio da equidade na forma de participação no custeio do sistema (art.194, parágrafo único, V, da Constituição). E decorreria dessa equidade na forma de participação no custeio que somente se pode impor um gravame especial/adicional sobre as instituições financeiras se elas provocarem uma especial/adicional despesa ao sistema, ou dele receberem uma especial/adicional vantagem.[9]

Num dos poucos artigos publicados em que se defende a validade do tratamento diferenciado das instituições financeiras pela legislação da contribuição social sobre o lucro, Paulo José Leite Farias[10] oferece dois argumentos para sustentar sua tese. O primeiro argumento é o de que a "capacidade contributiva objetivamente maior" das instituições financeiras justifica a discriminação, seja considerando o tributo como um imposto com destinação especial, seja considerando o tributo como uma contribuição. Na primeira hipótese, o tratamento agravado seria justificado pelo art.145, § 1º, da Constituição; no segundo caso, pelo princípio da equidade na forma de participação no custeio da seguridade social, visto que *equidade* remete à noção de que cada um deve contribuir na medida de suas possibilidades, sendo que

---

[7] AMARO, Luciano. Isonomia e Alíquotas Diferenciadas no Imposto de Renda e Contribuição Social. In: ROCHA, Valdir de Oliveira (coord.). *Imposto de Renda e ICMS – Problemas Jurídicos*, São Paulo: Dialética, 1995, p.29-38.

[8] BOTALLO, Eduardo. Alíquota Diferenciada de Contribuição Previdenciária e Princípio da Isonomia (Análise do Art.2º do L.C. 84/96), In: ROCHA, Valdir de Oliveira (coord.). *Contribuições Previdenciárias – Questões Atuais*, São Paulo: Dialética, 1996, p.9-17.

[9] DERZI, Heloísa Hernandez. Instituições Financeiras – Contribuição Previdenciária Diferenciada, *Revista de Previdência Social*, n.185, Abril de 1996, p.309-311.

[10] FARIAS, Paulo José Leite. Instituições Financeiras – Contribuição Previdenciária Diferenciada, *Revista de Previdência Social*, n.185, Abril de 1996, p.311-313.

as instituições financeiras, "em regra", são "possuidoras de lucros significativos".

O problema desse primeiro argumento é que, como observou Luciano Amaro, se se repara bem, o *discrimen* não se baseia na capacidade econômica: nem todas as instituições financeiras têm a mesma lucratividade, e contribuintes de outros setores têm lucratividade maior do que as instituições financeiras. O último estudo da consultora Austin Rating com o *ranking* sobre a rentabilidade dos principais setores da economia brasileira (2012) indica que, das diversas categorias de instituições financeiras, somente o setor de cartões de crédito figura de fato como o atual campeão de lucratividade na economia nacional. Após esse setor, vêm, por ordem de lucratividade, os setores de bebidas e fumo, editorial e gráfico, concessões de rodovia, negócios imobiliários, mineração e aluguel de carros, e somente depois vêm os bancos em geral (posição de número 8). As seguradoras, expostas à mesma alíquota agravada da contribuição, têm lucratividade bem menor, ocupando o posto de número 14.[11]

O segundo argumento de Paulo José Leite Farias é no sentido de que o agravamento da alíquota das instituições financeiras seria justificado pela "necessidade de incentivar a atividade produtiva e diminuir-se a atividade especulativa".[12] O autor lança esse argumento mas não o desenvolve, deixando de responder, por exemplo, às seguintes indagações: que princípio ou regra da ordem econômica estabelecida na Constituição de 1988 respalda esse forte juízo de desvalor em relação às instituições financeiras perante os demais setores da economia? É correto considerar "especulativa" a atividade de instituições que compõem um sistema que segundo a Constituição deve ser "estruturado de forma a promover o desenvolvimento equilibrado do país e a servir aos interesses da coletividade" (art.192 da Constituição, que trata do sistema financeiro nacional)? É razoável ou constitucionalmente adequada a comparação – feita pelo referido autor – entre a atividade das instituições financeiras e "consumos nocivos, tais como bebidas, fumo e cartas de baralho", o "latifúndio improdutivo" e a "especulação imobiliária"?[13]

Esse possível propósito sancionatório da legislação é criticado por Roberto Ferraz, que o imputa ao "forte preconceito na população brasileira contra o lucro obtido em operações financeiras", oriundo do tradicional pensamento católico que condena a usura.[14] Segundo o autor, a legislação

---

[11] Esse *ranking* atual analisa os resultados financeiros do primeiro trimestre de 2012 de 379 empresas de capital aberto, agregadas em 32 setores da economia, conforme dados compilados por *AustinBank e AustinCredit*. O indicador de rentabilidade utilizado foi calculado a partir da relação Lucro Líquido (LL) sobre Patrimônio Líquido (PL), que é um indicador financeiro que mede o retorno do capital próprio investido. O estudo está disponível em http://www.acionista.com.br/mercado/artigos_mercado/150812_Austin.pdf, acesso em 01.11.2012.

[12] FARIAS, Paulo José Leite. Instituições Financeiras – Contribuição Previdenciária Diferenciada, *Revista de Previdência Social*, n.185, Abril de 1996, p. 312.

[13] Idem, p. 313.

[14] FERRAZ, Roberto. Igualdade na Tributação – Qual o Critério que Legitima Discriminações em Matéria Fiscal?, In: FERRAZ, Roberto (coord.). *Princípios e Limites da Tributação*, São Paulo: Quartier Latin, 2002, p. 481. No mesmo sentido, vide FERRAZ, Roberto. A Inconstitucionalidade da Tributação Majorada do

tributária somente pode discriminar em função dos setores da atividade econômica nos casos em que a referibilidade é da natureza do próprio tributo, referibilidade que não existe no caso da contribuição social sobre o lucro, não exigindo a atividade bancária "maiores cuidados do sistema de saúde ou previdenciário".[15]

Em artigo publicado em 2008,[16] Gabriel Troianelli ofereceu sólidos argumentos para fundamentar a tese da invalidade da alíquota agravada das instituições financeiras na legislação da contribuição social sobre o lucro. Afirmou o autor, a nosso ver com toda razão, que a capacidade contributiva é sempre característica individual do contribuinte, não podendo ser aplicada, de forma global e genérica, a toda uma categoria econômica. Argumentou o autor que o § 9º do art.195, introduzido no texto constitucional pela Emenda Constitucional 20/1998, não tem o condão de fundamentar a instituição da alíquota agravada, pois os quatro critérios mencionados no referido dispositivo[17] devem ser manejados pelo legislador à luz da isonomia e da equidade na forma de participação no custeio da seguridade social. A equidade na forma de participação no custeio da seguridade social justifica tanto o manejo do critério da solidariedade/capacidade econômica, quanto o manejo do critério da referibilidade entre os ônus previdenciários impostos aos cofres públicos por determinado setor ou atividade econômica e suas respectivas obrigações tributárias de custeio. Contudo, no caso da alíquota agravada das instituições financeiras, não há utilização nem de um critério nem de outro.

A invalidade da alíquota agravada das instituições financeiras na legislação da contribuição social sobre o lucro voltou a ser defendida em artigos recentes de doutrina. Para Lívia Silva e Paulo Tedesco, a instituição de alíquota mais elevada da contribuição social sobre o lucro para determinadas pessoas jurídicas só pode ocorrer caso haja o correspondente incremento na oferta de serviços e benefícios da seguridade social (referibilidade).[18] Discordamos de tal raciocínio. Conforme orientação defendida por Alexandre Pacheco,[19] é admissível o legislador distinguir entre os contribuintes da con-

---

Setor Financeiro por Mera Presunção, In: ROCHA, Valdir de Oliveira (coord.). *Grandes Questões Atuais do Direito Tributário – 12º Volume*, São Paulo: Dialética, 2008, p. 436-462.

[15] FERRAZ, Roberto. Igualdade na Tributação – Qual o Critério que Legitima Discriminações em Matéria Fiscal?, In: FERRAZ, Roberto (coord.). *Princípios e Limites da Tributação*, São Paulo: Quartier Latin, 2002, p. 488. No mesmo sentido, vide CAIUBY, Eduardo Carvalho & FILHO, Léo do Amaral. Adicional de contribuição previdenciária das instituições financeiras, In: NETO, Michel Cutait (org.). *Contribuições Sociais em Debate*, Leme: Mizuno, 2003, p.219-247.

[16] TROIANELLI, Gabriel Lacerda. Alíquota diferenciada para a CSLL: inconstitucionalidade do artigo 18 da MP 413, *Revista Dialética de Direito Tributário*, n.150, 2008, p. 46-55.

[17] A saber: setor de atividade econômica, utilização intensiva de mão de obra, porte da empresa e condição estrutural do mercado de trabalho.

[18] SILVA, Lívia Balbino Fonseca & TEDESCO, Paulo Camargo. A Instituição de Alíquota Majorada para Instituições Financeiras e Equiparadas pela Medida Provisória nº 413/08, Convertida na Lei nº 11.727/08, *Revista Dialética de Direito Tributário*, n.162, 2009, p.14-20.

[19] PACHECO, Alexandre S.. Fundamentos para Justificação Racional de Tratamento Tributário Diferenciado em Função do Lucro. A Experiência da CSLL das Instituições Financeiras, *Revista Dialética de Direito Tributário*, n.175, 2010, p. 18-34.

tribuição social sobre o lucro a partir da capacidade contributiva, levando em conta a grandeza absoluta dos lucros ou a grandeza relativa da lucratividade de cada contribuinte. O problema é que, no caso concreto, o legislador manejou a capacidade contributiva de forma meramente retórica, apelando para o senso comum segundo o qual os bancos ostentam "inegavelmente" os maiores lucros da economia. Tem razão o autor ao afirmar que, numa economia dinâmica e diversificada como a brasileira, em que a cada ano há consideráveis alterações no *ranking* de lucratividade dos setores de atividade, não se mostra lógico nem razoável fundamentar na capacidade econômica uma medida legislativa que estabelece uma alíquota agravada sobre o lucro para somente um setor econômico específico.[20] Daí a constatação de que a alíquota agravada das instituições financeiras se explica muito mais por razões ligadas à prevenção arraigada na população brasileira contra o caráter "predatório" das atividades bancárias.[21]

Essa constatação é corroborada pela análise do artigo doutrinário no qual o Procurador da Fazenda Nacional e Consultor da União Oswaldo Othon Filho defende a validade da alíquota diferenciada para as instituições financeiras na legislação da contribuição social sobre o lucro.[22] O que chama atenção no referido artigo não são os dois sempre repisados argumentos em favor do tratamento agravado das instituições financeiras: (i) o art.195, § 9º, da Constituição admitiria expressamente a diferenciação de alíquotas "em razão da atividade econômica"; (ii) as instituições financeiras "a todo ano" bateriam novos recordes em matéria de lucros. Como se viu acima, esses dois argumentos não resistem a um rigoroso exame, e vêm sendo há muitos anos desconstruídos pela doutrina. O que chama atenção no referido artigo é que o autor deu muito mais ênfase a outros motivos para justificar o trato agravado. Subscrevendo análise feita pelo senador Álvaro Dias, que apresentou projeto de lei prevendo alíquota diferenciada da contribuição social sobre o lucro para as instituições financeiras, Oswaldo Othon arrolou como motivos da alíquota agravada das instituições financeiras a "cobrança de tarifas abusivas" por parte dos bancos, e o "altíssimo *spread* bancário cobrado das empresas e do consumidor nas operações de crédito", usando as palavras do referido senador para afirmar ser "necessário devolver à sociedade, sob a forma de serviços públicos, parte da imensa riqueza que lhe é subtraída cotidianamente na forma de juros e tarifas excessivos cobrados pelos bancos".[23]

---

[20] Neste sentido, vide CEZAROTI, Guilherme. Análise da Aplicação de Alíquotas Diferenciadas de Contribuições Sociais para Instituições Financeiras. *Revista Dialética de Direito Tributário*, n.202, 2012, p. 57-66. O autor conclui, com inteira razão, que "não há suporte econômico para os critérios de diferenciação jurídica eleitos pelo legislador para diferenciação das instituições financeiras como grupo (desigualdade vertical), nem para a equiparação de entes tão diferentes dentro do mesmo grupo" – *op.cit.*, p.66.

[21] Vide PACHECO, Alexandre, *op.cit.*, p.28-33.

[22] FILHO, Oswaldo Othon de Pontes Saraiva. O aumento da alíquota da CSLL sobre as instituições financeiras (arts. 17 e 18, II, da Medida Provisória nº 413/2008), *Revista Fórum de Direito Tributário*, n.32, 2008, p.51-64.

[23] FILHO, *op.cit.*, p.54-55.

O uso desses "motivos", tanto no contexto do processo legislativo (no projeto de lei formulado pelo senador Álvaro Dias) quanto no contexto da dogmática e da doutrina acadêmica (no artigo de Oswaldo Othon), aliado à fraqueza e superficialidade dos argumentos que justificam o trato diferenciado apropriando-se retoricamente do princípio da capacidade econômica, demonstra que, no fundo, a alíquota agravada da contribuição social sobre o lucro – e mesmo da contribuição sobre a folha de salários – apresenta um indisfarçável caráter sancionatório.

A nosso ver, há, de fato, elementos a apontar para a existência de níveis exagerados de *spread* bancário no Brasil, muito superiores aos que se verificam em outros países.[24] O mesmo se pode dizer em relação à abusividade na cobrança de tarifas bancárias, ambos os fenômenos ligados à crônica e crescente falta de efetiva concorrência no mercado bancário brasileiro. Contudo, o combate a tais graves problemas deve ser feito pelas vias adequadas da política econômica e monetária, com medidas de incentivo da concorrência entre os bancos e mobilidade dos clientes, de redução da assimetria de informações etc., tais como a recente medida do cadastro positivo (Lei 12.414, de 2011). Mostra-se desarrazoado combater o problema por meio de incidências anômalas para financiamento da seguridade social, até porque um dos fatores que motiva a alta do *spread* bancário é justamente a carga tributária diferenciada que incide sobre o setor.

4. Jurisprudência

A grande maioria dos julgados dos Tribunais Regionais Federais sobre o tema ora em estudo julga válida a alíquota adicional das instituições financeiras, lançando mão laconicamente de dois argumentos (sem, contudo, desenvolvê-los e aprofundá-los), ambos já vistos e analisados na seção anterior. O primeiro argumento é o de que "é notório que as instituições (...) possuem maior capacidade econômica em relação ao conjunto de contribuintes", sendo o objetivo da norma onerar aquele que "detém capacidade econômica mais acentuada" (Agravo Legal em Apelação Cível 0031270-27.1998.4.03.6100/SP, TRF 3ª Região, 1ª Turma, Relatora Juíza Silvia Rocha j.31.01.2012). No mesmo sentido, afirma-se que "buscou o legislador onerar de forma mais drástica o contribuinte com maior poder aquisitivo" (Agravo Legal em Apelação Cível 0014671-81.1996.4.03.6100/SP, TRF 3ª Região, 5ª Turma, Relator Desembargador Federal Luiz Stefanini, j.22.08.2011).[25]

Esse primeiro argumento tem um inegável poder retórico, pois de fato é verdade que, na média, as instituições financeiras apresentam lucros vultosos e uma alta taxa de lucratividade. O problema é dar o argumento por

---

[24] Neste sentido, cf. http://agenciabrasil.ebc.com.br/noticia/2012-05-04/spread-bancario-e-uma-anomalia-que-tem-de-ser-corrigida-diz-mantega, acesso em 02.11.2012.

[25] Para referências de mais julgados dos Tribunais Regionais Federais sobre o tema, cf. CEZAROTI, Guilherme. Análise da Aplicação de Alíquotas Diferenciadas de Contribuições Sociais para Instituições Financeiras. *Revista Dialética de Direito Tributário*, n.202, 2012, p. 57-62 e CAIUBY, Eduardo Carvalho & FILHO, Léo do Amaral. Adicional de contribuição previdenciária das instituições financeiras, In: NETO, Michel Cutait (org.). *Contribuições Sociais em Debate*, Leme: Mizuno, 2003, p.239-242.

válido com base apenas nessas constatações iniciais, e não aprofundar a análise do problema, nem examinar as alegações que a doutrina especializada vem opondo há mais de uma década contra a legislação ora em debate. Ora, se a alíquota adicional realmente visa a estabelecer uma incidência tributária compatível com a capacidade contributiva, por que levou em conta somente a capacidade contributiva das empresas de um setor econômico? Mesmo que fosse possível medir e tributar objetivamente a capacidade contributiva do setor, e não a capacidade contributiva de cada contribuinte, ainda assim seria arbitrário estabelecer um aumento para atingir somente a capacidade contributiva de um setor, excluindo todos os demais, visto que todas as estatísticas disponíveis demonstram que setores como bebidas e fumo, editorial e gráfico, concessões de rodovia, negócios imobiliários, mineração e aluguel de carros vêm apresentando nos últimos anos, na média, lucratividade superior à dos bancos (vide nota de pé de página 11)?

A defesa da alíquota agravada das instituições financeiras com base no argumento da capacidade econômica deve responder às indagações acima, sob pena de representar um mero artifício retórico.

O segundo argumento utilizado pelos Tribunais Regionais Federais é o da "expressa" previsão e autorização da alíquota agravada pelo art.195, § 9º, da Constituição. Como o art. 195, § 9º, da Constituição se refere a "alíquotas diferenciadas em razão da atividade econômica", o argumento é o de que a alíquota agravada das instituições financeiras, no caso da contribuição social sobre o lucro e sobre a folha de salários, está chancelada "expressamente" pela Constituição. O argumento não é correto. É certo que o texto do dispositivo menciona a expressão "atividade econômica". Mas o que isso significa? Significa que o legislador pode diferenciar tendo em vista alguma característica ou algum dado *presente* nas diversas atividades econômicas. Ou seja, o relevante nunca pode ser a atividade econômica em si – como se uma atividade fosse em si mesma mais ou menos "valiosa" do que outra –, mas sim algum critério racional que se manifesta de determinada forma naquela atividade.

Veja-se o exemplo das alíquotas diferenciadas da contribuição do SAT. A legislação distingue as alíquotas (1, 2 ou 3% sobre a folha de salários) com base na atividade econômica, mas o verdadeiro critério desse trato diferenciado é o risco de acidentes laborais presente em cada uma das atividades. Seria válido o legislador do SAT criar uma alíquota mais agravada somente para uma atividade econômica, dado o risco de acidentes nessa atividade, e manter uma alíquota fixa para todas as outras atividades mesmo que se saiba que há diversas atividades com risco de acidentes laborais tão alto quanto o da primeira, ou mesmo com risco de acidentes ainda mais alto? Seria clara a violação da igualdade tributária, mas é exatamente isso o que se faz com a medida ora em exame, só que o critério "risco de acidentes laborais" é trocado pelo critério "lucratividade".

Também em relação a esse segundo argumento, é preciso que a jurisprudência o desenvolva racionalmente, segundo as regras da fundamentação discursiva.

E o Supremo Tribunal Federal, como vem se posicionando a respeito do assunto? Infelizmente, a superficialidade reinante na jurisprudência dos tribunais regionais também é a regra na abordagem que, até aqui, o STF promoveu sobre o tema.

O acórdão do plenário em que o tema foi discutido pelos Ministros é o relativo à Medida Cautelar na Ação Cautelar 1.109 (Relator para o acórdão o Ministro Carlos Britto, DJ 19.10.2007). Discutia-se não propriamente o mérito da questão, e sim a plausibilidade da tese do contribuinte, requerida para que se concedesse o efeito suspensivo ao recurso extraordinário interposto contra o acórdão do TRF da 3ª Região que havia declarado a constitucionalidade da medida legislativa.

O único voto a favor da plausibilidade da tese foi o do Ministro Marco Aurélio, que, contudo, adotou um argumento a nosso ver equivocado: o argumento de que a alíquota agravada das instituições financeiras somente seria válida após o advento da Emenda Constitucional 20/98 e a introdução do § 9º no art.195 do texto constitucional. Parece-nos que, mesmo antes da introdução desse § 9º, o legislador já podia estabelecer tratamentos diferenciados entre categorias de empresas no tocante a bases de cálculo e alíquotas das contribuições de seguridade social. O legislador podia e pode promover tal diferença de tratamento, desde que a diferenciação apresente razões plausíveis e lógicas, e isso vale para tanto para o período anterior quanto para o período posterior à inclusão do dispositivo no texto da Constituição.

Os demais Ministros negaram a medida cautelar. Alguns deles preferiram não se manifestar sobre o mérito do assunto. No caso do Ministro Cezar Peluso, o mérito foi ferido com base no já mencionado argumento da capacidade econômica: "em princípio, parece-me razoável a tese de que não há inconstitucionalidade alguma, se a contribuição é estabelecida em razão da capacidade e do poderio econômico do contribuinte" (fl.47).

Em julgados monocráticos, o tema também foi abordado, sempre de forma lacônica e superficial. Na decisão que negou seguimento ao RE 235.036, o Ministro Gilmar Mendes limitou-se a transcrever e chancelar o parecer do Subprocurador-Geral da República. Segundo esse parecer, a capacidade contributiva, expressão da diretriz da solidariedade, aplica-se à contribuição social sobre o lucro. Até aí, nenhuma objeção. Ainda segundo o parecer, a discriminação das instituições financeiras estaria de acordo com o princípio da capacidade contributiva, pois não se pode negar que, *objetivamente* consideradas, tais pessoas auferem lucros dignos de destaque, não inibindo essa distinção a circunstância de existirem empresas outras com maiores lucros, ou empresas da área financeira com pequena margem de lucro.

Esse trecho decisivo do parecer não é objeto de qualquer glosa por parte do Ministro Gilmar Mendes, que o aplica ao caso dos autos, sem mais. Contudo, diversas perguntas ficam no ar: Se o objetivo da norma é onerar os que mais lucram, por que não se estabeleceu uma alíquota adicional da contribuição social sobre o lucro nos mesmos termos da alíquota adicional do imposto de renda das pessoas jurídicas, que incide uniformemente sobre todas as empresas cujo lucro ultrapassa determinado patamar em reais?

O legislador ordinário pode escolher de forma discricionária, dentre digamos os 10 setores mais lucrativos da economia, quais deles submeterá a uma alíquota adicional e quais deles poupará dessa alíquota adicional? Isso se ajusta ao mandamento de equidade na forma de participação no custeio da seguridade social? A Constituição chancela o uso da capacidade econômica "por setor", e não "por contribuinte"?

No acórdão dos Embargos Declaratórios no Recurso Extraordinário 209.014 (1ª Turma, Relator Ministro Sepúlveda Pertence, DJ 04.06.2004), a tese da violação da isonomia foi descartada pelo Ministro Sepúlveda Pertence com base num argumento praticamente ininteligível. O contribuinte alegou que o art. 150, II, da Constituição o protegeria da alíquota adicional sobre a folha de salários. O posicionamento do acórdão sobre essa alegação do contribuinte foi o seguinte (fl.423):

> Por outro lado, não há como pretender que a situação das empresas submetidas à contribuição adicional do art. 3º, § 2º, da L.7.787/89 – bancos comerciais, de investimentos (...) e entidades de previdência privada abertas e fechadas –, seja equivalente à das empresas industriais, comerciais ou prestadoras de serviço, para os fins do art.150, II, da Constituição. Se existisse tal equivalência, não faria sentido a tradicional classificação da atividade econômica em segmentos ou setores, de que partiu o legislador para instituir o adicional questionado.

Veja-se o problema lógico. O contribuinte afirmou que sua condição de instituição financeira é, para fins da contribuição social sobre a folha de salários, equivalente à condição de outros setores econômicos. A esse argumento o STF responde o seguinte: se existisse tal equivalência, não "faria sentido" a "tradicional classificação da atividade econômica" de que partiu o legislador para instituir o adicional. Ora, mas o que o contribuinte defende é exatamente isso: que, para fins de criar uma alíquota adicional da contribuição sobre a folha de salários, não faz sentido diferenciar os contribuintes por segmentos de atividades. O STF não ofereceu um contra-argumento nem mesmo lógico à alegação do contribuinte.

5. O que se espera do Supremo Tribunal Federal na análise da questão?

Passados mais de 20 anos do estabelecimento pelo legislador, em 1989, da alíquota adicional da contribuição sobre a folha de salários e da alíquota agravada da contribuição social sobre o lucro, o STF ainda não apreciou o mérito da alegação de violação à igualdade e à equidade na forma de participação no custeio da seguridade social. O fará, provavelmente, no julgamento do mérito da ADI 4.101 e no bojo de recursos extraordinários, pois a repercussão geral da matéria já está reconhecida (RG em RE 598.572, Relator Ministro Ricardo Lewandowski, DJ 09.10.2009 e RG em RE 599.309, Relator Ministro Ricardo Lewandowski, DJ 16.09.2011).

Independente da conclusão a que chegue a respeito do caso, o que se espera do STF é que finalmente a jurisprudência aprecie de modo completo e rigoroso os argumentos lançados nas últimas décadas pela doutrina. Em seu voto na já mencionada Medida Cautelar na Ação Cautelar 1.109, o Ministro Carlos Britto afirmou com toda sua veia poética que "ainda hão de correr rios de doutrina sob a ponte do Supremo Tribunal Federal, até que este Plenário decida sobranceiramente a questão" (fl.40). Os rios de doutrina já correram, e caudalosos, nesses últimos vinte e poucos anos. E infelizmente terão corrido em vão se a jurisprudência continuar a ignorá-los olimpicamente, como tem até agora feito.

No voto que proferiu na Medida Cautelar na Ação Cautelar 1.109, o Ministro Joaquim Barbosa não adentrou o mérito da questão, e preferiu aduzir o seguinte (fl.45):

> Sem uma detida análise do sistema de custeio da seguridade social e das circunstâncias do caso, é impossível afirmar a necessária, a densa probabilidade de conhecimento e provimento do recurso extraordinário quanto às teses que sustentam a proibição constitucional para tributação diferenciada das instituições financeiras, por violação da capacidade contributiva e da isonomia tributária.

O que se espera do STF é que, na análise do mérito da questão, faça exatamente isso: uma *detida* análise do sistema de custeio da seguridade social, das circunstâncias do caso concreto e dos argumentos lançados pela doutrina.

6. Conclusões

Continuamos convencidos[26] de que as alíquotas agravadas das instituições financeiras não são informadas por critérios de capacidade econômica, como induz a crer a retórica da Exposição de Motivos da MP 413. Caso o fossem, a alíquota majorada teria em seu campo de incidência todos os contribuintes que apresentassem lucro ou lucratividade em patamares superiores, independente do seu setor de atividade (tal como ocorre com a alíquota adicional do atual IRPJ). Como pode ser "adequada" do ponto de vista da capacidade econômica uma norma que manda um banco com lucro e lucratividade inferior ao de uma empresa industrial (ou de qualquer outro ramo) recolher a CSL com a aplicação de uma alíquota 66% superior? A aplicação racional e lógica dos critérios "lucratividade, dinamismo e expansão" como parâmetros de gradação das alíquotas levaria à inclusão de diversos outros setores de atividade econômica no âmbito de incidência da alíquota majorada.

Não há discriminação arbitrária em se tomar uma característica de um setor de atividade econômica como critério de tratamento tributário-previdenciário diferenciado, desde que se esteja diante de uma característica necessariamente presente em todos os componentes desse setor de atividade (como se dá na legislação da contribuição do SAT em relação ao grau de risco da atividade), e essa característica tenha impactos sobre os gastos do sistema de seguridade social.

---

[26] Cf. GODOI, Marciano Seabra de. A alíquota agravada da contribuição social sobre o lucro das instituições financeiras (art.17 da Lei 11.727/2008), In: ROCHA, Valdir de Oliveira (coord.). *Grandes Questões Atuais do Direito Tributário – 12º Volume*, São Paulo: Dialética, 2008, p.387-401.

Não é necessária uma especial formação econômica para saber que, ano após ano, o *ranking* de lucratividade por setores numa economia de mercado apresenta variações, e que em todo e qualquer setor econômico os lucros e a lucratividade tendem a variar de empresa para empresa. Tampouco é necessário maior refinamento jurídico para saber que a capacidade econômica que se busca alcançar com qualquer tributo é a capacidade econômica do contribuinte, e não a capacidade econômica média de determinado setor. Por isso se mostra arbitrário definir uma alíquota agravada de um tributo sobre o lucro para todos os contribuintes de determinado ramo de atividade, tomando como parâmetro a suposta lucratividade *média* ou *objetiva* do setor. Isso nada tem a ver com a técnica de gravar a capacidade econômica dos contribuintes com base em dados objetivos como a propriedade de um imóvel ou de um veículo automotor.

A alíquota agravada definida pelo art. 17 da Lei 11.727/08 somente encontrará apoio ou respaldo no art. 195, § 9º, da Constituição se esse último dispositivo for lido de maneira literal e canhestra. É um erro palmar considerar que toda vez que o legislador escolher o critério "setor de atividade econômica" para criar distinções no regime de recolhimento das contribuições previdenciárias, ter-se-á uma norma automaticamente constitucional, por força da "literalidade" do art. 195, § 9º, da Constituição. O legislador pode diferenciar tendo em vista alguma característica ou algum dado presente nas diversas atividades econômicas. O relevante para justificar o trato diferenciado nunca pode ser a atividade econômica em si – como se uma atividade fosse em si mesma mais ou menos "valiosa" do que outra –, mas sim algum critério racional que se manifeste de determinada forma naquela atividade.

O fato de a lei ordinária tomar um dos elementos mencionados no art. 195, § 9º, da Constituição como critério diferenciador de alíquotas e bases de cálculo das contribuições do art. 195, I, da Constituição não torna essa lei automaticamente constitucional. É preciso encontrar na lei motivos razoáveis, razões suficientes para validar o manejo concreto a que o legislador submeteu o critério previsto expressamente no art. 195, § 9º, da Constituição.

— 6 —

O conceito de salário na jurisprudência do TST e os institutos de bônus de entrada e retirada e das *stock options*

MARCEL CORDEIRO

Doutor e Mestre em Direito Previdenciário pela PUC/SP
Especialista em Direito do Trabalho pela PUC/SP
Advogado e Administrador de Empresas
Professor na Escola Superior de Advocacia de São Paulo,
na Escola Paulista de Direito e na PUC/SP

Sumário: I – Proêmio; II – Dos conceitos de salário e remuneração na doutrina; III – Do conceito de salário no Tribunal Superior do Trabalho; IV – Bônus de entrada e retirada; V – *Stock options* (programas de concessão de ações); VI – Das conclusões.

I – Proêmio

Mesmo depois de tantos anos contados da promulgação do Decreto-Lei nº 5.452/1943 (DOU 09.08.1943), que aprovou a Consolidação das Leis do Trabalho, os debates envolvendo os conceitos de salário e remuneração mantêm-se com grande intensidade.

Como se sabe, a Consolidação das Leis do Trabalho se alterna na utilização desses vocábulos, por vezes preferindo *salário* (*v.g.* Art. 40, I), outras vezes indicando *remuneração* (*v.g.* Art. 117) e em algumas oportunidades adotando ambos os termos (*v.g.* Art. 29, § 1º), sem, contudo, percorrer uma linha sólida quanto a uma ou a outra terminologia.

E como não poderia ser diferente, a doutrina divide-se sobre o assunto. Alguns autores apontam, por exemplo, que os termos são sinônimos. Outros, por sua vez, indicam que o salário é a quantia paga diretamente pelo empregador, enquanto a remuneração é montante pago ao empregado por outras fontes. Os exemplos aqui são as gorjetas e as gueltas. Alguns outros, por fim, entendem que a remuneração é gênero do qual salário é verdadeira espécie.

A mim parece que a última vertente é a mais adequada, ao menos desde o advento da Emenda Constitucional nº 20/1998, que deu nova redação ao art. 202 da Constituição Federal, em particular ao § 2º. Desde lá, não apenas as contribuições do empregador, os benefícios e as condições contratuais previstas nos estatutos, regulamentos e planos de benefícios das entidades de previdência privada afastam-se do contrato de trabalho dos participantes, como também se distanciam da remuneração dessas pessoas físicas, à exceção dos benefícios concedidos.

Vê-se, portanto, que determinados pagamentos ou certas receitas ingressam no conceito da remuneração e não auferem, com isto, natureza salarial.

O Direito do Trabalho percorre esse caminho quando trata dos prêmios. Os prêmios integram a remuneração dos trabalhadores, mas ganham natureza salarial apenas quando são pagos habitualmente.

Quando se fala da gorjeta, o Tribunal Superior do Trabalho estampa efeito semelhante em sua Súmula 354, tendo em vista que tal parcela não serve de base de cálculo para o aviso-prévio, o adicional noturno, as horas extras e o repouso semanal remunerado. Vale dizer, há traço remuneratório, mas inexiste natureza salarial.

II – Dos conceitos de salário e remuneração na doutrina

Sabe-se que o objeto é o bem sobre o qual incide o poder de agir do sujeito. Tudo que representa uma utilidade para a pessoa pode ser objeto de direito, e não somente as coisas, mas, também, as ações humanas.

No caso da relação de emprego, o objeto reside na paga pelo esforço desprendido. A Professora Christiani Marques[1] entende que "o salário nada mais é do que objeto do contrato de trabalho, fixado no momento da sua celebração".

E essa paga, no âmbito da relação de trabalho, especificamente na relação de emprego, recebe duas alcunhas: (i) remuneração e (ii) salário.

Há muito debate-se o conceito de remuneração e de salário e, por conta disto, inúmeros são os entendimentos acerca do assunto. José Martins Catharino,[2] em obra clássica sobre o tema, ensina que: "Salário é a retribuição dos serviços prestados pelo empregado, por fôrça do contrato de trabalho, sendo pago pelo empregador, que deles se utiliza para a realização dos fins colimados pela empresa. Remuneração é a soma do salário percebido em virtude do contrato de trabalho e dos proventos auferidos de terceiro, legal e habitualmente, pelos serviços executados".

---

[1] *A Proteção ao Trabalho Penoso*. São Paulo: LTr, 2007, p. 165.

[2] *Tratado Jurídico do Salário*. São Paulo: Universidade de São Paulo / LTr: 1951 (edição original) e 1997 (edição fac-similada) p. 21.

Assim, segundo o autor e em linha com o conceito legal, o salário sempre é parte da remuneração, mas esta pode abranger parcela que, a rigor, não é salário.

Mutatis mutandis, tem-se aqui a dicotomia ventilada pela Constituição Federal, art. 202, § 2º, na qual se percebe que os benefícios concedidos no âmbito da previdência privada integram a remuneração dos participantes, apesar de não integrarem seus contratos de emprego e, por consequência, seus salários.

Seguindo a primorosa linha de José Martins Catharino, Carla Teresa Martins Romar[3] tem pensamento semelhante ao aqui esposado, indicando que "Remuneração é gênero, do qual salário é espécie". E a autora conclui, *in verbis*:

> Remuneração é o conjunto de todas as verbas recebidas pelo empregado como contraprestação pelos serviços prestados, abrangendo aquela que é paga pelo próprio empregador (salário), como aquelas pagas por terceiros (gorjetas).

O ponto de atenção, entretanto, é que nem toda remuneração advém da contraprestação pelos serviços prestados.

Há acréscimo de patrimônio sem que o numerário tenha correspondência com o trabalho, propriamente dito. Eis o caso dos benefícios concedidos na esfera da previdência privada ou mesmo das *stock options*. De certa forma, Amauri Mascaro Nascimento[4] aponta para essa vertente mais moderna, *in verbis*:

> *Salário é o conjunto de percepções econômicas devidas pelo empregador ao empregado* não só como contraprestação do trabalho, mas, também, pelos períodos em que estiver à disposição daquele, aguardando ordens, pelos descansos remunerados, pelas interrupções do contrato de trabalho ou por força de lei – destaquei.

Tais premissas restam condensadas pelo Professor (i) na contraprestação do trabalho; (ii) na contraprestação pela disponibilidade do trabalhador; (iii) na contraprestação, como um todo, do contrato de emprego; e (iv) mesmo no conjunto de percepções econômicas do empregado.[5] Frise-se, inclusive, que o Professor mantém referida linha de raciocínio em sua recente obra *Salário – conceito e proteção*.[6]

Em todas essas abordagens, o Professor lembra que o conceito de salário não perde o vínculo com a noção de contraprestação a ele inerente, não obstante as variações do cumprimento das obrigações de uma das partes em correspondência às de outra, considerando-se sempre em sua conceituação o trabalho desenvolvido, o tempo à disposição ou a simples celebração do contrato de emprego.

---

[3] *Direito do Trabalho e Direito Processual do Trabalho*. São Paulo: Atlas, 2010, p. 47.

[4] *Iniciação ao Direito do Trabalho*. São Paulo: LTr, 2007, p. 332.

[5] *Teoria Jurídica do Salário*. São Paulo: LTr, 1994, p. 98-114.

[6] São Paulo: LTr Editora, 2008, p. 63 e seguintes.

É de se notar que a clássica linha de pensamento de Catharino[7] e Romar[8] não é unânime. O Professor Pedro Paulo Teixeira Manus[9] ensina que "são sinônimas as expressões salário e remuneração" e atesta que "todo valor recebido pelo empregado em razão da prestação de serviços e no curso do contrato de trabalho tem natureza salarial". Mauricio Godinho Delgado[10] arremata esse pensamento, *in verbis*:

A onerosidade consiste em um dos elementos fático-jurídicos componentes da relação empregatícia. Ela se manifesta no contrato de trabalho através do recebimento pelo empregado de um conjunto de parcelas econômicas retributivas da prestação de serviços ou, mesmo, da simples existência da relação de emprego. Trata-se de parcelas que evidenciam que a relação jurídica de trabalho formou-se com intuito oneroso por parte do empregado, com intuito contraprestativo, com a intenção obreira de receber retribuição econômica em virtude da relação laboral estabelecida. *A esse conjunto de parcelas retributivas conferem-se, regra geral, os epítetos de remuneração ou de salário* – destaquei.

Arnaldo Süssekind,[11] ao percorrer os elementos componentes da contraprestação, abarca a remuneração e o salário de forma apartada, mas sem estabelecer a dicotomia ventilada por Catharino[12] e Romar.[13] Confira-se, *in verbis*:

Em face do estatuído no art. 457, *caput*, da CLT, *"remuneração" é a soma do salário devido e pago pelo empregador a seu empregado, como contraprestação global dos serviços prestados na execução do contrato de trabalho, com a retribuição (gorjeta) por este recebida de terceiros, pelos serviços que lhe foram prestados.* Quanto ao salário contratual, nos legislação preferiu discriminar os elementos que o compõem, ao invés de adotar uma definição, quase sempre suscetível de controvérsia – destaquei.

A ideia – mui respeitosamente, diga-se – , parece-me transposta, haja vista não apenas as gorjetas, como também outros pagamentos originários de terceiros integrarem a seara da remuneração. Exemplo seriam as gueltas.

O mestre[14] pontua que ao invés de conceituar o salário, a Consolidação das Leis do Trabalho optou por detalhar as rubricas que o compõem, assinalando comissões, porcentagens, gratificações ajustadas, diárias para viagem (que ultrapassam metade do salário-dia devido ao empregado) e abonos pagos pelo empregador. Realmente, a Consolidação das Leis do Trabalho refere-se não apenas ao salário, propriamente dito, mas também a diversas parcelas pagas pelo empregador aos empregados e que esculpem seus contornos. Verifique-se, *in verbis*:

---

[7] *Op. cit.*, p. 21.

[8] *Op. cit.*, p. 47.

[9] *Direito do Trabalho*. São Paulo: Atlas, 2009, p. 115-116.

[10] *Curso de Direito do Trabalho*. São Paulo: LTr, 2010, p. 643.

[11] *Curso de Direito do Trabalho*. Rio de Janeiro: Renovar, 2010, p. 421.

[12] *Op. cit.*, p. 21.

[13] *Op. cit.*, p. 47.

[14] ARNALDO SÜSSEKIND, *op. cit.*, p. 421.

Art. 457. Compreendem-se na remuneração do empregado, para todos os efeitos legais, além do salário devido e pago diretamente pelo empregador, como contraprestação do serviço, as gorjetas que receber.

§ 1º. *Integram o salário, não só a importância fixa estipulada, como também as comissões, percentagens, gratificações ajustadas, diárias para viagem e abonos pagos pelo empregador* – destaquei.

E essa riqueza de entendimentos não é exclusiva do ordenamento jurídico brasileiro. O autor português António Monteiro Fernandes[15] ensina, *in verbis*:

Não é, porém, exacto que a correspectividade se estabeleça entre a retribuição e o trabalho efectivamente prestado – nem isso estaria de acordo com o conteúdo preciso da relação de trabalho, tal como atrás o analisámos. *É a disponibilidade do trabalhador – mais do que o serviço efectivo – que corresponde ao salário* – destaquei.

Na Espanha, Antonio Martín Valverde, Fermín Rodríguez-Sañudo Gutiérrez e Joaquín Garcá Murcia[16] acrescentam, *in litteris*:

El artículo 26.1 ET, reproduciendo en buena parte lo que ya habían establecido normas precedentes, ordena que "se considerará salario la totalidad de las percepciones económicas de los trabajadores, en dinero o en especie, por la prestación profesional de los servicios laborales por cuenta ajena, ya retribuyan el trabajo efectivo, cualquiera que se la forma de remuneración, o los períodos de descanso computables como de trabaho". De esta descripción – más que definición en sentido estricto – merecen destacarse tres elementos o rasgos característicos".

Os três elementos seriam (i) o caráter global ou totalizador; (ii) a contraprestação a cargo do empregador; e (iii) o conteúdo patrimonial.

Além desse cumprimento de obrigações que, nos contratos bilaterais, uma parte executa em correspondência às de outra (leia-se contraprestação), a natureza jurídica salarial é marcada pela periodicidade dos pagamentos.[17]

Realmente, a sucessividade contribui para apontar se um determinado pagamento detém ou não natureza salarial.

Dito isso, de todas as posições aqui tracejadas por insignes mestres e professores, parece-me que as mais adequadas são aquelas cogitadas por Catharino,[18] Romar[19] e Mascaro.[20]

De fato, nem todos os pagamentos ofertados aos trabalhadores apresentam natureza salarial, ainda que denotem recompensa ou mesmo caracterizem majoração de patrimônio.

Alguns, como os benefícios de planos de previdência privada ou, por exemplo, *stock options*, numerários advindos do investimento de capital (*v.g.* lucros, dividendos) ou mesmo prêmios não habituais não integram o conceito de salário, apesar de comporem a remuneração.

---

[15] *Direito do Trabalho*. Coimbra: Almedina, 2006, p. 438.

[16] *Derecho del Trabajo*. Madrid: Tecnos, 2011, p. 611 e seguintes.

[17] TRT 4ª R. – RO 00682-2005-002-04-00-4 – Rel. Juiz Carlos Alberto Robinson – J. 18.04.2007.

[18] *Op. cit.*, p. 21.

[19] *Op. cit.*, p. 47.

[20] *Op. cit.*, p. 332.

Note-se que os planos de *stock options*, os lucros e dividendos, assim como os benefícios de previdência privada, não advêm do trabalho, propriamente dito, diferentemente dos prêmios não habituais, os quais mantêm fortes laços com o labor.

Inexistindo natureza salarial, inexistirão encargos sociais e demais reflexos, a não ser o reflexo no décimo terceiro salário, considerando o disposto na Súmula 253 do Tribunal Superior do Trabalho, *in verbis*:

253 – GRATIFICAÇÃO SEMESTRAL. REPERCUSSÕES – NOVA REDAÇÃO. A gratificação semestral não repercute no cálculo das horas extras, das férias e do aviso prévio, ainda que indenizados. Repercute, contudo, pelo seu duodécimo na indenização por antiguidade e na gratificação natalina.

Francisco Antonio de Oliveira[21] ensina que "as férias e o aviso prévio são satisfeitos tendo em conta o salário do trabalhador, nos termos dos arts. 129 e 488 da Consolidação". E o autor conclui, *in verbis*:

Vale dizer, não poderá a gratificação semestral refletir no cálculo de direitos diretamente ligados à unidade de tempo. O mesmo se diga em relação ao repouso semanal remunerado. Sendo mensalista, o repouso já se considera incluído naquelas verbas pagas mensalmente (adicional de insalubridade, de periculosidade, noturno) e sobre as gratificações semestrais, anuais etc. É bem de ver que, no caso do aviso prévio e das férias, são remunerados no mesmo tempo a que corresponde a gratificação semestral. A sua repercussão atentaria contra o princípio do non bis in idem, conflitando com os arts. 129, 146, 147 e 487, § 1º, da CLT.

Logo, o pagamento único de prêmio reflete, pelo seu duodécimo, somente no pagamento do décimo terceiro salário.

III – Do conceito de salário no Tribunal Superior do Trabalho

Dada a diversidade de conceitos e opiniões, realmente ganha singular importância conhecer as posições do Tribunal Superior do Trabalho neste pequeno estudo.

Dentre as atuais linhas de pensamento da mais alta Corte Trabalhista, desponta-se aquela na qual o salário é tido como parcela contraprestativa fixa, central e paga ao empregado no contexto do contrato de trabalho, constituindo, com isso, sua parte mais relevante.[22]

A quantia principal e contraprestativa não é representada por apenas uma rubrica, mas sim por um conjunto de parcelas pagas periodicamente pelo empregador e que compensam o esforço do empregado para desenvolver o pacto laboral, ainda que não ocorra trabalho efetivo.[23]

O salário, portanto, é a parcela mais significativa no universo remuneratório e é quitado por conta do desprendimento do esforço para o desenvolvimento do contrato de trabalho.

---

[21] *Comentários às Súmulas do TST*. São Paulo: Revista dos Tribunais, 2010, p. 528-529.

[22] TST – AIRR 508/2008-138-03-40.2 – Rel. Min. Mauricio Godinho Delgado – DJe 21.10.2011 – p. 1464.

[23] TST – RR 2853/1997-058-02-00.4 – Rel. Min. Lelio Bentes Corrêa – DJe 22.10.2010 – p. 399.

De certo, a pedra de toque repousa na retribuição ao labor prestado, ou pelo menos na compensação pelo tempo à disposição do empregador.[24]

É com essa linha de raciocínio, por exemplo, que a Justiça Federal do Trabalho vem rechaçando a incidência de contribuição social previdenciária sobre o pagamento do aviso-prévio indenizado.[25]

Há um feixe, portanto, de rubricas, e não apenas uma única rubrica paga à vista do desenvolvimento do contrato de trabalho. O salário global é constituído do salário básico, equivalente à importância fixa estipulada no ato da contratação do empregado, enriquecido de outras parcelas pagas pelo empregador, tudo segundo o disposto no § 1º do art. 457 da CLT.[26]

E assim como ocorre com o prêmio, a natureza salarial é outorgada a tais rubricas quando há habitualidade no pagamento.[27] A remuneração de vantagem denominada ajuda de custo, por exemplo, quitada de forma fixa e mensal, representa pagamento de salário por via oblíqua.[28]

As gueltas, por outro lado, ganham a mesma natureza das gorjetas, já que são providas por fornecedores do empregador como vantagem pecuniária a título de incentivo ao empregado. Tem-se aplicado a elas, analogicamente, o art. 457 da CLT e o entendimento exarado na Súmula nº 354 do TST, o qual prevê que as gorjetas integram a remuneração do empregado, não servindo de base de cálculo para as parcelas de aviso-prévio, adicional noturno, horas extras e repouso semanal remunerado.[29]

Já no que tange ao salário *in natura*, a teor do disposto no art. 458 da CLT, as parcelas fornecidas por força do contrato de trabalho ou por liberalidade do empregador, de forma habitual e gratuita, têm natureza salarial.[30]

O Tribunal Superior do Trabalho pacificou o entendimento de que o fornecimento de utilidades *in natura* pelo empregador ao empregado, tais como habitação, energia elétrica e veículo, quando indispensáveis para a realização do trabalho, não têm natureza salarial, ainda que, no caso de veículo, seja ele utilizado pelo empregado também em atividades particulares.[31]

---

[24] TST – RR 1531-84.2009.5.06.0141 – Rel. Min. Ives Gandra Martins Filho – DJe 14.10.2011 – p. 326.

[25] Essa posição destoa, por exemplo, da Instrução Normativa RFB nº 971/2009, Art. 58, que enumera, de forma taxativa, as verbas isentas (afastadas do conceito de salário-de-contribuição).

[26] TST – RR 78900-24.2007.5.09.0665 – Rel. Min. Antônio José de Barros Levenhagen – DJe 04.02.2011 – p. 1.566.

[27] TST – AIRR 3156-95.2010.5.01.0000 – Rel. Min. Guilherme Augusto Caputo Bastos – DJe 11.02.2011 – p. 312.

[28] TST – RR 1181-43.2010.5.08.0000 – Rel. Min. Aloysio Corrêa da Veiga – DJe 11.02.2011 – p. 825.

[29] TST – RR 1353/2005-103-03-00.0 – Rel. Min. José Roberto Freire Pimenta – DJe 11.02.2011 – p. 399.

[30] TST – RR 13731/2002-006-09-00.4 – Rel. Min. Guilherme Augusto Caputo Bastos – DJe 18.02.2011 – p. 582.

[31] TST – RR 300-07.2008.5.15.0141 – Rel. Min. Mauricio Godinho Delgado – DJe 18.02.2011 – p. 917.

IV – Bônus de entrada e retirada

O bônus, segundo o Dicionário Contemporâneo da Língua Portuguesa Caldas Aulete,[32] indica "o prêmio que algumas emprêsas concedem aos seus assinantes, fora do ajuste: algumas companhias de seguros dão o sétimo ano gratuito aos segurados (...)".

Modernamente, o bônus tem sido aplicado para designar a espécie de títulos, em caráter produtivo, emitidos por certas instituições, os quais, além de darem direito de ingresso no recinto das realizações sob seu patrocínio, habilitam seus possuidores a um prêmio.[33]

A prática trabalhista também abraçou referida rubrica, mas outorgou-lhe natureza jurídica de prêmio: *mutatis mutandis*, se o bônus corresponde a trabalho executado por força do contrato de emprego, é salário; se constitui recompensa à forma pela qual o trabalhador cumpre/cumpriu com suas obrigações (já remuneradas pelo salário ajustado), será liberalidade da empresa e, se eventual, não lhe será atribuída natureza salarial.[34]

Atualmente, tal modalidade remuneratória – que pode e tem obtido natureza salarial, diga-se – vem sendo utilizada como (i) atrativo à contratação de profissionais experientes e reconhecidos no mercado de trabalho, além de (ii) premiação à atuação de determinados trabalhadores, geralmente diretores ou empregados com mais tempo de emprego e que, por motivo ou outro, acabam deixando a empresa.

Na "modalidade atrativa", ou seja, quando se propõe trazer certo profissional para determinado posto de trabalho assinalando-lhe com pagamento extraordinário, mais vultoso que a média por ele recebida, as empresas oferecem o bônus de entrada, também conhecido como "bônus de contratação" ou *hiring bonus*.

O bônus de entrada representa pagamento adiantado de remuneração e está geralmente bipartido (i) em parcela mediata, quitada quando do aceite da proposta de emprego e (ii) em parcela futura, paga desde que o empregado atenda determinada meta, permaneça durante determinado tempo no novo posto de trabalho ou não pratique atos com excesso de poderes ou infração de lei, contrato social ou estatutos.

A oferta do bônus é feita em decorrência da reconhecida capacidade de trabalho do profissional, de sua arriscada decisão pela troca de emprego e, sem dúvida, por sua contraprestação laboral (art. 457 da CLT).

Vale dizer, o pagamento do bônus de entrada é prática de determinadas empresas e funciona como uma compensação para que determinado trabalhador altamente qualificado aceite prestar serviços a um novo empregador. Trata-se de montante atrelado ao desempenho funcional demonstrado ao

---

[32] 2ª edição brasileira em 5 volumes. Volume I. Rio de Janeiro: Delta, 1964, p. 576.

[33] DE PLÁCIDO E SILVA. *Vocabulário Jurídico*. Rio de Janeiro: Forense, 2008, p. 228.

[34] ARNALDO SÜSSEKIND. *Instituições de Direito do Trabalho*. Volume 1. São Paulo: LTr, 1996, p. 377.

longo da vida profissional do trabalhador e previamente convencionado à época da contratação. Eis, portanto, suas primeiras notas salariais.

Apesar de os atletas profissionais de clubes de futebol receberem, regra geral, quantia bastante próxima a esse bônus de entrada, esta parcela é ajustada entre as partes e não tem previsão legal expressa.

A rigor, no caso dos atletas, o "pagamento das luvas" é ajustado com vista à capacidade técnica do profissional (art. 12 da Lei nº 6.354/1976, revogada pela Lei nº 12.395, de 16.03.2011, DOU 17.03.2011). O antigo texto trazia a seguinte redação, *in litteris*:

> Art. 12 Entende-se por luvas a importância paga pelo empregador ao atleta, na forma do que for convencionado, pela assinatura do contrato.

A *mens legis* do disposto no art. 12 da Lei nº 6.354/1976 encontra guarida no § 1º do art. 31 da Lei nº 9.615/1998 (Lei Pelé), *in verbis*:

> Art. 31 (...)
>
> § 1º São entendidos como salário, para efeitos do previsto no *caput*, o abono de férias, o décimo terceiro salário, as gratificações, os prêmios e demais verbas inclusas no contrato de trabalho".

Nesse esteio e segundo a mais balizada jurisprudência do Tribunal Superior do Trabalho, ainda que o pagamento do bônus de entrada se concretize uma única vez, surge clara a natureza de salário pago por antecipação, cuja consequência jurídica é a repercussão nos direitos de praxe ante o disposto pelo art. 457 da Consolidação das Leis do Trabalho.[35]

De fato, em se tratando de título pago em razão do contrato de trabalho havido entre as partes e que, em nenhum momento, reembolsa o empregado de despesa por ele suportada, ou o indeniza em função de eventual dano sofrido, outra não pode ser a natureza do montante que não a tipicamente salarial, integrando, pois, a remuneração do profissional como típica contraprestação pelo trabalho desenvolvido.

Já a modalidade de premiação destinada a certos trabalhadores, geralmente diretores ou empregados com mais tempo de casa e que deixam a empresa por motivo ou outro, é tida como bônus de retirada, "bônus de saída" ou *outgoing bonus*.

Sua natureza, diferentemente do bônus de entrada, apenas adentrará a esfera salarial se houver habitualidade no pagamento.[36]

---

[35] TST – RR 772/2003-001-03-00.2 – Relª Minª Maria de Assis Calsing – DJe 18.03.2011 – p. 845; TST – RR 5700-63.2002.5.02.0047 – Relª Minª Maria Cristina Irigoyen Peduzzi – DJe 10.12.2010 – p. 1.081; TST; RR 2129400-97.2007.5.09.0006; Quinta Turma; Rel. Min. Emmanoel Pereira; DEJT 19/08/2011; Pág. 1.359; TST; RR 1109900-15.2005.5.09.0012; Quarta Turma; Relª Minª Maria de Assis Calsing; DEJT 10/06/2011; Pág. 1.177; TST; RR 435200-02.2008.5.09.0663; Terceira Turma; Relª Minª Rosa Maria Weber Candiota da Rosa; DEJT 06/05/2011; Pág. 638; TST; RR 56741-38.2003.5.04.0028; Quarta Turma; Relª Minª Maria de Assis Calsing; DEJT 01/04/2011; Pág. 860; TST; RR 77200-72.2003.5.03.0001; Quarta Turma; Relª Minª Maria de Assis Calsing; DEJT 18/03/2011; Pág. 845.

[36] TST; AIRR 14560-62.2010.5.04.0000; Terceira Turma; Rel. Min. Horácio Raymundo de Senna Pires; DEJT 21/10/2011; Pág. 954); TST; RR 41500-55.2006.5.04.0016; Segunda Turma; Rel. Min. Guilherme Augusto Caputo Bastos; DEJT 07/10/2011; Pág. 734; TST; RR 20500-20.2006.5.04.0009; Segunda Turma; Rel. Min. José Roberto Freire Pimenta; DEJT 30/09/2011; Pág. 1.188; TST; RR 30700-73.2007.5.04.0002;

Com efeito, por tratar-se de pagamento esporádico, por vezes único e em agradecimento ao trabalhador que deixa os quadros da empresa, não há que se falar em natureza salarial. Se, por outro lado, a quitação dessa vantagem se mostra "habitual", ou seja, frequente, costumeira, bem como denota um aspecto contraprestativo (atrelado à prestação de serviços pela mão de obra), sua natureza jurídica se equipara à do bônus de entrada.

Muito bem. Quanto à tributação no âmbito previdenciário, a regra-matriz da norma federal prima pelo recolhimento de contribuições calculadas sobre valores pagos a empregados em contraprestação aos serviços desenvolvidos por esses profissionais (rendimentos de mão de obra). Os recolhimentos obedecem à seguinte disposição:

a) para os empregados, recolhe-se a alíquota *média* de 27,8% (20% de contribuição previdenciária patronal + 5,8% de contribuição social de terceiros + 2% de contribuição de SAT),[37] além da cota-parte dos trabalhadores (8%, 9% ou 11% sobre o salário-de-contribuição, respeitado o teto de recolhimento);

b) para os profissionais sem vínculo empregatício, recolhe-se a alíquota de 20% (cota-parte patronal), afora a cota-parte dos trabalhadores (11% sobre o salário-de-contribuição, respeitado o teto de recolhimento).

O eixo dos dispositivos legais previdenciários prima por efetiva recepção em contraprestação aos serviços desenvolvidos, pouco importando a modalidade em que o pagamento é implementado (Lei n° 8.212/1991, arts. 20, 21 e 22 – pecúnia ou bens *in natura*).

A rigor, e diante de todas as ilações aqui trazidas pela melhor linha da doutrina brasileira e jurisprudência do Tribunal Superior do Trabalho contemplando o conceito de salário em correspondência à mão de obra, afirma tratar-se de um conjunto de parcelas contraprestativas pagas pela pessoa jurídica ao profissional em vista do contrato de trabalho. Versa-se, na verdade, de um complexo de prestações, e não de uma única verba.

Todas essas verbas têm caráter contraprestativo, não necessariamente em função da precisa prestação de serviços, mas em função do contrato de trabalho.

Pautando-se nesse racional e enfocando o custeio como um todo, o Professor Wagner Balera[38] desponta que "o financiamento da seguridade social segue o clássico modelo do seguro social, tendo sido eleitos pelo constituinte como responsáveis pelo custeio os empregadores e os empregados". E arremata, *in verbis*:

Quinta Turma; Rel* Min* Katia Magalhães Arruda; DEJT 30/09/2011; Pág. 1.646; ST; Ag-AIRR 68140-98.2006.5.04.0015; Primeira Turma; Rel. Min. Walmir Oliveira da Costa; DEJT 12/08/2011; Pág. 379; ST; Ag-AIRR 65640-77.2006.5.04.0009; Primeira Turma; Rel. Min. Walmir Oliveira da Costa; DEJT 05/08/2011; Pág. 213; TST; RR 73700-83.2004.5.04.0017; Sexta Turma; Rel. Min. Mauricio Godinho Delgado; DEJT 23/06/2011; Pág. 1.238.

[37] As alíquotas variam, na verdade, entre 1%, 2% ou 3% e sofrem a ação do Fator Acidentário de Prevenção, restando reduzidas em até 50% ou majoradas em até 100% (Decreto n° 3.048/1999, Art. 202-A).

[38] *Marketing de Incentivo. Uma Visão Geral.* Barueri: Editora Manole, 2008, p. 121-122.

Os primeiros são chamados com base no princípio da solidariedade, proporcionando-se a distribuição do capital; os segundos são propriamente aqueles que irão usufruir diretamente dos benefícios, mormente no tocante à previdência social.

O autor português Ilídio das Neves[39] esmiúça essa constatação geral, lecionando, *in verbis*:

> *Historicamente o financiamento mediante contribuições sobre salários foi o primeiro método a ser instituído, na seqüência das iniciativas políticas consagradas na legislação de Bismarck e exprime, em regra, uma opção fundamentalmente profissionalista do direito à segurança social. A lógica do método consiste, assim, no facto de que o financiamento de um sistema de segurança social dirigido a trabalhadores, para cobertura, mediante prestações indemnizatórias, de determinados riscos com incidência nas remunerações, deve basear-se em encargos (prêmios ou quotizações), directamente relacionados com os salários emergentes da prestação do trabalho, suportado pelos interessados – destaquei.*

Nesse ambiente previdenciário, o salário de contribuição é a expressão que quantifica a base de cálculo da contribuição previdenciária, configurando a tradução numérica do fato imponível.[40] *Prima facie*, essa tradução numérica acaba representada pela remuneração auferida e destinada a retribuir o trabalho, qualquer que seja a sua forma (Lei nº 8.212/1991, art. 22, I).

Com efeito, além dos salários pagos aos empregados, os bônus também aproximam a incidência das contribuições sociais previdenciárias, sem se perder de vista as chamadas contribuições sociais de terceiros ('Sistema S').

Doutro passo, havendo incidência de contribuições sociais, haverá incidência da contribuição ao Fundo de Garantia do Tempo de Serviço (FGTS), segundo a Lei nº 8.036/1990, art. 15, § 6º.

Eis a premissa maior.

A eventualidade do pagamento do bônus, entretanto, exclui, por si só, tal montante das bases de cálculo tributárias (diga-se, da base de cálculo das contribuições sociais previdenciárias, contribuições sociais de terceiros e da própria contribuição ao FGTS), sem empecilho dos valores serem caracterizados como remuneração. Tal regra de isenção encontra-se disposta na Lei nº 8.212/1991, art. 28, § 9º, alínea "e", inciso VII. Tecnicamente, "eventual" seria a paga quitada sem periodicidade, ou seja, o valor tanto poderia ser quitado como poderia simplesmente não ser pago.

Eis a premissa menor.

Posto isto, entendo que o bônus de entrada, por sua atual natureza salarial atribuída pelo Tribunal Superior do Trabalho, é base de cálculo das contribuições sociais previdenciárias, contribuições sociais de terceiros e da própria contribuição ao FGTS. Já o bônus de retirada, por apresentar-se – ao menos teoricamente, diga-se – como pagamento esporádico e, por vezes, único, não serve como base para esses encargos sociais.

---

[39] *Direito da Segurança Social. Princípios Fundamentais numa Análise Prospectiva.* Coimbra: Coimbra Editora, 2006, p. 339.

[40] FÁBIO ZAMBITTE IBRAHIM. *Curso de Direito Previdenciário.* Niterói: Impetus, 2010, p. 347, *passim.*

V – *Stock options* (programas de concessão de ações)

Há empresas que outorgam aos seus empregados a possibilidade de compra de suas ações e, para tanto, celebram um pacto de opção de compra com referidos profissionais. Nessa esteira, Almir Rogério Gonçalves leciona que "(...) este tipo de programa se resume basicamente à concessão ao funcionário no país, de uma opção de comprar, em determinada data geralmente alguns anos depois, determinado número de ações da empresa matriz (...)".[41]

Regra geral, esses programas de concessão de ações viabilizam aos seus beneficiários ganho em potencial, delineado na possibilidade de se adquirir tais quotas por preço geralmente abaixo da cotação do mercado.

O ganho pode se mostrar contingente, na medida em que se atrela à valorização das ações no período compreendido entre a data da outorga do direito e a data em que esse for exercido, ou seja, a data em que as ações forem subscritas ou compradas.

Existem inúmeras espécies de planos de concessão de ações, tais como o (i) *Employee Stock Purchase Plan* (aquisição por preço reduzido); (ii) *Phantom Shares* (unidades virtuais e escriturais chamadas *units*); (iii) *Restricted Stocks* (aquisição por preço diferenciado e destinada a um público menor); (iv) *Performance Stocks* (concessão em razão do desempenho do trabalhador); (v) distribuição gratuita (outorga aos trabalhadores sem qualquer pagamento); dentre outras.[42]

Em alguns deles, como na espécie de distribuição gratuita, a conversão dos títulos em pecúnia representa verdadeiro acréscimo patrimonial, e não ganho em potencial. Não há, igualmente, carência, compra ou qualquer tipo de restrição.

Seu intuito pode ser o de reter profissionais de talento ou mesmo ofertar aos trabalhadores incentivo para que eles fiquem mais compromissados com os resultados da empresa.

É claro que se isso é bom para o trabalhador, melhor ainda para o empregador, eis que cabalmente atendida a condição imposta por ele.

Com esses elementos, não seria difícil indicar que os valores distribuídos por meio dessa modalidade de plano de ações – distribuição gratuita, repise-se – esboçaria verdadeiro salário, amoldável até ao conceito de prêmio.

Conceitualmente, os prêmios são montantes pagos aos empregados que preencham determinadas condições estabelecidas pelo empregador. O recebimento da vantagem atrela-se à conduta individual do empregado que, para ser beneficiado, deve atingir as metas preestabelecidas pelo empregador.

---

[41] O Sistema Cambial Brasileiro e a Implantação de Programas de Stock Option. Revista de Direito Mercantil, Atualidades. Malheiros, vol. 119, 2000, ano XXXIX, p.142.

[42] VIVIANE CASTRO NEVES PASCOAL. *Stock Options na Relação de Emprego*. São Paulo: LTr, 2008, p. 46.

Existem os chamados (i) prêmio-produção; (ii) prêmio-assiduidade; (iii) prêmio-desempenho; (iv) prêmio-zelo; (v) prêmio-permanência; (vi) prêmio-incentivo; **(vii)** prêmio-atividade, dentre outros. Todas essas categorias representam um estímulo ao empregado, pois acenam com a possibilidade de um ganho extra.

Lembre-se que o § 1º do art. 457 da Consolidação das Leis do Trabalho impõe que "integram ao salário, não só a importância fixa estipulada, como também as comissões, percentagens, gratificações ajustadas, diárias para viagem que não excedam de cinquenta por cento do salário percebido pelo empregado". O elenco é exemplificativo e não taxativo.

No caso dos prêmios, não se pode olvidar ainda que o trabalhador passa a contar com o benefício prometido para sua manutenção. Inclusive, é esse o entendimento esboçado pela Súmula nº 209 do Supremo Tribunal Federal, *in verbis*:

SALÁRIO-PRÊMIO – SALÁRIO-PRODUÇÃO – O salário-produção, como outras modalidades de salário-prêmio, é devido, desde que verificada a condição a que estiver subordinado, *e não pode ser suprimido, unilateralmente, pelo empregador, quando pago com habitualidade* – destaquei.

Um das primeiras abordagens do Poder Judiciário acerca das *stock options* se deu na sentença prolatada pela 34ª Vara do Trabalho de São Paulo no Processo nº 2.339/99, do Juiz Marcos Neves Fava. Confira-se, *in verbis*:

19. Não se argumente que o contrato de *stock option plan* prevê a autorização para que o empregado escolha entre comprar as ações e mantê-las sob sua cautela, bem guardadas, como sugere o texto da avença, e veja sua conversão imediata em lucro, sem apresentar, para isto, qualquer valor em pecúnia. Por óbvio que a escolha recairia sobre o gozo imediato do lucro sem investimento.(...)

20. Não se trata, propriamente, de opção. É certo que o empregado pode não exercer o direito, mais isto não autoriza a diferenciação entre duas modalidades de operação. Isto porque o contrato nasceu, lembremo-nos dos dizeres da reclamada, para compor o pacote de remuneração que oferece aos seus empregados. Não seria remuneração, se exigisse aporte de dinheiro – e não pouco ! – na operação.

(...)

24. Se nenhum risco sofre o empregado na elaboração do lucro a que tem acesso pelo sistema de *stock option plan*, se o benefício decorre do contrato de emprego, se, de acordo com a própria reclamada, tem caráter de retribuição pelos serviços prestados, impossível atribuir-se aos ganhos pela revenda imediata das ações, senão a de remuneração" – destaquei.

Atualmente, o Tribunal Superior do Trabalho vem despontando que as *stock options* são parcelas econômicas vinculadas não somente ao risco do negócio, como também aos lucros e resultados da empresa. Nesse contexto, as *stock options* têm sido enquadradas mais na categoria não remuneratória da participação em lucros e resultados (art. 7º, XI, da CF) do que no conceito, ainda que amplo, do salário ou remuneração.[43]

---

[43] TST; AIRR 1008-14.2010.5.01.0000; Oitava Turma; Relª Minª Dora Maria da Costa; DEJT 23/09/2011; p. 1.949; TST – AIRR 85740-33.2009.5.03.0023 – Rel. Min. Mauricio Godinho Delgado – DJe 04.02.2011 – p. 2.143; TST; RR 217800-35.2007.5.02.0033; Sexta Turma; Rel. Min. Mauricio Godinho Delgado; DEJT 03/12/2010; p. 1.317.

E o fato de, por vezes, serem fortemente suportadas pelo empregado, ainda que com preço diferenciado fornecido pela empresa, não aproxima tal figura da natureza salarial prevista na CLT ou na Constituição. Confira-se, *in verbis*:

> RECURSO DE REVISTA – 1- PRELIMINAR DE NULIDADE – NEGATIVA DE PRESTAÇÃO JURISDICIONAL – Não se configura negativa de prestação jurisdicional se o acórdão proferido em embargos de declaração em recurso ordinário manifesta-se expressamente sobre cada uma das omissões suscitadas nos embargos de declaração interpostos pelo Reclamante. Ulteriores alegações da parte demonstram tão somente a sua insurgência contra o não-acolhimento de tese favorável à sua pretensão. Recurso não conhecido, no aspecto. 2- COMPRA DE AÇÕES PARA POSTERIOR REVENDA – *STOCK OPTIONS* – NATUREZA NÃO SALARIAL – As *stock options*, regra geral, são parcelas econômicas vinculadas ao risco empresarial e aos lucros e resultados do empreendimento. Nesta medida, melhor se enquadram na categoria não remuneratória da participação em lucros e resultados (art. 7º, XI, da CF) do que no conceito, ainda que amplo, de salário ou remuneração. *De par com isso, a circunstância de serem fortemente suportadas pelo próprio empregado, ainda que com preço diferenciado fornecido pela empresa, mais ainda afasta a novel figura da natureza salarial prevista na CLT e na Constituição.* De todo modo, torna-se inviável o reconhecimento de natureza salarial decorrente da possibilidade de compra de ações a preço reduzido pelos empregados para posterior revenda, se o recurso de revista pressupõe o exame de prova documental e suposta confissão da Reclamada, o que encontra óbice na Súmula 126/TST. Recurso não conhecido, no aspecto. 3- ACÚMULO DE FUNÇÕES – MATÉRIA FÁTICA – Não reconhecida pelo Regional a premissa fática tida por incontroversa pelo Reclamante, relativa à configuração do acúmulo de funções, não há como esta Corte acolher a pretensão da parte sem revolver o conjunto probatório dos autos, o que encontra óbice na Súmula 126/TST. Recurso não conhecido, no aspecto. 4- FÉRIAS – RECURSO DESFUNDAMENTADO – Inviável recurso de revista contra acórdão regional que reputou não configurada a confissão do preposto em relação aos períodos de férias, valendo-se da prova documental trazida aos autos pela Reclamada, fundamento este não impugnado pelo Reclamante no recurso de revista. Incidente à espécie a Súmula 422/TST. Recurso de revista não conhecido". (TST – RR 134100-97.2000.5.02.0069 – Rel. Min. Mauricio Godinho Delgado – DJe 03.12.2010 – p. 1292 – destaquei)

Seguindo esse raciocínio, tem-se, ainda, que o lucro obtido pelo empregado com as *stock options* não decorre dos serviços prestados, propriamente ditos, mas sim, exclusivamente, da performance das ações da empresa no mercado, afastando-se, portanto, sua natureza salarial.[44]

Há regime de compra ou de subscrição de ações que permite aos empregados adquirirem quotas da empresa em um determinado período e por preço ajustado previamente. Se o valor da ação ultrapassa o preço de compra/subscrição, o beneficiário obtém o lucro e, em consequência, 2 (duas) alternativas lhe são oferecidas: (i) revender de imediato a mais-valia ou (ii) guardar os seus títulos e se tornar um empregado acionista.

As *stock options* não representam, portanto, um complemento da remuneração, mas um meio de estimular o empregado a fazer coincidir seus interesses com os dos acionistas, não detendo, portanto, natureza salarial.[45]

---

[44] TRT 4ª R. – RO 00822-2007-023-04-00-7 – 8ª T. – Rel. Juiz Conv. Wilson Carvalho Dias – DJe 25.08.2010.

[45] TRT 03ª R. – RO 11/2010-023-03-00.7 – Rel. Des. Paulo Roberto de Castro – DJe 17.02.2011 – p. 104.

Inexistindo natureza salarial, inexistirá tributação via contribuições sociais previdenciárias, contribuições sociais de terceiros e até do Fundo de Garantia do Tempo de Serviço.

VI – Das conclusões

Por todo o exposto, tem-se que o Tribunal Superior do Trabalho vem estabelecendo que o pagamento do bônus de entrada (*hiring bonus*) alavanca clara natureza de salário pago por antecipação em razão do contrato de trabalho firmado entre as partes e que, em nenhum momento, reembolsa o empregado de despesa por ele suportada, ou o indeniza em função de eventual dano sofrido.

Já quanto ao bônus de saída (*outgoing bonus*), sua natureza, diferentemente do bônus de entrada, apenas ingressará na esfera salarial esboçar habitualidade no pagamento. Por tratar-se de pagamento esporádico, algumas vezes efetuado em parcela única e em agradecimento ao trabalhador que deixa os quadros da empresa, não há que se falar em natureza salarial. Se, por outro lado, a quitação dessa vantagem se mostra "habitual", ou seja, frequente, costumeira, bem como denota aspecto contraprestativo, sua natureza jurídica se equipara a do bônus de entrada.

Finalmente, quanto aos programas de concessão de ações (*stock options*), a Alta Corte tem sinalizado no sentido de não se tratar de complemento da remuneração, mas de ferramenta de estímulo ao empregado para alinhar seus interesses com os dos acionistas.

Inexistindo natureza salarial, inexistirá tributação via contribuições sociais previdenciárias, contribuições sociais de terceiros e até do Fundo de Garantia do Tempo de Serviço.

Este rápido estudo indica, portanto, que o Tribunal Superior do Trabalho está afinado às questões negociais mais modernas, atribuindo natureza salarial às parcelas ofertadas pelas companhias caracterizadas pela contraprestação ou mesmo habitualidade em seus pagamentos.

— 7 —

Evolução da jurisprudência a respeito da participação nos lucros e resultados

ALESSANDRO MENDES CARDOSO

Advogado. Mestre em Direito Tributário pela UFMG.
Professor da Fundação Getúlio Vargas

Sumário: I – Introdução; II – A PLR nos termos da Lei nº 10.101/00; II.1 – Requisitos formais; II.2 – Requisitos materiais; III – Conclusões.

I – Introdução

A Constituição Federal de 1988 trouxe em seu artigo 7º, XI, inserto no Capítulo dos Direitos Sociais, a previsão do direito dos trabalhadores à participação nos lucros ou resultados das empresas, desvinculada da sua remuneração.

O instituto da Participação dos Lucros e Resultados, a partir de sua previsão constitucional, foi paulatinamente se inserindo de forma mais efetiva na dinâmica capital e trabalho, sendo atualmente um importantíssimo mecanismo tanto de política de remuneração e recursos humanos das empresas, quanto de aumento dos ganhos dos trabalhadores, através da sua participação nos lucros, resultados ou metas vinculados ao seu desempenho e ao da empresa.

Entretanto, devido às repercussões fiscais e previdenciárias do pagamento da PLR, também se avolumaram as discussões administrativas e judiciais entre o Fisco Federal e os contribuintes, no que se refere à adequação dos específicos Planos de PLR à sua regulamentação legal.

E a evolução da jurisprudência administrativa e judicial a respeito da PLR é muito importante, já que aumenta o grau de segurança dos empregadores na sua aplicação, o que contribui certamente para a sua ainda maior difusão.

Já o presente artigo tem como objetivo central a análise do instituto da Participação nos Lucros e Resultados após a sua regulamentação pela Lei nº 10.101/00, tendo em vista a evolução da jurisprudência administrativa e judicial, no que se refere à sua interpretação.

A partir da promulgação da Constituição de 1988, que traz a previsão constitucional da PLR, vieram rapidamente à tona duas discussões jurídicas: a primeira, se o dispositivo em questão era autoaplicável ou de eficácia limitada, na consagrada terminologia de José Afonso da Silva;[1] a outra, se a PLR tinha natureza de salário, contrato específico, remuneração ou seria uma figura *sui generis.*

A regulamentação da PLR se deu através da Medida Provisória nº 194/94, que teve treze reedições, até o advento da norma atualmente em vigor, a Lei nº 10.101/00 (conversão da Medida Provisória nº 1.982-77 de 2000).

Com a sua regulamentação em lei, a definição da sua eficácia tendeu na jurisprudência para a de norma constitucional de eficácia limitada, que somente teria aplicabilidade, principalmente para a exclusão da verba da base de cálculo das contribuições previdenciárias, a partir da edição da legislação infraconstitucional.[2]

Nesse sentido, cite-se trecho do voto do Ministro Eros Grau no julgamento do Recurso Extraordinário nº 351.506-RS:[3]

> Conforme se infere dos votos proferidos no Mandado de Injunção 102-PE, Plenário, DJ de 25.10.2002, Redator para o acórdão o Ministro Carlos Velloso, somente com a superveniência da Medida Provisória nº 794, sucessivamente reeditada, foram implementadas as condições indispensáveis ao exercício do direito dos trabalhadores no lucro das empresas. Dessa maneira, embora o inciso XI do artigo 7º da Constituição assegurasse o direito dos empregados à participação nos lucros da empresa e previsse que essa parcela – participação nos lucros – é algo desvinculado da remuneração, o exercício desse direito não prescinde de lei disciplinadora que definisse o modo e os limites de sua participação, bem assim a natureza jurídica dessa benesse, quer para fins tributários, quer para fins de incidência de contribuição previdenciária.

Entretanto, recentemente, os Ministros do STF reconheceram a repercussão dessa questão na análise de Recurso Extraordinário nº 569441, no qual o Instituto Nacional do Seguro Social (INSS) contesta acórdão do Tribunal Regional Federal da 4ª Região que considerou isenta de contribuição previdenciária a verba paga aos trabalhadores a título de participação nos lucros ou resultados (PLR) das empresas, mesmo no período anterior à sua primeira regulamentação.

É bastante relevante a decisão pela repercussão geral dessa questão, já que existem sólidos argumentos jurídicos para se defender que a Participa-

---

[1] SILVA, José Afonso da. *Aplicabilidade das normas constitucionais.* 6ª ed., São Paulo: Malheiros, 2003.

[2] No Superior Tribunal de Justiça, a jurisprudência oscilou, mas atualmente vem seguindo o entendimento prevalecente no STF. Em sentido da eficácia limitada, cite-se o julgamento do REsp 856.160/PR, Rel. Ministra ELIANA CALMON, SEGUNDA TURMA, julgado em 04/06/2009, DJe 23/06/2009. Já no sentido da eficácia da norma constitucional, no que se refere à desvinculação da PLR da remuneração, mesmo antes da regulamentação, cite-se o REsp 675.433/RS, Rel. Ministra DENISE ARRUDA, PRIMEIRA TURMA, julgado em 03/10/2006, DJ 26/10/2006, p. 226.

[3] RT v. 99, n. 896, 2010, p. 112-114.

ção nos Lucros e Resultados não tem a natureza jurídica remuneratória do trabalho, independente da regulamentação dada à previsão constitucional.[4]

Isso porque, tendo em vista os objetivos que informam esse instituto, de integração do capital e do trabalho, permitindo que o empregado participe do resultado da atividade econômica, é defensável que a PLR, independentemente da sua regulamentação, faz parte daquelas parcelas que vêm sendo classificadas como não salariais, entendidas como sendo aquelas que, embora entregues pelo empregador a seu empregado, não o são com a qualidade e o objetivo contraprestativos, sendo transferidas efetivamente com distintas naturezas e finalidade jurídicas.

Nesse sentido é a sempre relevante doutrina de Arnaldo Süssekind:[5]

> A obrigatoriedade da participação, tantos nos lucros, ou resultados, como na gestão, ficou dependendo de lei regulamentadora dessa norma. Não obstante, ela gerou, desde logo, efeitos jurídicos no tocante à natureza da prestação paga, a título de participação, seja em virtude de convenção ou de acordo coletivo, seja em decorrência de estatuto ou regulamento de empresa. Porque "desvinculada da remuneração", os valores da participação nos lucros, ou nos resultados, não mais constituem salários e, assim, não podem ser computados: a) para complementar o salário devido ao empregado; b) da base de incidência dos depósitos do FGTS, das contribuições previdenciárias e de outros tributos cujo fato gerador seja a remuneração do empregado; c) no cálculo de adicionais, indenizações e outras prestações que incidem sobre a remuneração ou o salário. Daí ter o TST cancelado o seu Enunciado n. 251.

Nesse contexto, espera-se que o Supremo Tribunal Federal analise a questão com a atenção que esta demanda, visando a dar prevalência aos objetivos que informaram o constituinte com relação à PLR, reconhecendo a sua natureza de benefício social, *a priori* desvinculado do salário ou remuneração do trabalhador, com o que dará fim às duas controvérsias supra-indicadas.

II – A PLR nos termos da Lei nº 10.101/00

A Lei nº 10.101/00 foi bastante sucinta ao regulamentar a Participação nos Lucros e Resultado (PLR), no claro intuito de permitir que as partes, respeitados certos parâmetros, tenham a liberdade de definir o plano mais compatível com a sua realidade e os seus interesses.

O pressuposto inicial é de que a PLR não é um complemento ou substituto à remuneração normal do empregado, mesmo que habitualmente paga, nos termos expressos do seu artigo terceiro.

E para incentivar que os empregadores instituam planos de participação nos lucros e resultados, a norma expressamente desvinculou a verba dos encargos trabalhistas e previdenciários; sendo, ainda, despesa operacional dedutível da base de cálculo do IRPJ e da CSLL para a empresa.

---

[4] Destaque-se que a Repercussão Geral foi reconhecida, com base no entendimento que a questão possuí densidade constitucional que justifica a sua apreciação pelo STF.

[5] SÜSSEKIND, Arnaldo Lopes; MARANHÃO, Délio; VIANNA, Segadas. *Instituições de direito do trabalho*, 13. ed., São Paulo: LTr, 1993, v. 1.

A norma regulamentadora apresenta, então, de forma bem direta, o procedimento formal a ser seguido na fixação da PLR. A sua fixação deve decorrer do livre acordo entre o empregador e os seus empregados, através dos trabalhos de comissão escolhida pelas partes, integrada, também, por um representante indicado pelo sindicato da respectiva categoria ou diretamente por acordo ou convenção coletivos.[6]

Já com relação aos requisitos materiais, a lei determina que da negociação deverá surgir um instrumento de PLR que deverá conter regras claras e objetivas com relação ao seu pagamento. Entretanto, a norma não fixa conteúdos obrigatórios para o regramento dos programas específicos de PLR, optando apenas por indicar critérios que considera pertinentes à natureza do instituto e capazes de refletirem elementos definidores e quantificadores do direito do empregado, como índices de produtividade, qualidade ou lucratividade da empresa (inciso I do artigo 1º) e programas de metas, resultados e prazos (inciso II do artigo 2º).

E exatamente sobre o atual entendimento da jurisprudência administrativa e judicial sobre esses dois espectros, formal e material, da regulamentação legal que se deterá o presente artigo.

II.1 – Requisitos formais

A Lei nº 10.101/00 estipula os requisitos formais a serem cumpridos pelo empregador e seus funcionários na estipulação do acordo de pagamento da PLR.

A primeira regra é o procedimento de negociação entre as partes, que deverá ocorrer através de comissão escolhida pelas partes, integrada, também, por um representante indicado pelo sindicato da respectiva categoria; ou por convenção ou acordo coletivo (artigo 2º, I e II).

Já o instrumento que formaliza o acordo celebrado será arquivado na entidade sindical dos trabalhadores (artigo 2º, § 2º).

E na eventualidade de impasse na negociação da PLR, as partes poderão utilizar-se da mediação ou da arbitragem de ofertas finais, para a sua solução (artigo 4º).

O legislador buscou privilegiar a livre negociação entre as partes, instituindo a participação do Sindicato da categoria, como uma garantia de que os empregados terão representatividade e apoio institucional para negociar no mesmo patamar do seu empregador.

Contudo, a previsão da participação do sindicato ou de seu representante no acordo que institui a PLR não pode ser aplicada de forma peremptória, devendo ser relativizada em determinadas situações, principalmente

---

[6] "Art. 2º A participação nos lucros ou resultados será objeto de negociação entre a empresa e seus empregados, mediante um dos procedimentos a seguir descritos, escolhidos pelas partes de comum acordo: I – comissão escolhida pelas partes, integrada, também, por um representante indicado pelo sindicato da respectiva categoria; II – convenção ou acordo coletivo. (...) § 2º O instrumento de acordo celebrado será arquivado na entidade sindical dos trabalhadores."

quando se apresentar impeditiva da concretização desse direito dos trabalhadores. Isso ocorre, por exemplo, em situações nas quais o Sindicato se recusa a assinar ou arquivar o acordo PLR, normalmente por exigir que o mesmo esteja atrelado a outros elementos de sua pauta de reinvidicações, que contudo não tem relação direta com o programa de participação nos lucros e resultados.

Nesses casos, deve-se dar prevalência à livre vontade dos empregados, exteriorizada através de sua Comissão, de forma a se viabilizar o fruimento da remuneração adicional vinculada ao Plano PLR. Isso, logicamente, desde que o acordo esteja de acordo aos demais pressupostos previstos pela Lei nº 10.101/00, de forma que haja nos seus termos regras objetivas que permitam aos empregados a fiscalização e exigência do seu cumprimento.

A própria CLT, no seu artigo 617, outorga prevalência ao direito de negociação dos empregados, não permitindo que a recusa ou omissão do respectivo Sindicato seja óbice intransponível ao seu exercício. Trata-se de norma, que por analogia pode ser aplicada à negociação PLR.[7]

A jurisprudência do Conselho Administrativo de Recursos Fiscais não é consolidada sobre o caráter inafastável ou não da participação do Sindicato na consecução do acordo PLR.

Localizam-se, nesse contexto, precedentes que invalidam a natureza de PLR aos pagamentos efetuados com base em acordos efetuados sem a participação do Sindicato (seja na assinatura de Acordo e Convenção Coletiva, ou de participação de um representante na Comissão dos empregados, ou ainda pela falta de arquivamento do Acordo). Citem-se:

CONTRIBUIÇÕES SOCIAIS PREVIDENCIÁRIAS Período de apuração: 01/01/2002 a 31/12/2004 PARTICIPAÇÃO NOS LUCROS E RESULTADOS. COMISSÃO DE EMPREGADOS SEM REPRESENTANTE DO SINDICATO. DESCUMPRIMENTO DA LEI ESPECÍFICA. INCIDÊNCIA DE CONTRIBUIÇÕES. *A comissão de empregados eleita para negociar com o empregador o pagamento de PLR deve necessariamente contar com a presença de representante do sindicato, sem a qual resta desatendida a lei de regência, acarretando a incidência de contribuição sobre a verba.* PREVIDÊNCIA PRIVADA. NÃO ABRANGÊNCIA A TODOS OS EMPREGADOS E DIRIGENTES. INCIDÊNCIA DE CONTRIBUIÇÃO. Está sujeita a incidência de contribuição previdenciária os valores pagos pela empresa para custeio de plano de previdência privada, quando este não abrange todos os seus empregados e dirigentes. Recurso Voluntário Negado. (CARF, Quarta Câmara/Segunda Seção de Julgamento, Acórdão 2401-001.758, 15/04/11 – grifamos)

PARTICIPAÇÃO NOS LUCROS E RESULTADOS. COMISSÃO DE EMPREGADOS SEM REPRESENTANTE DO SINDICATO. DESCUMPRIMENTO DA LEI ESPECÍFICA. INCIDÊNCIA

---

[7] Art. 617. Os empregados de uma ou mais empresas que decidirem celebrar Acordo Coletivo de Trabalho com as respectivas empresas darão ciência de sua resolução, por escrito, ao Sindicato representativo da categoria profissional, que terá o prazo de 8 (oito) dias para assumir a direção dos entendimentos entre os interessados, devendo igual procedimento ser observado pelas empresas interessadas com relação ao Sindicato da respectiva categoria econômica.§ 1º Expirado o prazo de 8 (oito) dias sem que o Sindicato tenha-se desincumbido do encargo recebido, poderão os interessados dar conhecimento do fato à Federação a que estiver vinculado o Sindicato e, em falta dessa, à correspondente Confederação, para que, assuma a direção dos entendimentos. Esgotado esse prazo, poderão os interessados prosseguir diretamente na negociação coletiva até o final. § 2º Para o fim de deliberar sobre o Acordo, a entidade sindical convocará Assembleia dos diretamente interessados, sindicalizados ou não, nos termos do Art. 612.

DE CONTRIBUIÇÕES. A comissão de empregados eleita para negociar com o empregador o pagamento de PLR *deve necessariamente contar com a presença de representante do sindicato, sem a qual resta desatendida a lei de regência, acarretando a incidência de contribuição sobre a verba.* (CARF 2a. Seção / 1ª Turma da 4ª Câmara / ACÓRDÃO 2401-01.758 em 13/04/2010)

Contudo, deve-se destacar o Acórdão n° 206-00.853,[8] do então Segundo Conselho de Contribuintes do Ministério da Fazenda, no qual se reconheceu a eficácia de acordo complementar, mesmo sem a participação do Sindicato, devido ao fato de o contribuinte ter comprovado que este foi notificado a participar do acordo complementar, que melhorava a situação dos empregados, mas preferiu se recusar a participar da negociação. Cite o seguinte trecho, por esclarecedor do acórdão:

Não obstante a existência da Convenção Coletiva de Trabalho acima referida, o *Banco Merryl Lynch celebrou com uma Comissão de Empregados, mas sem o Represente do Sindicato, um Instrumento (acordo) para Participação dos Trabalhadores nos Lucros e/ou Resultados*, com periodicidade anual, tendo como mínimo o estipulado na Convenção Coletiva de Trabalho. Não foi estipulado o valor máximo.

(...)

Pois bem. No presente caso, a Participação dos Empregados nos Lucros ou Resultados do Banco Merryl Lynch está prevista nas duas formas determinadas por lei, o que, em um primeiro momento, leva a crer que houve descumprimento do preceito legal.

Todavia, existem peculiaridades nos presentes autos que afastam qualquer ilegalidade quanto a este ponto. Veja-se.

(...)

Pelas transcrições acima, verifica-se que o Banco Merryl Lynch teve interesse em alterar a sua forma de Participação dos Empregados nos Lucros e notificou regularmente o Sindicato da categoria para participar.

Entretanto, não se sabe por qual razão, até porque não consta dos autos, o

Sindicato da Categoria se recusou a participar da negociação com o Banco Merryl Lynch S/A., o que de forma alguma poderia ser óbice para a realização do acordo que, inclusive, é de interesse dos empregados da empresa.

Diante disso, entendo que não há como descaracterizar a PLR neste aspecto, tendo em vista que restou sanada qualquer irregularidade quanto a convocação do representante do Sindicato da categoria.

Por outro lado, dentro da liberdade e autonomia das partes, isto é, Banco e Empregados, restou decidido pela alteração do cálculo da distribuição dos Lucros nos exatos termos do Instrumento de Acordo celebrado entre ambos que, conforme será demonstrado adiante, é mais benéfico aos empregados.

Quanto a alegação de que o contrato não teria sido arquivado na sede da entidade sindical, em suposto descumprimento do § 2º, do artigo 2º, da Lei n. 10.101/2000, entendo que este aspecto deve ser analisado pela ótica da recusa do Sindicato da categoria em participar das negociações com o Banco Merryl Lynch.

Ora, se o Sindicato da categoria sequer teve interesse em participar das negociações da PLR, como é que arquivaria um documento celebrado sem a sua anuência. (grifamos)

---

[8] Segundo Conselho, Sexta Câmara, Processo n. 36624.015848/2006-47, sessão de 08/05/08.

Perfeito o raciocínio jurídico da decisão, que outorgou prevalência ao princípio da livre negociação trabalhista, dando eficácia a acordo PLR que somente não contou com a participação do respectivo Sindicato, devido a sua injustificada recusa em compor a negociação.

Já no âmbito judicial, a jurisprudência tem caminhado para relativizar a obrigatoriedade do requisito da participação do Sindicato para validação do acordo PLR. E nesse sentido é paradigmático o acórdão proferido pela Primeira Turma do STJ, no julgamento do Recurso Especial n° 865.489/RS,[9] no qual, ao final, se decidiu que "a ausência de homologação de acordo no sindicato, por si só, não descaracteriza a participação nos lucros da empresa a ensejar a incidência da contribuição previdenciária".

---

[9] PROCESSUAL CIVIL E TRIBUTÁRIO. CONTRIBUIÇÃO PREVIDENCIÁRIA.PARTICIPAÇÃO NOS LUCROS OU RESULTADOS. CARACTERIZAÇÃO. MATÉRIA FÁTICO-PROBATÓRIA. INCIDÊNCIA DA SÚMULA 07/STJ.PROCESSO CIVIL. TRIBUTÁRIO. CONTRIBUIÇÃO PREVIDENCIÁRIA. PARTICIPAÇÃO NOS LUCROS. SÚMULA 07/STJ. 1. A isenção fiscal sobre os valores creditados a título de participação nos lucros ou resultados pressupõe a observância da legislação específica a que refere a Lei n° 8.212/91. 2. Os requisitos legais inseridos em diplomas específicos (arts. 2° e 3°, da MP 794/94; art. 2°, §§ 1° e 2°, da MP 860/95; art. 2°, § 1° e 2°, MP 1.539-34/ 1997; art. 2°, MP 1.698-46/1998; art. 2°, da Lei n° 10.101/2000), no afã de tutelar os trabalhadores, não podem ser suscitados pelo INSS por notória carência de interesse recursal, máxime quando deduzidos para o fim de fazer incidir contribuição sobre participação nos lucros, mercê tratar-se de benefício constitucional inafastável (CF, art. 7°, IX). 3. A evolução legislativa da participação nos lucros ou resultados destaca-se pela necessidade de observação da livre negociação entre os empregados e a empresa para a fixação dos termos da participação nos resultados. 4. A intervenção do sindicato na negociação tem por finalidade tutelar os interesses dos empregados, tais como definição do modo de participação nos resultados; fixação de resultados atingíveis e que não causem riscos à saúde ou à segurança para serem alcançados, determinação de índices gerais e individuais de participação, entre outros. 5. O registro do acordo no sindicato é modo de comprovação dos termos da participação, possibilitando a exigência do cumprimento na participação dos lucros na forma acordada. 6. A ausência de homologação de acordo no sindicato, por si só, não descaracteriza a participação nos lucros da empresa a ensejar a incidência da contribuição previdenciária. 7. O Recurso Especial não é servil ao exame de questões que demandam o revolvimento do contexto fático-probatório dos autos, em face do óbice erigido pela Súmula 07/STJ. 8. *In casu*, o Tribunal local afastou a incidência da contribuição previdenciária sobre verba percebida a título de participação nos lucros da empresa, em virtude da existência de provas acerca da existência e manutenção de programa espontâneo de efetiva participação nos lucros da empresa por parte dos empregados no período pleiteado, vale dizer, à luz do contexto fático-probatório engendrado nos autos, consoante se infere do voto condutor do acórdão hostilizado, *verbis*: "Embora com alterações ao longo do período, as linhas gerais da participação nos resultados, estabelecidas na legislação, podem ser assim resumidas: a) deve funcionar como instrumento de integração entre capital e trabalho, mediante negociação; b) deve servir de incentivo à produtividade e estar vinculado à existência de resultados positivos; c) necessidade de fixação de regras claras e objetivas; d) existência de mecanismos de aferição dos resultados. Analisando o Plano de Participação nos Resultados (PPR) da autora, encontram-se as seguintes características: a) tem por objetivo o atingimento de metas de resultados econômicos e de produtividade; b) há estabelecimento de índices de desempenho econômico para a unidade e para as equipes de empregados que a integram; c) fixação dos critérios e condições do plano mediante negociação entre a empresa e os empregados, conforme declarações assinadas por 38 (trinta e oito) funcionários (fls. 352/389); d) existência de regras objetivas de participação e divulgação destas e do desempenho alcançado. Comparando-se o PPR da autora com as linhas gerais antes definidas, bem como com os demais requisitos legais, verifica-se que são convergentes, a ponto de caracterizar os valores discutidos como participação nos resultados. Desse modo, estão isentos da contribuição patronal sobre a folha de salários, de acordo com o disposto no art. 28, § 9°, alínea "j", da Lei n° 8.212/91". (fls. 596/597) 9. Precedentes:AgRg no REsp 1180167/RS, Rel. Ministro LUIZ FUX, PRIMEIRA TURMA, DJe 07/06/2010; AgRg no REsp 675114/RS, Rel. Ministro HUMBERTO MARTINS, DJe 21/10/2008; AgRg no Ag 733.398/RS, Rel. Ministro JOÃO OTÁVIO DE NORONHA, DJ 25/04/2007; REsp 675.433/RS, Rel. Ministra DENISE ARRUDA, DJ 26/10/2006; 10. Recurso especial não conhecido. (REsp 865489/RS, Rel. Ministro LUIZ FUX, PRIMEIRA TURMA, julgado em 26/10/2010, DJe 24/11/2010)

Nos termos do voto do Ministro-Relator Luiz Fux, considerou-se que a falta da homologação do Sindicato não desnatura a natureza da PLR da verba, produzindo efeito apenas na sua eficácia vinculativa aos empregados, que em tese poderiam rediscutir os seus termos. Cite-se:

> Destarte, a evolução legislativa da participação nos lucros ou resultados destaca-se pela necessidade de observação da livre negociação entre os empregados e a empresa para a fixação dos termos da participação nos resultados.
>
> Não obstante, conforme bem destacou a Corte de Origem, a intervenção do sindicato na negociação tem por finalidade tutelar os interesses dos empregados, tais como definição do modo de participação nos resultados; fixação de resultados atingíveis e que não causem riscos à saúde ou à segurança para serem alcançados; determinação de índices gerais e individuais de participação, entre outros. *Vale dizer, o registro do acordo no sindicato é modo de comprovação dos termos da participação, possibilitando a exigência do cumprimento na forma acordada.*
>
> O desrespeito a tais exigências afeta os trabalhadores, que poderiam, eventualmente, ser prejudicados numa negociação desassistida, não obtendo tudo aquilo que alcançariam com a presença de um terceiro não vulnerado pela relação de emprego.
>
> Com efeito, *atendidos os demais requisitos da legislação que tornem possível a caracterização dos pagamentos como participação nos resultados, a ausência de intervenção do sindicato nas negociações e a falta de registro do acordo apenas afastam a vinculação dos empregados aos termos do acordo, podendo rediscuti-los novamente.*
>
> Deveras, mencionadas irregularidades não afetam a natureza dos pagamentos, que continuam sendo participação nos resultados: podem interferir, tão-somente, na forma de participação e no montante a ser distribuído, fatos irrelevantes para a tributação sobre a folha de salários. (grifamos)

Portanto, a efetivação de Programa de Participação nos Lucros e Resultados legalmente pressupõe a sua formalização em instrumento decorrente da negociação entre as partes, empregador e empregados, seja através de Comissão escolhida pelas partes ou Acordo/Convenção Coletiva. E a participação do Sindicato da categoria é requisito inerente ao seu procedimento negocial.

Contudo, o mesmo pode ser relativizado, em prol da livre negociação, quando se tratar de acordo decorrente de efetiva negociação com os trabalhadores e aos mesmo favorável, e com o cumprimento dos requisitos materiais necessários. Ou quando menos, relativizado quando comprovada a recusa ou omissão do Sindicato em participar, já que o direito dos empregados em ter viabilizado esse direito social não pode ser por este embaraçado. E nessa segunda situação, é relevante que o empregador construa base documental que comprove a livre negociação e a recusa/omissão do sindicato, como forma de se resguardar em caso de questionamento pelas autoridades fiscais.

Outro requisito objetivo é a limitação a periodicidade do pagamento da PLR, previsto no § 2º do artigo 3º da Lei nº 10.101/00, que expressamente dispõe que "é vedado o pagamento de qualquer antecipação ou distribuição de valores a título de participação nos lucros ou resultados da empresa em periodicidade inferior a um semestre civil, ou mais de duas vezes no mesmo ano civil."

A jurisprudência administrativa[10] e judicial[11] é iterativa no sentido de que o pagamento em periodicidade que extrapola o limite legal desnatura a verba, fazendo a mesma integrar a remuneração.

---

[10] PARTICIPAÇÃO NOS LUCROS E RESULTADOS. DESOBEDIÊNCIA AOS DISPOSITIVOS LEGAIS. A participação nos lucros e resultados não integrará o salário-de-contribuição quando paga de acordo com a lei específica. Pagamentos excedentes à periodicidade de um semestre civil violam a Lei nº 10.101/00.' (Conselho Administrativo de Recursos Fiscais – CARF – 2ª Seção – 2ª Turma da 3ª Câmara, Acórdão n" 2302-00.256, Sessão de 29/ 10/2009)

[11] TRIBUTÁRIO. PARTICIPAÇÃO NOS LUCROS E RESULTADOS. PERIODICIDADE MÍNIMA DE SEIS MESES. ART. 3º, § 2º, da Lei 10.101/2000 (CONVERSÃO DA MP 860/1995) C/C O ART. 28, § 9º, "j", DA LEI 8.212/1991. REDUÇÃO DA MULTA MORATÓRIA. ART. 27, § 2º, DA LEI 9.711/1998. EXIGÊNCIA DE PAGAMENTO INTEGRAL. ART. 35 DA LEI 8.212/1991. REDAÇÃO DADA PELA LEI 9.528/1997. DISCUSSÃO ACERCA DA CONSTITUCIONALIDADE.NÃO-CONHECIMENTO. 1. Hipótese em que se discute a incidência de contribuição previdenciária sobre parcelas distribuídas aos empregados a título de participação nos lucros e resultados da empresa. 2. O Banco distribuiu parcelas nos seguintes períodos: a) outubro e novembro de 1995, a título de participação nos lucros; e b) dezembro de 1995 a junho de 1996, como participação nos resultados. 3. As participações nos lucros e resultados das empresas não se submetem à contribuição previdenciária, desde que realizadas na forma da lei (art. 28, § 9º, "j", da Lei 8.212/1991, à luz do art. 7º, XI, da CF). 4. O art. 3º, § 2º, da Lei 10.101/2000 (conversão da MP 860/1995) fixou critério básico para a não-incidência da contribuição previdenciária, qual seja a impossibilidade de distribuição de lucros ou resultados em periodicidade inferior a seis meses. 5. Caso realizada ao arrepio da legislação federal, a distribuição de lucros e resultados submete- -se à tributação. Precedentes do STJ. 6. A norma do art. 3º, § 2º, da Lei 10.101/2000 (conversão da MP 860/1995), que veda a distribuição de lucros ou resultados em periodicidade inferior a seis meses, tem finalidade evidente: impedir aumento salarial disfarçado cujo intuito tenha sido afastar ilegitimamente a tributação previdenciária. 7. O Banco realizou pagamentos aos empregados de modo absolutamente contínuo durante nove meses, de outubro de 1995 a junho de 1996, o que implica submissão à contribuição previdenciária, nos termos do art. 3º, § 2º, da Lei 10.101/2000 (conversão da MP 860/1995) c/c o art. 28, § 9º, "j", da Lei 8.212/1991. 8. Irrelevante o argumento de que as parcelas de outubro e novembro de 1995 referem-se à participação nos lucros, e as demais, nos resultados. 9. As expressões "lucros" e "resultados", ainda que não indiquem realidades idênticas na técnica contábil, referem-se igualmente a ganhos – percebidos pelo empregador em sua atividade empresarial – que, na forma da lei, são compartilhados com seus empregados. 10. Para fins tributários e previdenciários, importa o percebimento de parcela do ganho empresarial pelos funcionários, seja ela contabilizada como lucro ou como resultado. 11. Ademais, in casu, ainda que houvesse distinção entre a participação nos lucros (outubro e novembro de 1995) e a participação nos resultados (dezembro de 1995 a junho de 1996), ocorreram múltiplos pagamentos em periodicidade inferior a seis meses em ambos os casos, o que afasta o argumento recursal. 12. Escapam da tributação apenas os pagamentos que guardem, entre si, pelo menos seis meses de distância. Vale dizer, apenas os valores recebidos pelos empregados em outubro de 1995 e abril de 1996 não sofrem a incidência da contribuição previdenciária, já que somente esses observaram a periodicidade mínima prevista no art. 3º, § 2º, da Lei 10.101/2000 (conversão da MP 860/1995). 13. O Recurso do Banco deve ser parcialmente provido, exclusivamente para afastar a tributação sobre o pagamento realizado em abril de 1996. O Recurso do INSS deve ser parcialmente provido para reconhecer a incidência da contribuição sobre aquele ocorrido em novembro de 1995. 14. O art. 27, § 2º, da Lei 9.711/1998 é claro ao condicionar a redução da multa à "liquidação do valor total da notificação fiscal de lançamento". A intenção do legislador foi premiar o pagamento imediato e desestimular a litigiosidade. Nesse aspecto, inviável equiparar depósito judicial à liquidação do valor total da notificação. 15. O TRF afastou a restrição "para os fatos geradores ocorridos a partir de 1º de abril de 1997", prevista no art. 35 da Lei 8.212/1991 (na redação dada pela Lei 9.528/1997), por entendê-la inconstitucional. Questão que não pode ser apreciada em Recurso Especial, sob pena de invasão da competência do STF. 16. Recurso Especial do Banco parcialmente provido. Recurso Especial do INSS parcialmente conhecido e, nessa parte, parcialmente provido. (REsp 496949/PR, Rel. Ministro HERMAN BENJAMIN, SEGUNDA TURMA, julgado em 25/08/2009, DJe 31/08/2009)

Destaque-se a existência de precedentes trabalhistas[12] e fiscais[13] que relativizam esse requisito; entretanto, é recomendável o seu acatamento, para se evitar contingências e contenciosos a respeito.

II.2 – Requisitos materiais

A Lei nº 10.101/00 não prevê de forma peremptória e exaustiva quais os parâmetros válidos de instituição de um Programa de PLR, preferindo determinar que devam estar formalizadas regras claras e objetivas quanto aos direitos substantivos de participação, consoante a redação do §1º do seu artigo segundo:

Artigo 2º

(...)

1º Dos instrumentos decorrentes da negociação deverão constar regras claras e objetivas quanto à fixação dos direitos substantivos da participação e das regras adjetivas, inclusive mecanismos de aferição das informações pertinentes ao cumprimento do acordado, periodicidade da distribuição, período de vigência e prazos para revisão do acordo, podendo ser considerados, entre outros, os seguintes critérios e condições:

I – índices de produtividade, qualidade ou lucratividade da empresa;

II – programas de metas, resultados e prazos, pactuados previamente.

A indicação dos índices de produtividade, qualidade ou lucratividade da empresa ou programas de metas, resultados e prazos, como parâmetros válidos para a fixação do direito a PLR é exemplificativa, já que a própria norma indica que outros podem ser os critérios a serem previstos.

E agiu com acerto o legislador, ao buscar dar maior autonomia as partes interessadas, tendo em vista a dinâmica e as peculiaridades de cada relação empregador e empregados. O meio produtivo é muito diversos, havendo realidades muito diferentes, entre os diversos ramos de produção e também no que se refere ao porte e políticas de remuneração das empresas.

---

[12] PARTICIPAÇÃO NOS LUCROS. PARCELAMENTO. PREVISÃO EM ACORDO COLETIVO. VOLKSWAGEN. NATUREZA INDENIZATÓRIA DA PARCELA. A SBDI-1 deste col. TST, em seus recentes pronunciamentos, firmou, por maioria, o entendimento de que deveria ser prestigiada a norma coletiva que determinou o parcelamento da participação nos lucros e resultados paga aos empregados da Volkswagen, sem que com isso fosse desnaturado o seu caráter indenizatório. Afirmou-se que o instrumento coletivo refletia a real vontade do sindicato profissional e da empresa, e a sua não observância poderia acabar por desestimular a aplicação dos instrumentos coletivos, como forma de prevenção e solução de conflitos. Verifica-se, ademais, a existência de posicionamento sedimentado no âmbito da SBDI-1 acerca da matéria, como revela a OJT nº 73." (RR – 189500-92.2004.5.15.0102).

[13] CONTRIBUIÇÕES PREVIDENCIÁRIAS – PARTICIPAÇÃO DOS EMPREGADOS NOS LUCROS DA EMPRESA – LEI Nº 10.101/2000 – ACORDOS COLETIVOS DE TRABALHO. 1. A teor do art. 7º, XI, da Constituição, constitui direito dos trabalhadores urbanos e rurais a "participação nos lucros, ou resultados, desvinculada da remuneração, e, excepcionalmente, participação na gestão da empresa, conforme definido em lei". 2. Os critérios para definir a participação dos empregados nos lucros da empresa não são exclusivamente aqueles determinados pela Lei 10.101/ 2000. 3. A Constituição reconhece amplamente a validade das convenções e acordos coletivos de trabalho (art. 7º, XXVI) e a função da negociação coletiva é obter melhores condições de trabalho e cobrir os espaços que a lei deixa em branco. A participação nos lucros ou resultados desvinculados do salário e suas regras de periodicidade de pagamento também podem ser negociados e não necessitam atender estritamente ao figurino legal. 4. Verba honorária elevada." (TRF4, AC 200372000113860, DJ 26/04/2006 PÁGINA: 927)

Assim, as partes têm liberdade para definir o plano que melhor se adeque à sua realidade, desde que mantida a compatibilidade com a natureza e os objetivos da PLR (integração capital e trabalho, não sendo forma de substituição da remuneração normal).

Por outro lado, o fato da norma regulamentar não fixar parâmetros obrigatórios para a construção das regras que determinarão a obrigação dos empregadores de efetuar pagamentos a título de PLR tem gerado, não só dúvidas às partes envolvidas, mas também dado ensejo a interpretações de autoridades fiscais, que discordando dos parâmetros fixados em acordos concretos, desnaturam os pagamentos, considerando-os como parcelas salariais e integrantes da base de cálculo das contribuições previdenciárias.

Em diversas oportunidades, as autoridades fiscais têm adentrado no mérito do acordo PLR firmado entre empresas e funcionários, questionando os parâmetros convencionados para o surgimento do direito substantivo ao recebimento da verba. Entretanto, ao assim proceder, em diversas oportunidades ocorre uma extrapolação do poder de fiscalização, com a abusiva desconsideração de acordos PLR válidos, com base em critérios discricionários e interpretações irrazoáveis da natureza da participação dos lucros e resultados, e na desconsideração que o próprio legislador privilegiou a liberdade negocial.

Felizmente, a jurisprudência, principalmente administrativa, tem interpretado corretamente a regulação jurídica da PLR, reconhecendo que o critério legal é a existência de regras claras e objetivas, que criem um sistema compatível com os objetivos da participação nos lucros e resultados, sendo que o requisito intransponível é o de que não se utilize da PLR como meio substitutivo da remuneração contraprestativa do trabalho.

No âmbito do CARF, é paradigmático o Acórdão n° 244.566, proferido pela Segunda Turma da Câmara Superior de Recursos Fiscais,[14] que se pauta exatamente pela linha interpretativa indicada acima.

Veja-se a ementa do acórdão, que é autoexplicativa do seu entendimento:

PREVIDENCIÁRIO. CUSTEIO. NFLD. PARTICIPAÇÃO NOS LUCROS OU RESULTADOS. OBSERVÂNCIA DA LEGISLAÇÃO REGULAMENTADORA.

A teor do art. 7°, XI, da Constituição, constitui direito dos trabalhadores urbanos e rurais a "participação nos lucros, ou resultados, desvinculada da remuneração, e, excepcionalmente, participação na gestão da empresa, conforme definido em lei.

Devem ser tributadas parcelas distribuídas a titulo de participação nos lucros ou resultados ao arrepio da legislação federal.

Os critérios para a fixação dos direitos de participação nos resultados da empresa devem ser fixados, soberanamente, pelas partes interessadas. O termo usado – podendo – é próprio das normas facultativas, não das normas cogentes. A lei não determina que, entre tais critérios, se incluam os arrolados nos incisos I (índices de produtividade, qualidade ou lucratividade da empresa) e II (programas de metas, resultados e prazos, pactuados previamente) do § 10 do art. 2° da Lei n° 10.101/00, *apenas o autoriza ou sugere.*

---

[14] CSRF, 2ª Turma, Processo 10.680.009628/07-05, julgamento em 09/03/10.

Constituição reconhece amplamente a validade das convenções e acordos coletivos de trabalho (art. 7 0, XXVI) e a função da negociação coletiva é obter melhores condições de trabalho e cobrir os espaços que a lei deixa em branco.

O legislador ordinário, procurando não interferir nas relações entre a empresa e seus empregados e atento ao verdadeiro conteúdo do inciso XI do art. 7° da Constituição, *limitou-se a prever que dos instrumentos decorrentes da negociação deverão constar regras claras e objetivas quanto à fixação dos direitos substantivos da participação e das regras adjetivas, inclusive mecanismos de aferição das informações pertinentes* ao cumprimento do acordado, periodicidade da distribuição, período de vigência e prazos para revisão do acordo.

A lei não prevê a obrigatoriedade de que no acordo coletivo negociado haja a expressa previsão fixação do percentual ou montante a ser distribuído em cada exercício.

Existe sim, *a obrigação de se negociar com os empregados regras claras e objetivas, combinando de que forma e quando haverá liberação de valores, caso os objetivos e metas estabelecidas e negociadas forem atingidas.*

Considerando as cláusulas do acordo coletivo firmado há de se concluir que foram atendidas as exigências de que dos instrumentos decorrentes da negociação entre empregador e empregados constem regras claras e objetivas quanto à fixação dos direitos substantivos da participação e das regras adjetivas, inclusive mecanismos de aferição das informações pertinentes ao cumprimento do acordado, periodicidade da distribuição, período de vigência e prazos para revisão do acordo. (grifamos)

No caso concreto, a Fiscalização desconsiderou a natureza de PLR de verbas pagas por grande construtora a seus funcionários, a esse título, por considerar que não haveria regras claras e objetivas que fundamentassem o pagamento, sendo que o sistema de metas coletivas e individuais apresentadas teria conotação de remuneração variável e premiação, e não de um programa de participação nos lucros e resultados. Questiona, também, os fatos de que nem todos os funcionários teriam recebido a verba e de que haveria grande discrepância entre os valores recebidos pelos funcionários de cargos gerenciais e diretivos e os operacionais.

Contudo, o voto vencedor que originou o acórdão reconheceu o equívoco da autuação que desconsiderou que o figurino legal da PLR privilegia a livre negociação, e também que extrapolou a autoridade fiscal a sua competência, ao instituir requisitos não positivados na norma regulamentadora.

Citem-se trechos relevantes do acórdão, cuja extensão se justifica pela relevância do paradigma:

A regulamentação inserida na Lei nº 10.101/00, a partir da leitura dos dispositivos legais encimados, denota uma acentuada preocupação em se garantir que o pagamento da PLR seja, antes mais nada, discutido entre as partes diretamente envolvidas. A Lei prestigia a negociação entre empresa e empregados, seja indiretamente através dos respectivos sindicatos, seja diretamente através de comissão escolhida por eles, mas não parece aceitar uma fixação unilateral de critérios e valores.

Vale mencionar ainda que além dessa negociação entre as partes diretamente interessadas, exige a regulamentação da PLR que do acordo de que dela resultar, estejam fixados regas claras e objetivas, no que diz respeito aos direitos substantivos e adjetivos.

A propósito dessa clareza e objetividade exigida pelo § 1º do art. 2º *ut* mencionado, é de se afirmar que tal obrigação, a nosso ver, visa precipuamente assegurar que o instrumento do acordo entre empresa e empregado não traga preceitos que impeçam a qualquer das partes envolvidas o direito a observar o quanto fora acordado. É dizer, a previsão em estudo nada mais pretende do que se garantir que não haja dúvidas que impeçam ou dificultem o cumprimento do acordado, vale dizer, o direito a divisão dos lucros e na proporção negociada, sendo este, o ponto relevante que a regulamentação nos parece realmente pretender impedir.

(...)

Não se olvide ainda, que muito se tem discutido que o § 1º acima, exigiria a previsão, no acordo eventualmente celebrado, de planos de metas ou resultados a serem alcançados pelos empregados, para que haja a distribuição dos lucros, o que é um equívoco grave, porque o dispositivo legal em questão não quer impor as partes acordantes àqueles critérios arrolados nos seus incisos, onde estão consignadas as indigitadas metas e resultados.

Tanto isso é verdade, que na parte final, o *caput* do § 1º usa a expressão *"podendo ser considerados, entre outros (...)"*, que nos leva a uma interpretação de que os incisos concedem meros caminhos que *podem ou não* ser eleito pelas partes aderentes, portanto, sem qualquer repercussão na natureza da verba a ser paga.

Em verdade, tal entendimento pretende fazer de uma mera faculdade legal, uma obrigação a ser observada por quem tiver a pretensão de implementar um programa de PLR, em flagrante contrariedade da Lei, que conferiu as partes envolvidas em negociação, o direito de adotar, desde de que claros e objetivos, os critérios e condições que entenderem mais justos, mas não necessariamente os sugestionados pela lei regulamentadora.

No caso trazido pela presente NFLD, a empresa negociou a forma com que se daria a repartição de seus lucros com os seus funcionários, estando devidamente previsto em Convenção Coletiva de Trabalho. Por outro lado, o instrumento de acordo optou pela previsão de individualização de resultados, estando, portanto, perfeitamente observado a exigência legal de negociação entre as partes quanto à divisão dos lucros da empresa, e fixação de critérios e regras claros e objetivos, e de conhecimento prévio dos empregados.

Com efeito, não há duvidas de que os lucros foram distribuídos de acordo com que fora acordado entre empregados e empresa, o que no assegura que dos instrumentos de negociação não duvidas que pudesse frustrar o direito do empregado a percepção dos lucros, na proporção que lhe caberia. No caso em exame, os direitos subjetivos e adjetivos previstos na norma legal estão dispostos de forma objetiva e clara, na medida em que não há omissão quanto ao que o trabalhador receberá a titulo de participação nos lucros, nem quanto à forma com que se dará essa participação.

Há que se mencionar ainda que o acordo em questão prevê regras e critérios, e até mesmo metas, e que estes foram devidamente instituídos pelos interessados na distribuição ora questionada. Sem dúvida que essas regras e esses critérios podem, numa avaliação pessoal, serem considerados como não sendo ideais para implementação de um programa de distribuição de lucros. Contudo, o que não se pode aceitar é que essa avaliação pessoal se contraponha à vontade das partes externada no instrumento de negociação coletiva, e ferindo sua autonomia, e assim, contrariando o que a regulamentação da PLR mais valoriza, venha a ser pretexto para a desqualificação da natureza de um pagamento.

Na mesma linha do precedente da CSRF, é relevante o Acórdão nº 2301-00.548, da 1ª Turma da 3ª Câmara Ordinária da Segunda Seção do CARF, no qual se decidiu, com acerto, *que não cabe ao Fisco fazer juízos de valor sobre os termos utilizados pelas partes para a definição da PLR, desde que não haja um vício de vontade ou extrema incompatibilidade entre o acordado e os objetivos que permeiam o instituto da PLR*. Cite-se trecho da ementa do acórdão:

No que se refere à participação nos lucros, o que se exige é que o termo acordado traga previsão de regas e critérios, e até mesmo metas de conhecimento dos trabalhadores. *É bem verdade que essas regras e esses critérios podem, numa avaliação pessoal, serem considerados como não sendo ideais para implementação de um programa de distribuição de lucros.*

Contudo, o que não se pode aceitar é que essa avaliação pessoal por parte do fisco se contraponha à vontade das partes externada no instrumento de negociação ferindo sua autonomia, contrariando assim o que a regulamentação da participação nos lucros mais valoriza, venha a ser pretexto para a desqualificação da natureza de um benefício. (grifamos)

Não cabe a autoridade fiscal instituir requisitos de validade para a PLR não previstos na Lei nº 10.101/00, mesmo que os considere razoáveis em face da natureza do instituto.

Um exemplo desse tipo de equívoco é a desnaturação do pagamento pelo fato de determinado acordo PLR não abranger a totalidade dos empregados da empresa.[15] Isso ocorre, por exemplo, quando a PLR está direcionada apenas aos cargos operacionais, e não aos diretivos, ou vice-versa. Ou quando existem planos específicos para diferentes categorias.

É inequívoco que as Leis 10.101/00 e 8.212/91 não trazem expressa a obrigatoriedade de extensão da PLR a todos os empregados. A literalidade da previsão previdenciária não deixa margem para outra interpretação, haja vista a literalidade da alínea *j*, do § 9º do artigo 28 da Lei nº 8.212/91: "j) a participação nos lucros ou resultados da empresa, quando paga ou creditada de acordo com lei específica".

Reforça tal entendimento a sistemática adotada pela lei previdenciária, que sempre que considerou a extensão a todos os empregados, requisito para o tratamento fiscal de determinada verba, expressamente o consignou, como exemplifica o previsão para a previdência privada (alínea *j* do § 9º do artigo 28 da Lei nº 8.212/91):

p) o valor das contribuições efetivamente pago pela pessoa jurídica relativo a programa de previdência complementar, aberto ou fechado, *desde que disponível à totalidade de seus empregados e dirigentes*, observados, no que couber, os arts. 9º e 468 da CLT; (grifamos)

E ao analisar o critério de interpretação da regra de exclusão da incidência das contribuições previdenciárias, prevista no § 9º do artigo 28 da Lei nº 8.212/91, a Câmara Superior de Recursos Fiscais decidiu que a autoridade fiscal não pode se afastar da interpretação literal, instituindo critério não previsto no texto legal. Dessa forma, se a norma prevê apenas que a verba deve ser disponibilizada a todos os empregados, não é validamente possível se estender o critério para a obrigatoriedade de que a forma de disponibilização também seja uniforme.[16]

---

[15] "O legislador não fez previsão de exigência no sentido de que as parcelas pagas a título de participação de lucros ou resultados fossem extensivas a todos os empregados da empresa para que houvesse a não incidência de contribuição previdenciária." (Acórdão nº 244.566, 2ª Turma da CSRF , 09.02.2010). "A legislação regulamentadora da PLR não exige que a distribuição de Lucros deva, necessariamente, ser dirigida a totalidade dos empregados, exigência essa que não pode advir da interpretação subjetiva de quem aplica a legislação." (CARF, 4º Câmara / 1ª Turma Ordinária, Acórdão 2401-00.066, 04/03/09).

[16] CONTRIBUIÇÕES PREVIDENCIÁRIAS. ASSISTÊNCIA MÉDICA – PLANO DE SAÚDE. EXTENSÃO/COBERTURA À TOTALIDADE DO EMPREGADOS/FUNCIONÁRIOS. REQUISITO LEGAL ÚNICO. De conformidade com a legislação previdenciária, mais precisamente o artigo 28, § 9º, alínea "q", da Lei nº 8.212/91, o Plano de Saúde e/ou Assistência Médica concedida pela empresa tem como requisito legal, exclusivamente, a necessidade de cobrir, ou seja, ser extensivo à totalidade dos empregados e dirigentes, para que não incida contribuições previdenciárias sobre tais verbas. A exigência de outros pressupostos, como a necessidade de planos idênticos à todos os empregados, é de cunho subjetivo do aplicador/intérprete da lei, extrapolando os limites da legislação especí-

Os precedentes do CARF indicam a forte linha jurisprudencial de se buscar uma análise mais teleológica da PLR, visando, sempre que possível, privilegiar o seu pagamento. E o norte interpretativo mais relevante é a existência de metas concretas que permitam ao empregado entender qual o programa de participação que está sendo instituído e fiscalizar o seu cumprimento.

São também critérios de validação a comprovação da existência de mecanismos de divulgação interna das metas PLR, do resultado do seu aferimento, e do cálculo da participação. A prova de que existe transparência no cumprimento do acordo, de forma que os funcionários possam fiscalizar e fazer valer o seu direito subjetivo, é relevante, não só para a validação perante as autoridades fiscais e trabalhistas, mas também para que os objetivos de integração capital e trabalho sejam alcançados.

A construção de planos mais sofisticados de participação nos lucros e resultados, por exemplo, com a fixação de metas globais, setoriais e individuais, não alteram a natureza da verba, desde que todos os parâmetros estejam fixados de forma expressa e clara no instrumento de acordo.

Nesse sentido, cite-se mais uma vez a jurisprudência do CARF:[17]

21. Vale destacar que, no caso concreto, os documentos constantes dos autos denominados "avaliação de desempenho", dentre outros, *informam claramente as metas estabelecidas a serem atingidas e a forma de avaliação de cada uma delas, inclusive as fichas administrativas estão postas com a assinatura dos avaliados*, o que demonstra que o sistema implantado para a mensuração de desempenho e tratamento dos resultados eram de pleno conhecimento dos empregados.

22. *Considero aceitável que a recorrente imponha previamente determinadas metas e critérios para que os empregados possam atingi-las, considerando os setores (administrativo, vendas, etc) e o nível dos cargos ocupados dentro da empresa (gerentes, coordenadores, chefes, etc), sem que tais exigências possam descaracterizar a PLR.* É próprio da organização da empresa poder conciliar o pagamento do beneficio aos seus objetivos.

23. *A confecção de um "manual de avaliação de desempenho" também confirma que a empresa se preocupou efetivamente com a adoção de um método justo e único para todos os funcionários*, no que toca ao julgamento das informações sobre cada empregado. (grifamos)

Ainda na linha de se privilegiar a instituição e pagamento de PLR, destacam-se os precedentes que validam que o acordo seja firmado entre as partes após a aferição do lucro, mas desde que seja anterior ao pagamento. Tal entendimento incentiva as empresas que, tendo aferido resultado relevante, se proponham a disponibilizar parcela aos seus colaboradores, mesmo que anteriormente a produção da riqueza não se tenha firmado um plano PLR. Cite-se:[18]

---

fica em total afronta aos preceitos dos artigos 111, inciso II e 176, do Código Tributário Nacional, os quais estabelecem que as normas que contemplam isenções devem ser interpretadas literalmente, não comportando subjetivismos. Recurso especial negado. (Câmara Superior de Recursos Fiscais – CSRF – 2a. Turma da 2a. Câmara – Recurso n° 246.376 Especial do Procurador – Acórdão n° 9202-00.295 – 2ª Turma – Sessão de 22 de setembro de 2009)

[17] Acórdão n° 2301-00.548, da 1ª Turma da 3ª Câmara Ordinária da Segunda Seção do CARF.

[18] CARF, 4° Câmara, 2ª Turma Ordinária, Acórdão n° 2402-00.508, sessão de 22/02/10.

CONTRIBUIÇÕES PREVIDENCIÁRIAS SOBRE A REMUNERAÇÃO

Outro ponto importante que não pode simplesmente ser desprezado por este Colegiado, é saber se o lucro almejado pela empresa, somente poderá ser repartido com seus empregados, se houver negociação antes de ocorrer o seu implemento. Mais uma vez aqui, insisto que o enfoque da análise da tributação previdenciária da PLR deve sempre partir da sua regulamentação, de forma que qualquer limitação quanto ao seu pagamento, para ser válida, deve nela estar expressa.

Nesse ideal, e caminhando pela Lei regulamentadora da PLR, não vejo qualquer exigência ou previsão no sentido de que antes mesmo de se alcançar o lucro pretendido, necessariamente deve haver a negociação de como ele será distribuído entre os empregados. *Com efeito a distribuição, sim, deve ser precedida de acordo entre as partes, e como já mencionado jamais poderá ser fixada unilateralmente, mas nada na Lei impede que alcançado o lucro, seja posteriormente sua distribuição negociada entre os beneficiados e a fonte pagadora.* Ao menos para nós, é perfeitamente viável que a negociação quanto à distribuição do lucro, seja concretizada após sua realização, *em outras palavras, a negociação deve preceder ao pagamento, mas não necessariamente ao advento do lucro.*

No outro lado da mesma moeda, a inexistência de regras claras e objetivas que fundamentem o pagamento da PLR, de forma que a sua distribuição se deu ao livre talante do empregador, é reconhecidamente um vício que desnatura a verba para remuneratória, fazendo incidir sobre a mesma as contribuições previdenciárias e reflexos trabalhistas. Mais uma vez é ilustrativa a jurisprudência do CARF:[19]

As regras claras e objetivas quanto ao direito substantivo referem-se à possibilidade de os trabalhadores conhecerem previamente, no corpo do próprio instrumento de negociação, quanto irão receber a depender do lucro auferido ou do resultado obtido pelo empregador- se os objetivos forem cumpridos. *Apesar de terem sido objeto de acordo coletivo, não há disciplina quanto à forma de recebimento, os requisitos que devem ser atendidos pelos empregados.*

Os termos de acordos juntados são sempre posteriores aos resultados obtidos, *portanto não provam que os empregados possuíam conhecimento prévio dos instrumentos celebrados. Além do mais, os valores pagos eram fixos e independiam de qualquer tarefa executada pelos empregados, para ter direito à verba bastaria ter o vínculo empregatício.*

Não cumprindo os requisitos previstos na lei específica há que se considerar a parcela paga em desacordo com o ordenamento jurídico, como parcela integrante do salário-de-contribuição.

A existência desse arcabouço jurisprudencial deve ser considerada por todos os envolvidos na sistemática da PLR, principalmente as partes acordantes e as autoridades fiscais e trabalhistas, de forma a se privilegiar, sempre que possível, o instituto.

III – Conclusões

A solidificação de jurisprudência a respeito da correta interpretação dos requisitos formais e materiais para o pagamento de valores a título de participação nos lucros e resultados é extremamente relevante, já que proporciona mais segurança para as empresas instituírem os seus planos PLR, além de fornecer critérios as autoridades fiscais, dificultando a aplicação discricionária de interpretações dissociadas da melhor exegese da legislação de regência.

---

[19] CARF, 3ª Câmara, 2ª Turma, Acórdão 2302-00256, 29/10/09.

A Participação nos Lucros e Resultados pressupõe a livre negociação entre empregadores e empregados, com a formalização de termo específico, o qual traga regras claras e objetivas sobre o direito substantivo que institui. O acordo pressupõe a participação do Sindicado da categoria, como garantia e suporte dos empregados na negociação. Contudo, tal requisito não é peremptório, podendo ser relativizado quando se comprove que o Sindicato não participou por sua omissão ou recusa, ou, ainda, quando se ateste que o acordo instituído é favorável aos empregados, não havendo cláusula ou previsão que atente aos objetivos do instituto.

A Lei n° 10.101/00 não prevê de forma peremptória e exaustiva quais os parâmetros válidos de instituição de um Programa de PLR, já que o legislador intentou outorgar maior autonomia as partes interessadas, que são as mais capacitadas para construir um acordo que seja compatível com os seus interesses singulares e mútuos. O limite a essa liberdade é a manutenção da compatibilidade com a natureza e os objetivos da PLR, que visa a integração capital e trabalho, não podendo ser utilizada como forma de substituição da remuneração contraprestativa do trabalho.

Não cabe a autoridade fiscal instituir requisitos de validade para a PLR não previstos na Lei n° 10.101/00, mesmo que os considere razoáveis em face da natureza do instituto. Como, por exemplo, a exigência de que todos os empregados sejam abarcados pelo acordo PLR ou que não seja válido acordo que traga diferenciação entre categorias profissionais. Da mesma forma, não compete a fiscalização criticar os parâmetros de fixação e cálculo da PLR, desde que os mesmo guardem a já referida compatibilidade com o instituto.

— 8 —

A incidência das contribuições previdenciárias sobre verbas indenizatórias e a jurisprudência

JOSÉ EDUARDO SOARES DE MELO

Professor Titular de Direito Tributário da Faculdade de Direito da PUC- SP e Coordenador do Curso de Pós-Graduação em Processo Tributário. Doutor e Livre-Docente. *Visiting Scholar* da U. C. Berkeley (Califórnia). Consultor Jurídico.

Sumário: I – Contribuições. Pressupostos jurídicos; II – Contribuições previdenciárias; III – Indenização e jurisprudência; IV – Súmulas do Tribunal Superior do Trabalho.

I – Contribuições. Pressupostos jurídicos

Conceitualmente, *contribuição* é o "tributo vinculado cuja hipótese de incidência consiste numa atuação estatal indireta e mediatamente (mediante uma circunstância intermediária) referida ao obrigado" (Geraldo Ataliba, *Hipótese de Incidência Tributária*, 6ª. ed., 11ª tir., São Paulo, Malheiros Editores, 2010).

A Constituição Federal de 1988 caracteriza as contribuições como tributos, em razão de sua natureza (receitas derivadas compulsórias), e por consubstanciarem princípios peculiares no regime jurídico dos tributos, estando esparramadas ao longo do discurso constitucional.

O Supremo Tribunal Federal consagrara a *natureza tributária das contribuições sociais* (Pleno, RE 138.284-CE, Rel. Min. Carlos Velloso, j. 1.7.1992, *DJU* 28.8.1992), ressaltando-se o voto vencedor do Ministro-Relator:

O citado art. 149 institui três tipos de contribuições: a) contribuições sociais; b) de intervenção; c) corporativas. As primeiras, as contribuições sociais, desdobram-se, por sua vez, e: a.1) *contribuições de Seguridade Social*; as. 2) *outras de Seguridade Social*; e a.3) contribuições sociais gerais.

A distinção – contribuições de específica "natureza tributária" (art. 149 da CF), e contribuições pertinentes à "seguridade social" (art. 195) –, foi captada por Misabel Derzi ao precisar que estas contribuições (as do art. 195) estão "submetidas a um regime constitucional próprio, peculiar e diferencia-

CONTRIBUIÇÕES PREVIDENCIÁRIAS SOBRE A REMUNERAÇÃO

do das demais contribuições sociais, ou de intervenção no domínio econômico, ou ainda corporativas ("Contribuição para o Finsocial", *RDT* 55/198). Argumenta que "o conceito de Seguridade Social varia de direito positivo a outro, dependendo o seu conteúdo do momento histórico e das experiências vivenciadas de país para país. Entre nós, pelo menos do ponto de vista formal e objetivo, a Seguridade Social abrange o conjunto de ações destinadas a assegurar os direitos relativos à Saúde, à Previdência, e à Assistência Social (art. 149). Nela não estão incluídos o direito à educação, à habitação e outros que compõem o conjunto da 'Ordem Social' em todo o Título VIII da Constituição." (*idem*).

As contribuições sociais especializadas pelo custeio da Seguridade Social escapam ao clássico princípio da anterioridade da lei tributária ao exercício da cobrança (art. 195, § 6º), e não deveriam integrar o orçamento fiscal da União, sujeitando-se a uma "parafiscalidade necessária", razão pela qual não lhes é aplicável o art. 7º do Código Tributário Nacional. O regime constitucional que lhes foi imposto está integrado pelos arts. 149, 165, § 5º, III, 167, VIII, 194 e 195, da CF.

A "parafiscalidade" constitui sistemática de descentralização da arrecadação de tributos. Trata-se de capacidade ativa compreendendo o direito da pessoa figurar no polo positivo da relação jurídica em decorrência da especificidade da exação, como é o caso do Instituto Nacional do Seguro Social (INSS).

Importante considerar a perene lição de Aliomar Baleeiro, apontando os quatro elementos como características das contribuições parafiscais: "a) delegação do poder fiscal do Estado a um órgão oficial ou semi-oficial autônomo; b) destinação especial ou 'afetação' dessas receitas aos fins específicos cometidos ao órgão oficial ou semi-oficial investido daquela delegação; c) exclusão dessas receitas delegadas ao orçamento geral (seriam, então, 'para-orçamentárias', 'parabudgetárias', segundo Laferrière); d) consequentemente, subtração de tais receitas à fiscalização do Tribunal de Contas, ou órgão de controle da execução orçamentária" (*Uma Introdução á Ciência das Finanças*, Rio de Janeiro, Forense, 1958, 2ª ed., vol. II, p. 445 e 448).

Os contornos, os lineamentos, as características, e as notas distintivas das contribuições (no caso, as de natureza social), repousam na sua vinculação com a Seguridade Social, sendo despiciendo argumentar-se com elementos e situações meramente financeiras. As contribuições devem integrar, de forma direta, o orçamento dos órgãos previdenciários, como estatuído no inciso III, § 5º, do art. 165, da CF.

Esse mandamento constitucional representa autorização para que a norma das contribuições, necessariamente, disponha sobre a legitimidade dos órgãos assistenciais para exigi-las, e ficar com o produto de sua arrecadação.

Não se está cogitando de simples expediente financeiro, de mera técnica de cobrança, ou facilidade operacional. Por inarredável diretriz constitucional, a lei deve contemplar o legítimo titular do direito à percepção da contribuição, observando rigorosamente o peculiar regime jurídico.

As contribuições sociais (inclusive as de natureza previdenciária) constituem exações de características especiais, vinculadas a despesa especial ou vantagem referida aos contribuintes, e que podem implicar (ou não) atuação estatal.

A "seguridade social" compreende específicos objetivos, como universalidade de cobertura e atendimento; uniformidade e equivalência de benefícios e serviços, às populações urbanas e rurais; seletividade e distributividade na respectiva prestação; irredutibilidade do valor dos benefícios; equidade na forma de participação no custeio; diversidade da base de financiamento etc.

Esta gama significativa de finalidades em nada prejudica a aplicação de diversos princípios constitucionais (de índole tributária), como a legalidade, tipicidade, irretroatividade, anterioridade, capacidade contributiva, vedação de confisco etc.

Demonstração inequívoca dessa assertiva reside no fato de que o STF ("súmula vinculante nº 8") determinara a aplicação de regras de prescrição e decadência tributária, às normas de natureza previdenciária (art. 5º do Decreto-Lei nº 1.569/1977, e os artigos 45 e 46 da Lei nº 8.212/1991), em decorrência de diretriz consagrada por seu Plenário, na forma seguinte:

(...)

NATUREZA TRIBUTÁRIA DAS CONTRIBUIÇÕES. As contribuições, inclusive as previdenciárias, têm natureza tributária e se submetem ao regime jurídico-tributário previsto na Constituição. Interpretação do art. 149 da CF de 1988. Precedentes.

Aplicam-se às contribuições "previdenciárias", em razão de revestirem natureza tributária, os princípios gerais de direito privado, a definição, o conteúdo e o alcance de institutos, conceitos e formas de direito privado (arts. 109 e 110 do CTN).

Por conseguinte, os efeitos pertinentes à *"indenização"*, especialmente no que concerne às incidências previdenciárias, implicam o absoluto respeito aos conceitos hauridos do direito privado.

II – Contribuições previdenciárias

A Constituição Federal preceitua o seguinte:

Art. 195. A seguridade social será financiada por toda a sociedade, de forma direta e indireta, nos termos da lei, mediante recursos provenientes dos orçamentos da União, dos Estados, do Distrito Federal e dos Municípios, e das seguintes contribuições sociais:

(...);

II – do trabalhador e dos demais segurados da previdência social, não incidindo contribuição sobre aposentadoria e pensão concedidas pelo regime geral de previdência social de que trata o art. 201.

Interessa a este estudo os conceitos seguintes:

Trabalhador é todo aquele que trabalha, que desenvolve atividade econômica, independentemente de ser empregado, autônomo, empresário ou servidor público. As contribuições dos autônomos e do servidor público não abrangido pelo regime próprio de previdência sempre foram admitidas enquanto segurados do regime geral, com suporte na referência constitucional à contribuição do trabalhador.

Segurado são as pessoas filiadas ao regime geral de previdência social, titulares potenciais dos benefícios garantidos pelo sistema.

O trabalhador empregado e todas as demais pessoas físicas que exercem atividade econômica (avulsos, autônomos, empresários, produtores rurais, agentes políticos, etc.) são segurados obrigatórios do regime geral de previdência social, que admite, ainda, segurados facultativos (dona de casa ou estudante).

(Leandro Paulsen e Andrei Pitten Velloso, *Contribuições – Teoria geral. Contribuições em espécie.* Livraria do Advogado Editora – Porto Alegre – 2010, p. 146 e 147).

O produtor, o parceiro, o meeiro e o arrendatário rurais, o pescador artesanal, bem como os respectivos cônjuges, que exerçam suas atividades em regime de economia familiar, sem empregados permanentes, contribuirão para a seguridade social mediante a aplicação de uma alíquota sobre o resultado da comercialização da produção e farão jus aos benefícios nos termos da lei (§ 8º do art. 195 da CF).

O Regulamento Geral da Previdência Social (RGPS), aprovado pelo Decreto federal nº 3.048, de 6.5.99, determina o seguinte:

Art. 214 – Entende-se por *salário de contribuição:*

I – para o *empregado* e o *trabalhador avulso*: a remuneração auferida em uma ou mais empresas, assim entendida a totalidade dos rendimentos, pagos, devidos ou creditados a qualquer título, durante o mês, destinados a retribuir o trabalho, qualquer que seja a sua forma, inclusive as gorjetas, os ganhos habituais sob a forma de utilidades e os adiantamentos decorrentes de reajuste salarial, quer pelos serviços efetivamente prestados, quer pelo tempo à disposição do empregado ou tomador dos serviços, nos termos da lei ou contrato, ou, ainda, de convenção ou acordo coletivo de trabalho ou sentença normativa;

II – para o *empregado doméstico*: remuneração registrada na Carteira Profissional e/ou na Carteira de Trabalho e Previdência Social, observados os limites mínimo e máximo previsto nos §§ 3º e 5º;

III – para o *contribuinte individual*: a remuneração auferida em uma ou mais empresas, ou pelo exercício de sua atividade por conta própria, durante o mês, observados os limites a que se referem os § 3º e 5º;

IV – para o *dirigente sindical na qualidade de empregado:* a remuneração paga, devida ou creditada pela entidade sindical, pela empresa ou por ambas;

V – para o *dirigente sindical na qualidade de trabalhador avulso*: a remuneração paga, devida ou creditada pela entidade sindical;

VI – para o *segurado facultativo:* o valor por ele declarado, observados os limites a que se referem os §§ 3º e 5º.

O RGPS trata da "integração" de demais verbas como salário-maternidade, adicional de férias, gratificação natalina-décimo terceiro salário e diárias para viagem, quando excedente a cinquenta por cento da remuneração mensal do empregado.

Também dispõe sobre a "exclusão" de valores do salário de contribuição, implicando naturezas distintas, a saber:

a) genéricas: benefícios da previdência social, nos termos e limites legais; ajuda de custo e adicional mensal recebidos pelo aeronauta; a parcela *in natura* recebida de acordo com programa de alimentação aprovado pelo governo; vale-transporte; ajuda de custo, diárias para viagens, desde que não excedam a cinquenta por cento da remuneração mensal do empregado; bolsa de complementação educacional de estagiário; participação do empregado nos lucros da empresa; abono de PIS/PASEP; valores correspondentes a transporte, alimentação e habitação; complementação do valor do auxílio-doença; vestuário, equipamentos e outros acessórios, etc.

b) *indenizatórias*: férias e respectivo adicional constitucional, inclusive à dobra da remuneração de férias; compensação relativa ao Fundo de Garantia por Tempo de Serviço; despedida sem justa causa anterior à instituição do FGTS; despedida sem justa causa do empregado nos contratos por prazo determinado; incentivo à demissão; reintegração do estável e extinção da empresa; abono de férias, licença-prêmio.

III – Indenização e jurisprudência

A *indenização* pode ser conceituada da forma seguinte:

1. Ato ou efeito de indenizar. 2. Reembolso de despesa feita. 3. Recompensa por serviço prestado. 4. Reparação pecuniária de danos morais e/ou patrimoniais causados ao lesado, equivalente pecuniária do dever de ressarcir o prejuízo. 5. Vantagem pecuniária que se dá a servidor público sob a forma de ajusta de custo, diária ou transporte (Othon Sidou). 6. Ressarcimento de dano oriundo de acidente de trabalho ou de rescisão unilateral do contrato trabalhista sem justa causa. 7. Importância a ser paga pela companhia de seguros ao segurado, ocorrendo o risco coberto pela apólice. 8. Quantia pecuniária justa paga ao expropriado pelo expropriante. (Maria Helena Diniz, *Dicionário Jurídico*, Editora Saraiva, 2007, 3ª. ed., p. 889).

Indenização é a resposta do Direito à lesão a um bem jurídico, sendo certo que, no caso do dano patrimonial, tem a finalidade reparatória, de forma a restabelecer-se a situação patrimonial anterior. Os prejuízos causados são materialmente identificáveis e mensuráveis, tendo por objetivo a reposição do *status quo ante*, com a aplicação da fórmula dos danos emergentes e dos lucros cessantes.

As indenizações asseguradas pela lei trabalhista e devidas na despedida arbitrária ou sem justa causa (art. 7º, I, da CF), e na adesão aos planos de demissão voluntária, têm o escopo de reparar a perda de emprego, podendo, inclusive, ser acumuladas com indenização por dano moral, se for o caso (comportamento discriminatório, abusivo, desrespeitoso etc., por parte do empregador).

O regime tributário a ser legitimamente considerado sujeita-se ao prévio exame da figura jurídica (*indenização*), compreendida como o mecanismo jurídico imprescindível para o ressarcimento de perda ou dano, que não constitui acréscimo patrimonial e sequer elemento integrante do valor objeto de negócios jurídicos.

O *Superior Tribunal de Justiça* consagra entendimentos relativos à não incidência do imposto de renda sobre as indenizações, na forma seguinte:

Súmula n. 125: "O pagamento de férias não gozadas por necessidade de serviço não está sujeito ao imposto de renda".

Súmula n. 136: "O pagamento de licença-prêmio não gozada, por necessidade do serviço não está sujeito ao imposto de renda".

Súmula n. 215: "A indenização recebida pela adesão a programa de incentivo à demissão voluntária não está sujeita à incidência do imposto de renda".

Súmula n. 386: "São isentas do imposto de renda as indenizações de férias proporcionais e o respectivo adicional".

Entretanto, também decidira que "incide o imposto de renda sobre os valores percebidos a título de indenização por horas extraordinárias trabalhadas, ainda que decorrentes de acordo coletivo" (Súmula n. 463).

No âmbito das *contribuições previdenciárias*, a jurisprudência consolidara os entendimentos seguintes:

A) Não Incidência

I – Horas Extras e Férias (um terço)

Ementa: Agravo Regimental no Recurso Extraordinário. Contribuição Social Incidente sobre Horas Extras e Terço Constitucional de Férias. Impossibilidade.

Somente as parcelas incorporáveis ao salário do servidor sofrem a incidência da contribuição previdenciária.

(STF – Ag.Reg no Recurso Extraordinário 389.903-1 – DF – 1ª. Turma – Rel. Min. Eros Grau – j. 21.2.06 – *DJ* de 5.05.06).

O aresto assinalara que a jurisprudência do tribunal afirmou que a garantia do recebimento de, pelo menos, um terço a mais do que o salário normal no gozo das férias anuais (CB, artigo 7º, XVII), tem por finalidade permitir ao trabalhador "reforço financeiro neste período (férias)", de conformidade com o RE n. 345.458, Rel. Min. Ellen Gracie (DJ de 11.3.05), o que significa dizer que sua natureza é compensatória/indenizatória.

Aduzira que somente as parcelas incorporáveis ao salário do servidor sofrem a incidência da contribuição previdenciária, porque, conforme dispõe a Lei n. 9.783/99 (art. 1º, parágrafo único), a contribuição previdenciária do servidor público incide sobre a totalidade da remuneração, assim entendida como o "vencimento do cargo efetivo, acrescido das vantagens pecuniárias permanentes estabelecidas em lei".

Observação: As férias constituem direito do trabalhador (art. 7º, XVII, da CF) cujo objetivo consiste em proporcionar o descanso necessário ao reequilíbrio psíquico e orgânico de uma pessoa humana. Não recomposto este equilíbrio, por meio de higiene mental (desejo do constituinte), não sobra outra reparação possível senão a indenização em dinheiro paga em substituição.

Esta recompensa não se traduz em riqueza nova, nem tampouco em acréscimo patrimonial, mas apenas recompõe o patrimônio do empregado que sofreu prejuízo por não exercitar esse direito à folga.

II – Vestuário e Equipamentos

Ementa: Processual Civil. Tributário. Omissão. Alegação Genérica. Súmula 284/STF. Falta de Prequestionamento. Súmula 211/STJ. Contribuição Previdenciária. Verba Indenizatória. Não Incidência. Vestuário e Equipamentos. Exceção Prevista na Lei N. 8.212/91.

(...);

3. As verbas de caráter indenizatório não compõem a base de cálculo da contribuição previdenciária, por constituir o seu pagamento na reparação de ato ilícito ou ressarcimento de algum prejuízo sofrido pelo empregado (EREsp 496.737/RJ, Rel. Min. Castro Meira, Primeira Seção, julgado em 12.5.2004, DJ 9.8.2004, p. 168).

4. Outrossim, o pagamento feito ao trabalhador como ressarcimento pelo desgaste e prejuízo sofrido na utilização de ferramentas próprias essenciais para o desenvolvimento de suas tarefas não configura acréscimo patrimonial ou financeiro, caracterizador da necessária natureza salarial, a atrair a incidência da contribuição previdenciária.

5. O valor pago pelo empregado para vestuário e manutenção de equipamento utilizado no local de trabalho constitui exceção à incidência da contribuição previdenciária, prevista no art. 28, § 9º, alínea "r", da Lei 8.212/91.

(REsp 1267583/RS – 2ª. Turma – Rel. Min. Humberto Martins – j. 13.9.11 – *DJe* 21.9.11).

III – Auxílio Doença

Ementa. Tributário. Não Incidência da Contribuição Previdenciária. Auxílio-Doença. Primeiros 15 Dias de Afastamento. Natureza Indenizatória do Adicional de 1/3 de Férias (...);

1. Cinge-se a demanda à existência ou não de relação jurídico-tributária quanto à cobrança de contribuição social sobre verbas referentes a 1/3 de férias e aos valores pagos nos quinze primeiros dias de afastamento do trabalhador. O Recurso Especial da Fazenda Nacional foi parcialmente provido para reconhecer a aplicação do prazo quinquenal na forma do art. 3º da LC 118/2005.

2. Sobre o Agravo Regimental da Fazenda Nacional destaca-se que a contribuição previdenciária não recai sobre os primeiros 15 dias do auxílio-doença pagos pelo empregador, por possuir natureza indenizatória. Precedentes do Superior Tribunal de Justiça. Após o julgamento da Pet 7.296/DF, o STJ realinhou sua jurisprudência para acompanhar o STF pela não incidência de contribuição previdenciária sobre o terço constitucional de férias (...).

(AgRg no REsp 103294/RN – 2ª. Turma – Rel. Min. Herman Benjamin – j. 8.5.12 – *DJe* 23.5.12).

IV – Aviso Prévio Indenizado

Ementa. Processual Civil e Tributário. Insuficiência de Prestação Jurisdicional não Configurada. Contribuição Previdenciária. Sociedade Empresária. Art. 22, I, da Lei 8.212/91. Aviso Prévio Indenizado. Abono de Natureza Indenizatória não Integra Base de Cálculo.

2. A indenização decorre de falta de aviso prévio que visa reparar o dano causado ao trabalhador que não fora alertado sobre a futura rescisão contratual com a antecedência mínima estipulada na CLT, bem como não pode usufruir da redução da jornada a que fazia jus (arts. 487 e segs. da CLT). Não incide contribuição previdenciária sobre os valores pagos a título de aviso prévio indenizado, por não se tratar de verba salarial" (REsp 1.198.964/PR, Rel. Min. Mauro Campbell Marques – DJe *4.10.10).*

(REsp 1213133 – 2ª. Turma – Rel. Min. Castro Meira – j. 16.11.10 – *DJe* 1.12.10)

V – Juros de Mora

Ementa. Processual Civil. Art. 557 do CPC. Aplicabilidade. Contribuição ao PSS. Juros de Mora. Caráter Indenizatório. Não Incidência. Tema Julgado pelo STJ sob a Sistemática do Art. 543-C do CPC.

(...);

2. A Primeira Seção deste Corte, por maioria, na assentada de 28.9.2001, sob o regime do art. 543-C do CPC (Resp 1.227.133-RS, publicação), reafirmou o entendimento de que os valores

recebidos pelo contribuinte a título de juros de mora têm natureza jurídica indenizatória, o que afasta a incidência da contribuição ao PSS.

3. Ademais, a Segunda Turma tem aplicado o entendimento de que não incide a contribuição ao PSS sobre verba indenizatória que não se incorpora à remuneração do servidor para fins de aposentadoria (Precedentes ...)".

(AgRg no REsp 1242386-PR – 2ª. Turma – Rel. Min. Humberto Martins – j. 20.10.11 – *DJe* 30.11.11).

Relativamente à aplicação dos *"juros de mora"*, o Código Civil – disciplinando o "inadimplemento das obrigações" – preceitua o seguinte:

Capítulo II

Da Mora

Art. 394. Considera-se em mora o devedor que não efetuar o pagamento e o credor que não quiser recebê-lo no tempo, lugar, e forma que a lei ou a convenção estabelecer.

Art. 395. Responde o devedor pelos prejuízos que a sua mora der causa, mais juros, atualização dos valores monetários segundo índices oficiais regularmente estabelecidos, e honorários de advogado.

A *mora solvendi* configura-se em razão do descumprimento ou cumprimento imperfeito da obrigação por parte do devedor, por causa a ele imputável. Caracteriza-se a *mora ex re* (em razão de fato previsto em lei) quando o devedor nela incorre automaticamente sem a necessidade de qualquer ação por parte do credor, que sucede quando a prestação deve realizar-se em um termo prefixado, e se trata de dívida portável (Carlos Roberto Gonçalves, *Direito Civil Esquematizado*, Pedro Lenza – coordenador, Parte Geral – Obrigações Contratos, Editora Saraiva, 2ª ed., 2012, p. 668).

Por outro lado, o Código Civil também estabelece o seguinte:

Capitulo III

Das Perdas e Danos

Art. 404. As perdas e os danos, nas obrigações de pagamento em dinheiro, serão pagas com atualização monetária segundo índices oficiais regularmente estabelecidos, abrangendo juros, custas e honorários de advogado, sem prejuízo da pena convencional.

Trata-se de típicos *juros indenizatórios* constituindo verba a ser considerada na "reparação de danos, sem prejuízo do disposto na lei processual, que abrangerá, então, a restauração de que o credor efetivamente perdeu e a composição do que, razoavelmente deixou de ganhar, apurado conforme o princípio da razoabilidade, e um juízo de probabilidade, atendo-se o juiz, ao fixar o *quantum* das perdas e danos, ao tempo do julgamento, ao lugar da estimação, que será o daquele em que o pagamento teria de efetuar-se, e à pessoa do lesado, principalmente sua situação patrimonial, para poder estabelecer a repercussão que teve sobre ela a inexecução da obrigação" (Maria Helena Diniz, *Curso de Direito Civil Brasileiro* 2. Teoria Geral das Obrigações – Editora Saraiva – 26ª. ed., 2011, p. 451).

VI – Acordo Coletivo de Trabalho

Ementa. Processual Civil e Tributário. Agravo Regimental no Recurso Especial. Ação Ordinária. Contribuição Previdenciária. Verbas Decorrentes de Acordo Coletivo de Trabalho. Acórdão Recorrido que Define pela Natureza Indenizatória dos Valores Discutidos. Ausência de Habitualidade. Súmulas 5 e 7 do STJ. Incidência. Precedentes.

1. É entendimento deste Tribunal de que as verbas de natureza indenizatória não devem compor a base de cálculo da contribuição previdenciária por constituir o seu pagamento na reparação de ato ilícito ou ressarcimento de algum prejuízo sofrido pelo empregado. (EREsp 496.737/RJ).

2. No caso em foco, definiu o acórdão de origem, consubstanciado no conjunto fático-probatório dos autos e na interpretação de acordo coletivo, que a verba recebida pelos empregados da empresa autora não tinha natureza remuneratória, ao consignar pela inexistência de habitualidade no seu recebimento e por haver sido constatado dano e prejuízo sofrido pelos empregados decorrentes da prestação do serviço (...).

(AgRg no Resp 1185037/SC – 1ª. Turma – Rel. Min. Benedito Gonçalves – j. 11.10.11 – *DJe* 17.10.11)

VII – Vale Transporte

Ementa: Recurso Extraordinário. Embargos de Declaração. Constitucional. Tributário. Processual. Contribuição Previdenciária. Incidência. Vale-Transporte. Art. 4º da Lei nº 7.418/85 e Art. 5º do Decreto nº 95.247/87. Natureza Indenizatória. Pagamento em Pecúnia. Inocorrência de Descaracterização. Delimitação da Extensão dos Efeitos da Declaração de Inconstitucionalidade dos Dispositivos Normativos. Suposta Abrangência para Além do Domínio Tributário. Terceiros cujas Esferas Jurídicas Restariam Atingidas Caso Proclamada a Invalidade da Sistemática do Vale-Transporte (...)"

(Emb. Decl. no RE 478410-SP – Pleno – Rel. Min. Luiz Fux – j. 15.12.11).

B) Incidência

I – Adicional Noturno, Insalubridade e Periculosidade

Tributário. Contribuição Previdenciária dos Empregadores. Arts. 22 e 28 da Lei nº 8.212/91. Salário. Salário Maternidade. Décimo-Terceiro Salário. Adicionais de Hora-Extra, Trabalho Noturno, Insalubridade e Periculosidade. Natureza Salarial para Fim de Inclusão na Base de Cálculo da Contribuição Previdenciária Prevista no Art. 195, I, da CF/88. Súmula 207 do STF. Enunciado 60 do TST.

1. A jurisprudência deste Tribunal Superior é firme no sentido de que a contribuição previdenciária incide sobre o total das remunerações pagas aos empregados, inclusive sobre o 13º salário e o salário-maternidade (Súmula nº 207/STF).

2. Os adicionais noturnos, hora-extra, insalubridade e periculosidade possuem caráter salarial. Iterativos precedentes do TST (Enunciado nº 60).

3. A Constituição Federal dá as linhas do Sistema Tributário Nacional e é a regra matriz da incidência tributária.

4. O legislador ordinário, ao editar a Lei nº 8.212/91, enumera no art. 28, § 9º, quais as verbas que não fazem parte do salário-de-contribuição do empregado, e, em tal rol, não se encontra a previsão de exclusão dos adicionais de hora-extra, noturno, de periculosidade e de insalubridade.

(REsp 486.697/PR – 1ª. Turma – Rel. Min. Denise Arruda – *DJ* 17.12.04).

II – Salário Maternidade e Férias Gozadas

Ementa: Processual. Tributário. Incidência de Contribuição Previdenciária sobre Salário-Maternidade e Férias Gozadas. Possibilidade.

1. A verba recebida a título de salário-maternidade não tem natureza indenizatória, mas remuneração, razão pela qual integra a base de cálculo da Contribuição Previdenciária. Precedentes.

2. Do mesmo modo, os valores pagos em decorrência de férias efetivamente gozadas sustentam caráter remuneratório e salarial, sujeitando-se ao pagamento de Contribuição Previdenciária. Precedente: REsp 1.232.238/PR, Rel. Min. Henrique Benjamin, Segunda Turma, julgado em 01/03/2011".

(AgRg no Ag 1424039/DF – 2ª. Turma – Rel. Min. Castro Meira – j. 6.10.11 – Dje 21.10.11).

III – Verba de Representação

Ementa. Embargos de Divergência. Contribuição Previdenciária. Salário-de-Contribuição. Verba de Representação.

1. Em homenagem aos princípios de hermenêutica positivados nos arts. 108 e 111 do Código Tributário Nacional, não cabe ampliação jurisprudencial das hipóteses de isenção arroladas no art. 28, § 9º, da Lei nº 8.212/91.

2. Nada obsta, entretanto, que determinada verba inominada ou nominada em desacordo com a terminologia adotada pela legislação previdenciária venha a ser considerada isenta de contribuição se, em razão de seus elementos essenciais, puder ser enquadrada em uma das hipóteses de dispensa de tributo legalmente previstas.

3. Por outro lado, não se submetem à incidência da contribuição previdenciária as verbas de caráter indenizatória, pois a reparação por ato ilícito ou o ressarcimento de um prejuízo não configuram o fato gerador desse tributo.

4. Há casos em que a distinção entre verba remuneratória e verba indenizatória não se mostra clarividente. Tanto é assim que o legislador ordinário remete ao magistrado trabalhista, conforme se infere do art. 832, §§ 3º e 4º, da CLT, a tarefa de esclarecer por meio de decisão, cognitiva ou homologatória, quais são as verbas de natureza indenizatória, assegurando à autarquia previdenciária o direito de recorrer de tal decisão.

5. Em determinadas situações, é necessário apreciar as características da verba paga aos empregados, com o objetivo de melhor elucidar a natureza de remuneração, fato gerador da contribuição previdenciária (...)".

(Emb. Div. em REsp nº 496.737-0RJ – 1ª. Seção – Rel. Min. Castro Meira – j. 12.5.04 – DJ 9.8.04).

IV – Súmulas do Tribunal Superior do Trabalho

n. 93 – Bancário

Integra a remuneração do bancário as vantagem pecuniária por ele auferida na colocação ou na venda de papéis ou valores mobiliários de empresas pertencentes ao mesmo grupo econômico, se exercida essa atividade no horário e no local de trabalho e com o consentimento tácito ou expresso, do banco empregador.

Tratando-se de remuneração decorrente de serviço prestado, devem incidir as contribuições previdenciárias.

n. 101 – Diárias de Viagem. Salário.

Integram o salário, pelo seu valor total e para efeitos indenizatórios, as diárias de viagem que excedam a 50% (cinquenta por cento) do salário do empregado, enquanto perdurarem as viagens (Redação determinada pela Resolução n. 129, de 5.4.2005).

A integração ao salário implica a incidência da verba previdenciária.

n. 132 – Adicional de Periculosidade. Integração.

I – O adicional de periculosidade, pago em caráter permanente, integra o cálculo de indenização e de horas extras. (Redação determinada pela Resolução n. 129, de 5.4.2005).

II – Durante as horas de sobreaviso, o empregado não se encontra em condições de risco, razão pela qual é incabível a integração do adicional de periculosidade sobre as mencionadas horas. (Redação determinada pela Resolução n. 129, de 5.4.2005).

Revestindo a natureza de indenização, não há que se considerar a incidência das contribuições previdenciárias.

n. 139 – Adicional de Insalubridade.

Enquanto percebido o adicional de insalubridade integra a remuneração para todos os efeitos legais. (Redação determinada pela Resolução n. 129, de 5.4.2005).

Observando a diretriz do TST, fora mantida a exigência da contribuição previdenciária (STJ).

n. 182 – Aviso Prévio. Indenização Compensatória. Lei n. 6.708, de 30.10.1979.

O tempo de aviso prévio, mesmo indenizado, conta-se para efeito da indenização adicional prevista no art. 9º, da Lei n. 6.708, de 30 de outubro de 1979.

A postura do STJ (não incidência da contribuição previdenciária em face da caracterização de verba indenizatória), encontra-se em consonância com a diretriz do TST.

n. 367 – Utilidades *in natura*. Habitação. Energia elétrica. Veículo. Cigarro. Não Integração ao Salário.

Não serão descontadas nem computadas como jornada extraordinária as variações de horário do registro de ponto não excedentes de cinco minutos, observado o limite máximo de dez minutos diários. Se ultrapassado esse limite, será considerada como extra a totalidade do tempo que exceder a jornada normal.

Em razão de não ocorrer a integração ao salário, pode ser entendido que não deva haver a incidência da contribuição previdenciária, embora não revelem a tranquila característica de indenização.

n. 369 – Descontos Previdenciários e Fiscais. Competência. Responsabilidade pelo Pagamento. Forma de Cálculo.

I – A Justiça do Trabalho é competente para determinar o recolhimento das contribuições fiscais. A competência da Justiça do Trabalho, quanto à execução das contribuições previdenciárias, limita-se às sentenças condenatórias, em pecúnia que proferir e os valores, objeto de acordo homologado, que integrem o salário de contribuição.

II – É do empregador a responsabilidade pelo recolhimento das contribuições previdenciárias e fiscais, resultante de crédito do empregado oriundo de condenação judicial, devendo incidir, em relação aos descontos fiscais, sobre o valor total da condenação, referente às parcelas tributáveis.

III – Em se tratando de descontos previdenciários, o critério de apuração encontra-se disciplinado no art. 276, § 4º, do Decreto n. 3.048/99, que regulamenta a Lei n. 8.212/91 e determina que a contribuição do empregado, no caso de ações trabalhistas, seja calculada mês a mês, aplicando-se as alíquotas previstas no art. 198, observado o limite máximo do salário de contribuição. (redação determinada pela Resolução n. 138, de 10.11.2005).

A diretriz jurisprudencial revela significativa importância uma vez que trata de situações afetas à competência jurisdicional, à responsabilidade pelo recolhimento das contribuições previdenciárias, e o critério de apuração dos valores devidos.

— 9 —

Aspectos controvertidos da contribuição acidentária (SAT/RAT): inconstitucionalidade do FAP e do arbitrário reenquadramento das empresas

ANDREI PITTEN VELLOSO

Sumário: 1. Introdução; 2. Histórico; 3. Contribuição ao SAT; 3.1. Finalidade e denominação; 3.2. Materialidade; 3.3. Sujeitos passivos; 3.4. Alíquotas básicas (RAT): estipulação em função do risco acidentário da atividade econômica; 3.4.1. Estipulação das alíquotas básicas; 3.4.2. Enquadramento das empresas nas faixas de risco acidentário; 3.4.3. O arbitrário reenquadramento estabelecido pelo Decreto 6.957/2009; 3.5. "Flexibilização das alíquotas" pelo FAP: individualização da contribuição em função dos acidentes laborais verificados na própria empresa; 3.5.1. Estipulação do FAP pelo CNPS; 3.5.1.1. Metodologia de cálculo; 3.5.1.2. Limites à aplicação da fórmula: as "travas às bonificações"; 3.5.2. Evasão frente ao FAP e o Nexo Técnico Epidemiológico; 3.5.3. Procedimento de impugnação do FAP; 3.6. Síntese: procedimento básico para determinar a alíquota efetiva ("RAT Ajustado"); 4. Finalidade e legitimidade do FAP; 4.1. Finalidade; 4.2. Constitucionalidade; 4.2.1. Princípio da estrita legalidade tributária; 4.2.1.1. Reserva de lei; 4.2.1.2. Princípio da tipicidade fechada; 4.2.1.3. Sistema da Lei 8.212/1991; 4.2.1.4. A Lei 10.666/2003 e o FAP; 4.2.1.4.1. Precedente do SAT; 4.2.1.4.2. Contraste com o *leading case* do salário-educação; 4.2.1.4.3. Real alcance da decisão proferida no RE 343.446; 4.2.1.4.4. Conclusão; 4.2.1.5. Delegação estabelecida pelo art. 22, § 3º, da Lei 8.212/1991; 4.2.2. Postulados da proporcionalidade e da razoabilidade; 4.2.3. Princípio da publicidade dos atos administrativos; 4.3. Legalidade da conformação e da aplicação do FAP; 4.3.1. Respeito à lei na concretização legislativa; 4.3.2. Respeito à lei na sua aplicação aos casos concretos; 5. Contribuição pelo desempenho de atividade especial: o "adicional" ao SAT; 5. Conclusões.

1. Introdução

Em 2010, entrou em vigor o Fator Acidentário de Prevenção (FAP), criado para "flexibilizar" as alíquotas da contribuição acidentária (SAT/RAT) e estimular as empresas a investir em medidas de prevenção de acidentes laborais.

Essa inovação reavivou os debates acerca dos postulados da reserva absoluta de lei tributária e da tipicidade cerrada, haja vista testar os limites da tolerância judicial com as delegações de competência legislativa ao Poder Executivo.

Porém, ela não veio só. Foi acompanhada por um amplo reenquadramento das empresas nas alíquotas básicas da contribuição, que, a despeito de ter sido realizado pelo próprio Fisco e carecer de fundamento técnico, acarretou expressivo aumento da carga tributária para a maioria dos contribuintes.

Tais alterações infralegais na regulação da contribuição acidentária aparentam contrastar com os princípios estruturantes do nosso sistema tributário. É o que examinaremos a seguir, após explicitarmos a complexa regulação da contribuição acidentária e, em particular, do FAP.

2. Histórico

O seguro por acidentes de trabalho foi consagrado como direito social dos trabalhadores já na Carta Política de 1937 (art. 137, alínea *m*), decretada por Getúlio Vargas.

O texto constitucional que o sucedeu manteve tal direito e dispôs expressamente ser do empregador a obrigação de financiá-lo (art. 157, XVII, da CF/46), o que contrastava com o financiamento tripartite do sistema previdenciário, estabelecido no dispositivo anterior (inciso XVI).

Esses preceitos foram mantidos na Carta de 1967 (art. 158, incisos XVI e XVII), mas a Lei 5.316/1967, editada sob a sua égide, integrou à previdência social o seguro contra acidentes de trabalho e regulou-o detidamente.

O seguro, que anteriormente era contratado pelas empresas junto a entidades seguradoras, foi *estatizado*, passando a ser pago à Previdência Social, segundo critérios estabelecidos pela legislação. Dessa forma, atribuiu-se à obrigação de financiá-lo uma feição nitidamente tributária, de prestação pecuniária compulsória instituída em lei (art. 3º do CTN).

Já no regime da Lei 5.316/1967, a alíquota da contribuição *variava em função das atividades da empresa*: era de 0,4% a 0,8% da folha de salários de contribuição, "conforme a natureza da atividade da empresa" (art. 12, I). Também era previsto que o custeio das prestações por acidente do trabalho seria acrescido, "quando for o caso", de uma "contribuição adicional incidente sobre a mesma folha e variável, conforme a natureza da atividade da emprêsa" (art. 12, II), que seria "objeto de fixação individual para as empresas cuja experiência ou condições de risco assim aconselharem" (art. 12, § 1º).

Tal contribuição era vinculada aos seguros de acidente de trabalho propriamente ditos, mediante o estabelecimento do patamar de 90% do último prêmio pago ou contratado pela empresa como teto da contribuição, em sua primeira fixação (art. 21).

A Lei 6.367/1976 modificou esse sistema. Determinou o financiamento dos seguros de acidente de trabalho mediante os recursos advindos das contribuições previdenciárias e de um *adicional variável* entre 0,4% e 2,5% da folha de salários de contribuição, em função do grau de risco de acidente do trabalho existente nas atividades desenvolvidas pelas empresas:

Art. 15. O custeio dos encargos decorrentes desta Lei será atendido pelas atuais contribuições previdenciárias a cargo da União, da empresa e do segurado, com um acréscimo, a cargo exclusivo da empresa, das seguintes percentagens do valor da folha de salário de contribuição dos segurados de que trata o artigo 1º:

I – 0,4% (quatro décimos por cento) para a empresa em cuja atividade o risco de acidente do trabalho seja considerado leve;

II – 1,2% (um e dois décimos por cento) para a empresa em cuja atividade esse risco seja considerado médio;

III – 2,5% (dois e meio por cento) para a empresa em cuja atividade esse risco seja considerado grave.

§ 1º O acréscimo de que trata este artigo será recolhido juntamente com as demais contribuições arrecadadas pelo INPS.

§ 2º O Ministério da Previdência e Assistência Social – MPAS classificará os três graus de risco em tabela própria organizada de acordo com a atual experiência de risco, na qual as empresas serão automaticamente enquadradas, segundo a natureza da respectiva atividade.

§ 3º A tabela será revista trienalmente pelo Ministério da Previdência e Assistência Social, de acordo com a experiência de risco verificada no período.

§ 4º O enquadramento individual na tabela, de iniciativa da empresa, poderá ser revisto pelo INPS, a qualquer tempo.

Em 1989, alterou-se novamente a regulação da contribuição. A Lei 7.787/1989 estabeleceu uma alíquota única de 2% para financiar a "complementação das prestações por acidente de trabalho" (art. 3º, II). Ela não oscilava em função do grau de risco próprio das atividades da empresa, mas havia uma contribuição adicional de 0,9%, 1,2% ou 1,8%, definida em função do excesso de acidentes de trabalho da empresa frente à média do respectivo setor, nos termos da tabela constante no art. 4º, § 2º, do referido diploma legal:

Alíquota	Excesso do índice da empresa em relação ao índice médio do setor
0,9%	Até 10%
1,2%	de mais de 10% até 20%
1,8%	mais de 20%

Em 1991, a Lei 8.212 (Lei de Custeio da Seguridade Social) restaurou as linhas básicas do sistema criado em 1976, estabelecendo três alíquotas que se aplicam em função do grau de risco da atividade predominante da empresa: 1% para empresas em cuja atividade preponderante o risco de acidentes do trabalho seja leve; 2% para aquelas com risco médio; e 3% para as empresas com risco grave (art. 22, II).

Esse diploma legal vige até os dias atuais, mas com uma inovação instituída com supedâneo na Lei 10.666/2003: o Fator Acidentário de Prevenção – FAP.

Com o advento do FAP, foram unificadas as duas formas de concretização das alíquotas do SAT: a estabelecida em função do grau de risco de acidentes de trabalho do *setor* da empresa, instituída pela Lei 5.316/1967, seguida pela Lei 6.367/1976 e considerada pelo art. 22, II, da Lei 8.212/1991; e a que varia em decorrência do índice de acidentes de trabalho *na própria empresa*, considerado no adicional instituído pela Lei 7.787/1989 e, atualmente, no FAP.

3. Contribuição ao SAT

3.1. Finalidade e denominação

O escopo do tributo que veio a ser alcunhado de *SAT* teve sutis variações desde o advento da Lei de Custeio da Seguridade Social (Lei 8.212/1991).

Na redação original da Lei 8.212/1991, a finalidade da contribuição era financiar a "complementação das *prestações por acidente de trabalho*". A Lei 9.528/1997 determinou que ela custeasse os benefícios acidentários propriamente ditos ("concedidos em razão do grau de incidência de incapacidade laborativa decorrente dos riscos ambientais do trabalho"). E, por imposição da Lei 9.732/1998, a contribuição também passou a financiar a aposentadoria especial.

À primeira vista, houve modificação de finalidade da contribuição com o advento da Lei 9.732/1998, que a afetou não só aos benefícios acidentários, mas também ao custeio da *aposentadoria especial*.

Isso decorreu da criação da contribuição adicional (adicional ao SAT) por tal diploma legal, previsto de forma atécnica nos §§ 6° e 7° do art. 57 da Lei de Benefícios da Previdência Social (Lei 8.213/1991).

Essa contribuição adicional se destina a financiar justamente o benefício de aposentadoria especial, incidindo sobre as remunerações pagas a segurados que trabalhem sujeitos a "condições especiais que prejudiquem a saúde ou a integridade física" (art. 57, *caput*, da Lei 8.213/1991) e, portanto, terão direito ao referido benefício – ou pelo menos à conversão do tempo especial em comum.[1]

Parece-nos, portanto, que a finalidade da contribuição do art. 22, II, permaneceu inalterada: destina-se a financiar os benefícios acidentários. A aposentadoria especial não é (ou pelo menos não deve ser) financiada pelo SAT, senão pela contribuição adicional prevista nos §§ 6° e 7° do art. 57 da Lei de Benefícios da Previdência Social (Lei 8.213/1991).

Embora não seja essa a interpretação que se extrai da letra do art. 22, II, da Lei 8.212/1991 (que alude às duas espécies de benefícios, mas não ao adicional) ou do Regulamento da Previdência Social (Decreto 3.048/1999, art. 202, que refere ambos os benefícios e também o adicional), ela afigura-se mais condizente com o sistema dessas exações, notadamente com a delimitação dos seus sujeitos passivos, das suas bases de cálculo e das suas alíquotas.

---

[1] Cfr. p. 128.

Provavelmente seja essa a razão de a interpretação que esposamos ter sido acolhida pela Receita Federal do Brasil, que, ao editar a Instrução Normativa 971/2009, separou claramente a contribuição do adicional, assim como cada uma das categorias de benefícios a serem custeados. A contribuição do art. 22, II, financia os benefícios acidentários; e a contribuição adicional, prevista no § 6º do art. 57 da Lei 8.213, de 1991, custeia a aposentadoria especial.[2]

A despeito dessa nova finalidade que foi atribuída à contribuição (ou sob outro viés, da criação de uma nova contribuição pela Lei 9.732/1998), a denominação remanesceu inalterada.

Continua-se a utilizar a denominação *SAT*. Ou *RAT* (*Riscos ambientais do trabalho*), em virtude da alteração que a Lei 9.528/1997 já havia imposto ao art. 22, II, da Lei 8.212/1991, aludindo ao "financiamento dos benefícios concedidos em razão do grau de incidência de incapacidade laborativa decorrente dos riscos ambientais do trabalho".

Entre essas denominações, preferimos a tradicional (*SAT* – Seguro contra Acidentes de Trabalho). A sigla *RAT* – Riscos Ambientais do Trabalho – pouca relação tem com a finalidade precípua da contribuição, de financiar os benefícios acidentários: ela diz respeito ao critério de graduação da contribuição, não ao seu escopo, elemento que a doutrina tradicionalmente utiliza para denominar as contribuições. A favor da denominação original, também pesam o uso já estabelecido e o fato de a Constituição da República continuar a aludir ao "seguro contra acidentes de trabalho" (art. 7º, inc. XXVIII).

Caso se pretendesse olvidar a denominação tradicional e atribuir nomenclatura mais fiel à finalidade das contribuições, poder-se-ia denominar o *SAT* (art. 22, II) de *contribuição acidentária*; e o adicional, de *contribuição para o financiamento da aposentadoria especial*.

3.2. Materialidade

Nos termos do art. 22, II, da Lei de Custeio da Seguridade Social, a materialidade da contribuição ao SAT é o "total das remunerações pagas ou creditadas, no decorrer do mês, aos segurados empregados e trabalhadores avulsos".

Na realidade, é a mesma materialidade da contribuição básica das empresas sobre as remunerações, razão pela qual ao SAT também é aplicável o

---

[2] Eis o texto do art. 72 da Instrução Normativa 971/2009: "Art. 72. As contribuições sociais previdenciárias a cargo da empresa ou do equiparado, observadas as disposições específicas desta Instrução Normativa, são: [...] II – *para o financiamento dos benefícios concedidos em razão do grau de incidência de incapacidade laborativa decorrente dos riscos ambientais do trabalho*, incidentes sobre o total das remunerações pagas, devidas ou creditadas, a qualquer título, durante o mês, aos segurados empregados e trabalhadores avulsos que lhes prestam serviços, observado o disposto no inciso I do art. 57, correspondente à aplicação dos seguintes percentuais: a) 1% (um por cento), para as empresas em cuja atividade preponderante o risco de acidentes do trabalho seja considerado leve; b) 2% (dois por cento), para as empresas em cuja atividade preponderante o risco de acidentes do trabalho seja considerado médio; c) 3% (três por cento), para as empresas em cuja atividade preponderante o risco de acidentes do trabalho seja considerado grave; [...] § 2º *Exercendo o segurado atividade em condições especiais que possam ensejar aposentadoria especial após 15 (quinze), 20 (vinte) ou 25 (vinte e cinco) anos de trabalho sob exposição a agentes nocivos prejudiciais à sua saúde e integridade física, é devida pela empresa ou equiparado a contribuição adicional destinada ao financiamento das aposentadorias especiais*, conforme disposto no § 6º do art. 57 da Lei nº 8.213, de 1991, e nos §§ 1º e 2º do art. 1º e no art. 6º da Lei nº 10.666, de 2003..." (grifos nossos)

esclarecimento constante na parte final do inciso I do art. 22, que indica serem as remunerações "destinadas a retribuir o trabalho, qualquer que seja a sua forma, inclusive as gorjetas, os ganhos habituais sob a forma de utilidades e os adiantamentos decorrentes de reajuste salarial, quer pelos serviços efetivamente prestados, quer pelo tempo à disposição do empregador ou tomador de serviços, nos termos da lei ou do contrato ou, ainda, de convenção ou acordo coletivo de trabalho ou sentença normativa".

Essa é a sua base de cálculo – e também a dimensão econômica da hipótese de incidência, centro do seu aspecto material, que indica o pagamento ou o creditamento, pelas empresas e entidades equiparadas, de remunerações a segurados empregados e trabalhadores avulsos como a ação que leva à incidência da norma impositiva.

3.3. Sujeitos passivos

A contribuição ao SAT é uma das contribuições da empresa instituídas pela Lei de Custeio da Seguridade Social. Portanto, é devida pela *empresa e pelas entidades a ela equiparadas.*

A empresa é definida pelo art. 15, I, da Lei 8.212/1991 como "a firma individual ou sociedade que assume o risco de atividade econômica urbana ou rural, com fins lucrativos ou não, bem como os órgãos e entidades da administração pública direta, indireta e fundacional".

Já o parágrafo único do art. 15 da lei citada (com a redação dada pela Lei 9.876/1999), equipara à empresa, "para os efeitos desta Lei, o contribuinte individual em relação a segurado que lhe presta serviço, bem como a cooperativa, a associação ou entidade de qualquer natureza ou finalidade, a missão diplomática e a repartição consular de carreira estrangeiras".

Antes do advento da Lei 9.876/1999, não se utilizava a expressão "equipara-se a empresa", empregando-se, em seu lugar, a expressão "considera-se empresa". Pretendeu-se, com essa alteração, harmonizar a Lei 8.212/1991 com o artigo 195, I, da Carta Constitucional, na redação dada pela EC 20/1998, que prevê como sujeito passivo da contribuição, além do empregador e da empresa, a "entidade a ela equiparada na forma da lei".

As microempresas e as empresas de pequeno porte (com receita bruta anual de até R$ 3.600.000,00) *não se sujeitam* ao regime de tributação imposto pela Lei 8.212/1991 (arts. 22, 22A e 23), desde que optem pelo SIMPLES Nacional, nos termos da Lei Complementar 123/2006.

3.4. Alíquotas básicas (RAT): estipulação em função do risco acidentário da atividade econômica

3.4.1. Estipulação das alíquotas básicas

As alíquotas básicas do SAT são de 1%, 2% e 3% (alíneas do art. 22, II), aplicáveis em função do grau de risco da atividade preponderante da empresa:

Art. 22. A contribuição a cargo da empresa, destinada à Seguridade Social, além do disposto no art. 23, é de:

[...]

II – para o financiamento do benefício previsto nos arts. 57 e 58 da Lei nº 8.213, de 24 de julho de 1991, e daqueles concedidos em razão do grau de incidência de incapacidade laborativa decorrente dos riscos ambientais do trabalho, sobre o total das remunerações pagas ou creditadas, no decorrer do mês, aos segurados empregados e trabalhadores avulsos: (Redação dada pela Lei nº 9.732, de 11/12/1998)

a) 1% (um por cento) para as empresas em cuja atividade preponderante o risco de acidentes do trabalho seja considerado leve;

b) 2% (dois por cento) para as empresas em cuja atividade preponderante esse risco seja considerado médio;

c) 3% (três por cento) para as empresas em cuja atividade preponderante esse risco seja considerado grave.

A alíquota básica é determinada, na prática, pela atividade econômica desempenhada pela empresa, mediante o seu enquadramento em uma das subclasses da Classificação Nacional de Atividades Econômicas – CNAE – constantes no Anexo V do Regulamento da Previdência Social (Decreto 3.048/1999), o que é *incumbência da própria empresa*, sem prejuízo da ulterior verificação pelas autoridades administrativas.

3.4.2. Enquadramento das empresas nas faixas de risco acidentário

Para proceder ao enquadramento referido no tópico precedente, a empresa deverá considerar a sua atividade econômica *preponderante*, definida pelo regulamento como aquela que ocupa o maior número de segurados empregados e trabalhadores avulsos (art. 202, § 3º, do Decreto 3.048/1999).

Sem embargo, o art. 72, § 1º, II, *b*, da Instrução Normativa 971/2009 da RFB determina sejam desconsiderados os empregados que trabalham nas atividades-meio, estabelecendo critério (apuração da atividade preponderante apenas com base no número de segurados que trabalham na atividade-fim) que em certos casos pode levar a solução diversa da preconizada pelo Decreto 3.048/1999:

II – considera-se preponderante a atividade econômica que ocupa, na empresa, o maior número de segurados empregados e trabalhadores avulsos, observado que: (Redação dada pela Instrução Normativa RFB nº 1.080, de 3 de novembro de 2010)

a) apurado na empresa ou no órgão do poder público, o mesmo número de segurados empregados e trabalhadores avulsos em atividades econômicas distintas, considerar-se-á como preponderante aquela que corresponder ao maior grau de risco; (Incluída pela Instrução Normativa RFB nº 1.080, de 3 de novembro de 2010)

b) não serão considerados os segurados empregados que prestam serviços em atividades-meio, para a apuração do grau de risco, assim entendidas aquelas que auxiliam ou complementam indistintamente as diversas atividades econômicas da empresa, tais como serviços de administração geral, recepção, faturamento, cobrança, contabilidade, vigilância, dentre outros. (Incluída pela Instrução Normativa RFB nº 1.080, de 3 de novembro de 2010)

Se a empresa tiver *estabelecimentos com CNPJs próprios*, o enquadramento deverá ser independente, nos termos da Súmula 351 do Superior Tribunal de Justiça: "A alíquota de contribuição para o Seguro de Acidente do Trabalho (SAT) é aferida pelo grau de risco desenvolvido em cada empresa, individualizada pelo seu CNPJ, ou pelo grau de risco da atividade preponderante quando houver apenas um registro".[3]

Caso os estabelecimentos não tenham CNPJs próprios, não se deverá apurar qual é a atividade preponderante no seu âmbito, senão no da empresa, considerada como um todo.

Determinada a alíquota básica (1%, 2% ou 3%), alcunhada pelo MPS de *RAT*, a empresa deverá verificar o seu FAP, para definir a alíquota efetiva (*RAT Ajustado*).

3.4.3. O arbitrário reenquadramento estabelecido pelo Decreto 6.957/2009

Como exposto, a alíquota básica de cada categoria econômica é fixada no Anexo V do Regulamento da Previdência Social.

Até o final de 2009, vigorava a tabela estabelecida pelo Decreto 6.042/2007. Essa tabela, no entanto, foi significativamente modificada pelo Decreto 6.957/2009, o mesmo que deu nova regulação ao FAP, instituindo o sistema de percentis e pesos diferenciados, com vigência a partir de janeiro de 2010.

Ao fazê-lo, o Decreto 6.957/2009 *alterou a alíquota aplicável a inúmeras categorias econômicas*, vindo a *majorar* a carga tributária de muitas empresas, sem apresentar qualquer estudo técnico ou mesmo motivação idônea a sustentar tal alteração.

De acordo com estudo elaborado pela Confederação Nacional das Indústrias,[4] o Decreto 6.957/2009 enquadrou 56,1% das atividades econômicas na faixa de risco grave, multiplicando em mais de *cinco vezes* o percentual de atividades em tal faixa, que no regime do Decreto 6.042/2007 era de apenas 10,6%. Até mesmo serviços de tradução foram enquadrados na categoria de risco grave de acidentes de trabalho.

Ademais, 67% das atividades econômicas tiveram aumento de 50%, 100% ou 200% por conta do enquadramento nas alíquotas mais gravosas, de 2% e 3%. Delas, 27% sofreram aumento de 200% na alíquota (reenquadramento da alíquota de 1% para a de 3%); 29%, de 100% (de 1% para 2%); e 44%, de 50% (de 2% para 3%).

Enquanto 67% das atividades econômicas tiveram sua alíquota básica majorada, *apenas 4,0% tiveram-na reduzida.*

Tais dados evidenciam que o reenquadramento não se norteou pelo incremento de risco das atividades econômicas e tampouco por critérios técnicos, mas pela ânsia arrecadatória do Fisco, o que vai de encontro ao prin-

---

[3] Essa orientação jurisprudencial não é seguida quanto ao FAP, calculado sempre pelo CNPJ da matriz.

[4] Publicado no *site* "relacoesdotrabalho.com.br", acesso em 08/06/2010.

cípio constitucional da igualdade tributária, à proibição de arbitrariedade e ao postulado da coerência sistêmica.

O princípio da igualdade, projetado na seara tributária, requer que os contribuintes em situação análoga suportem a mesma carga impositiva (igualdade horizontal) e que os sujeitos passivos em situações diversas paguem tributos díspares (igualdade vertical), na medida da desigualdade fática existente.

Sob outro viés, o princípio da isonomia tributária proíbe distinções e equiparações injustificadas e arbitrárias entre os contribuintes, razão pela qual é concebido por muitos juristas como uma interdição de tratos arbitrários, ou seja, como uma proibição de arbitrariedade.[5]

No âmbito dos impostos, o critério de discrímen da isonomia tributária é a capacidade contributiva. Esse critério também se aplica às contribuições especiais, mas elas são abertas ao influxo de outros parâmetros de comparação, que lhes permitam atingir as suas finalidades específicas.[6]

No SAT/RAT, conjugam-se três critérios distintos de quantificação da obrigação tributária: (i) a base de cálculo (remunerações pagas pelas empresas aos segurados empregados e avulsos que lhes prestam serviços), que denota a capacidade contributiva do sujeito passivo; (ii) as alíquotas, que variam em função do grau de risco da atividade econômica da empresa, conferindo traços comutativos à contribuição; e (iii) o FAP, que objetiva individualizar a contribuição da empresa frente à da sua categoria econômica, aliando uma finalidade extrafiscal ao ideal de justiça individual.

A base de cálculo, tradicional elemento de quantificação da obrigação tributária, não enseja questionamentos específicos. As desigualdades e incongruências verificadas na determinação da contribuição securitária decorrem de equívocos no enquadramento das empresas e de imperfeições na fórmula do FAP.

Há, de fato, desigualdades e impropriedades advindas do arbitrário enquadramento das empresas nas faixas de risco de acidentes de trabalho, translúcidas no regramento instituído pelo Decreto 6.957/2009.

Essas incoerências dizem respeito: (i) a disparidades nas alíquotas impostas a atividades com graus de risco análogos (violação da exigência de igualdade horizontal); (ii) à atribuição de alíquotas idênticas para atividades com diferentes graus de risco (violação da igualdade vertical); e (iii) à estipu-

---

[5] BECKER, Enno. "Die Entwicklung des deutschen Steuerrechts durch die Rechtsprechung seit 1928", *Steuer und Wirtschaft*, 1931, I, p. 948; ISENSEE, Josef. *Die typisierende Verwaltung: Gesetzesvollzug im Massenverfahren am Beispiel der typisierenden Betrachtungsweise des Steuerrecht*. Berlin: Duncker & Humblot, 1976, p. 137; PALAO TABOADA, Carlos. "Apogeo y crisis del principio de capacidad contributiva", in: *Estudios jurídicos en homenaje al Professor Federico de Castro*, Madrid: Tecnos, 1976, pp. 410-411; PAULICK, Heinz. "Der Grundsatz der Gleichmässigkeit der Besteuerung – Sein Inhalt und seine Grenzen", in: *Probleme des Finanz-und Steuerrechts, Festschrift für Ottmar Bühler*, Köln: Otto Schmidt, p. 135.

[6] Para uma análise detida da questão, conferir a nossa tese doutoral, intitulada *O Princípio da Isonomia Tributária: da Teoria da Igualdade ao controle das desigualdades impositivas*. Porto Alegre: Livraria do Advogado, 2010.

lação de graus de risco de acidentes de trabalho completamente dissonantes da realidade (violação da interdição de arbitrariedade e da isonomia).

Iniciemos por alguns casos de diferenciações injustificadas de alíquotas entre atividades com graus de risco análogos.

Por que o risco de acidentes de trabalho seria grave na impressão de livros e médio na impressão de material de segurança?

Qual seria a razão que sustenta a atribuição do grau máximo de acidentes de trabalho para o comércio varejista de plantas e flores naturais, enquanto se imputa o grau médio para o de armas e munições?

E por que as *holdings* de instituições não financeiras teriam risco superior de acidentes de trabalho (grave) que as *holdings* de instituições financeiras, as sociedades de participação (médio), as sociedades de fomento mercantil e os fundos de investimentos imobiliários (leve)?

Para essas distinções, não se encontra fundamento algum. E o Fisco sequer tenta justificá-las, mediante a apresentação dos critérios técnicos que levaram à definição do grau de risco das distintas atividades econômicas.

O único fundamento técnico aparente são os róis de percentis de frequência, gravidade e custo por subclasse da CNAE 2.0, divulgados no Anexo I da Portaria Interministerial MPS/MF nº 254/2009 e que atualmente constam na Portaria Interministerial MPS/MF nº 579/2011.

No entanto, não foi divulgada a metodologia específica que levou à definição dos percentis por atividades econômicas e, além disso, tais percentis não correspondem aos graus de risco atribuídos pelo Decreto 6.957/2009.

Eles sustentam a alíquota superior imposta ao comércio varejista de plantas e flores naturais (3%) frente ao de armas e munições (2%), mas não a alíquota superior que foi atribuída a esta atividade econômica perante o comércio varejista de artigos fotográficos e de filmagem (1%), tendo em vista que todos os percentis desta atividade econômica são superiores aos daquela. E, convenhamos, por que o comércio varejista de flores deve suportar uma carga tributária 50% superior ao de armas e munições e 200% superior ao de artigos fotográficos?

Existem, ademais, casos em que atividades econômicas com *todos os percentis no patamar mínimo* (e, portanto, com ínfimo grau de acidentes de trabalho) foram enquadradas na faixa de *risco grave*, escancarando a arbitrariedade do Fisco. É o que ocorreu com a atividade de tinturaria, que, a despeito de apresentar todos os percentis no menor nível, impõe o pagamento da contribuição à alíquota de 3%.[7] Note-se que tal atividade suportou, em razão desse arbitrário reenquadramento, uma majoração de 200% no per-

---

[7] Isso também ocorreu com atividades que efetivamente têm elevado risco de acidentes de trabalho, o que denota equívoco na própria metodologia de definição dos percentis por atividade econômica. É o caso da extração de minérios de nióbio e titânio (0729-4/01 CNAE 2.0), cujos percentis estão todos no patamar mínimo na Portaria Interministerial MPS/MF nº 254/09 (frequência 11,03; gravidade 11,20; custo 11,57) e zerados na Portaria Interministerial MPS/MF 579/11 (frequência 0,00; gravidade 0,00; custo 0,00), mas que foi enquadrada entre as atividades com grave risco de acidentes de trabalho.

centual da contribuição, pois o Decreto 6.042/2007 a enquadrava na alíquota mínima de 1%.

Definitivamente, o reenquadramento implementado pelo Decreto 6.957/2009 não se orientou pelos róis de percentis de frequência, gravidade e custo divulgados pela Portaria Interministerial MPS/MF 254/2009 – ou por qualquer outro critério técnico aparente. Revela-se, portanto, inconstitucional, já que *não se admite o exercício de delegação técnica de modo atécnico* e, muito menos, arbitrário.[8]

Vejamos, por fim, certas hipóteses de estipulação de riscos de acidentes de trabalho completamente alheias à realidade, que ofendem o mais elementar bom-senso.

Qual seria o grau de risco de acidentes de trabalho na prestação de serviços de "tradução, interpretação e similares" (CNAE 7490-1/01)? Na regulação do Decreto 6.042/2007, era leve, ensejando o pagamento da contribuição à alíquota de 1%. Porém, para o Decreto 6.957/2009 tal atividade tem risco *grave* de acidentes de trabalho, impondo o pagamento do SAT em sua alíquota máxima: 3%.

Idêntica situação ocorreu com a atividade de "aluguel de fitas de vídeo, DVDs e similares" (CNAE 7722-5/00). As empresas que desempenham tal atividade e recolhem o SAT tiveram a sua contribuição majorada em 200%, de 1% para 3%.

Ora, nenhum estudo técnico indicaria que o aluguel de DVDs tem o mesmo grau de risco de acidentes de trabalho que a fabricação de pólvoras, explosivos e detonantes (CNAE 2092-4/01) e nem mesmo que a fabricação de artigos pirotécnicos (CNAE 2092-4/02). Porém, segundo a irracional tabela veiculada pelo Decreto 6.957/2009, a locação de um DVD gera maior risco de acidentes de trabalho que a fabricação de fogos de artifício, pois implica o pagamento da contribuição à alíquota de 3%, ao passo que as empresas que se dedicam a esta atividade estão sujeitas à alíquota de 2%.

E qual seria o critério técnico que norteou a atribuição do grau máximo de acidentes de trabalho para as atividades de decoração de interiores e edição de revistas (alíquota de 3%) e o mínimo para a produção de semi-acabados de aço, a fabricação de catalisadores e a manutenção de aeronaves na pista (alíquota de 1%)?

Tais contradições e incongruências violam o postulado da coerência sistêmica.

Esse postulado é reconhecido em inúmeras decisões do Tribunal Constitucional Federal alemão (*Bundesverfassungsgericht*), como uma exigência específica do princípio da isonomia[9] que obriga o legislador a estabelecer

---

[8] Sobre o tema, vide o nosso artigo intitulado "Delegações legislativas no Direito Tributário", publicado na *Revista Fórum de Direito Tributário*, nº 49, jan./fev. 2011, p. 67 e seguintes, onde tratamos dos pressupostos de legitimidade das delegações técnicas, com vista especificamente ao SAT e ao FAP.

[9] Nesse sentido, Canaris vê a contradição valorativa como uma lesão ao princípio da isonomia e, com base nessa premissa, assevera: "normas contrárias ao sistema (*systemwidrige Normen*) podem, em razão das contradições valorativas nelas contidas, violar o princípio constitucional da igualdade e, portanto,

uma regulação coerente com as suas premissas fundamentais, inclusive no âmbito tributário.[10] Tomada a decisão de tributar determinada manifestação de capacidade contributiva, o legislador tem de conformar as regras impositivas de modo a lograr uma tributação isonômica e coerente: exceções somente são admitidas se contarem com um fundamento especial, que seja objetivo e racional.[11]

À evidência, não há fundamento objetivo algum para as incongruências sistêmicas do Decreto 6.957/2009, as quais, associadas ao surpreendente número de atividades econômicas enquadradas em faixas superiores de risco sem qualquer motivo aparente, *viciam todo o reenquadramento* por ele realizado.

Poder-se-ia evitar a declaração de inconstitucionalidade do reenquadramento como um todo caso fosse possível sanear as incoerências e desigualdades pela interpretação ou pela declaração de invalidade de preceitos específicos. No entanto, tal solução não se afigura viável no caso em tela, em razão da intensidade da incoerência sistêmica e da infinidade de atividades econômicas abrangidas pela regulação (1.301 subclasses da CNAE).

Aos Magistrados, outra alternativa não resta senão pronunciar a invalidade do Anexo V do Regulamento da Previdência Social, na redação dada pelo Decreto 6.957/2009.

3.5. *"Flexibilização das alíquotas" pelo FAP: individualização da contribuição em função dos acidentes laborais verificados na própria empresa*

A Lei 10.666/2003 autorizou, em seu art. 10, que as alíquotas básicas fossem reduzidas pela metade ou majoradas até o dobro, em função do "desempenho da empresa em relação à respectiva atividade econômica", segundo os critérios de *frequência, gravidade e custo*:

> Art. 10. A alíquota de contribuição de um, dois ou três por cento, destinada ao financiamento do benefício de aposentadoria especial ou daqueles concedidos em razão do grau de incidência de incapacidade laborativa decorrente dos riscos ambientais do trabalho, poderá ser reduzida, em até cinqüenta por cento, ou aumentada, em até cem por cento, conforme dispuser o regulamento, em razão do desempenho da empresa em relação à respectiva atividade econômica, apurado em conformidade com os resultados obtidos a partir dos índices de freqüência, gravidade e custo, calculados segundo metodologia aprovada pelo Conselho Nacional de Previdência Social.

Esse preceito somente foi regulamentado em 2007, pelo Decreto 6.042, que inseriu o art. 202-A no Regulamento da Previdência Social (Decreto 3.048/1999), criando um índice para apurar o desempenho específico de cada empresa, denominado Fator Acidentário de Prevenção – FAP.

---

ser nulas" (CANARIS, Claus-Wilhelm. *Systemdenken und Systembegriff in der Jurisprudenz*, 2ª ed., Berlim: Duncker & Humblot, 1983, p. 125).

[10] BVerfGE 99, 88 [95].

[11] BVerfG, 1 BvL 10/02, de 7.11.2006, Absatz-Nr. 97

Tal índice se destina a aferir o desempenho específico da empresa em relação aos acidentes de trabalho, a fim de permitir que a sua contribuição seja graduada de forma específica frente às devidas pelas demais empresas do segmento econômico em que atua. Quanto mais frequentes, graves e onerosos sejam os acidentes de trabalho, tanto maior será a contribuição.

O FAP consiste num *multiplicador variável* num intervalo contínuo de cinco décimos (0,50) a dois inteiros (2,00), que se aplica às alíquotas básicas do SAT, tal como previsto no § 1º do art. 202-A.

A variação do FAP ocorre em função do *desempenho da empresa frente aos seus pares*, nomeadamente frente às demais empresas que integram a categoria econômica em que está inserida.

Na concepção original do FAP, positivada pelo Decreto 6.042/2007, o desempenho específico da empresa era determinado em função do:

> *Distanciamento de coordenadas tridimensionais padronizadas* (índices de freqüência, gravidade e custo), atribuindo-se o fator máximo dois inteiros (2,00) àquelas empresas cuja soma das coordenadas for igual ou superior a seis inteiros positivos (+6) e o fator mínimo cinqüenta centésimos (0,50) àquelas cuja soma resultar inferior ou igual a seis inteiros negativos (-6). (art. 202-A, § 2º, do Decreto 3.048/1999, em sua redação original, dada pelo Decreto 6.042/2007).

Portanto, o FAP variaria em "escala contínua por intermédio de procedimento de interpolação linear simples" e seria aplicado "às empresas cuja soma das coordenadas tridimensionais padronizadas esteja compreendida no intervalo disposto no § 2º, considerando-se como referência o ponto de coordenadas nulas (0; 0; 0), que corresponde ao FAP igual a um inteiro (1,00)" (§ 3º do art. 202-A do Decreto 3.048/1999, inserido pelo Decreto 6.042/2007 e revogado pelo Decreto 6.957/2009).

Essa conformação do FAP, no entanto, jamais foi aplicada. Antes de sê-lo, restou modificada pelo Decreto 6.957/2009, que atribuiu pesos diferenciados aos índices parciais.

Atualmente, o FAP é um índice composto, obtido pela conjugação de índices parciais e percentis de gravidade, frequência e custo, com pesos de 50%, 35% e 15%, respectivamente, consoante previsto nos §§ 1º e 2º do art. 202-A do Decreto 3.048/1999, na redação dada pelo Decreto 6.957/2009:

> Art. 202-A. As alíquotas constantes nos incisos I a III do art. 202 serão reduzidas em até cinqüenta por cento ou aumentadas em até cem por cento, em razão do desempenho da empresa em relação à sua respectiva atividade, aferido pelo Fator Acidentário de Prevenção – FAP. (Incluído pelo Decreto nº 6.042, de 2007).
>
> § 1º O FAP consiste num multiplicador variável num intervalo contínuo de cinco décimos (0,5000) a dois inteiros (2,0000), aplicado com quatro casas decimais, considerado o critério de arredondamento na quarta casa decimal, a ser aplicado à respectiva alíquota. (Redação dada pelo Decreto nº 6.957, de 2009)
>
> § 2º Para fins da redução ou majoração a que se refere o caput, proceder-se-á à discriminação do desempenho da empresa, dentro da respectiva atividade econômica, a partir da criação de um índice composto pelos índices de gravidade, de frequência e de custo que pondera os respectivos percentis com pesos de cinquenta por cento, de trinta cinco por cento e de quinze por cento, respectivamente. (Redação dada pelo Decreto nº 6.957, de 2009)

CONTRIBUIÇÕES PREVIDENCIÁRIAS SOBRE A REMUNERAÇÃO

O FAP é composto, portanto, por três categorias de elementos: (i) os índices parciais (gravidade, frequência e custo); (ii) os percentis de cada índice; e (iii) os pesos de cada percentil.

Os *índices parciais* consideram os seguintes elementos: a *frequência* é apurada em função dos registros de acidentes e doenças do trabalho, bem como do nexo técnico epidemiológico; a *gravidade*, em razão da espécie de benefícios acidentários que ensejaram; e o *custo*, em função do valor dos benefícios concedidos e da sua duração, de acordo com o previsto no art. 202-A, § 4º, do Regulamento:

> § 4º Os índices de freqüência, gravidade e custo serão calculados segundo metodologia aprovada pelo Conselho Nacional de Previdência Social, levando-se em conta: (Incluído pelo Decreto nº 6.042, de 2007).
>
> I – para o índice de freqüência, os registros de acidentes e doenças do trabalho informados ao INSS por meio de Comunicação de Acidente do Trabalho – CAT e de benefícios acidentários estabelecidos por nexos técnicos pela perícia médica do INSS, ainda que sem CAT a eles vinculados; (Redação dada pelo Decreto nº 6.957, de 2009)
>
> II – para o índice de gravidade, todos os casos de auxílio-doença, auxílio-acidente, aposentadoria por invalidez e pensão por morte, todos de natureza acidentária, aos quais são atribuídos pesos diferentes em razão da gravidade da ocorrência, como segue: (Redação dada pelo Decreto nº 6.957, de 2009)
>
> a) pensão por morte: peso de cinquenta por cento; (Incluído pelo Decreto nº 6.957, de 2009)
>
> b) aposentadoria por invalidez: peso de trinta por cento; e (Incluído pelo Decreto nº 6.957, de 2009)
>
> c) auxílio-doença e auxílio-acidente: peso de dez por cento para cada um; e (Incluído pelo Decreto nº 6.957, de 2009)
>
> III – para o índice de custo, os valores dos benefícios de natureza acidentária pagos ou devidos pela Previdência Social, apurados da seguinte forma: (Redação dada pelo Decreto nº 6.957, de 2009)
>
> a) nos casos de auxílio-doença, com base no tempo de afastamento do trabalhador, em meses e fração de mês; e (Incluído pelo Decreto nº 6.957, de 2009)
>
> b) nos casos de morte ou de invalidez, parcial ou total, mediante projeção da expectativa de sobrevida do segurado, na data de início do benefício, a partir da tábua de mortalidade construída pela Fundação Instituto Brasileiro de Geografia e Estatística – IBGE para toda a população brasileira, considerando-se a média nacional única para ambos os sexos. (Incluído pelo Decreto nº 6.957, de 2009)

Após se definirem os índices parciais, devem ser apurados os respectivos *percentis*.

"Percentil" é um termo oriundo da estatística. Denota intervalo limitado por dois percentis consecutivos. É utilizado na estatística a fim de *ordenar* elementos determinados. Para defini-lo, arranjam-se os dados em ordem crescente e encontra-se o valor pretendido. Por exemplo, percentil 35 é o ponto abaixo do qual estão 35% dos casos e acima do qual estão 65% dos casos.

Melhor, portanto, é pensar em "percentil de ordem".

Os *percentis* de ordem são calculados para cada um dos índices parciais. Há um percentil para a gravidade, outro para a frequência e um terceiro para o custo, todos apurados com base nos elementos indicados no art. 202-A, § 4°, do RPS.

Desse modo, as empresas são enquadradas em *rankings* relativos à gravidade, à frequência e ao custo dos acidentes de trabalho.

Na etapa seguinte, os percentis são multiplicados pelo *peso* atribuído a cada um deles, sendo os produtos posteriormente somados, com o que se chega ao FAP.

Os pesos atribuídos aos índices parciais evidenciam que o FAP confere maior relevância à saúde dos trabalhadores que ao custo dos benefícios: a gravidade e a frequência dos acidentes têm um peso de 85%, muito superior ao do custo econômico das prestações acidentárias (15%).

3.5.1. Estipulação do FAP pelo CNPS

O complexo cálculo do FAP é realizado pelo Conselho Nacional da Previdência Social – CNPS –, órgão do Ministério da Previdência Social, que tem o mister de publicar tanto os índices parciais por atividade econômica quanto o FAP das empresas, com elementos que possam ensejar a sua impugnação, conforme previsto no § 5° do art. 202-A do Decreto 3.048/1999:

§ 5º O Ministério da Previdência Social publicará anualmente, no Diário Oficial da União, sempre no mesmo mês, os índices de freqüência, gravidade e custo, por atividade econômica, e disponibilizará, na Internet, o FAP por empresa, com as informações que possibilitem a esta verificar a correção dos dados utilizados na apuração do seu desempenho.

Como veremos, o CNPS não apenas estipulou a fórmula de cálculo do FAP, mas também estabeleceu limites à sua aplicação.

3.5.1.1. Metodologia de cálculo

A metodologia de cálculo do FAP foi determinada pela Resolução MPS/CNPS 1.308/2009 e posteriormente alterada, em parte, pela Resolução MPS/CNPS 1.316/2010.

Inicialmente, são apurados os *índices parciais*, definidos da seguinte forma:

Índice de freqüência = número de acidentes registrados em cada empresa, mais os benefícios que entraram sem CAT vinculada, por nexo técnico/número médio de vínculos x 1.000 (mil)

Índice de gravidade = (número de benefícios auxílio-doença por acidente (B91) x 0,1 + número de benefícios por invalidez (B92) x 0,3 + número de benefícios por morte (B93) x 0,5 + o número de benefícios auxílio-acidente (B94) x 0,1) / número médio de vínculos x 1.000 (mil)

Índice de custo = valor total de benefícios/valor total de remuneração paga pelo estabelecimento aos segurados x 1.000 (mil)

– auxílios-doença = valor da renda mensal x n° de meses ou frações de meses do afastamento;

– demais = valor da renda mensal x expectativa de sobrevida em meses, segundo a tábua completa de mortalidade do IBGE.

Resumidamente, os índices são compostos da seguinte forma:

Frequência: **número de ocorrências** (acidentes registrados em CATs + benefícios acidentários definidos pelo NTEP) / **número médio de vínculos x 1000**

Gravidade = (número de benefícios x pesos**)** / **número médio de vínculos x 1000**

Índice de custo = valor total (real ou projetado) dos benefícios / **valor total das remunerações pagas pelo estabelecimento x 1000**

Apurados os índices parciais, *ordenam-se os resultados* de todas as empresas que integram um determinado setor (Subclasse da CNAE). Cada empresa tem seus índices ordenados dentro da categoria, no intervalo que varia de 0 (percentil mínimo) a 100 (percentil máximo), formando-se um *ranking* dentro de cada subclasse. Chega-se, assim, aos *percentis* de frequência, gravidade e custo de cada contribuinte.

Tal procedimento foi definido pela Resolução 1.308/2009 do CNPS nestes termos:

2.4. Geração do Fator Acidentário de Prevenção – FAP por Empresa

Após o cálculo dos índices de freqüência, de gravidade e de custo, são atribuídos os percentis de ordem para as empresas por setor (Subclasse da CNAE) para cada um desses índices.

Desse modo, a empresa com menor índice de freqüência de acidentes e doenças do trabalho no setor, por exemplo, recebe o menor percentual e o estabelecimento com maior freqüência acidentária recebe 100%. O percentil é calculado com os dados ordenados de forma ascendente.

O percentil de ordem para cada um desses índices para as empresas dessa Subclasse é dado pela fórmula abaixo:

Percentil = 100x(Nordem – 1)/(n – 1)

Onde: n = número de estabelecimentos na Subclasse;

Nordem=posição do índice no ordenamento da empresa na Subclasse.[12]

Definidos os percentis, eles são *multiplicados* pelo peso que lhes foi atribuído, sendo os produtos somados e, por fim, multiplicados por 0,02, de modo que se chegaria ao FAP de cada empresa.

Como exposto na Resolução MPS/CNPS 1.316/2010, que nesta parte repete a redação da Resolução 1.308/2009 do CNPS:

O critério das ponderações para a criação do índice composto pretende dar o peso maior para a gravidade (0,50), de modo que os eventos morte e invalidez tenham maior influência no índice composto.

A freqüência recebe o segundo maior peso (0,35) garantindo que a freqüência da acidentalidade também seja relevante para a definição do índice composto. Por último, o menor peso (0,15) é atribuído ao custo. Desse modo, o custo que a acidentalidade representa faz parte do índice composto, mas sem se sobrepor à freqüência e à gravidade. Entende-se que o elemento mais importante, preservado o equilíbrio atuarial, é dar peso ao custo social da acidentalidade.

Assim, a morte ou a invalidez de um trabalhador que recebe um benefício menor não pesará muito menos que a morte ou a invalidez de um trabalhador que recebe um salário de benefício maior.

O índice composto calculado para cada empresa é multiplicado por 0,02 para a distribuição dos estabelecimentos dentro de um determinado CNAE-Subclasse variar de 0 a 2. Os valores de IC inferiores a 0,5 receberão, por definição, o valor de 0,5 que é o menor Fator Acidentário de Pre-

---

[12] Nesse ponto, a redação atual, conferida pela Resolução MPS/CNPS 1.316/2010, é idêntica à anterior.

venção. Este dispositivo será aplicado aos valores FAP processados a partir de 2010 (vigências a partir de 2011).

Então, a fórmula para o cálculo do índice composto (IC) é a seguinte:

IC = (0,50 x percentil de ordem de gravidade + 0,35 x percentil de ordem de freqüência + 0,15 x percentil de ordem de custo) x 0,02

Exemplo:

Desse modo, uma empresa que apresentar percentil de ordem de gravidade de 30, percentil de ordem de freqüência 80 e percentil de ordem de custo 44, dentro do respectivo CNAE-Subclasse, terá o índice composto calculado do seguinte modo:

IC = (0,50 x 30 + 0,35 x 80 + 0,15 x 44) x 0,02 = 0,9920

A Resolução 1.308/2009 do CNPS prosseguia, expondo que o resultado obtido é o FAP da empresa:

O resultado obtido é o valor do FAP atribuído a essa empresa. Supondo que essa CNAE-Subclasse apresente alíquota de contribuição de 2%, esta empresa teria a alíquota individualizada multiplicando-se o FAP pelo valor da alíquota, 2% x 0,9920, resultando uma alíquota de 1,984%.

O FAP corresponderia, portanto, ao índice composto.

A Resolução MPS/CNPS 1.316/2010, no entanto, inovou em tal aspecto, ao incorporar critérios aplicativos que o CNPS vinha adotando sem fundamento normativo algum – e estabelecer critérios novos. Dentre tais critérios, sobressaem as fórmulas aplicadas para ajustar o índice composto.

Assim prossegue o texto da Resolução MPS/CNPS 1.316/2010, instituindo "regras de interpolação":

Aos valores de IC calculados aplicamos:

Caso I

Para IC < 1,0 (bonus) – como o FAP incide sobre a alíquota de contribuição de um, dois ou três por cento, destinada ao financiamento do benefício de aposentadoria especial ou daqueles concedidos em razão do grau de incidência de incapacidade laborativa decorrente dos riscos ambientais do trabalho, reduzindo-a em até cinqüenta por cento, ou aumentando-a, em até cem por cento, ou seja, o FAP deve variar entre 0,5 e 2,0 (estabelecido na Lei Nº 10.666, de 8 de maio de 2003). A aplicação da fórmula do IC resulta em valores entre 0 e 2, então a faixa de bonificação (bonus = IC < 1,0) deve ser ajustada para que o FAP esteja contido em intervalo compreendido entre 0,5 e 1,0. Este ajuste é possível mediante a aplicação da fórmula para interpolação:

FAP = 0,5 + 0,5 x IC

Para o exemplo citado de cálculo de IC o valor do FAP seria:

Como IC = 0,9920 (IC < 1), FAP = 0,5 + 0,5 x IC = 0,5 + 0,5 x 0,9920 = 0,5 + 0,4960 = 0,9960.

A partir do processamento do FAP 2010, vigência 2011, não será aplicada a regra de interpolação para IC < 1,0 (bonus).

[...]

Caso II

Para IC > 1,0 (malus) – o FAP não será aplicado nesta faixa em sua totalidade (intervalo de 1 a 2) a partir do processamento em 2010 (vigências a partir de 2011), então o valor do IC deve ser ajustado para a faixa malus mediante aplicação da fórmula para interpolação.

A aplicação desta fórmula implica o cálculo do FAP em função de uma redução de 25% no valor do IC calculado:

FAP = IC – (IC – 1) x 0.25.

1. Caso a empresa apresente casos de morte ou invalidez permanente e seu IC seja superior a 1 (faixa malus) o valor do FAP será igual ao IC calculado. Este procedimento equivale a não aplicação da redução de 25% do valor do IC com objetivo de provocar mobilização, nas empresas, para que não ocorram casos de invalidez ou morte;

2. Se os casos de morte ou invalidez permanente citados no item anterior forem decorrentes de acidente do trabalho tipificados como acidentes de trajeto fica mantida a aplicação da redução de 25% ao valor do IC calculado equivalente à faixa malus (IC > 1,0).

O princípio de distribuição de bonus e malus para empresas contidas em uma SubClasse CNAE que apresente quantidade de empresas igual ou inferior a 5 fica prejudicado. Nos casos de empresas enquadradas em SubClasse CNAE contendo número igual ou inferior a 5 empresas o FAP será por definição igual a 1,0000, ou seja, um FAP neutro. Empresas Optantes pelo Simples e Entidades Filantrópicas terão, por definição, FAP = 1,0000, ou seja, um FAP neutro.

O FAP é calculado anualmente a partir das informações e cadastros lidos em data específica. Todos os acertos de informações e cadastro ocorridos após o processamento serão considerados, exclusivamente, no processamento seguinte. Ocorrendo problemas de informações e cadastro que impossibilitem o cálculo do FAP para uma empresa, o valor FAP atribuído será igual a 1,0000. Se no processamento anual seguinte do FAP for averiguado problema que impossibilite, novamente, o cálculo do FAP será atribuído valor igual a 1,5000. A partir do terceiro processamento consecutivo com impossibilidade de cálculo do FAP por problemas de informações e cadastro a empresa terá valor FAP atribuído igual a 2,0000. Ao efetuar a correção que impedia o processamento, a empresa terá o seu FAP calculado normalmente no ano seguinte à correção.

O FAP será publicado com 4 casas decimais e será aplicado o critério de truncamento, ou seja, serão desprezadas as casas decimais após a quarta casa.

Verifica-se que, na regulação atual, o FAP não corresponde invariavelmente ao índice composto, pois sofre o influxo das denominadas "fórmulas para interpolação" e de regras específicas.

3.5.1.2. Limites à aplicação da fórmula: as "travas às bonificações"

Há *limites infralegais* à aplicação do critério estipulado pela Lei 10.666/2003.

A Resolução 1.308/2009 do CNPS *vedou* expressamente a *redução* da alíquota básica pela aplicação do FAP quando as empresas tenham casos de acidentes com morte ou invalidez permanente, somente permitindo que se afaste essa vedação quando sejam comprovados investimentos de acordo com as regras estipuladas pela autarquia previdenciária:

Caso a empresa apresente casos de morte ou invalidez permanente, decorrentes de acidentes ou doenças do trabalho, seu valor FAP não pode ser inferior a um, para que a alíquota da empresa não seja inferior à alíquota de contribuição da sua área econômica, prevista no Anexo V do Regulamento da Previdência Social, salvo, a hipótese de a empresa comprovar, de acordo com regras estabelecidas pelo INSS, investimentos em recursos materiais, humanos e tecnológicos em melhoria na segurança do trabalho, com o acompanhamento dos sindicados (*sic*) dos trabalhadores e dos empregadores. Por definição, nestes casos, o FAP será adotado como 1,0000.[13]

Essa proibição, alcunhada de "trava de mortalidade e invalidez", na prática, obsta a aplicação do FAP inferior a 1. Impede que os contribuintes se beneficiem da redução da carga tributária advinda do seu baixo fator de acidentalidade – e, recorde-se, dos termos da própria Lei 10.666/2003.

Nova limitação foi estabelecida pela Resolução 1.309/2009 do CNPS, a "Trava de Rotatividade", criada com o escopo declarado de "evitar que as empresas que mantém (*sic*) por mais tempo os seus trabalhadores sejam prejudicadas por assumirem toda a acidentalidade", mas que na realidade objetiva penalizar as empresas com alta taxa de rotatividade, negando-lhes a redução do FAP. Conforme estabelecido por esse ato infralegal:

Após a obtenção do índice do FAP, conforme metodologia definida no Anexo da Resolução MPS/CNPS Nº 1.308, de 27 de maio de 2009, *não será concedida a bonificação para as empresas cuja taxa média de rotatividade for superior a setenta e cinco por cento*.[14]

A taxa média de rotatividade é descrita nos seguintes termos:

3.3 A taxa média de rotatividade do CNPJ consiste na média aritmética resultante das taxas de rotatividade verificadas anualmente na empresa, considerando o período total de dois anos, sendo que a taxa de rotatividade anual é a razão entre o número de admissões ou de rescisões (considerando-se sempre o menor), sobre o número de vínculos na empresa no início de cada ano de apuração, excluídas as admissões que representarem apenas crescimento e as rescisões que representarem diminuição do número de trabalhadores do respectivo CNPJ.

3.4. A taxa média de rotatividade faz parte do modelo do FAP para evitar que as empresas que mantém por mais tempo os seus trabalhadores sejam prejudicadas por assumirem toda a acidentalidade.

Fórmulas para o cálculo

3.5. O cálculo da taxa de rotatividade para cada ano é obtido da seguinte maneira:

Taxa de rotatividade anual = mínimo (número de rescisões ocorridas no ano ou número de admissões ocorridas no ano)/número de vínculos no início do ano x 100 (cem)

3.6. Em seguida, calcula-se a taxa média de rotatividade da seguinte maneira:

Taxa média de rotatividade = média das taxas de rotatividade anuais dos últimos dois anos

Aplicação da taxa média de rotatividade

3.7. As empresas que apresentam taxa média de rotatividade acima de setenta e cinco por cento não poderão receber redução de alíquota do FAP, salvo se comprovarem que tenham sido observadas as normas de Saúde e Segurança do Trabalho em caso de demissões voluntárias ou término de obra.[15]

Tais limitações às "bonificações" aplicáveis aos contribuintes são flagrantemente ilegítimas, por afrontarem o postulado da preeminência legislativa, como demonstraremos a seguir.

---

[13] Redação dada pela Resolução MPS/CNPS 1.316/2010.

[14] Texto repetido na Resolução MPS/CNPS 1.316/2010.

[15] Texto repetido na Resolução MPS/CNPS 1.316/2010.

3.5.2. Evasão frente ao FAP e o nexo técnico epidemiológico

O Nexo Técnico Epidemiológico Previdenciário – NTEP – foi criado pela Lei 11.430/2006, a fim de evitar que os dados relativos aos acidentes de trabalho sejam mascarados, visto que, até então, a qualificação da incapacidade como acidentária ficava ao inteiro alvedrio das empresas, a que compete preencher a Comunicação de Acidentes do Trabalho – CAT – e enviá-la à autarquia previdenciária.

As razões que levaram à sua criação foram consignadas na exposição de motivos da MP 316/2006, convertida na Lei 11.430/2006:

5. Uma outra medida proposta diz respeito à presunção de incapacidade acidentária quando for estabelecido nexo técnico epidemiológico entre o trabalho e o agravo, considerando-se o ramo de atividade da empresa e a entidade mórbida elencada na Classificação Internacional de Doenças – CID motivadora da incapacidade, em conformidade com o que dispuser o Regulamento. 6. Atualmente, a caracterização de um benefício como acidentário decorre da emissão da Comunicação de Acidentes do Trabalho – CAT por parte da empresa. Se a empresa comunica o acidente e este gera o afastamento do segurado por mais de 15 dias, o benefício concedido pela Previdência Social é tido como acidentário. Não sendo a CAT emitida, mas havendo a necessidade de afastamento do trabalho, normalmente o benefício é tido como previdenciário (ou comum). Tal classificação é crucial para o trabalhador, tendo em vista os correspondentes efeitos. Sendo o benefício caracterizado como acidentário, durante o afastamento do trabalho o segurado faz jus ao depósito do FGTS e goza de estabilidade de 12 meses após a cessação do auxílio-doença. Sendo o benefício caracterizado como comum, tais direitos não lhe são assegurados. 7. Diante do descumprimento sistemático da regras que determinam a emissão da CAT, e da dificuldade de fiscalização por se tratar de fato individualizado, os trabalhadores acabam prejudicados nos seus direitos, em face da incorreta caracterização de seu benefício. Necessário, pois, que a Previdência Social adote um novo mecanismo de segregue os benefícios acidentários dos comuns, de forma a neutralizar os efeitos da sonegação da CAT. 8. Para atender a tal mister, e por se tratar de presunção, matéria regulada por lei e não por meio de regulamento, está-se presumindo o estabelecimento do , nexo entre o trabalho e o agravo, e conseqüentemente o evento será considerado como acidentário, sempre que se verificar nexo técnico epidemiológico entre o ramo de atividade da empresa e a entidade mórbida relacionada na CID motivadora da incapacidade.[16]

Destarte, o NTEP confronta a atividade da empresa (descrita na Classificação Nacional de Atividades Econômicas – CNAE) com a entidade mórbida causadora da incapacidade (elencada na Classificação Internacional de Doenças – CID), com o fito de apurar eventual relação existente entre elas e, assim, qualificar a incapacidade como acidentária.

A Lei 11.430/2006 inseriu-o no bojo da Lei de Benefícios da Previdência Social, logo após os artigos que estabelecem a definição de acidente de trabalho (arts. 20 e 21), acrescentando o art. 21-A, redigido nestes termos:

Art. 21-A. A perícia médica do INSS considerará caracterizada a natureza acidentária da incapacidade quando constatar ocorrência de nexo técnico epidemiológico entre o trabalho e o agravo, decorrente da relação entre a atividade da empresa e a entidade mórbida motivadora da incapacidade elencada na Classificação Internacional de Doenças – CID, em conformidade com o que dispuser o regulamento. (Incluído pela Lei nº 11.430, de 2006)

---

[16] Fonte: https://www.planalto.gov.br/ccivil_03/_Ato2004-2006/2006/Exm/EM-33-MPS.htm, acesso em 17 de março de 2010.

§ 1º A perícia médica do INSS deixará de aplicar o disposto neste artigo quando demonstrada a inexistência do nexo de que trata o caput deste artigo. (Incluído pela Lei nº 11.430, de 2006)

§ 2º A empresa poderá requerer a não aplicação do nexo técnico epidemiológico, de cuja decisão caberá recurso com efeito suspensivo, da empresa ou do segurado, ao Conselho de Recursos da Previdência Social. (Incluído pela Lei nº 11.430, de 2006)

A adoção desse índice implicou expressivo aumento no enquadramento de benefícios como acidentários, consoante divulgado na página virtual da autarquia previdenciária:

A indicação de NTEP está embasada em estudos científicos alinhados com os fundamentos da estatística e epidemiologia. A partir dessa referência a medicina pericial do INSS ganha mais uma importante ferramenta-auxiliar em suas análises para conclusão sobre a natureza da incapacidade ao trabalho apresentada, se de natureza previdenciária ou acidentária.

O NTEP foi implementado nos sistemas informatizados do INSS, para concessão de benefícios, em abril/2007 e de imediato provocou uma mudança radical no perfil da concessão de auxílios-doença de natureza acidentária: houve um incremento da ordem de 148%. Este valor permite considerar a hipótese que havia um mascaramento na notificação de acidentes e doenças do trabalho.[17]

Apenas em 2007, o NTEP implicou o reconhecimento de 141.108 acidentes de trabalho, contribuindo decisivamente para a majoração do número total de 512.232 em 2006 para 659.523 no ano subsequente.[18]

Impressionante é o incremento na qualificação de certos males como causas de acidentes de trabalho. As doenças infecciosas e parasitárias, por exemplo, quase não eram qualificadas como tais e, logo após o início da aplicação do NTEP, deram ensejo a um número significativo de acidentes de trabalho: segundo os dados do MPS, os acidentes do trabalho decorrentes de doenças infecciosas e parasitárias passaram de 67 em 2006 para 1.864 em 2007. Quadro similar ocorreu com as doenças do aparelho circulatório: ensejaram 223 acidentes do trabalho em 2006 e 2.549 em 2007. À evidência, esta vultosa majoração não decorreu de oscilação no número de doenças, senão da sua qualificação como causas de acidentes do trabalho mediante a aplicação do NTEP.

Com respeito ao cálculo do FAP, o Nexo Técnico Epidemiológico atua para determinar o índice de frequência, acrescendo às ocorrências registradas por meio de CAT outras não comunicadas por tal forma, mas identificadas a partir desse indicador, de modo a determinar o real número de acidentes de trabalho das empresas. No entanto, também repercute no cálculo dos índices de custo e gravidade, por ampliar o universo dos acidentes de trabalho ocorridos em determinada empresa.

O NTEP estabelece uma *presunção relativa* do caráter acidentário da entidade mórbida causadora da incapacidade. Por ser relativa, ela pode ser afastada mediante o acolhimento de impugnação formulada pela empresa (§ 2º do art. 21-A), o que repercutirá favoravelmente no cálculo do FAP.

---

[17] Fonte: http://www.previdenciasocial.gov.br/conteudoDinamico.php?id=463, acesso em 16 de março de 2010.

[18] Dados divulgados pelo Ministério da Previdência Social.

CONTRIBUIÇÕES PREVIDENCIÁRIAS SOBRE A REMUNERAÇÃO

3.5.3. Procedimento de impugnação do FAP

O FAP é calculado pelo Ministério da Previdência Social e pode ser contestado perante o Departamento de Políticas de Saúde e Segurança Ocupacional – DPSO –, no que concerne à correção fática dos elementos que o compõem, consoante previsto no art. 202-B do Regulamento da Previdência Social, incluído pelo Decreto 7.126/2010:

> Art. 202-B. O FAP atribuído às empresas pelo Ministério da Previdência Social poderá ser contestado perante o Departamento de Políticas de Saúde e Segurança Ocupacional da Secretaria Políticas de Previdência Social do Ministério da Previdência Social, no prazo de trinta dias da sua divulgação oficial. (Incluído pelo Decreto nº 7.126, de 2010)
>
> § 1º A contestação de que trata o *caput* deverá versar, exclusivamente, sobre razões relativas a divergências quanto aos elementos previdenciários que compõem o cálculo do FAP. (Incluído pelo Decreto nº 7.126, de 2010)

Os "elementos previdenciários que compõem o cálculo do FAP" dizem respeito à massa salarial, ao número médio de vínculos, ao valor e à duração dos benefícios pagos, aos registros de acidentes, de doenças do trabalho e de benefícios acidentários.

Em vista da regra do § 1º do art. 202-B, o Departamento de Políticas de Saúde e Segurança Ocupacional entende que não lhe cabe analisar a legalidade dos critérios jurídicos adotados, mas tão somente casos em que o acidente computado não tenha relação com o contribuinte. Nas palavras do seu diretor: "As demais contestações devem ser levadas à Justiça".[19]

Desde a edição do Decreto 7.126/2010, contra a decisão do departamento cabe recurso, com efeito suspensivo, para a Secretaria de Políticas de Previdência Social – SPS:

> § 2º Da decisão proferida pelo Departamento de Políticas de Saúde e Segurança Ocupacional, caberá recurso, no prazo de trinta dias da intimação da decisão, para a Secretaria de Políticas de Previdência Social, que examinará a matéria em caráter terminativo. (Incluído pelo Decreto nº 7.126, de 2010)
>
> § 3º O processo administrativo de que trata este artigo tem efeito suspensivo. (Incluído pelo Decreto nº 7.126, de 2010)

Esse decreto, editado em 3 de março de 2010, objetivou sanear as irregularidades do processo administrativo então vigente, reconhecidas em inúmeras decisões judiciais proferidas sobre a matéria. Dentre elas, sobressaía a não atribuição de efeito suspensivo ao recurso, em contrariedade ao previsto no art. 308, *caput*, do Regulamento da Previdência Social, que determina o recebimento em ambos os efeitos dos recursos interpostos contra as decisões proferidas pelas Juntas de Recursos do Conselho de Recursos da Previdência Social (Decreto 3.048/1999, na redação dada pelo Decreto 5.699/2006).

Ressaltamos, por fim, que a decisão proferida em grau de recurso tem caráter terminativo da controvérsia na esfera administrativa. Somente poderá ser questionada judicialmente.

---

[19] Fonte: Valor Econômico – 08/4/2010 – Legislação & Tributos.

3.6. Síntese: procedimento básico para determinar a alíquota efetiva ("RAT Ajustado")

A alíquota efetiva, cognominada pelo MPS de "RAT Ajustado", é determinada em função de dois fatores básicos, o RAT e o FAP:

RAT: *Grau de risco* de acidentes do trabalho *na atividade preponderante* da empresa, que leva à definição da alíquota básica (1%, 2% ou 3%), em função da sua atividade econômica, nos termos do Anexo V do Regulamento da Previdência Social;

FAP: *Desempenho acidentário da empresa* frente aos seus pares, que implica a redução ou majoração da alíquota básica (FAP). O desempenho acidentário (FAP) é determinado por três elementos:

Critério parcial	Representatividade no FAP
Percentil de frequência (de acidentes e doenças do trabalho)	35%
Percentil de gravidade (espécie de benefícios que ensejaram)	50%
Percentil de custo (valor e duração dos benefícios)	15%

Destarte, esta é a forma de cálculo da alíquota efetiva:

Alíquota efetiva (RAT Ajustado) = alíquota básica (RAT) x FAP [(percentil de gravidade x 0,5) + (percentil de frequência x 0,35) + (percentil de custo x 0,15) x 0,02]

Ou seja:

RAT Ajustado = RAT x FAP

Porém, é necessário observar os patamares mínimo (0,5) e máximo (2,0) do FAP – e, ainda, as fórmulas para interpolação, as regras de empate e as travas à redução da alíquota básica, a menos que se pronuncie a sua ilegalidade.

4. Finalidade e legitimidade do FAP

4.1. Finalidade

O Fator Acidentário de Prevenção tem manifesta finalidade *extrafiscal*, prevista de forma expressa na Resolução 1.308/2009 do CNPS: incentivar a melhoria das condições de trabalho e da saúde do trabalhador, estimulando as empresas a implementar políticas mais efetivas de saúde e de segurança no trabalho, de modo a reduzir a acidentalidade.

Destina-se, portanto, a realizar direitos sociais dos trabalhadores consagrados no art. 6º da Constituição da República. Almeja não apenas financiar o "seguro contra acidentes de trabalho" (XXVIII), mas sobretudo concretizar o objetivo da "redução dos riscos inerentes ao trabalho" (XXII). Noutras palavras, *pretende prevenir, e não remediar* os danos advindos dos acidentes de trabalho.

Em razão de a contribuição ser graduada em função da gravidade e da frequência dos acidentes de trabalho, bem como do custo dos benefícios que eles acarretarem, as empresas com elevada acidentalidade acabam sendo penalizadas; e as demais, premiadas com redução da carga tributária.

E por esses índices serem dinâmicos, sendo aferidos continuamente, o FAP acaba por incentivar as empresas a investir em segurança do trabalho, com o fito de reduzir o valor do SAT a ser pago.

Quanto maior é o investimento eficaz em medidas preventivas, menor é a carga tributária (observado o patamar máximo de redução da alíquota, de 50%), de forma que até mesmo um viés puramente mercantilista, guiado apenas pela ânsia de majorar o lucro, poderá conduzir ao investimento em medidas de proteção à integridade física dos trabalhadores.

A finalidade é das mais louváveis e legítimas. Resta aferir se os meios usados para alcançá-la também o são.

4.2. Constitucionalidade

4.2.1. Princípio da estrita legalidade tributária

O princípio da legalidade tributária é um dos postulados fundamentais do Estado de Direito. Foi consagrado na Magna Carta de 1215, promulgada pelo Rei João "Sem Terra" (*John Lackland*).[20] Durante a Guerra da Independência dos EUA, ecoou nos discursos dos colonos americanos contra as pesadas exigências da Coroa Britânica, mediante o brado *"No taxation without representation!"*. E nos dias de hoje, com a consolidação do *rule of law*, é amplamente reconhecido nas democracias constitucionais.

O princípio da legalidade tributária possui duas facetas próprias, expressas pelos postulados da reserva de lei e da legalidade administrativa.[21]

O postulado da legalidade administrativa rege a aplicação das leis pela Administração, exigindo-lhe, no âmbito tributário, que regulamente, fiscalize, lance e cobre os tributos com estrita observância das disposições legislativas. Daí ser denominado princípio da legalidade administrativa ou da preeminência legislativa. Impede, portanto, que o Fisco, ao regulamentar os tributos e os benefícios tributários, desconsidere ou modifique a letra, o

---

[20] A Magna Carta instituiu expressiva limitação ao poder impositivo do Rei, ao proibir a cobrança de tributos "sem a aprovação geral do nosso reino" (*commune consilium regni nostri*)". Eis o texto integral do dispositivo original, redigido em latim: "Nullum scutagium vel auxilium ponatur in regno nostro, nisi per commune consilium regni nostri, nisi ad corpus nostrum redimendum, et primogenitum filium nostrum militem faciendum, et ad filiam nostram primogenitam semel maritandam, et ad hec non fiat nisi racionabile auxilium; simili modo fiat de auxiliis de civitate Londoniarum" (*apud* HOLT, James Clarke. *Magna Carta*. Cambridge University Press, 1992, p. 454). *Scutagium* era o tributo cobrado para financiar o exército real. *Auxilium* era a contribuição dos vassalos ao seu suserano.

[21] PÉREZ DE AYALA, J., GONZÁLEZ GARCIA, E. *Curso de Derecho Tributario*. Madrid: Editorial de Derecho Financiero, 1986. v. I, p. 31.

alcance e/ou a finalidade dos preceitos legislativos, deturpando, reduzindo ou ampliando indevidamente o seu âmbito normativo.[22]

Já o postulado da reserva de lei rege a produção da legislação tributária, demandando que os tributos sejam instituídos, modificados e extintos por lei.[23] Obsta, por consequência, a criação e a modificação de normas impositivas por atos normativos infralegais. A sua denominação (reserva de lei) expressa com nitidez a limitação imposta ao poder normativo estatal, consistente na exigência de que determinado âmbito da realidade social seja regulado por lei.

4.2.1.1. Reserva de lei

A reserva de lei condiciona as decisões políticas que repercutem em direitos e obrigações dos cidadãos à aprovação popular, outorgada mediante lei formal, de modo a conferir-lhes legitimidade democrática.

Mais que a formal legitimação democrática, o princípio da legalidade, na sua dimensão de reserva de lei, almeja submeter tais decisões à prévia discussão pública, com a participação da oposição e das categorias interessadas, a fim de que se logre a imprescindível representação popular, exigida pelo tradicional princípio *no taxation without representation*.

Como leciona Grippa Salvetti:

> [...] il criterio della rappresentanza esprime l'esigenza di procedure che, nei rapporti tra legge e regolamento, tipici di una democrazia avanzata, includano l'ascolto delle categorie interessate.

---

[22] Essa é a premissa subjacente à Súmula 494 do STJ: "O benefício fiscal do ressarcimento do crédito presumido do IPI relativo às exportações incide mesmo quando as matérias-primas ou os insumos sejam adquiridos de pessoa física ou jurídica não contribuinte do PIS/PASEP.". A súmula afastou a limitação do crédito aos produtos adquiridos de empresas contribuintes do PIS/PASEP, a qual não fora imposta pela lei que instituiu o benefício (Lei 9.363/96), mas pelo art. 2º, § 2º, da IN SRF 23/97. Lê-se na ementa de um dos precedentes: "Ora, uma norma subalterna, qual seja, instrução normativa, não tem a faculdade de limitar o alcance de um texto de lei. A jurisprudência do STJ posiciona-se no sentido da ilegalidade do art. 2º, § 2º da IN 23/97" (STJ, 2ª Turma, REsp 719.433, rel. Min. Humberto Martins, 8.2007).

[23] Por modificação do tributo, entende-se: a *alteração da sua hipótese de incidência*, estendendo-a a novos fatos ou restringindo-a a parcela daqueles que englobava anteriormente; *a sua majoração*, mediante a alteração da alíquota, a ampliação da base de cálculo, a extinção de benefícios tributários, etc; *a sua redução*, pela alteração da alíquota, limitação da base de cálculo, concessão de créditos tributários, etc.; *a ampliação ou redução do universo dos sujeitos passivos*, entendidos como tais os contribuintes, substitutos e responsáveis; *e outras alterações na sistemática do tributo*, como formas de apuração não-cumulativa, regimes de substituição tributária, etc. A respeito, o CTN determina que: "Art. 97. Somente a lei pode estabelecer: I – a instituição de tributos, ou a sua extinção; II – a majoração de tributos, ou sua redução, ressalvado o disposto nos artigos 21, 26, 39, 57 e 65; III – a definição do fato gerador da obrigação tributária principal, ressalvado o disposto no inciso I do § 3º do artigo 52, e do seu sujeito passivo; IV – a fixação de alíquota do tributo e da sua base de cálculo, ressalvado o disposto nos artigos 21, 26, 39, 57 e 65; V – a cominação de penalidades para as ações ou omissões contrárias a seus dispositivos, ou para outras infrações nela definidas; VI – as hipóteses de exclusão, suspensão e extinção de créditos tributários, ou de dispensa ou redução de penalidades. § 1º Equipara-se à majoração do tributo a modificação da sua base de cálculo, que importe em torná-lo mais oneroso. § 2º Não constitui majoração de tributo, para os fins do disposto no inciso II deste artigo, a atualização do valor monetário da respectiva base de cálculo".

> La riserva di legge, richiedendo l'intervento legislativo, esprime l'esigenza che ai processi decisionali partecipi anche l'opposizione, la quale sarebbe esclusa nel caso che la disciplina fosse adottata con atto governativo.[24]

No Brasil, a reserva de lei tributária vige como um dos pilares do Estado Democrático de Direito instituído pela Constituição de 1988. Consagrado no preceito que inaugura o rol das limitações ao poder de tributar, proíbe aos entes políticos "exigir ou aumentar tributo sem lei que o estabeleça" (art. 150, I), constituindo uma notável garantia dos cidadãos contribuintes contra os desmandos do Fisco.

Essa garantia é mais rigorosa que a estabelecida no art. 5º, II, da Carta Política.[25] Frente ao princípio geral da legalidade, o da legalidade tributária diferencia-se por instituir uma *reserva absoluta*, exigindo que a obrigação tributária seja integralmente conformada por lei formal.[26]

Requer, portanto, que o legislador não tome apenas a decisão de criar o tributo, mas vá além, tratando de todos os aspectos imprescindíveis ao nascimento, à conformação e à quantificação da obrigação tributária (hipótese de incidência, base de cálculo, alíquota e sujeitos passivos). Noutros termos, demanda que todos os critérios necessários à definição e à cobrança do tributo sejam consignados no bojo da própria lei, de modo a afastar a possibilidade de a Administração Tributária ser obrigada a complementá-la para aplicá-la aos casos concretos.[27] Por isso, a doutrina alude ao princípio da *estrita* legalidade tributária.[28]

Esquematicamente, estes são os elementos da norma impositiva que devem ser estabelecidos por lei em sentido formal:

---

[24] SALVETTI, M. Antonietta Grippa. *Riserva di legge e delegificazione nell'ordinamento tributario*. Milano: Giuffrè, 1998, p. 32. Nessa senda, J. J. Gomes Canotilho assevera com a sua peculiar argúcia: "A publicidade que rodeia a sua discussão, o acompanhamento dos debates pela opinião pública e a sua difusão pelas *mass media*, a possibilidade de intervenção de todos os partidos representados (não apenas dos que directa ou indirectamente constituem também o governo), justificarão que a constituição (a reserva de lei deve ter um fundamento evidente num preceito constitucional) *reserve à lei formal da assembleia* a disciplina de certas matérias" (*Direito Constitucional e Teoria da Constituição*. 7ª ed. Coimbra: Almedina, 2003, p. 725).

[25] Eis a sua redação: "Ninguém será obrigado a fazer ou deixar de fazer alguma coisa senão em virtude de lei".

[26] A distinção entre reserva absoluta e relativa de lei é exposta com precisão por Franceso Tesauro: "la riserva è detta assoluta se la materia deve essere disciplinata solo dalla legge, mentre è relativa se la legge può porre solo le basi della disciplina della materia, lasciando al potere esecutivo la facoltà di complementarla (mediante regolamento)" (*Istituzioni di Diritto Tributario*. 8ª ed. Milano: UTET, 2004, p. 15).

[27] É certo que há ressalvas ao caráter absoluto da reserva de lei tributária, mas tais exceções somente servem para confirmar a regra. Se a Constituição da República autoriza, em um preceito específico, o Poder Executivo a alterar, dentro de condições e limites estabelecidos em lei, as alíquotas de certos impostos federais com caráter acentuadamente extrafiscal (art. 150, § 1º), é evidente que ela não apenas reserva à lei a tarefa de fixar todos os elementos da regra-matriz de incidência tributária, mas também proíbe que, nas demais hipóteses, tal atribuição seja delegada ao Poder Executivo.

[28] Cfr., por todos, o clássico livro de Alberto Xavier, intitulado "Os princípios da legalidade e da tipicidade da tributação" (São Paulo: Revista do Tribunais, 1978).

	Hipótese de incidência	Consequência jurídica
Elementos abrangidos	Material (fatos tributados)	Quantitativo (base de cálculo e alíquotas)
	Temporal (momento em que a norma incide)	
	Espacial (espaço territorial em que a norma incide)	Pessoal (sujeitos ativo e passivo)

A proibição de delegação, expressa ou tácita, da competência legislativa é um postulado ínsito à garantia da reserva de lei, visto pela doutrina como a sua *dimensão positiva*:

A *reserva de lei* comporta duas dimensões: uma *negativa* e outra *positiva*. A dimensão negativa significa que nas matérias reservadas à lei está proibida a intervenção de outra fonte de direito diferente da lei (a não ser que se trate de normas meramente executivas da administração). Em termos positivos, a reserva de lei significa que, nessas mesmas matérias, a lei deve estabelecer ela mesma o regime jurídico, não podendo declinar a sua competência normativa a favor de outras fontes (proibição da "incompetência negativa do legislador").[29]

Esse ensinamento é corroborado pela regra do art. 25, I, do ADCT/1988, que, estabelecendo a transição de um regime autoritário para o Estado Democrático de Direito instituído pela novel Carta Política, determinou a extinção de todas as delegações de competência legislativa ao Poder Executivo.[30]

Retornando à seara tributária, constatamos que, na doutrina e na jurisprudência, não se discute acerca do fato de que todos os elementos da regra-matriz de incidência tributária devem ser estabelecidos pelo legislador, sob pena de invalidade do tributo criado ou majorado. Essa exigência é tão visível que se revela inconteste.

Divergência somente há quanto à qualificação de tal reserva como absoluta. Não que alguém ouse desconsiderar a clara redação do art. 150, I, da Constituição da República para defender a possibilidade de o legislador delegar ao Poder Executivo a atribuição de instituir tributos ou majorar os já existentes. Questiona-se apenas o grau da determinação semântica exigida do legislador ao estabelecer os aspectos essenciais do tributo, o que diz respeito ao princípio da tipicidade fechada (*Bestimmtheitsgebot*) ou da "determinação do fato gerador" (*Tatbestandsbestimmtheit*).[31]

---

[29] CANOTILHO, José Joaquim Gomes. *Direito Constitucional e Teoria da Constituição*. 7ª ed. Coimbra: Almedina, 2003, p. 727.

[30] Esta é a sua redação: "Art. 25. Ficam revogados, a partir de cento e oitenta dias da promulgação da constituição, sujeito este prazo a prorrogação por lei, todos os dispositivos legais que atribuam ou deleguem a órgão do Poder Executivo competência assinalada pela Constituição ao Congresso Nacional, especialmente no que tange a: I – ação normativa".

[31] Questionando o caráter absoluto da reserva de lei tributária sob esse viés, cfr. TORRES, Ricardo Lobo. "Legalidade, tributos contraprestacionais e harmonia entre os Poderes do Estado", *Revista Forense*, v. 384, mar./abr. de 2006, p. 155-169.

4.2.1.2. Princípio da tipicidade fechada

O princípio da tipicidade fechada, também denominado "princípio da legalidade material" ou "da determinação conceitual", é deduzido pela doutrina dos dispositivos constitucionais que embasam diretamente a construção de outras normas, tais como os princípios da legalidade, da separação dos Poderes, da igualdade e da segurança jurídica. Consiste numa expressão específica desses princípios, encontrando fundamento, portanto, no próprio texto constitucional, interpretado sistematicamente.

Tal princípio impõe ao legislador algo mais do que a mera previsão dos aspectos da norma impositiva: exige que eles sejam previstos com *acentuada precisão*, de modo a reduzir sensivelmente a vagueza e a ambiguidade dos dispositivos tributários. Veda a adoção de termos e expressões imprecisos a ponto de exigir que o Poder Executivo *integre* a norma de incidência, vindo a complementar o trabalho do legislador.

Destarte, objetiva conferir *segurança jurídica* aos contribuintes, permitindo-lhes ter ciência do conteúdo específico das suas obrigações jurídico-tributárias, mediante a simples análise dos preceitos legislativos que regulam o tributo.[32]

A observância dessa garantia fundamental dos contribuintes ensejou muitos questionamentos quanto à legitimidade constitucional da contribuição ao SAT, seja na conformação estabelecida pela Lei 8.212/91, seja na conformação atual.

4.2.1.3. Sistema da Lei 8.212/1991

Alegando-se violação dos princípios da determinação conceitual e da reserva absoluta de lei tributária, sustentou-se a inconstitucionalidade da contribuição ao SAT instituída pela Lei 8.212/1991, em virtude de o seu art. 22, II, veicular uma norma impositiva *incompleta*, delegando ao Poder Executivo a tarefa de *determinar* as alíquotas aplicáveis a partir daquelas indicadas pelo legislador (1%, 2% e 3%, variáveis em função do grau de risco de acidentes do trabalho na atividade preponderante da empresa), por meio do enquadramento das empresas nas faixas de graus de risco (leve, médio e grave).

O Supremo Tribunal Federal, no entanto, não reconheceu a alegada violação do princípio da legalidade tributária (ou, mais especificamente, da tipicidade fechada), considerando que:

> O fato de a lei deixar para o regulamento a complementação dos conceitos de "atividade preponderante" e "grau de risco leve, médio e grave", não implica ofensa ao princípio da legalidade genérica, C.F., art. 5º, II, e da legalidade tributária, C.F., art. 150, I.[33]

---

[32] Esse princípio foi desenvolvido pela doutrina alemã, sendo denominado "princípio da determinação da hipótese de incidência" (*Grundsatz der Tatbestandsbestimmtheit*) ou, simplesmente, "princípio da determinação" (*Bestimmtheitsgrundsatz*).

[33] STF, Pleno, RE 343.446, rel. Min. Carlos Velloso, 3.2003, excerto da ementa.

Desse precedente, há uma precisão de relevo para as questões futuras, a saber: a distinção entre *delegação pura* e *delegação técnica*. Aquela violaria o princípio da tipicidade fechada, enquanto esta consistiria no mero exercício regulamentar *intra legem*, sendo legítima desde que: a) esteja baseada em parâmetros e padrões fixados em lei; e b) decorra da necessidade de aferição de dados e elementos concretos.

4.2.1.4. A Lei 10.666/2003 e o FAP

Na conformação atual da contribuição ao SAT também há uma delegação técnica, baseada em parâmetros e padrões fixados em lei e decorrente da necessidade de aferição de dados e elementos concretos.

O problema é que tais parâmetros *não foram estabelecidos por completo* pela Lei 10.666/2003.

Ao autorizar a criação do FAP, a Lei 10.666/2003 foi *além* da Lei 8.212/1991 no que concerne à delegação legislativa. Não remeteu à Administração apenas a regulamentação da lei e o enquadramento efetivo das empresas. Delegou também a tarefa de instituir e determinar a forma de cálculo do FAP, que levará à alíquota efetiva a ser aplicada aos contribuintes.

Mais precisamente, a Lei 10.666/2003 estabeleceu *duas delegações* que não estavam presentes no regime instituído pela Lei 8.212/1991.

A *primeira* concerne à autorização para a Administração *estabelecer ou não o fator* que levará à oscilação das alíquotas. A lei não criou um fator e tampouco determinou a sua aplicação a partir de uma data preestabelecida. Simplesmente facultou que a Administração Tributária o fizesse, evidenciando inadmissível *delegação da competência legislativo-tributária*, compreensiva do poder de modificar a *alíquota efetiva* da contribuição.

Tal delegação de competência impositiva pode ser identificada com clareza solar quando se constata terem se passado, desde a data em que a criação do FAP foi autorizada pela Lei 10.666/2003, *mais de seis anos* até que começou a ser aplicado pela Administração Tributária, em janeiro de 2010.[34] É fácil perceber que o sistema de quantificação do tributo não foi alterado diretamente pela lei, senão pelo decreto e pelas resoluções do CNPS.

---

[34] Recorde-se que a Lei 10.666 foi promulgada em 2003, ao passo que o decreto regulamentador somente foi editado em 2007 (Decreto 6.042/2007, de 12 de fevereiro, que incluiu o art. 202-A no RPS). E a sistemática começou a viger tão-somente em janeiro de 2010, porque o início da sua vigência, fixado originalmente em setembro de 2007 (art. 5º, III, do Decreto 6.042/2007), foi prorrogado por um ano tanto pelo Decreto 6.257/2007, de 19 de novembro, quanto pelo Decreto 6.577/2008, de 25 de setembro e, finalmente, foi definido pela Administração Tributária como sendo janeiro de 2010. Esse atraso no início da vigência do FAP se deveu, segundo o MPS, a imperfeições na fórmula instituída pela Resolução MPS/CNPS 1.269/2006. Como exposto na Resolução 1.308/2009 do CNPS, que modificou tal fórmula, ela foi submetida a testes e "os resultados sinalizaram para a necessidade de aperfeiçoar a metodologia de modo a garantir justiça na contribuição do empregador e equilíbrio atuarial. Desse estudo resultou a nova metodologia abaixo descrita, que altera parâmetros e critérios para o cálculo da freqüência, da gravidade, do custo e do próprio FAP, em relação à metodologia anterior" (Introdução do Anexo). Passado um mês da edição da Resolução 1.308/2009, de 24 de maio, essa metodologia foi novamente modificada pelo CNPS, por meio da Resolução 1.309/2009, de 24 de junho, que incluiu novo elemento na apuração da contribuição acidentária: a taxa de rotatividade. Por fim, a Resolução CNPS/MPS 1.316/2010 estabeleceu a fórmula atual.

Já a *segunda* delegação diz respeito ao poder conferido à Administração para *determinar o fator*, com base nos três índices mencionados (frequência, gravidade e custo). É a própria lei que refere serem os índices "calculados segundo metodologia aprovada pelo Conselho Nacional de Previdência Social".

E de fato, o peso dos elementos de cálculo do FAP somente veio a ser estabelecido pelo art. 202-A do Decreto 3.048/1999, inserido pelo Decreto 6.042/2007. Como referido há pouco, esse decreto criou um complexo sistema de cálculo do FAP, no qual o fator seria determinado em função do "distanciamento de coordenadas tridimensionais padronizadas (índices de frequência, gravidade e custo)". Não demorou para o próprio Poder Executivo se aperceber das imperfeições de tal metodologia de cálculo, que levava a consequências desarrazoadas, e *modificá-la* pelo Decreto 6.957/2009, indicando os elementos que comporiam cada índice parcial, estipulando percentis correlatos e atribuindo pesos diferenciados para cada percentil.

Já a tarefa de definir a metodologia de cálculo desses índices e percentis (de frequência, gravidade e custo) foi *delegada pelo regulamento ao Conselho Nacional da Previdência Social* (§ 4º).

Com base nessa delegação, as Resoluções MPS/CNPS 1.308 e 1.309/2009 estabeleceram a metodologia específica de cálculo do FAP, à luz dos critérios pré-determinados pelo art. 10 da Lei 10.666/2003 e pelo art. 202-A do RPS.

Portanto, diversamente do que ocorreu no regime pretérito, a alíquota efetiva da atual contribuição ao SAT *não foi fixada por completo pela lei*. Foi estabelecida, em etapas sucessivas:

i) pelo art. 22, II, da Lei 8.212/1991, que fixou as alíquotas básicas;

ii) pelo Anexo V do Regulamento da Previdência Social – RPS –, que enquadrou as categorias de atividades econômicas nas faixas de risco leve, médio e grave, sujeitando-as, dessa forma, às alíquotas de 1%, 2% ou 3%, respectivamente;

iii) pelo art. 10 da Lei 10.666/2003, que autorizou a redução, em até 50%, e a majoração, em até 100%, das alíquotas básicas da contribuição acidentária em função do "desempenho da empresa em relação à respectiva atividade econômica, apurado em conformidade com os resultados obtidos a partir dos índices de freqüência, gravidade e custo, calculados segundo metodologia aprovada pelo Conselho Nacional de Previdência Social";

iv) pelo art. 202-A do RPS, incluído pelo Decreto 6.042/2007, que criou o Fator Acidentário de Prevenção – FAP – e definiu a composição dos índices parciais e o peso dos respectivos percentis, o que foi alterado pelo Decreto 6.957/2009; e

v) pela Resolução MPS/CNPS 1.308/2009 do CNPS, alterada pelas Resoluções MPS/CNPS 1.309/2009 e 1.316/2010, que estabeleceu a complexa fórmula de cálculo do FAP.

Para elucidar a diferença entre o sistema atual da contribuição ao SAT e aquele consagrado na Lei 8.212/1991, é válido recorrer ao seguinte quadro comparativo:

Elementos de quantificação da obrigação	Sistema da Lei 8.212/1991	Sistema da Lei 10.666/2003 e do Decreto 6.957/2009	Ato normativo
Base de cálculo	Remunerações pagas a empregados e avulsos	Remunerações pagas a empregados e avulsos	Lei 8.212/1991
Alíquotas	1%, 2% e 3%	1%, 2% e 3%	Estipulação: Lei 8.212/1991 Enquadramento das categorias: Anexo V ao Decreto 3.048/1999
Multiplicador sobre a alíquota	-	Autorização da criação do multiplicador e indicação dos elementos parciais (índices de frequência, gravidade e custo)	Lei 10.666/2003
	-	Criação do FAP e definição dos índices integrantes do multiplicador e do seu peso	Decreto 6.042/2007, alterado pelo Decreto 6.957/2009
	-	Estipulação da fórmula do FAP	Resolução 1.308/2009 do CNPS, alterada pelas Resoluções MPS/CNPS 1.309/2009 e 1.316/2010

Resta evidente que o FAP, estipulado por atos *infralegais*, é *elemento integrante da regra-matriz de incidência* e, mais especificamente, do consequente da norma impositiva, haja vista se conjugar à alíquota para estabelecer o *quantum* do tributo a ser recolhido aos cofres públicos. Consoante exposto pelo próprio Conselho Nacional de Previdência Social, o FAP é uma metodologia utilizada para a *"flexibilização das alíquotas* de contribuição" (Resolução 1.308/2009).[35]

Frente a esse contexto, torna-se extremamente questionável a possibilidade de se estender o *leading case* do SAT ao sistema criado pela Lei 10.666/2003, pelo Decreto 6.042/2007 (e alterações) e pela Resolução 1.308/2009 do CNPS.

---

[35] A respeito da "flexibilização de alíquotas", lê-se no *site* do Ministério da Previdência Social: "A flexibilização das alíquotas aplicadas para o financiamento dos benefícios pagos pela Previdência Social decorrentes dos riscos ambientais do trabalho foi materializada mediante a aplicação da metodologia do Fator Acidentário de Prevenção. A metodologia foi aprovada pelo Conselho Nacional de Previdência Social – CNPS, (instância quadripartite que conta com a representação de trabalhadores, empregadores, associações de aposentados e pensionistas e do Governo), mediante análise e avaliação da proposta metodológica e publicação das Resoluções CNPS Nº 1308 e 1309, ambas de 2009" (http://www2.dataprev. gov.br/fap/fap.htm, acesso em 27 de abril de 2010).

Como visto, entre tal sistema e aquele instituído pela Lei 8.212/1991, há uma *vultosa diferença quanto à forma de determinação da carga tributária*. No sistema da Lei 8.212/1991, a própria lei fixava as três alíquotas aplicáveis aos contribuintes, relegando ao decreto apenas o enquadramento concreto dos contribuintes em cada uma das alíquotas previstas em lei. Já no sistema atual, as três alíquotas persistem, mas a Lei 10.666/2003 criou um *novo critério de quantificação da obrigação tributária*, ao *facultar* ao regulamento *reduzir* em até cinquenta por cento *ou majorar* em até cem por cento as alíquotas aplicáveis, em função do "desempenho da empresa em relação à respectiva atividade econômica".

Todas essas peculiaridades levam à conclusão de que a sistemática autorizada pela Lei 10.666/2003 não se assemelha àquela instituída pela Lei 8.212/1991, que foi apreciada pelo Supremo Tribunal Federal no *leading case* sobre a contribuição ao SAT. É o que passamos a demonstrar.

4.2.1.4.1. Precedente do SAT

No *leading case* sobre o SAT – Seguro de Acidente do Trabalho –, o Ministro Carlos Velloso recorreu à distinção entre delegação pura (incondicionada) e técnica (sujeita a parâmetros e padrões técnicos) para rechaçar as alegações de violação dos princípios da estrita legalidade tributária e da tipicidade fechada. Após discorrer sobre o princípio da legalidade tributária, o saudoso Ministro do STF consignou esta ressalva:

> Em certos casos, entretanto, a aplicação da lei, no caso concreto, exige a aferição de dados e elementos. Nesses casos, a lei, fixando parâmetros e padrões, comete ao regulamento essa aferição. Não há falar, em casos assim, em delegação pura, que é ofensiva ao princípio da legalidade genérica (C.F., art. 5º, II) e da legalidade tributária (C.F., art. 150, I).
>
> [...]
>
> Tem-se, no caso, portanto, regulamento delegado, *intra legem*, condizente com a ordem jurídico-constitucional. [36]

À luz dessa concepção, a delegação pura seria inconstitucional, por ofender o princípio da legalidade, haja vista ser prescindível à aplicação da lei. Já a delegação técnica seria cabível quando a aplicação da lei exigir a "aferição de dados e elementos", desde que o legislador estabeleça a delegação e fixe parâmetros e padrões a serem observados pelo regulamento.

Tal entendimento foi acolhido por unanimidade pelo Plenário do Supremo Tribunal Federal, que declarou a constitucionalidade do SAT, tanto na conformação dada pelos arts. 3º e 4º da Lei 7.787/1989 quanto na estabelecida pelo art. 22, II, da Lei 8.212/1991.

4.2.1.4.2. Contraste com o leading case do salário-educação

O que parece ter passado despercebido nesse julgamento unânime é que os seus fundamentos destoam da jurisprudência que até então prevale-

---

[36] STF, Pleno, RE 343.446, rel. Min. Carlos Velloso, 3.2003, trecho do seu voto.

cia no Pretório Excelso – e que, cumpre ressaltar, continua sendo aplicada até hoje, exceção feita apenas ao SAT.

Tal discrepância é evidenciada quando se cotejam os fundamentos do *leading case* do SAT com os do precedente relativo ao salário-educação no regime precedente à Lei 9.424/1996.[37]

Na regulação pretérita desta contribuição, estabelecida pelo Decreto-Lei 1.422/1975, havia delegação técnica análoga à instituída para o SAT. O art. 1º, § 2º, do referido diploma legal previa que a alíquota do salário-educação seria "fixada por ato do Poder Executivo, que poderá alterá-la mediante demonstração, pelo Ministério da Educação e Cultura, da efetiva variação do custo real unitário do ensino de 1º Grau". Delegava, pois, a fixação da alíquota ao Poder Executivo, que, cumpre ressaltar, detinha ínfima discricionariedade para alterá-la, eis que, para tanto, deveria limitar-se a apurar a oscilação do custo atuarial do ensino primário, de acordo com os critérios fixados em lei.

Em que pese o visível caráter técnico da delegação, o Supremo Tribunal Federal considerou que ela conflitava com a Constituição de 1988.

É certo que pronunciou a sua constitucionalidade, mas somente porque a contribuição do salário-educação não possuía natureza tributária sob a égide da EC 1/1969, o que "a subtraiu da incidência do princípio da legalidade estrita, não se encontrando, então, na competência do Poder Legislativo a atribuição de fixar as alíquotas de contribuições extratributárias". Com o advento da Constituição de 1988, que conferiu natureza tributária ao salário-educação, o STF entendeu que a delegação legislativa havia sido revogada, pela sua absoluta incompatibilidade com a novel Carta Política.

Denota-se que, nesse julgado, proferido em 2001, o Plenário do Supremo Tribunal Federal firmou a sua jurisprudência no sentido da incompatibilidade das delegações técnicas com o princípio da estrita legalidade tributária.

Essa conclusão pode não estar explícita na ementa, mas resulta nítida da análise dos votos e, inclusive, dos argumentos consignados no voto-vista do Ministro Carlos Velloso no RE 290.079.

O relator do precedente, Ministro Ilmar Galvão, ressaltou que, sob a égide da EC 1/1969, a contribuição social do salário-educação não ostentava natureza tributária, o que a excluía do âmbito de incidência do princípio da estrita legalidade tributária e viabilizava a delegação técnica instituída pelo art. 1º, § 2º, do Decreto-Lei 1.422/1975. Nas suas palavras:

> O fato de não revestir a contribuição em apreço natureza tributária é o que a pôs a cobro da incidência do princípio da legalidade estrita, previsto no art. 19, I, da EC 01/69 (art. 150, I, da CF/88), sendo, por outro lado, razão suficiente para justificar o exame do dispositivo impugnado em face do artigo 178 da Carta pretérita, em ordem a saber se a fixação da alíquota da contribuição, no caso, era matéria de competência reservada à lei, ou se, ao revés, a sua atribuição ao Poder Executivo poderia ser tida por aceitável dentro do quadro constitucional de então.

---

[37] STF, Pleno, RE 290.079, rel. Min. Ilmar Galvão, 10.2001.

Exame dessa natureza revela, primeiramente, que os artigos 43 a 45 da EC 01/69, que estabeleciam as atribuições do Poder Legislativo, não incluíam entre elas a fixação de alíquotas de contribuição extratributária.

[...]

Vê-se, das normas transcritas, que não se estava diante de exigência cuja prestação fosse suscetível de determinar-se mediante simples conjugação de um percentual (alíquota) com determinado valor, expresso em dinheiro (base de cálculo), como ocorria com os tributos em geral. Ao revés, o *quantum debeatur*, aí, deveria corresponder ao custo atuarial do ensino primário, calculado sob a forma de quota percentual do salário mínimo, operação obviamente dependente de levantamento, mediante pesquisa de campo, de dados de natureza econômico-financeira, variáveis no espaço e no tempo, técnica obviamente inadequada à atuação do legislador e, por isso, só passível de ser posta em prática por agentes administrativos.

[...]

Por isso mesmo, o decreto-lei deixou a fixação da alíquota a cargo do Chefe do Poder Executivo, sendo de registrar que a EC 01/69 não submeteu a contribuição do salário-educação ao princípio da legalidade estrita, tendo-se limitado a reservar à lei a sua regulamentação.

Noutros termos, a delegação técnica somente foi declarada constitucional em virtude de a contribuição não possuir, à época, natureza tributária, haja vista que, do contrário, restaria inquinada pelo vício maior, por ofensa ao princípio da legalidade estrita, que impera no âmbito tributário.

A inconstitucionalidade, cumpre repisar, seria da própria delegação *técnica*, que não só foi tida como necessária e adequada à regulamentação da contribuição não tributária, mas também foi devidamente delimitada e condicionada pelo diploma legal que a estabeleceu, como bem enfatizou o Ministro Ilmar Galvão:

Portanto, a atribuição de competência ao Poder Executivo para fixar e alterar a alíquota do salário-educação, em razão da flutuação do custo atuarial do ensino fundamental, não era arbitrária, ilimitada, verdadeiro cheque em branco, como se alega, mas sujeita a condições (critério previsto em lei) e limites (custo atuarial do ensino fundamental) também previstos em lei.

"Quanto às condições e aos limites estabelecidos pelo Decreto-Lei nº 1.422/75 para a alteração da alíquota – observa, ainda, Souto Maior Borges (op. cit.) – dificilmente encontrar-se-á nos fatos legislativos brasileiros exemplo mais estrito de condicionamento para o exercício da competência do Executivo".

Apesar de ser uma das delegações legislativas mais rigorosamente limitadas e condicionadas já vistas até então, o Plenário do Supremo Tribunal Federal reputou que ela agredia o princípio da estrita legalidade tributária.

Isso foi consignado de forma expressa no voto do relator, ao discorrer sobre a revogação da delegação em foco, por manifesta incompatibilidade com o princípio da legalidade tributária:

A velha contribuição, portanto, sob nova roupagem tributária, por efeito da menção expressa que lhe fez o § 5º do art. 212 da Constituição, foi mantida com a mesma estrutura normativa do Decreto-Lei nº 1.422/75, vale dizer, a mesma hipótese de incidência, a mesma base de cálculo e, sem sombra de dúvida, a mesma alíquota que, por efeito da norma do § 2º do art. 1º, se achava fixada por ato do Poder Executivo (2,5% pelo Decreto nº 76.923/75, art. 15, alterado pelo Decreto nº 87.043/82, no art. 3º, I), a qual, obviamente, se tornou inalterável por outro meio senão pela lei, em face do princípio da legalidade tributária a que ficou adstrita, com o advento do novo regime.

[...]

Só não subsistiu à nova Carta, repita-se, a delegação contida no § 2º do art. 1º do referido Decreto-Lei nº 1.422/75, não por efeito da norma do art. 25 do ADCT, que revogou, a partir de abril/89, os dipositivos legais contendo delegações de competência do Poder Legislativo a órgãos do Poder Executivo, mas, sim, em face da incompatibilidade da delegação nela contida com o princípio da legalidade a que, de pronto, ficou circunscrito o novel tributo, por efeito do art. 212, § 5º, da CF/88.

No RE 343.446, o Ministro Carlos Velloso retomou este precedente, ressaltando a similitude entre os casos mencionados:

No julgamento do RE 290.079/SC, decidimos questão semelhante. Lá, a norma primária, D.L. 1.422/75, art. 1º, § 2º, estabeleceu que a alíquota seria fixada pelo Poder Executivo, observados os parâmetros e padrões postos na norma primária. No meu voto, fiz a distinção da delegação pura, que a Constituição não permite, da atribuição que a lei comete ao regulamento para a aferição de dados, em concreto, justamente para a boa aplicação concreta da lei.

Sem embargo, o Supremo Tribunal Federal não retomou o julgamento do salário-educação para reiterar o entendimento de que as delegações técnicas são incompatíveis com o princípio da estrita legalidade tributária, senão para fundamentar a conclusão oposta, de que a delegação estabelecida pela Lei 8.212/1991 não agredia o sistema tributário instituído pela Carta da República de 1988.

A primeira impressão é a de que o STF simplesmente olvidou o fato de a delegação técnica estabelecida para o salário-educação ter sido considerada *in*compatível com o princípio da legalidade tributária. No RE 290.079, a delegação da atribuição de fixar as alíquotas do salário-educação somente foi declarada constitucional em sua *origem*, justamente porque a contribuição *carecia* de natureza tributária.

Se houve um descuido da Suprema Corte, não foi carente de consequências jurídicas. Pelo contrário, as suas repercussões foram vultosas: ele levou à refutação do vício de inconstitucionalidade existente na contribuição ao SAT (dizemos "vício existente" porque, de acordo com a jurisprudência firmada pelo Plenário do Supremo Tribunal Federal no julgamento do RE 290.079, a delegação técnica seria incompatível com o princípio da estrita legalidade tributária); e, num primeiro exame, conduziu à mutação tácita do significado desse princípio, que se debilitou de forma expressiva, passando a tolerar delegações técnicas, que até o julgamento do RE 363.446 eram tidas por frontalmente incompatíveis com os seus ditames.

Frente a esse contexto, surgem indagações de extrema relevância. O *leading case* do SAT efetivamente representou uma tácita e radical mudança na jurisprudência do STF, cujas repercussões ainda não foram devidamente reconhecidas? Ou não há conflito real entre os importantíssimos precedentes exarados em outubro de 2001 (RE 290.079) e março de 2003 (RE 363.446), mas mera divergência de fundamentos?

4.2.1.4.3. Real alcance da decisão proferida no RE 343.446

Como assinalamos há pouco, a primeira impressão que se tem é a de que, no precedente relativo ao SAT, o Supremo Tribunal Federal abandonou a sua firme jurisprudência que reputava incompatíveis com o princípio da estrita legalidade tributária quaisquer delegações legislativas fora das hipóteses expressamente autorizadas no texto constitucional.

Essa é a primeira impressão que se tem ao ler o inteiro teor do RE 363.446. Porém, não é a mais apropriada, notadamente porque ela conduziria à conclusão de que em tal oportunidade o Supremo Tribunal Federal simplesmente desconsiderou a sua tradicional doutrina, reiterada poucos meses antes num julgado de indiscutível importância, acolhendo, por unanimidade, entendimento frontalmente antagônico, sem tecer uma linha sequer acerca da expressiva mutação constitucional que estaria realizando.

Tal linha interpretativa autorizaria, outrossim, que fossem revigoradas as modalidades de delegação técnica já sepultadas pelo Pretório Excelso, facultando-se, v.g., que nova lei alterasse a disciplina do salário-educação, instituindo, sob a égide da Carta Cidadã de 1988, disciplina idêntica à criada pelo Decreto-Lei 1.422/1975, em que o Poder Executivo podia alterar as suas alíquotas de acordo com a oscilação do custo atuarial do ensino primário. Por consequência, o princípio da estrita legalidade tributária ficaria à mercê da criatividade do legislador, que poderia instituir as mais variadas modalidades de delegações técnicas, desde que estabelecesse parâmetros e padrões a serem observados pelo Poder Executivo.

Felizmente, essa não é a única interpretação que se pode extrair do RE 343.446. E definitivamente não é a mais apropriada. Após uma análise detida do julgado, infere-se que, neste precedente, o STF não teve por legítimas todas e quaisquer delegações técnicas em matéria tributária, mas apenas aquela que identificou no art. 22, II, da Lei 8.212/1991, em que a própria lei estabeleceu as alíquotas da contribuição e o critério a ser utilizado para determinar a alíquota aplicável a cada empresa.

Compreendida nesses termos, a ressalva ao princípio da legalidade tributária que este aresto estabeleceu diz respeito mais ao postulado da tipicidade fechada que ao da reserva absoluta de lei. Admite-se a fixação de alíquotas pelo legislador com base em conceitos relativamente imprecisos, mas não a delegação legislativa para o Poder Executivo estabelecer as próprias alíquotas.

Essa conclusão é corroborada pela ressalva, feita pelo Ministro Carlos Velloso, de que tanto a base de cálculo quanto a alíquota estavam adequadamente definidas em lei, satisfazendo as exigências do princípio da legalidade tributária:

> Finalmente, esclareça-se que as leis em apreço definem, como bem registrou a Ministra Ellen Gracie, no voto, em que se embasa o acórdão, "satisfatoriamente todos os elementos capazes de fazer nascer uma obrigação tributária válida". O fato de a lei deixar para o regulamento a complementação dos conceitos de "atividade preponderante" e "grau de risco leve, médio ou grave", não implica ofensa ao princípio da legalidade tributária, C.F., art. 150, I.
>
> Na verdade, tanto a base de cálculo, que Geraldo Ataliba denomina de base imponível, quanto "outro critério quantitativo que – combinado com a base imponível – permita a fixação do débito tributário, decorrente de cada fato imponível", devem ser estabelecidos pela lei. Esse critério quantitativo é a alíquota. (Geraldo Ataliba, "Hipótese de Incidência Tributária", 3ª ed., págs. 106/107).

Evidencia-se não haver divergência entre as decisões exaradas nos julgados supramencionados, mas apenas entre certos fundamentos secundários (*obter dicta*), o que afasta qualquer pecha de incongruência.

Na realidade, os precedentes *complementam-se*. No relativo ao salário-educação, o Supremo Tribunal Federal declarou que as delegações envolvendo a atribuição de fixar *alíquotas* de tributos são incompatíveis com o princípio da legalidade tributária, ainda que baseadas em critérios técnicos rigorosos. No julgado pertinente ao SAT, o Pretório Excelso teve por legítima a utilização de conceitos relativamente indeterminados na regra-matriz de incidência tributária, e não a delegação do poder de fixar os elementos imprescindíveis à quantificação da obrigação tributária (base de cálculo e alíquotas).

Resta evidente que, no RE 343.446, o Supremo Tribunal Federal não chancelou *a priori* as delegações técnicas em matéria tributária, mas apenas aquela que identificou no art. 22, II, da Lei 8.212/1991, em que as alíquotas da contribuição eram fixadas pela própria lei, não pelo regulamento. Logo, os fundamentos que sustentam a conclusão do acórdão não autorizam a renovação das delegações legislativas já declaradas incompatíveis com o princípio da legalidade tributária.

Ademais, tal precedente não implicou mutação constitucional, visto que a sua conclusão acerca das exigências advindas do princípio da tipicidade fechada não se contrapõe a qualquer outro julgado da Corte.

Ainda se pode afirmar que, à luz da jurisprudência do Pretório Excelso, a Constituição da República de 1988 não tolera a delegação, ao Executivo, do poder de fixar as alíquotas de tributos fora das hipóteses taxativamente previstas em seu texto. Tolera apenas a utilização de conceitos relativamente indeterminados na regra-matriz de incidência.

Por consequência, é inviável aplicar à conformação atual do SAT o *leading case* do STF sobre a matéria, atinente ao sistema instituído pela Lei 8.212/1991, em que não havia qualquer forma de "relativização de alíquotas".

4.2.1.4.4. Conclusão

Na metodologia instituída pela Lei 10.666/2003, em que as alíquotas oscilam em função do FAP, o SAT viola escancaradamente os princípios da tipicidade fechada e da reserva absoluta de lei, manifestações precípuas do princípio da estrita legalidade tributária, consagrado de forma expressa no art. 150, I, da Constituição da República.

4.2.1.5. Delegação estabelecida pelo art. 22, § 3º, da Lei 8.212/1991

Preceito que mereceu pouca atenção da doutrina e da jurisprudência é o § 3º do art. 22 da Lei 8.212/1991, que autoriza o Ministério do Trabalho e da Previdência Social (atualmente, Ministério da Previdência Social) a alterar o enquadramento de empresas a fim de estimular investimentos em prevenção de acidentes, *in verbis*:

> § 3º O Ministério do Trabalho e da Previdência Social poderá alterar, com base nas estatísticas de acidentes do trabalho, apuradas em inspeção, o enquadramento de empresas para efeito da contribuição a que se refere o inciso II deste artigo, a fim de estimular investimentos em prevenção de acidentes.

Esse preceito parece autorizar o MPS a alterar o enquadramento das empresas nas faixas de alíquota do SAT, com base em estatísticas de acidentes de trabalho. Diria respeito ao critério para definir as alíquotas aplicáveis a cada categoria de contribuintes. Desse modo, simplesmente expressaria competência que está implícita no sistema da Lei 8.212/1991.

Foi essa a exegese acolhida pelo Supremo Tribunal Federal, que vislumbrou no § 3º do art. 22 o critério para o enquadramento das empresas pelo regulamento, e não nova delegação do poder impositivo.[38]

Porém, não foi essa a interpretação que o Poder Executivo acolheu.

O Decreto 2.173/1997 facultou ao MPAS *reduzir a contribuição em até 50%*, em função de investimentos que reduzam os danos à saúde no trabalho, da inexistência de débitos com o INSS e de outros requisitos a serem estabelecidos pelo próprio MPAS:

> Art. 27. O Ministério da Previdência e Assistência Social-MPAS poderá autorizar a empresa a reduzir em até cinquenta por cento as alíquotas da contribuição a que se refere o artigo anterior, a fim de estimular investimentos destinados a diminuir os riscos ambientais do trabalho.
>
> § 1º A redução da alíquota de que trata este artigo estará condicionada à melhoria das condições do trabalho, obtida através de investimentos em prevenção e em sistemas gerenciais de risco que impactem positivamente na redução dos agravos à saúde no trabalho, à inexistência de débitos em relação às contribuições devidas ao Instituto Nacional do Seguro Social-INSS e aos demais requisitos estabelecidos pelo Ministério da Previdência e Assistência Social-MPAS.
>
> § 2º O Instituto Nacional do Seguro Social-INSS, com base principalmente na comunicação prevista no art. 134 do Regulamento dos Benefícios da Previdência Social-RBPS, implementará sistema de controle e acompanhamento de acidentes do trabalho.
>
> § 3º Verificado o descumprimento por parte da empresa dos requisitos fixados pelo Ministério da Previdência e Assistência Social-MPAS, para fim de redução das alíquotas de que trata o artigo anterior, o Instituto Nacional do Seguro Social-INSS procederá à notificação dos valores devidos.

Tal autorização, que parece ter sido o embrião do FAP, não foi repetida no preceito correspondente do Decreto 3.048/1999 (art. 203), o qual vige até os dias de hoje. Ele simplesmente repetiu a redação do art. 22, § 3º, da Lei 8.212/1991, sem indicar a possibilidade de redução de alíquotas. Porém, manteve o condicionamento do reenquadramento à inexistência de débitos:

> Art. 203. A fim de estimular investimentos destinados a diminuir os riscos ambientais no trabalho, o Ministério da Previdência e Assistência Social poderá alterar o enquadramento de empresa que demonstre a melhoria das condições do trabalho, com redução dos agravos à saúde do trabalhador, obtida através de investimentos em prevenção e em sistemas gerenciais de risco.

---

[38] Conferir o voto do relator, Ministro Carlos Velloso, no *leading case* sobre a matéria (STF, Pleno, RE 343.446, 3.2003).

§ 1º A alteração do enquadramento estará condicionada à inexistência de débitos em relação às contribuições devidas ao Instituto Nacional do Seguro Social e aos demais requisitos estabelecidos pelo Ministério da Previdência e Assistência Social.

§ 2º O Instituto Nacional do Seguro Social, com base principalmente na comunicação prevista no art. 336, implementará sistema de controle e acompanhamento de acidentes do trabalho.

§ 3º Verificado o descumprimento por parte da empresa dos requisitos fixados pelo Ministério da Previdência e Assistência Social, para fins de enquadramento de que trata o artigo anterior, o Instituto Nacional do Seguro Social procederá à notificação dos valores devidos.

Resta indagar qual seria o significado de tal preceito. Ele permitiria a mudança de enquadramento da empresa em relação à sua respectiva categoria econômica, para nova faixa de alíquota, ou a efetiva redução da contribuição, a ser definida pelo MPS?

Para tal indagação, a Administração não fornece uma resposta clara. Parece ter optado por ignorar tal autorização e aplicar tão somente o FAP para modular as alíquotas.

4.2.2. Postulados da proporcionalidade e da razoabilidade

Há vários questionamentos à proporcionalidade e à razoabilidade do FAP, baseados num raciocínio de *equivalência econômica* entre a majoração/ redução da contribuição por ele determinada e os custos que os acidentes de trabalho acarretam ao INSS.

Alega-se, por exemplo, que o FAP não deveria considerar acidentes de trabalho que não implicaram afastamento por mais de quinze dias ou redução permanente da capacidade laboral, haja vista não ensejarem a concessão de benefícios previdenciários (auxílio-doença ou auxílio-acidente).

Esse argumento, rejeitado sistematicamente pela Administração Fazendária, está baseado numa *concepção estritamente sinalagmática do SAT*, que não corresponde propriamente à estrutura da contribuição, graduada em função dos "riscos ambientais do trabalho", e não do ônus financeiro que os benefícios acidentários implicam ao Erário.

Na conformação que se deu ao SAT, sobretudo após o advento da Lei 10.666/2003, sobressai a sua *função extrafiscal* de prevenir acidentes de trabalho, a qual prepondera sobre o caráter sinalagmático que também está presente na contribuição.

Dessa forma, revela-se possível majorar ou reduzir a contribuição pela mera oscilação na frequência de acidentes de trabalho, haja vista tal elemento não se confundir com o número de benefícios acidentários vinculados ao contribuinte.

Sem embargo, não tem o menor sentido computar acidentes de trajeto, como vem fazendo o Ministério da Previdência Social. É irrazoável, sobretudo, considerar acidentes de trajeto que não ensejaram a concessão de benefícios, tendo em vista que, além de não causarem ônus algum aos cofres públicos, eles jamais poderiam ser imputados ao risco de acidentes de trabalho existente na empresa. Ainda mais arbitrário é aplicar a "trava de mortalidade e invalidez" em razão de meros acidentes de percurso.

4.2.3. Princípio da publicidade dos atos administrativos

Um dos princípios constitucionais que regem a Administração Pública é o da *publicidade,* consagrado no art. 37, *caput*, da Constituição da República de 1988, na redação dada pela EC 19/1998.

Tal princípio não se satisfaz com a mera publicação das decisões e dos atos administrativos. Exige a *transparência* de toda a atividade administrativa e, por conseguinte, que os servidores públicos forneçam aos cidadãos informações compreensíveis sobre todas as *etapas* dos procedimentos administrativos, as quais antecedem a prática dos atos que repercutirão na sua esfera jurídica. Sempre, obviamente, que não se trate de informações sigilosas, que não podem ser divulgadas a toda população.

Quanto ao FAP, o princípio da publicidade demanda que a Administração disponibilize aos contribuintes informações claras e objetivas acerca de todos os dados relevantes à determinação do fator de risco das suas atividades.

Exige, portanto, que se informem aos contribuintes não apenas os seus percentis (relativos à gravidade, frequência e custo), mas também os seus números de ordem e os percentis das demais empresas inseridas na mesma subclasse CNAE, a fim de que seja possível verificar a correção da classificação realizada pela Administração Tributária, que repercutirá diretamente no *quantum* a pagar.

Esse dado, no entanto, vem sendo negado aos contribuintes.

Nem mesmo após solicitação expressa a Administração lhes fornece tal informação, limitando-se a divulgar os róis dos percentis de frequência, gravidade e custo por Subclasse da Classificação Nacional de Atividades Econômicas.[39]

Tal negativa causa espécie, sobretudo quando se verificam distorções na aplicação da legislação aos casos concretos.

4.3. Legalidade da conformação e da aplicação do FAP

Como referido anteriormente, o postulado da preeminência legislativa (ou do primado da lei) é uma das facetas do princípio constitucional da legalidade, ao lado da reserva de lei. Exige que os preceitos legislativos sejam rigorosamente observados pelos seus aplicadores, sempre que não se contraponham à Constituição.

4.3.1. Respeito à lei na concretização legislativa

O postulado do primado da lei proíbe que a Administração Pública, ao regulamentar os ditames legais, estabeleça restrições que não decorram do

---

[39] Conferir a Portaria Interministerial 254/2009, editada pelos Ministros de Estado da Previdência Social e da Fazenda – Interino.

seu texto ou dos seus princípios fundamentais. Noutros termos, exige que se limite a *interpretar* e *concretizar* a lei, sem violá-la.

É evidente, portanto, que as restrições infralegais à redução da alíquota advinda da aplicação do FAP, estipuladas pelas Resoluções 1.308 e 1.309/2009 do CNPS, bem como pela resolução atual (Resolução MPS/CNPS 1.316/2010),[40] são ilegais e, por conseguinte, ilegítimas.

Ilegal também é a determinação, constante no item 2.5. do anexo à Resolução MPS/CNPS 1.316/2010, de que, no primeiro ano de aplicação do FAP, a majoração das alíquotas limitar-se-á a "75% da parte do índice apurado que exceder a um", de modo a que não haja majoração superior ao percentual de 75%. Ora, não há fundamento legal algum para tal disposição.

Esses exemplos evidenciam que a Administração se avoca o poder de *quantificar* as obrigações tributárias dos contribuintes e decidir *se, como e quando aplica os ditames legais*.

É evidente o desrespeito ao princípio da legalidade, pilar fundamental dos Estados de Direito.

4.3.2. Respeito à lei na sua aplicação aos casos concretos

Há casos de distorções evidentes no cálculo e na aplicação do FAP.

Dentre eles, sobressai a situação em que empresas com *índice zero de acidentes não obtinham o menor percentual*, de 0,5. Ora, se a frequência, a gravidade e o custo são zero, como sustentar índice superior ao mínimo legal?

O Diretor do Departamento de Políticas de Saúde e Segurança Ocupacional justificava tais ocorrências com base no argumento de a lei "dizer que o contribuinte sofrerá uma comparação com relação a seu desempenho na atividade econômica",[41] o que legitimaria o procedimento adotado pelo MPS, de *não atribuir o percentil mais benéfico* aos contribuintes, calculando o seu percentil, ao invés, com base na posição média da empresa.

Se houvesse 201 empresas com o índice zerado, nenhuma delas receberia o percentil zero. Todas receberiam o percentil 101, que corresponde à sua posição média.

Em artigo publicado em meados de 2010, sustentamos que essa solução "é tão absurda quanto a de atribuir a *terceira* (e não a primeira) colocação a todos os cinco participantes de uma maratona que arrebentassem juntos a faixa de chegada", advertindo que, "para o Fisco, não há vitoriosos. Todos os contribuintes perdem, mesmo aqueles que logram a excelência máxima em matéria de prevenção de acidentes de trabalho".[42]

Felizmente, o CNPS percebeu a injustiça que estava cometendo e corrigiu-a em parte, ao incorporar, na Resolução 1.316/2010, uma exceção à "re-

---

[40] Cfr. p. 107.

[41] Fonte: Valor Econômico – 08/4/2010 – Legislação & Tributos.

[42] *Jornal Carta Forense*, 2 de junho de 2010.

gra de empate", de modo a atribuir o FAP 0,5 a todos os contribuintes que não têm registros de acidente de trabalho.

Sem embargo, nos demais casos, o CNPS não confere o percentil mais benéfico aos contribuintes empatados na mesma posição. Continua calculando-o com base na sua posição média.

Ademais, em contrapartida à exceção criada para as empresas com índice zero de acidentes de trabalho, a Resolução 1.316/2010 criou uma *sanção tributária* às empresas que tenham deixado de apresentar notificação de acidente ou doença do trabalho, fixando o seu FAP no patamar máximo (2,000), "independentemente do valor do IC calculado", ou seja, em flagrante contrariedade aos ditames legais.

A impropriedade da metodologia de percentis deu ensejo a uma nova ilegalidade: a *proibição de aplicação do FAP* para contribuintes enquadrados em subclasse da CNAE que seja composta por cinco ou menos empresas. Essa vedação, prevista na Resolução 1.316/2010, não tem fundamento legal algum. Decorre das extremas dificuldades enfrentadas para se aplicar, com correção e justiça, o sistema de percentis criado pelo Decreto 6.957/2009.

Um terceiro caso de distorção aplicativa diz respeito à *fórmula de cálculo expressa para as empresas com Índice Composto inferior a um*. O FAP deveria corresponder ao índice, mas o CNPS veio a adotar nova fórmula para chegar a tal fator, sem base normativa aparente. Eis a fórmula, divulgada originalmente no *site* do MPS e posteriormente incorporada na Resolução 1.316/2010:

FAP = 0,5 + 0,5 x IC

Tal fórmula leva a distorções significativas, como se vê quando aplicada a uma empresa com IC 0,5575:

FAP = 0,5 + 0,5 x IC

IC = 0,5575

Logo,

FAP = 0,77875 (0,5 + 0,5 x 0,5575)

Segundo os critérios da Resolução 1.308/2009 do CNPS, o FAP era de 0,5575. Porém, pela fórmula originalmente destituída de base normativa (e posteriormente inserida no bojo da Resolução 1.316/2010), o fator passou para 0,77875, resultando numa majoração da carga tributária de quase 40%. A impropriedade é tal que a própria Resolução 1.316/2010 restringiu a aplicação dessa fórmula ao FAP 2010, sem pretender estendê-la aos exercícios posteriores, o que talvez se explique pelo fato de o CNPS já antever que essa fórmula ilegal fatalmente será rechaçada pelo Poder Judiciário.

5. Contribuição pelo desempenho de atividade especial: o "adicional" ao SAT

O adicional à contribuição ao SAT foi instituído pela Lei 9.732/1998, que o inseriu, de forma atécnica, no bojo da Lei de Benefícios da Previdência Social (Lei 8.213/1991), mais especificamente nos §§ 6° e 7° do seu art. 57.

Dito adicional varia em função da redução do tempo para aposentação advinda do exercício de labor especial e incide apenas sobre a remuneração correspondente:

§ 6º O benefício previsto neste artigo [aposentadoria especial] será financiado com os recursos provenientes da contribuição de que trata o inciso II do art. 22 da Lei no 8.212, de 24 de julho de 1991, cujas alíquotas serão acrescidas de doze, nove ou seis pontos percentuais, conforme a atividade exercida pelo segurado a serviço da empresa permita a concessão de aposentadoria especial após quinze, vinte ou vinte e cinco anos de contribuição, respectivamente. (Redação dada pela Lei nº 9.732, de 11/12/1998)

§ 7º O acréscimo de que trata o parágrafo anterior incide exclusivamente sobre a remuneração do segurado sujeito às condições especiais referidas no *caput*. (Incluído pela Lei nº 9.732, de 11/12/1998)

Dessa forma, verifica-se a incidência de alíquotas adicionais de 6% a 12%, em função do grau de insalubridade da atividade laboral. Se a atividade der ensejo à aposentadoria especial em:

(i) 25 anos de trabalho, será devida a alíquota adicional de 6%;

(ii) 20 anos de trabalho, será devida a alíquota adicional de 9%;

(iii) 15 anos de trabalho, será devida a alíquota adicional de 12%.

Para elucidar esse contexto, vamos tomar como exemplo uma empresa enquadrada na alíquota de 3% do SAT, com o FAP em seu patamar máximo (que eleva a alíquota a 6%) e que tenha empregados desempenhando atividades que ensejam aposentadoria especial aos 15 anos de trabalho. Quanto a estes empregados, ela suportará uma *carga de 38%* somente a título do SAT, do adicional e da contribuição do art. 22, I:

(i) contribuição geral sobre as remunerações (art. 22, I, da LCSS): 20%;

(ii) SAT (art. 22, II, da LCSS): 6%; e

(iii) "adicional" ao SAT: 12%.

A Lei 10.666/2003 sujeitou à contribuição adicional também as cooperativas de trabalho, as cooperativas de produção (art. 1º, §§ 1º e 2º) e as empresas cedentes de mão de obra (art. 6º), mediante uma sistemática peculiar, de retenção de percentual do valor bruto da nota fiscal ou fatura:

Art. 1º As disposições legais sobre aposentadoria especial do segurado filiado ao Regime Geral de Previdência Social aplicam-se, também, ao cooperado filiado à cooperativa de trabalho e de produção que trabalha sujeito a condições especiais que prejudiquem a sua saúde ou a sua integridade física.

§ 1º Será devida contribuição adicional de nove, sete ou cinco pontos percentuais, a cargo da empresa tomadora de serviços de cooperado filiado a cooperativa de trabalho, incidente sobre o valor bruto da nota fiscal ou fatura de prestação de serviços, conforme a atividade exercida pelo cooperado permita a concessão de aposentadoria especial após quinze, vinte ou vinte e cinco anos de contribuição, respectivamente.

§ 2º Será devida contribuição adicional de doze, nove ou seis pontos percentuais, a cargo da cooperativa de produção, incidente sobre a remuneração paga, devida ou creditada ao cooperado filiado, na hipótese de exercício de atividade que autorize a concessão de aposentadoria especial após quinze, vinte ou vinte e cinco anos de contribuição, respectivamente.

[...]

Art. 6º O percentual de retenção do valor bruto da nota fiscal ou fatura de prestação de serviços relativa a serviços prestados mediante cessão de mão-de-obra, inclusive em regime de trabalho temporário, a cargo da empresa contratante, é acrescido de quatro, três ou dois pontos percentuais, relativamente aos serviços prestados pelo segurado empregado cuja atividade permita a concessão de aposentadoria especial após quinze, vinte ou vinte e cinco anos de contribuição, respectivamente.

Quanto à sua *natureza jurídica*, reputamos *não se tratar de mero adicional* ou técnica de determinação da alíquota.

Trata-se, na realidade, de *uma nova contribuição*, que tem finalidade, alíquotas e base de cálculo próprias. Destina-se a custear a aposentadoria especial (ou a aposentadoria comum concedida com base em tempo especial) dos segurados, e não os benefícios por acidente de trabalho que lhes são concedidos.

Essa contribuição não se destina apenas a financiar as aposentadorias especiais, mas também a fazer com que o seu ônus seja suportado pelas empresas que desempenham atividades insalubres. É definida e graduada, portanto, em função de três aspectos:

a) exercício de atividade enquadrada como especial, que enseja a redução do tempo de contribuição exigido para a aposentação e impõe o pagamento da contribuição adicional;

b) tempo de contribuição necessário à concessão da aposentadoria especial, que determinará a alíquota aplicável; e

c) valor da remuneração correlata, que é a sua base de cálculo.

A contribuição é norteada, portanto, segundo critérios de *justiça comutativa*, tal qual a contribuição ao SAT: quem dá ensejo ao custo previdenciário deve arcar com o seu ônus econômico, no próprio âmbito tributário.

5. Conclusões

A graduação da contribuição por acidentes de trabalho em função do grau de risco nas atividades da empresa está longe de ser uma novidade. Ocorre desde que o seguro por acidentes de trabalho foi estatizado, em 1967, transformando-se numa contribuição à previdência social.

A despeito de a contribuição sempre ter sido fartamente regulada por atos infralegais, jamais se declarou a sua inconstitucionalidade por ofensa aos princípios da reserva de lei tributária e da tipicidade cerrada.

Isso é compreensível no regime que antecedeu a promulgação da Constituição da República de 1988, pois até então a natureza tributária das contribuições sociais era controversa, vindo a ser expressamente rechaçada pelo Supremo Tribunal Federal após a edição da EC 8/1977.

Porém, desde o advento da Constituição Cidadã, o caráter tributário das contribuições sociais é admitido de forma pacífica pelo STF, razão pela qual a elas são inteiramente aplicáveis os postulados da tipicidade fechada e da reserva absoluta de lei.

Tal contexto ensejou severos questionamentos à contribuição ao SAT no regime original da Lei 8.212/1991, mas o Pretório Excelso não vislumbrou vício algum nesse diploma legal, por reputar admissível a delegação técnica da competência impositiva, desde que respeitados certos parâmetros.

Com o advento da Lei 10.666/2003 e do FAP, a discussão sobre a legitimidade da contribuição reacendeu-se, não apenas em razão da ampliação da delegação legislativa, mas também das diversas ilegalidades praticadas pelo Fisco, que se avoca o poder de modificar a conformação da contribuição e estabelecer barreiras à aplicação dos critérios legais.

Reconhecemos ser louvável a finalidade da contribuição ao SAT/RAT e também do FAP. No entanto, os meios utilizados para alcançá-la não se harmonizam com as duas facetas do princípio da legalidade tributária: a expressiva delegação do poder impositivo veiculada pela Lei 10.666/2003 viola a reserva absoluta de lei tributária; e diversas inovações infralegais, tais como as "travas às bonificações", contrapõem-se ao primado da lei.

Solucionados esses vícios, nada impede que as prestações por acidentes de trabalho sejam custeadas por meio de contribuição previdenciária de caráter extrafiscal, estruturada à luz de critérios comutativos.

O enquadramento das empresas, contudo, há de nortear-se por critérios estritamente técnicos, racionais e isonômicos, sob pena de desvelada violação dos princípios da estrita legalidade tributária, da razoabilidade e da igualdade tributária, vício em que, lamentavelmente, incorreu o Decreto 6.957/2009, ao enquadrar, sem critério algum, inúmeras empresas em faixas de risco superior, majorando a sua carga tributária ao arrepio desses importantíssimos princípios constitucionais.

— 10 —

Responsabilidade em matéria de contribuições previdenciárias: limites à responsabilização de terceiros na representação de não residentes[1]

HELENO TAVEIRA TORRES

Professor de Direito Tributário da Faculdade de Direito da Universidade de
São Paulo – USP. Vice-Presidente da *International Fiscal Association* – IFA,
da Direção Executiva do *Instituto Latinoamericano de Derecho Tributario* – ILADT.
Membro do Conselho Universitário da USP, do *Conselho Superior de Assuntos Jurídicos e
Legislativos* – CONJUR-FIESP – e do *Conselho Superior de Direito* da FECOMERCIO. Advogado.

Sumário: 1. O investimento estrangeiro no Brasil – a necessidade de segurança jurídica e o tratamento isonômico e a função de procurador exercida por advogados – inaplicabilidade do art. 135 do CTN; 1.2. Responsabilidade de terceiro e a função de procurador exercida por advogados – inaplicabilidade do art. 135 do CTN; 2. A personalidade jurídica das sociedades e a responsabilidade pelas próprias dívidas; 3. Responsabilidade dos sócios de sociedades limitadas – efeitos na obrigação tributária; 4. A segurança jurídica da sujeição passiva tributária – responsabilidade de terceiros; 4.1. A responsabilidade tributária de terceiros e sua apreciação analítica em face dos efeitos da sujeição passiva e da solidariedade tributária; 5. A responsabilidade de terceiros no Código Tributário Nacional – culpabilidade e personalidade da sanção; 6. A função dos administradores ou diretores das empresas e seus deveres perante a sociedade e terceiros; 7. Os mandatários, prepostos e empregados, os diretores, gerentes ou representantes do art. 135 do CTN; 8. A prova dos atos ilícitos ou do excesso de poderes para imputação de responsabilidade de terceiros; 9. Conclusões.

1. O investimento estrangeiro no Brasil – a necessidade de segurança jurídica e o tratamento isonômico e a função de procurador exercida por advogados – inaplicabilidade do art. 135 do CTN

É livre o ingresso de capitais estrangeiros no Brasil, os quais estão sujeitos ao mesmo tratamento que o capital nacional, vedada qualquer discri-

---

[1] Esse estudo equivale à síntese de Parecer Jurídico elaborado para o CESA – Centro de Estudos das Sociedades de Advogados e o SINSA – Sindicato das Sociedades de Advogados.

minação.[2] Em um mercado global, não poderia ser diferente. Diante de um cenário onde a aproximação dos mercados nacionais se incrementa a cada dia, assiste-se a competição pela atração de investimentos estrangeiros tornar-se acirrada. Não é por outra razão que a Lei nº 4.131/62 exige que o capital estrangeiro tenha mesmo tratamento que ao capital nacional. O interesse público protegido por esta norma é a atratividade ao capital estrangeiro, que favorece a economia do País.

No entanto, para que o interesse público se veja atendido, não basta que as leis lhe sejam propícias à captação de investimentos estrangeiros; faz-se imperativa uma ação coordenada dos Poderes Legislativo, Executivo e Judiciário em sua defesa.A interpretação extensiva e equivocada do papel dos sócios detentores de quotas nominais, ou dos procuradores, para fins de imputação da responsabilidade solidária do art. 135 do CTN afeta sobremaneira a segurança jurídica sobre os investimentos estrangeiros.

Os investidores estrangeiros são obrigados a nomear procuradores, que lhes representarão perante as instituições e as agências regulatórias brasileiras. As exigências legais e formais para o investimento estrangeiro direto no Brasil (registro no Banco Central do Brasil, cadastro como contribuinte na RFB, nomeação de procuradores para estas e outros órgãos públicos) não representariam impedimento, nem discriminação ao capital estrangeiro não fosse o *risco* de uma possível interpretação equivocada do art. 135 do CNT. Se porventura pudesse ser imputada ao procurador a responsabilidade pelos débitos fiscais da empresa, certamente aquele que assume os riscos exigiria garantias do investidor estrangeiro ou indenizações; evidente que o custo do investimento direto se multiplicaria diante desse grave risco.

A imposição de responsabilidade solidária ao procurador de um investidor estrangeiro, cujo mandato está restrito à pratica de atos no BACEN ou na RFB, representa discriminação e tratamento anti-isonômico do capital estrangeiro, ademais da violação aos arts. 128 e 135 do CTN.

1.2. Responsabilidade de terceiro e a função de procurador exercida por advogados – inaplicabilidade do art. 135, do CTN

Para o cumprimento de suas obrigações, em relação a todos os órgãos e entidades que se relacionam com a novel empresa em formação ou mesmo na sua fase de consolidação, os investidores estrangeiros usam outorgar procuração para seus representantes legais, com poderes vocacionados à atuação do advogado nos limites da assessoria jurídica que lhe compete.

---

[2] Lei nº 4.131/62: Art. 1º Consideram-se capitais estrangeiros, para os efeitos desta lei, os bens, máquinas e equipamentos, entrados no Brasil sem dispêndio inicial de divisas, destinados à produção de bens ou serviços, bem como os recursos financeiros ou monetários, introduzidos no país, para aplicação em atividades econômicas desde que, em ambas as hipóteses, pertençam a pessoas físicas ou jurídicas residentes, domiciliadas ou com sede no exterior. Art. 2º Ao capital estrangeiro que se investir no País, será dispensado tratamento jurídico idêntico ao concedido ao capital nacional em igualdade de condições, sendo vedadas quaisquer discriminações não previstas na presente lei.

A condição de procurador ou representante perante a Receita Federal do Brasil adquire relevância no que tange à pessoa jurídica estrangeira que deseja desenvolver negócios no Brasil. Nos termos da Instrução Normativa nº 748/2007, as pessoas jurídicas estrangeiras que tenham bens e direitos no Brasil estão obrigadas a se inscrever como contribuintes no CPF ou CNPJ, assim como outras exercem determinadas atividades aqui no país (importação financiada, arrendamento mercantil, arredamento simples, aluguel de equipamentos, afretamento de embarcações e outras). Para obter a inscrição nesse cadastro, a pessoa jurídica não residente deverá nomear uma pessoa física responsável perante o CNPJ, que poderá indicar um preposto para prática de atos perante a RFB.

O representante legal da empresa perante a RFB, que não se confunde com o administrador, preposto ou sócio-gerente, terá que exercer suas atribuições com a probidade de rigor, e poderá ser responsabilizado pela prática de atos ilícitos ou com excesso de poderes.

O advogado que exerce atividade de assessoria ou de atuação em nome do investidor com este não se confunde e nem com a sociedade, logo, não se perfaz, em face deste, qualquer relação tributária a título de transferência de sujeição passiva, que lhe permita a assunção da dívida de modo pessoal ou solidário, como poderia ocorrer com o preposto ou com o administrador.

As atividades usualmente exercidas pelos advogados, na condição de procurador do investidor estrangeiro, não incluem poder de *gestão de negócios*, e não há, portanto, relação direta com o evento tributável, nem vínculo pessoal que permita que o procurador nomeado para representar o outorgante perante a RFB *influencie ou controle a ocorrência do fato imponível* ou que venha a se *ressarcir* do imposto pago em nome e por conta do não residente. Nesse cenário, a única hipótese em que a responsabilidade tributária poderia alcançar o procurador seria no caso de *comprovado excesso* praticado diretamente contra a pessoa jurídica ou o sócio-gerente quanto aos poderes conferidos na procuração firmada.

A prova do excesso deve ser suficiente para evidenciar que os atos de administração patrimonial da empresa ou do sócio-gerente seriam válidos não fossem os excessos de poderes ou contrariedade à lei do próprio advogado.[3] Estes casos, porém, são de raro acontecimento, pois o advogado se atém ao cumprimento de atos específicos, os quais raramente superam os poderes típicos e privativos ao exercício da advocacia.

É vedado ao representante legal, procurador ou preposto indicado no CNPJ, realizar negócios em nome da empresa, logo, os advogados que exercem essa função, como regra, não tem poder de decisão e são absolutamente alheios ao objeto social da empresa. Estes indivíduos não estão sequer remotamente vinculados ao fato imponível e não poderão ser responsabilizados

---

[3] TRAIBEL, José Pedro Monteiro. La prueba en el procedimiento de gestión tributaria. In: TÔRRES, Heleno Taveira (Coord.). *Teoria geral da obrigação tributária*: estudos em homenagem ao professor José Souto Maior Borges. São Paulo: Malheiros, 2005, p. 500-515.

pela obrigação tributária da pessoa jurídica, sob pena de desrespeito aos arts. 128 e 135 do CTN.

O único caso de imputação legal de responsabilidade de terceiros ao procurador de não residentes é aquele do pagamento de imposto sobre a renda incidente sobre ganho de capital em decorrência da alienação de bens localizados no Brasil.[4] Embora seja absolutamente questionável a imputação dessa responsabilidade pelo pagamento do imposto à pessoa que não está diretamente vinculada ao fato imponível, trata-se de solidariedade instituída por lei, na qual caberá ao procurador do adquirente calcular e reter o imposto sobre a renda.

Conclui-se, assim, que a responsabilidade tributária pelos débitos da pessoa jurídica poderá ser imposta ao procurador exclusivamente nas hipóteses autorizadas pelo CTN, quais sejam: (i) quando o procurador recebe instrumento de mandato que lhe outorga poderes para *gestão de negócios* ou; (ii) quando o procurador *excede* os poderes que lhe foram conferidos no instrumento de mandato, na forma do art. 135, do CTN. Ressalte-se, desde logo, o caráter excepcional dessa circunstância em relação à prática ordinária dos advogados como procuradores de não residentes. Diante disso, queda-se vedada qualquer possibilidade de inclusão automática do nome de tais procuradores ou redirecionamento de execuções sem prova efetiva dessas condições pressupostas pelo CTN.

2. A personalidade jurídica das sociedades e a responsabilidade pelas próprias dívidas

Como é cediço, o direito positivo outorgou personalidade jurídica às sociedades que são figuras distintas dos sócios que as compõem, com patrimônio, direitos e obrigações próprios e, para algumas modalidades, outorgou o princípio da separação patrimonial; patrimônio próprio, direitos e obrigações distintos daqueles dos sócios ou acionistas.

A constituição de pessoas jurídicas com separação patrimonial é de notável relevância para exploração de atividade econômica. Não é uma opção dos sócios, mas uma verdadeira necessidade técnica para viabilizar empreendimentos que necessitam de financiamento de terceiros e permitir maior transparência da responsabilidade.

Exatamente em vista do princípio da separação patrimonial entre os sócios e a entidade, o art. 567 do Código de Processo Civil e o art. 1.024 do Código Civil[5] prescrevem taxativamente que *os bens particulares dos sócios*

---

[4] Lei nº 10.833/03: "Art. 26.O adquirente, pessoa física ou jurídica residente ou domiciliada no Brasil, ou o procurador, quando o adquirente for residente ou domiciliado no exterior, fica responsável pela retenção e recolhimento do imposto de renda incidente sobre o ganho de capital a que se refere o art. 18 da Lei nº 9.249, de 26 de dezembro de 1995, auferido por pessoa física ou jurídica residente ou domiciliada no exterior que alienar bens localizados no Brasil."

[5] "Art. 1.022. A sociedade adquire direitos, assume obrigações e procede judicialmente, por meio de administradores com poderes especiais, ou, não os havendo, por intermédio de qualquer administrador. Art. 1.023. Se os bens da sociedade não lhe cobrirem as dívidas, respondem os sócios pelo saldo, na proporção em que participem das perdas sociais, salvo cláusula de responsabilidade solidária. Art. 1.024.

não respondem pelas dívidas da sociedade, senão nos casos previstos em lei. De tal modo, sempre que forem executadas dívidas da sociedade deverão ser nomeados bens de propriedade desta, quantos bastem para pagar o débito, segundo os limites de cada tipo societário quanto aos termos de responsabilidade dos sócios. Resta saber se o legislador tem ampla liberdade para executar tal intervenção legal ou se encontra limites no seio do ordenamento.[6]

A responsabilidade dos sócios em uma sociedade limitada encontra-se claramente definida no art. 1.052 do Código Civil:

> Art. 1.052. Na sociedade limitada, a responsabilidade de cada sócio é restrita ao valor de suas quotas, mas todos respondem solidariamente pela integralização do capital social.

A personalidade jurídica da sociedade, reconhecida pelo direito privado, gera efeitos e deve ser observada nas relações jurídicas tributárias, especialmente no que concerne à sujeição passiva tributária, que não pode ultrapassar o princípio de separação patrimonial da empresa, salvo nas hipóteses taxativamente delineadas no CTN para a responsabilidade de terceiros, desde que presentes os seus fundamentos.

E, quanto aos eventuais fatos ilícitos, a transmissão da responsabilidade – como norma do direito tributário sancionador – estará adstrita ainda aos limites do princípio da culpabilidade e da personalidade das sanções.

3. Responsabilidade dos sócios de sociedades limitadas – efeitos na obrigação tributária

No próprio Código Civil, a separação patrimonial impõe-se, segundo os tipos societários, com determinações legais prévias sobre a responsabilidade objetiva dos sócios e administradores, em outros casos, a autorização legal para que estes possam exercer liberdade para designar o limite dessa responsabilidade por disposição estatutária, além das disposições que disciplinam os efeitos perante terceiros.[7]

Em matéria tributária, a responsabilidade *solidária* dos sócios, nesses casos, é induvidosa, com base no art. 124, I; e apesar de o CTN reservar o inciso VII do art. 134, para designar os efeitos dessa solidariedade apenas "no caso de *liquidação* de sociedade de pessoas", tem-se que esta regra, quanto aos tipos de sociedades dotadas de separação patrimonial, só tem aplicabilidade à "dissolução irregular", ainda que se preste a reforçar os efeito da solidariedade necessária que decorre do *interesse comum* nas demais sociedades carentes de separação patrimonial (art. 124, I, do CTN).

Os bens particulares dos sócios não podem ser executados por dívidas da sociedade, senão depois de executados os bens sociais."

[6] O novo Código Civil prevê que as normas que regem as sociedades simples são aplicáveis subsidiariamente às sociedades por quotas de responsabilidade limitada: "Art. 1053. A sociedade limitada rege-se, nas omissões deste Capítulo, pelas normas da sociedade simples. Parágrafo único: O contrato social poderá prever a regência supletiva da sociedade limitada pelas normas da sociedade anônima".

[7] SILVA, Isabel Marques da. A responsabilidade tributária dos corpos sociais. In: *Problemas fundamentais do direito tributário.* Lisboa: Vislis, 1999, p. 121-140.

O art. 134, VII, impõe a responsabilidade aos sócios em condições bem definidas: na impossibilidade de cumprimento da obrigação principal pelo contribuinte (a); nos atos que intervierem ou nas omissões de que forem responsáveis (b); na liquidação irregular da sociedade (c). São condições *cumulativas* e *necessárias* para imputar aos sócios a responsabilidade solidária pelos débitos da pessoa jurídica liquidada.

Nessa hipótese, o Código Civil estabelece a exigência ética, vertida em termos jurídicos, segundo a qual "o administrador da sociedade deverá ter, no exercício de suas funções, o cuidado e a diligência que todo homem ativo e probo costuma empregar na administração de seus próprios negócios" (art. 1.011).[8]

A responsabilidade patrimonial dos sócios vincula-se integralmente aos contratos sociais daqueles tipos societários baseados em limitações legais (ex. sociedade limitada, sociedade anônima) ou autorizados para que disposições de vontade possam ter tais efeitos (ex. cooperativas). Quanto à administração, o mesmo verifica-se com o preposto (ou o gerente), que não pode, sem autorização escrita, fazer-se substituir no desempenho da preposição, sob pena de responder pessoalmente pelos atos do substituto e pelas obrigações por ele contraídas (arts. 1.169 e 1.172).

Como pauta hermenêutica, na relação entre normas de direito tributário e normas de direito privado, aquilo que não for expressamente recepcionado ou modificado pelo CTN, deve ser tacitamente reconhecido como limite aplicável em matéria tributária, na medida em que a lei tributária ordinária (desprovida da condição de "norma geral", nos termos do art. 146, III, da CF) não tem eficácia para dispor sobre responsabilidade de terceiros.

Por isso, o art. 135 do CTN cumpre a finalidade de imputar *responsabilidade pessoal* a determinados sujeitos pelos créditos de obrigações tributárias resultantes de atos praticados com excesso de poderes ou infração de lei, contrato social ou estatutos, como de resto todos os casos de excesso de poderes nos diferentes regimes societários.[9] Para esse fim, todavia, é indispensável a prova.[10] E para a aplicação de multas ou quaisquer outras sanções,

---

[8] E, para as sociedades anônimas, a Lei nº 6.404/76 prescreve ademais, no seu art. 158, que "o administrador não é pessoalmente responsável pelas obrigações que contrair em nome da sociedade e em virtude de ato regular de gestão; responde, porém, civilmente, pelos prejuízos que causar, quando proceder: I – dentro de suas atribuições ou poderes, com culpa ou dolo; II – com violação da lei ou do estatuto". Nesses casos, a legislação já cuida de afastar a responsabilidade geral da sociedade sobre tais modalidades de dívidas assumidas por atos anormais de gestão ou contrários a leis, contratos sociais ou estatutos.

[9] ABRÃO, Nelson. *Sociedade por quotas de responsabilidade limitada.* 7. ed. São Paulo: Saraiva, 2000, p. 64.

[10] "TRIBUTÁRIO. EXECUÇÃO FISCAL. SOCIEDADE ANÔNIMA. RESPONSABILIDADE TRIBUTÁRIA. ART. 135, III, CTN. DIRETOR. AUSÊNCIA DE PROVA DE INFRAÇÃO À LEI OU ESTATUTO. 1. Os bens do sócio de uma pessoa jurídica comercial não respondem, em caráter solidário, por dívidas fiscais assumidas pela sociedade. 2. A responsabilidade tributária imposta por sócio-gerente, administrador, diretor ou equivalente só se caracteriza quando há dissolução irregular da sociedade ou se comprova infração à lei praticada pelo dirigente. 3. Não é responsável por dívida tributária, no contexto do art. 135, III, CTN, o sócio que se afasta regularmente da sociedade comercial, sem ocorrer extinção ilegal da empresa, nem ter sido provado que praticou atos com excesso de mandato ou infração à lei, contrato social ou estatutos. 4. Empresa que continuou em atividade após a retirada do sócio. Dívida fiscal, embora contraída no período em que o mesmo participava, de modo comum com os demais sócios, da administração da empresa, porém, só apurada e cobrada posteriormente. 5. Não ficou demonstrado que

o art. 137, III, do CTN, prevê, igualmente, *responsabilidade pessoal* dos sócios ou administradores, limitada às obrigações surgidas a partir daqueles atos que no direito privado possam se caracterizar como "excesso de poderes" ou contrários a lei, contrato social ou estatuto.

Ademais, a imposição de responsabilidade tributária aos sócios deve respeitar as normas do Código Civil, em consonância com os arts. 109 e 110 do CTN. Logo, a existência de personalidade jurídica própria, a autonomia patrimonial, a escolha dos tipos societários e a limitação quanto às obrigações sociais são critérios firmes que, na ausência de motivação que autorize alguma imputação de efeitos diversos, deverão ser preservados.

Como acentua Ricardo Mariz de Oliveira:[11] "o sócio que tenha infringido alguma norma legal ou estatutária, e por seu ato tenha gerado débito tributário para a sociedade, pode vir a ser responsabilizado em caráter pessoal, segundo normas do CTN estabelecidas por este para proteção do crédito tributário e ao amparo do art. 146 da Constituição Federal". De fato, a responsabilidade tributária pelos débitos da sociedade atinge o sócio apenas no que concerne ao capital social não integralizado (a) ou; se houver prova de que o sócio praticou ato ilícito ou com excesso de poderes (b). Essa é a conclusão da interpretação sistemática do art. 146, III, *a*, da CF; dos arts. 109, 110, 135 e 137 do CTN e; do art. 1.052 e s.s. do Código Civil.

Diante de provas firmes do *excesso de poderes* ou da *contrariedade a lei*, contrato social ou estatuto, a cobrança do crédito tributário (ou aplicação do auto de infração) poderá dirigir-se contra a pessoa do sócio, mesmo que os tributos sejam de pessoas jurídicas (IRPJ, PIS/Cofins etc.), caso a pessoa jurídica não tenha patrimônio suficiente.

Tampouco é possível confundir o emprego deste art. 135 com instrumento para cobrança de tributo por simples ausência de pagamento na data prevista para vencimento da dívida[12] (inadimplência). Como regra geral, a *responsabilidade tributária* há de recair necessariamente sobre o sujeito constitucionalmente pressuposto e legalmente identificado para o cumprimento da obrigação, ao que o ato administrativo deve limitar-se à identificação do sujeito passivo legítimo da obrigação tributária. Desse modo, excetuados os casos típicos de *solidariedade*, somente na Execução Fiscal pode-se autorizar a incidência dos efeitos da responsabilidade tributária, para alcançar patrimônio alheio, e, ainda assim, em caráter *subsidiário*.

---

o embargado, embora sócio-administrador em conjunto com os demais sócios, tenha sido o responsável pelo não pagamento do tributo no vencimento. Não há como, hoje, após não integrar o quadro social da empresa, ser responsabilizado. 6. Embargos de divergência rejeitados." (STJ – ERESP 100739/SP – Rel. Min. JOSÉ DELGADO – 1ª Seção – RT 778/211).

[11] OLIVEIRA, Ricardo Mariz de. O empresário, a sociedade empresária, a sociedade simples e a responsabilidade tributária perante o código tributário nacional – CTN e o código civil de 2002. *Revista de Direito Tributário*, São Paulo, n. 90. p. 35-66. s.d.

[12] "TRIBUTÁRIO – AGRAVO REGIMENTAL – SÓCIO-GERENTE – RESPONSABILIDADE TRIBUTÁRIA – NATUREZA SUBJETIVA. 1. É dominante no STJ a tese de que *o não-recolhimento do tributo, por si só, não constitui infração à lei suficiente a ensejar a responsabilidade solidária dos sócios, ainda que exerçam gerência, sendo necessário provar que agiram os mesmos dolosamente, com fraude ou excesso de poderes*. 2. Agravo regimental improvido." (STJ – AGRESP 346109/SC – 2ª Turma – Rel. Min. Eliana Calmon – DJ 04/08/2003, Pág. 00258).

Vale lembrar que a Lei de Execução Fiscal respeita os limites de atribuição de responsabilidade da legislação civil e comercial (§ 2º, art. 4º da Lei nº 6.830/80), com as modificações daquilo que consta no Código Tributário, apenas, quanto às formas de responsabilidade distintas das pessoas ligadas ao fato jurídico tributário. É a sua redação: *"À Dívida Ativa da Fazenda Pública, de qualquer natureza, aplicam-se as normas relativas à responsabilidade prevista na legislação tributária, civil e comercial"*. Neste caso, a *subsidiariedade* da responsabilidade tributária é a regra geral e somente quando não se verifica a existência de bens do efetivo contribuinte suficientes para suportar a dívida, cumpre acionar o responsável, que tem ainda direito de indicar bens do devedor, caso lhe sejam conhecidos.

Por fim, nenhuma confusão pode emergir entre o tratamento do art. 135, nos seus incisos II e III, e os casos de dissolução irregular de pessoas, a justificar qualquer espécie de equivalência de efeitos. Não obstante essa advertência, o STJ, em seguidos julgados, tem insistido nessa proposta de conciliação, admitindo que "o sócio-gerente que dissolve a sociedade, irregularmente, sem cumprir as obrigações tributárias, é responsável pelo respectivo pagamento (CTN. 135, III)".

De fato, situação distinta é a que se observa nos casos de *dissoluções irregulares de sociedades*, quando o parágrafo único do artigo 132, do CTN, prescreve, para os casos de *extinção de pessoas jurídicas de direito privado*, independentemente do tipo que revestia a sociedade preexistente, a sucessão necessária dos sócios sobre as dívidas remanescentes e não liquidadas da entidade por ocasião do procedimento de "dissolução". Mesmo que agregue a seguinte condição: *quando a exploração da respectiva atividade seja continuada por qualquer sócio remanescente, ou seu espólio, sob a mesma ou outra razão social, ou sob firma individual*, é fundamental garantir a solidariedade sobre as dívidas não suportadas por toda a sociedade e transferida aos sócios, e não apenas àqueles que tenham continuado na atividade. Neste sentido, a jurisprudência[13] tem entendido que os sócios respondem pelos débitos fiscais da sociedade, sempre que atendidos aqueles pressupostos do art. 135, do CTN.

4. A segurança jurídica da sujeição passiva tributária – responsabilidade de terceiros

Nos atos de atribuição de responsabilidade tributária ou mesmo trabalhista a terceiros, a vinculação administrativa impõe-se, haja vista o princípio constitucional de tipicidade tributária.[14] A sujeição passiva é parte integran-

---

[13] SOCIEDADE POR COTAS DE RESPONSABILIDADE LIMITADA. EXECUÇÃO FISCAL. "Ocorrendo o desaparecimento da sociedade sem liquidação regular, conforme determina a lei, respondem as pessoas nomeadas no art. 135, III, CTN, pelos débitos fiscais, em face da inexistência de patrimônio da sociedade. Recurso Extraordinário conhecido e provido". (RE nº 110597-RJ, STF, 2ª Turma, Relator: Min. Célio Borja. , j. 07.10.1986. Publicação: DJ de 07-11-1986, p. 21561);

[14] Os sujeitos passivos são aqueles que praticam o Becker denominou fato signo presuntivo de riqueza ou pessoas diretamente vinculadas àquele fato. Ou, nas palavras de Geraldo Ataliba e Aires Barreto: "Em princípio, só pode ser posta, como sujeito passivo das relações obrigacionais tributárias, a pessoa que

te da tipicidade e vincula o sujeito ativo a instaurar e manter relações tributárias estritamente nos limites dos sujeitos autorizados por lei para figurar como contribuintes ou responsáveis. E só excepcionalmente tem autorização para alcançar sucessores e terceiros, nas hipóteses admitidas pela Lei Complementar.

A imputação de *responsabilidade a terceiros* está adstrita aos rígidos limites delineados nos arts. 128, 134, 135 e 137 do CTN por uma escolha do legislador complementar, com eficácia vinculante para todas as pessoas políticas, que determina que somente as hipóteses ali contempladas poderiam atingir pessoas estranhas à ocorrência do fato gerador tributário.

Com isso, afasta-se dos legisladores ordinários o poder de atribuição de responsabilidade a terceiros estranhos ao fato gerador, porquanto admitidos apenas aqueles assinalados: a imposição de *responsabilidade solidária* a terceiros em decorrência da *intervenção* ou *omissão* das pessoas arroladas no art. 134 do CTN (a) ou às pessoas listadas no art. 135 do CTN em virtude da *prática de ato ilícito*, ou *com excesso aos poderes conferidos* por lei (normas de ordem pública) (b) ou por contrato social e estatutos (regras de direito privado) (c).

Geralmente a condição de responsável solidário decorre da impossibilidade de o contribuinte ou do responsável promover os atos necessários à extinção da obrigação tributária. É o que se verifica no caso das modalidades previstas nos incisos I a VI do art. 134 do CTN, ou seja, dos *pais*, pelos tributos devidos por seus filhos menores; dos *tutores e curadores*, pelos tributos devidos por seus tutelados ou curatelados; dos *administradores de bens de terceiros*, pelos tributos devidos por estes; do *inventariante*, pelos tributos devidos pelo espólio; do *síndico e o comissário*, pelos tributos devidos pela massa falida ou pelo concordatário; dos *tabeliães, escrivães e demais serventuários de ofício*, pelos tributos devidos sobre os atos praticados por eles, ou perante eles, em razão do seu ofício. A atribuição de responsabilidade dos arts. 134, IV a VII, e 135 do CTN pressupõe a prática de atos *ilícitos*, o que indica uma feição sancionadora, hipótese em que a autoridade administrativa está obrigada a demonstrar o vínculo entre o responsável e o fato ilícito imputado.

Postos esses pressupostos, passemos, assim, a uma explicitação mais objetiva das modalidades de responsabilidade tributária.

4.1. A Responsabilidade Tributária de terceiros e sua apreciação analítica em face dos efeitos da sujeição passiva e da solidariedade tributária

Nos termos do art. 146, III, "a" e "b", da CF, reserva-se à lei complementar dispor sobre sujeição passiva, como parte do conteúdo da competência

---

– explícita ou implicitamente – é referida pelo Texto Constitucional como 'destinatário da carga tributária' (ou destinatário legal tributário, na feliz construção de Hector Villegas, cf. artigo in RDP 30/242)." ATALIBA, Geraldo; BARRETO, Aires F. Substituição e responsabilidade tributária. *Revista de Direito Tributário*, São Paulo, v. 13, n. 49. p. 73-96. jul.-set, 1989.

para legislar sobre *contribuintes* (*a*) e sobre *obrigação* e *crédito* tributários (*b*).[15] E para os casos de responsabilidade de terceiros, como dissemos, prevalecerá sempre o CTN, vedado que está ao legislador ordinário dispor sobre essa hipótese, exceto para regulamentar o quanto dispõe o próprio CTN.

O sujeito passivo pressuposto por excelência é o *contribuinte*, que será sempre aquele sujeito que realiza o fato jurídico tributário ou que se encontra vinculado diretamente à situação jurídica que enseja o fato tributável (art. 121, parágrafo único, I, do CTN), podendo ser individual ou solidário, quando plúrimo, ao que será possível aplicar os efeitos do art. 124, I, do CTN, relativamente à solidariedade de contribuintes que realizam o mesmo fato gerador tributário.[16]

Além das formas previstas no Código Tributário Nacional (arts. 121-137), será a vinculação do sujeito ao fato jurídico tributário o elemento determinante da sujeição passiva e das suas respectivas consequências. Isso é o que se dessome tanto da leitura da estrutura do sistema constitucional brasileiro, quanto dos arts. 121, parágrafo único, II, e o 128 do CTN. O sujeito passivo *responsável* é aquele que se encontra obrigado ao pagamento do tributo por força de lei, mas sempre que sua presença ou participação concorra para a formação do fato jurídico tributário, e não simplesmente pelos laços jurídicos que eventualmente possa manter com o "contribuinte" (o que se reserva à responsabilidade de terceiros ou por sucessão, nos limites do previsto no CTN).

Como se vê, a norma do art. 128 do CTN apresenta-se, nitidamente, como uma regra limitadora da competência das pessoas tributantes, com uma dupla consequência:

i) ficam impedidas de criar formas de responsabilidade para sujeitos que não estejam vinculados aos "fatos geradores" nas suas próprias competências; e restam excluídas, por conseguinte, quaisquer possibilidades para que criem novas formas de responsabilidade de terceiros[17] (134, 135 e 137) ou de sucessores (129 a 133),[18] diversas daquelas do CTN.

Solidariedade tributária não se presume nem se atribui discricionariamente. Somente a legalidade expressa pode determinar o efeito de solidarie-

---

[15] Mesmo nos casos de dívida previdenciária – em que o artigo 13 da Lei 8.620/93 determinou a responsabilidade subjetiva dos sócios, gerentes e administradores -- esse dispositivo havia sido declarado ilegal pela Segunda Turma do STJ, foi por isso revogado, e acaba de ser declarado inconstitucional pelo STF, no julgamento do Recurso Extraordinário nº 562.276-2/PR. Entendeu o STF que o dispositivo legal não está em consonância com Código Tributário Nacional.

[16] NUNES, Renato. A relação entre solidariedade e a responsabilidade tributária prevista no art. 128 do CTN. In: MOREIRA FILHO, Aristóteles (Coord.); LÔBO, Marcelo Jatobá (Coord.). *Questões controvertidas em matéria tributária*: uma homenagem ao professor Paulo de Barros Carvalho. Belo horizonte: Fórum, 2004, p. 401-430.

[17] Até porque as responsabilidades de terceiros e sucessores decorrem da natureza dos respectivos vínculos jurídicos que envolvem os partícipes, portanto, de natureza comercial, civil, trabalhista, comercial ou de responsabilidade no registro público, todas matérias de competência da União, nos termos do art. 22, da CF: "Art. 22. Compete privativamente à União legislar sobre: I – direito civil, comercial, (...) processual, (...) e do trabalho; (...) XXV – registros públicos".

[18] Comprovando o que se diz, em nenhum desses artigos o Código Tributário Nacional usa falar em: "salvo disposição de lei em contrário".

dade dos responsáveis; atos administrativos não podem alterar as normas previstas no CTN para criar obrigações a terceiros não previstas em lei.

Passando a uma análise da solidariedade, o art. 124 do CTN assim prescreve: "são solidariamente obrigadas: I – as pessoas que tenham interesse comum na situação que constitua o fato gerador da obrigação principal; e II – as pessoas expressamente designadas por lei". No inciso "I", queda-se confirmado o quanto acima se dizia, a respeito do fim único e do mesmo suporte fático para definir a solidariedade, quando tenhamos mais de um contribuinte concorrendo para a realização de um mesmo fato jurídico tributário; e no inciso "II", como medida de garantia do crédito tributário, sob a forma de responsabilidade solidária, sempre nos casos que a lei expressamente mencione, como retenções exclusivas na fonte e outros.

No Direito Tributário, porém, quando a lei outorga o efeito solidário a uma dada responsabilidade (art. 124, II), sempre vinculada ao fato jurídico tributário, esta se perfaz de modo objetivo.

Na solidariedade passiva, importa ao credor exigir débitos singulares de uma pluralidade de devedores, em virtude do mesmo fim, i.e., da relação jurídica formada entre credor e devedores singulares, a coincidirem no mesmo fim. E ressalta Pontes: "O fim, não o conteúdo, nem a unicidade da obrigação, é que faz a solidariedade. (...) A vinculação é uma só. Uma só a relação jurídica, de que se irradia a pretensão única a que correspondem obrigações solidárias. Assim, a) a relação jurídica é uma só; b) o crédito é um só; c) a pretensão é uma só; d) as obrigações são múltiplas".

Na *solidariedade*, o que importa é ter como uno o fato jurídico, o suporte fático que enseja a formação de uma relação com pluralidade de sujeitos no polo passivo (solidariedade passiva). E duas podem ser suas acepções: i) como reconhecimento de que há dois ou mais *contribuintes*, cada um com obrigação tributária própria; e ii) como modalidade eficacial aplicada à responsabilidade. A relação jurídico-tributária será sempre a mesma, concentrando no polo passivo os devedores das relações decorrentes.

Na imputação da responsabilidade não há qualquer espécie de transferência do dever jurídico tributário com afastamento do contribuinte do vínculo obrigacional. O contribuinte nunca é afastado da relação jurídica tributária. Ele manter-se-á sempre na relação tributária (salvo no caso de morte de pessoas físicas ou extinção de pessoas jurídicas, hipóteses em que o efeito sucessório supre a ausência); mesmo quando a lei chama um terceiro para, compulsoriamente, liberá-lo da relação.

Essa responsabilidade de terceiros decorre – resumidamente – da ação ou omissão quanto aos deveres e às obrigações do direito privado.[19] A imposição de responsabilidade tributária está adstrita a determinados critérios eleitos pelo CTN e somente poderá ser atribuída a terceiros: (i) por sucessão

---

[19] Se a responsabilidade advier de norma primária sancionadora, o ressarcimento poderá não ter cabimento, sem que a diferenciação ora proposta reste comprometida. Nesse caso, teremos o item (i) supra, e o (ii) deverá ser substituído por: "que tenha cometido um ilícito tipificado em lei como apto a gerar a responsabilidade tributária". FERRAGUT, Maria Rita. *Responsabilidade tributária e o Código Civil de 2002*. São Paulo: Noeses, 2005, p. 34.

singular ou universal, (ii) a terceiros vinculados ao fato gerador, pois esses concorrem para a concretização do evento, estão diretamente vinculados e dispõem de meios para obter o ressarcimento do imposto pago em nome de outrem; ou (iii) como sanção de ato ilícito pelo descumprimento de deveres, obrigações e normas de direito privado.[20]

Nos casos de ilicitudes, a responsabilidade tributária dos arts. 134, 135 e 137 do CTN pressupõe um ato ilícito ou o abuso dos poderes legais ou estatutários outorgados às pessoas. Rege-se, então, pelos princípios do direito tributário sancionador, quais sejam: proporcionalidade, que exige a adequação, a necessidade e a justa medida da sanção e a culpabilidade do agente.

5. A responsabilidade de terceiros no Código Tributário Nacional – culpabilidade e personalidade da sanção

Nosso sistema jurídico reconhece a autonomia e a personalidade jurídica de vários tipos societários e tem como diretriz a separação entre o patrimônio dessas sociedades e respectivos sócios ou acionistas.

No que concerne às sanções, mas também quanto ao conteúdo dos pressupostos do art. 135 do CTN, a transferência da responsabilidade tributária deve ser analisada de acordo com os princípios e regras do direito tributário sancionador, especialmente a culpabilidade e a personalidade da sanção. Portanto, a sanção deve ser adequada, necessária e na justa medida, exigida da pessoa que cometeu a infração, ainda que esta não tenha sido dolosa, atendidos os requisitos legais.

Por isso, o art. 135 do CTN exige que a cobrança do tributo se dirija à pessoa que cometeu o ilícito em face da pessoa jurídica, quando verificada a culpa segundo as provas obtidas. Confira-se:

Art. 135. São *pessoalmente* responsáveis pelos créditos correspondentes a obrigações tributárias resultantes de *atos praticados com excesso de poderes ou infração de lei, contrato social ou estatutos*:

I – as pessoas referidas no artigo anterior;

II – os *mandatários*, prepostos e empregados;

III – os *diretores, gerentes ou representantes* de pessoas jurídicas de direito privado."

O *critério material* dessa norma está claramente delineado e *pressupõe* que as pessoas que serão responsabilizadas *tenham poderes de decisão e atuem em nome e por conta da sociedade* no exercício de sua atividade empresarial. O critério pessoal também não deixa dúvidas: podem ser responsabilizadas: I – as pessoas referidas no artigo anterior; II – os *mandatários, prepostos e empregados*; III – os *diretores, gerentes ou representantes* de pessoas jurídicas de direito privado, sempre que provados que os atos foram praticados com *excesso de poderes* (a) ou *infração de lei* (b).

---

[20] LEAL, Hugo Barreto Sodré. *Responsabilidade tributária na aquisição do estabelecimento empresarial.* São Paulo: Quartier Latin, 2007. p. 45.

A norma do art. 135 aplica-se preponderantemente ao *administrador* – sócio ou não – que detenha o poder de decisão, influência e controle quanto à prática do fato jurídico tributário. Para a imputação de responsabilidade a terceiros pelos débitos da pessoa jurídica, sejam estes sócios, mandatários, prepostos, empregados, diretores, gerentes ou representantes; exige-se que a pessoa responsabilizada tenha *poderes de gerência dos negócios* da empresa.[21]

Recorde-se que à lei ordinária não é dado instituir responsabilidade de terceiros, matéria que se encontra reservada exclusivamente à Lei Complementar. Diante disso, quando muito, a lei ordinária pode regulamentar o quanto se encontra antecipado no art. 134 ou no art. 135 do CTN. Por isso, foi reconhecida a inconstitucionalidade do art. 13 da Lei nº 8.620/93 que pretendeu estender a responsabilidade de terceiros em relação às contribuições previdenciárias..

Recentemente, para ordenar as hipóteses nas quais a responsabilidade de terceiro poderia ser arguida, em 25 de fevereiro de 2010 foi editada a Portaria nº 180 da Procuradoria-Geral da Fazenda Nacional, que dispõe sobre a imposição de responsabilidade solidária, *verbis*:

> Art. 1º Para fins de responsabilização com base no inciso III do art. 135 da Lei Nº 5.172, de 25 de outubro de 1966- Código Tributário Nacional, entende-se como responsável solidário *o sócio, pessoa física ou jurídica, ou o terceiro não sócio, que possua poderes de gerência sobre a pessoa jurídica*, independentemente da denominação conferida, à época da ocorrência do fato gerador da obrigação tributária objeto de cobrança judicial.

Sem embargo, as contribuições previdenciárias, cuja natureza tributária é inequívoca, seguem a disciplina de sujeição passiva do CTN, como aliás decidiu o STF, no julgamento do Recurso Extraordinário nº 562.276/PR, e já vinham decidindo o STJ e os Tribunais Regionais Federais. Por isso, a possibilidade de cobrança de contribuição previdenciária de sócios ou administradores deve acompanhar os limites do art. 135 do CTN, que permite a responsabilização apenas quando provada a prática de ato ilícito ou excesso de poderes em relação ao contrato ou estatuto social da empresa, em respeito ao princípio da culpabilidade e da personificação das sanções.

As reiteradas decisões do STJ nesse sentido deram origem à Súmula 430 da Primeira Seção, DJe 13/05/2010: *"O inadimplemento da obrigação tributária pela sociedade não gera, por si só, a responsabilidade solidária do sócio-gerente"*. Quer dizer, o mero inadimplemento de obrigação tributária não é suficiente para configurar o ilícito exigido no *caput* do art. 135 do CTN.

Ao mesmo tempo, somente pode-se imputar responsabilidade tributária, com superação da separação patrimonial entre sócios e sociedade, nas

---

[21] "Nesse dispositivo está expressamente consignado que a responsabilidade tributária nasce da realização de 'atos praticados com excesso de poderes ou em infração à lei, ao contrato social ou estatutos'. Apenas quando demonstrada a circunstância de que os administradores (sócios ou não) agiram, com dolo, violando seus deveres legais ou estatutários para com a sociedade, é que estes passam a ser os únicos responsáveis pela dívida tributária." WALD, Arnoldo; MORAES, Luiza Rangel de. Da desconsideração da personalidade jurídica e seus efeitos tributários. In: TÔRRES, Heleno Taveira (Coord.); QUEIROZ, Mary Elbe (Coord.). *Desconsideração da personalidade jurídica em matéria tributária*. São Paulo: Quartier Latin, 2005. p. 231-257.

hipóteses em que os sócios exerçam a *gerência ou administração da sociedade* na época em que ocorreu o fato gerador da obrigação tributária.[22]

Destarte, tratando-se de sociedade limitada, a execução fiscal poderá alcançar o devedor ou o responsável tributário, com aplicação do art. 135 do CTN, quando o ato decorre de sócio ou administrador com gestão patrimonial comprovada (i), este age *com excesso de poder ou infração da lei, do contrato social ou do estatuto* (ii), também provada, e, deste ato, *resulta o crédito tributário* (iii), mormente quando se tem o "esvaziamento" da sociedade sem sua prévia dissolução regular e sem o pagamento das dívidas tributárias. De outra banda, na ausência de provas suficientes de *excesso de poder ou infração da lei* em relação de causalidade com a atividade de gestão patrimonial, nenhuma transferência de responsabilidade pode ser dirigida contra sócio de quota única ou minoritário, tampouco para empregados ou procuradores.

6. A função dos administradores ou diretores das empresas e seus deveres perante a sociedade e terceiros

Como bem apontou Pontes de Miranda, são elementos para definir uma sociedade: (i) a finalidade comum e (ii) a vontade manifestada no contrato. As pessoas jurídicas podem ser constituídas a partir de duas ou mais pessoas físicas que se vinculam por um contrato para desenvolver um objetivo comum. E sua personalidade jurídica será reconhecida pelo direito a partir da inscrição desta no órgão competente, com o registro de seus instrumentos constitutivos, como prevê o art. 45 do Código Civil.

No ato de constituição de sociedade, os sócios devem identificar quem serão as *pessoas físicas responsáveis pela administração* da sociedade, *seus poderes* e atribuições, bem como a forma de responsabilização dos sócios nas obrigações sociais.

Os administradores são designados como diretores e usualmente são sócios-gerentes que participam do capital da sociedade (a) ou uma pessoa física – com ou sem vínculo empregatício – que exerce a função de administrador (b). O administrador ou diretor será a pessoa física responsável pelas decisões empresariais e de gestão patrimonial para a consecução do objeto social, observado o disposto no contrato social ou estatuto da empresa.

A figura dos sócios não se confunde com a do administrador. Sócio é a pessoa que participa no capital da sociedade, representado por quotas ou ações.[23] Administrador é a pessoa física que tem poderes de gerência para

---

[22] 108728/SP, Relator Néri da Silveira, DJ 14-11-1991, p. 16358. Ver ainda, no mesmo sentido: RE 110597/RJ, Relator Célio Borja, DJ 07-11-1986, p. 21561. RE 108766/RJ, Relator Célio Borja, DJ 20-03-1987, p. 04588. RE 96607/RJ, Relator Soares Munhoz, DJ 21-05-1982, p. 04873. RE 95023/RJ, Relator Rafael Mayer, DJ 03-11-1981, p. 10939.

[23] Art. 1.061. Se o contrato permitir administradores não sócios, a designação deles dependerá de aprovação da unanimidade dos sócios, enquanto o capital não estiver integralizado, e de dois terços, no mínimo, após a integralização.

tomar as decisões em nome da sociedade, e ambas as figuras têm suas cláusulas de responsabilidade civil e tributária firmemente delineadas no Código Civil e no CTN.[24]

A respeito da necessária distinção entre o sócio e o sócio-gerente em sociedades limitadas no que concerne à responsabilidade, Romano Cristiano esclarece:[25]

> Não se deve confundir a responsabilidade do sócio como tal e a do sócio como gerente. De acordo com o art. 10 do Decreto n. 3.708, de 10.1.19, os sócios-gerentes respondem para com a sociedade e para com terceiros solidária e ilimitadamente, pelo excesso de mandato e pelos atos praticados com violação do contrato ou da lei. O próprio Código Tributário Nacional (Lei n. 5.172, de 25.10.66), em seu art. 135, dispõe: "São pessoalmente responsáveis pelos créditos correspondentes a obrigações tributárias resultantes de atos praticados com excesso de poderes ou infração de lei, contrato social ou estatutos: (...) III – os diretores, gerentes, ou representantes de pessoas jurídicas de direito privado.

A responsabilidade civil dos *sócios* pelas dívidas da sociedade encontra-se adstrita aos arts. 1.023 e 1.024 do Código Civil[26] e no arts. 134, VII, e 135, I, do CTN; na medida em que os *administradores* (sócios ou não) são responsáveis perante o direito privado pela culpa no desempenho de suas funções (arts. 1.009, 1.015 e 1.016 do Código Civil)[27] ou pela aplicação de bens da sociedade em proveito próprio (art. 117 do Código Civil),[28] sua responsabilidade tributária está disciplinada no art. 135, III, do CTN.[29]

São hipóteses distintas. Os *sócios* não podem ser responsabilizados *pessoalmente* pelos débitos tributários da pessoa jurídica, salvo aqueles que atuam como administradores, pois a imposição de responsabilidade pressupõe a presença de conduta com excesso de poderes na gestão do negócio. No exercício da administração da sociedade, o sócio-administrador, sócio-gerente, diretor ou qualquer denominação que o valha, devem ter a dedicação de um homem probo, atuar dentro da legalidade e em benefício da socieda-

---

[24] Cf. FERRAGUT, Maria Rita. *Responsabilidade tributária e o Código Civil de 2002*. São Paulo: Noeses, 2005, p. 5/6.

[25] CRISTIANO, Romano. *Sociedade Limitada no Brasil*. São Paulo: Malheiros, 1998, p. 45.

[26] Art. 1.023. Se os bens da sociedade não lhe cobrirem as dívidas, respondem os sócios pelo saldo, na proporção em que participem das perdas sociais, salvo cláusula de responsabilidade solidária. Art. 1.024. Os bens particulares dos sócios não podem ser executados por dívidas da sociedade, senão depois de executados os bens sociais.

[27] Art. 1.009. A distribuição de lucros ilícitos ou fictícios acarreta responsabilidade solidária dos administradores que a realizarem e dos sócios que os receberem, conhecendo ou devendo conhecer-lhes a ilegitimidade. Art. 1.016. Os administradores respondem solidariamente perante a sociedade e os terceiros prejudicados, por culpa no desempenho de suas funções.

[28] Art. 1.017. O administrador que, sem consentimento escrito dos sócios, aplicar créditos ou bens sociais em proveito próprio ou de terceiros, terá de restituí-los à sociedade, ou pagar o equivalente, com todos os lucros resultantes, e, se houver prejuízo, por ele também responderá. Parágrafo único. Fica sujeito às sanções o administrador que, tendo em qualquer operação interesse contrário ao da sociedade, tome parte na correspondente deliberação.

[29] WALD, Arnoldo; MORAES, Luiza Rangel de. Da desconsideração da personalidade jurídica e seus efeitos tributários. In: TÔRRES, Heleno Taveira (Coord.); QUEIROZ, Mary Elbe (Coord.). *Desconsideração da personalidade jurídica em matéria tributária*. São Paulo: Quartier Latin, 2005. p. 231-257.

de; sendo que condutas ilegais ou abusivas dão ensejo à responsabilidade tributária do art. 135 do CTN.[30]

Os administradores das sociedades estão obrigados a desenvolver o objeto social com a dedicação típica de um homem probo. E, caso venham a agir com excesso de poderes ou cometer algum ato ilícito, o administrador deverá responder solidariamente em relação aos prejuízos causados a terceiros e poderá ser demandado a indenizar os danos causados à própria sociedade, nos termos do art. 1016 do Código Civil:

> Art. 1.016. Os administradores respondem solidariamente perante a sociedade e os terceiros prejudicados, por culpa no desempenho de suas funções.

Com efeito, os poderes do administrador da sociedade estão identificados e rigidamente limitados pela vontade dos sócios manifestada no contrato social. Como observou Pontes de Miranda: "(...) É raro que se haja dado aos sócios gerentes a limitação para atos estranhos ao objeto social, ao fim da sociedade; então, se isso não ocorreu, só a assembleia de sócios pode permiti-los (...)". Nesse propósito, o administrador sempre deve agir na defesa dos interesses da sociedade,[31] contribuir para continuidade da pessoa jurídica,[32] obrigado que está a prestar contas de sua função.[33]

Enquanto o administrador da sociedade praticar atos que estejam em conformidade com o que estabelece o estatuto social e a lei, ele não poderá ser responsabilizado perante a sociedade nem perante terceiros, pois estará atuando em nome e por conta da empresa.[34] Todavia, se o administrador agir com culpa ou dolo, infração à lei ou ao estatuto social e, em decorrência deste ato causar prejuízo à sociedade e a terceiros, dever-se-á imputar respon-

---

[30] RIBEIRO, Renato Ventura. Pressupostos da desconsideração da personalidade jurídica dos administradores de sociedades para fins tributários. In: TÔRRES, Heleno Taveira (Coord.); QUEIROZ, Mary Elbe (Coord.). *Desconsideração da personalidade jurídica em matéria tributária.* São Paulo: Quartier Latin, 2005. p. 275-302.

[31] "Art. 1.017. O administrador que, sem consentimento escrito dos sócios, aplicar créditos ou bens sociais em proveito próprio ou de terceiros, terá de restituí-los à sociedade, ou pagar o equivalente, com todos os lucros resultantes, e, se houver prejuízo, por ele também responderá. Parágrafo único. Fica sujeito às sanções o administrador que, tendo em qualquer operação interesse contrário ao da sociedade, tome parte na correspondente deliberação".

[32] Deliberação CVM nº 539, de 14 de março de 2008: "Continuidade: As demonstrações contábeis são normalmente preparadas no pressuposto de que a entidade continuará em operação no futuro previsível. Dessa forma, presume-se que a entidade não tem a intenção nem a necessidade de entrar em liquidação, nem reduzir materialmente a escala das suas operações; se tal intenção ou necessidade existir, as demonstrações contábeis terão que ser preparadas numa base diferente e, nesse caso, tal base deverá ser divulgada".

[33] "Art. 1.020. Os administradores são obrigados a prestar aos sócios contas justificadas de sua administração, e apresentar-lhes o inventário anualmente, bem como o balanço patrimonial e o de resultado econômico."

[34] Fabio Ulhôa Coelho afirma que "quando o administrador não cumpre seus deveres de atuar como homem diligente e leal, e, em decorrência, a sociedade sofre danos, ele está obrigado a ressarci-los. É o caso, por exemplo, do diretor que não cota preços, ao adquirir insumos para a empresa; que não se dedica a negociações constantes com os fornecedores sobre valores e condições de pagamento; que não exige dos empregados o cumprimento integral da jornada de trabalho; que, identificando uma oportunidade negocial interessante, aproveita-a para si, mas não para a sociedade. Nessas situações, as perdas e os lucros cessantes da pessoa jurídica devem ser indenizados pelo mau administrador." COELHO, Fabio Ulhôa. *A Sociedade Limitada no Novo Código Civil.* São Paulo: Saraiva, 2003, p. 52. Cf. SIMÃO FILHO, Adalberto. *A nova sociedade limitada.* Barueri: Manole, 2004. p. 161.

sabilidade pessoal, conforme prescreve o artigo 158, I, da Lei n° 6.404/76, *in verbis*: "O administrador responde civilmente pelos prejuízos que causar quando proceder, dentro de suas atribuições e poder; com culpa ou dolo". É digno de realce que a responsabilidade solidária poderá ser imputada quando o administrador agir com culpa – *in vigilando* ou, *in eligendo* – por ser conivente ou omitir o conhecimento de um ato ilícito praticado por outros administradores, ao deixar de comunicá-lo aos órgãos da sociedade, nos termos do § 1° do artigo 158 da Lei das Sociedades por Ações.[35]

Por conseguinte, há que se destacar hipóteses distintas: (i) a responsabilidade tributária dos sócios *não administradores*, que está adstrita ao capital social, como se conclui da interpretação sistemática do art. 146, III, 'a' da CF; dos arts. 109, 110, 135 e 137 do CTN e; do art. 1052 e s.s. do Código Civil; (ii) a responsabilidade tributária do administrador – sócio ou não – que possui *poderes de gerência de negócio* e age de modo ilícito ou com excesso de poderes, motivo pelo qual deve ser imposta responsabilidade *integral* e *pessoal* quanto aos débitos causados à pessoa jurídica, nos termos do art. 135 do CTN.

7. Os mandatários, prepostos e empregados, os diretores, gerentes ou representantes do art. 135 do CTN

Como demonstrado acima, a eficácia do art. 135 do CTN permite impor a terceiros a responsabilidade tributária quando em presença de *ato ilícito* ou conduta com excesso dos poderes delimitados no contrato ou estatuto social. O pressuposto inexorável é o de que as pessoas arroladas em seus incisos tenham a sua *obrigação legal* prevista em regras de direito privado, que as obrigue a agir com zelo e diligência em relação aos negócios da pessoa jurídica ou que tenham poderes de gerência para praticar atos e realizar negócios em nome da empresa.

Logo, não basta ser *sócio, mandatário, preposto, empregado, diretor, gerente ou representante* para tornar-se responsável pelos débitos tributários e previdenciários da empresa. É imprescindível que haja uma obrigação de direito privado imposta a essas pessoas (que cometem ilícito ao deixar de cumpri--la) ou; que elas atuem de modo abusivo, excedendo os poderes que lhe foram conferidos no contrato ou estatuto social mediante a prática de negócios que não estão relacionados ao objeto social da empresa.

Corretamente, a exigência de poderes de gerência consta da Portaria n° 180/2010 que trata da responsabilidade de terceiros, *verbis*:

> Art. 1º Para fins de responsabilização com base no inciso III do art. 135 da Lei Nº 5.172, de 25 de outubro de 1966- Código Tributário Nacional, entende-se como responsável solidário *o sócio, pessoa física ou jurídica, ou o terceiro não sócio, que possua poderes de gerência sobre a pessoa jurídica*, independentemente da denominação conferida, à época da ocorrência do fato gerador da obrigação tributária objeto de cobrança judicial.

---

[35] Cf. FERRAGUT, Maria Rita. *Responsabilidade tributária e o Código Civil de 2002*. São Paulo: Noeses, 2005, p. 17.

Fixada essa premissa, passa-se à definição das pessoas arroladas no art. 135 do CTN e sua função na estrutura da empresa.

Os mandatários são pessoas que recebem instrumento de mandato ou procuração para agir em nome da sociedade. O mandato rege-se pelas normas dos arts. 653 e seguintes do Código Civil. Trata-se de mandato para realização de negócios, que não se confunde, em absoluto, com os poderes do advogado, quando recebe procuração para praticar atos típicos do exercício da advocacia.

Como se dessome do Código Civil, há três tipos de mandato absolutamente distintos: (a) o mandato para negócios dos arts. 653 a 692 do Código Civil; (b) o mandato judicial que autoriza o advogado a postular em Juízo, nos termos do art. 36 do Código de Processo Civil – CPC[36] e; (c) o mandato outorgado para o advogado representar o mandante em situações específicas, como por exemplo, para representar um sócio que não estará presente em uma assembleia,[37] para requerer inscrição perante o cadastro de contribuintes de órgãos públicos dentre outras que não envolvem, em nenhum grau, a realização de *negócios* ou; para a prática de atos que são reservados aos advogados, nos termos do Estatuto da Advocacia e de seu regulamento.

Lembramos, por oportuno, que um advogado nomeado como procurador ou representante legal de seu cliente deverá agir de acordo com as normas do Estatuto da Advocacia, seu regulamento e com o Código de Ética que proíbe: (i) utilizar de influência indevida, em seu benefício ou do cliente (art. 2º, parágrafo único, VIII, 'a' do Código de Ética); (ii) patrocinar interesses ligados a outras atividades estranhas à advocacia, em que também atue (art. 2º, parágrafo único, VIII, 'b' do Código de Ética); (iii) funcionar no mesmo processo, simultaneamente, como patrono e preposto do empregador ou cliente (art.23). O exercício da advocacia, nos termos do art. 5º do Código de Ética é absolutamente incompatível com a mercantilização.

As disposições do Código de Ética denotam a distinção entre o mandato outorgado para representação – judicial ou extrajudicial – e o mandato para gestão de negócios; sendo que o mandato outorgado ao advogado seria incompatível com outro instrumento que lhe conferisse poderes de gerência dos negócios de seu cliente. O exercício de atividades privativas do advogado não é compatível com a atuação como administrador, gerente, ou preposto de sociedade simples ou empresária.

O único mandatário que pode ser responsabilizado pelos débitos tributários e previdenciários da empresa é aquele que dotado *do mandato de negócios* e que, em sua atuação praticou ato ilícito (art. 667 do Código Civil) ou excedeu os poderes que lhe foram concedidos na procuração.

---

[36] Art. 36. A parte será representada em juízo por advogado legalmente habilitado. Ser-lhe-á lícito, no entanto, postular em causa própria, quando tiver habilitação legal ou, não a tendo, no caso de falta de advogado no lugar ou recusa ou impedimento dos que houver.

[37] Lei 6404/76: Art. 90. O subscritor pode fazer-se representar na assembleia-geral ou na escritura pública por procurador com poderes especiais.

No contrato de mandato, a responsabilidade tributária poderá ser imposta ao mandatário que possui poderes de gerência *de negócios*.. Essa é a única hipótese em que o art. 135, II, do CTN poderá implicar a responsabilidade do mandatário. A outorga de mandato *ad judicia* ou para representação do outorgante em atos específicos – que não envolvem a conclusão de negócios – não poderá ensejar a responsabilização do mandatário diante da ausência dos pressupostos necessários: (i) poderes para gestão de negócios; (ii) conduta ilícita ou excesso aos referidos poderes.

Bastante peculiar é a situação do procurador que representa um investidor estrangeiro que detém participação em sociedade limitada no Brasil. A adequada representação de um sócio não residente no Brasil impõe que seja nomeado um procurador – pessoa física residente – para representá-lo perante a RFB, o BACEN e outros órgãos públicos nacionais.[38] Por isso, é usual que o investidor estrangeiro nomeie um advogado para representá-lo, constituir ou adquirir participação em sociedade limitada. Essa representação não lhe outorga poderes de gerência em relação à sociedade constituída no Brasil, nem tampouco quanto à pessoa jurídica estrangeira que representa. São poderes específicos que estão adstritos ao interesse do investidor estrangeiro – sócio-quotista da empresa brasileira – os quais devem ser exercidos pelo advogado nos limites das prerrogativas dos sócios (arts. 1.001 a 1.009 do Código Civil) e outros.

Nomeado procurador – representante do investidor estrangeiro na sociedade – o advogado deverá zelar pelos interesses do mandante, participar de assembleias e reuniões dos sócios e nomear um gerente-delegado.[39]

Os poderes são outorgados pelos sócios-quotistas para o administrador nomeado e restringem-se ao "uso da firma", vinculando-se à prática dos atos necessários à consecução do objeto social.

O procurador, que atua como representante legal de um sócio residente no exterior e subscreve procuração em nome e por conta do estrangeiro para constituir um gerente-delegado que administrará a sociedade limitada brasileira, não pode ser responsabilizado por eventuais débitos dessa empresa.

Ao ser nomeado, o gerente-delegado exercerá a administração da empresa e passará a ter poderes para gerenciar os negócios da empresa estrangeira no Brasil e, dessa forma, ele sim poderá ser responsabilizado por eventuais débitos tributários relativos a esse período, se agir com excesso de poderes ou cometer ato ilícito. O procurador terá, nessas circunstâncias, atuado exclusivamente como representante do investidor estrangeiro, que

---

[38] "Note-se que, neste caso, o investidor residente ou domiciliado ou com sede no estrangeiro não precisa sequer vir ao Brasil para passar a fazer parte do quadro social da sociedade limitada: basta que ele mande procuração com poderes especiais, devidamente legalizada em consulado brasileiro e depois, já no Brasil, traduzida por tradutor público. (...)" CRISTIANO, Romano. *Sociedade Limitada no Brasil*. São Paulo: Malheiros, 1998, p. 44.

[39] "Art. 13. O uso da firma cabe aos sócios-gerentes; se, porém, for omisso o contrato, todos os sócios dela poderão usar. É lícito aos gerentes delegar o uso da firma somente quando o contrato não contiver cláusula que se oponha a essa delegação. Tal delegação, contra disposição do contrato, dá ao sócio que a fizer pessoalmente a responsabilidade das obrigações contraídas pelo substituto, sem que possa reclamar da sociedade mais do que a sua parte das vantagens auferidas do negócio."

escolheu o administrador da sociedade limitada brasileira; e por sua ordem, subscreveu instrumento nomeando o gerente-delegado.

O art. 135, II, do CTN não permite a imposição de responsabilidade tributária a qualquer empregado; como também não admite a responsabilização de *qualquer sócio, qualquer mandatário ou qualquer preposto*. A responsabilidade de terceiros estará sempre dependente da exata determinação da relação de causalidade entre os *poderes* e à *função* daquelas pessoas na empresa (i), e a prática de *ato ilícito* ou com *excesso* no exercício de tais poderes e funções (ii).

Os *representantes* são pessoas nomeadas, também por instrumento, para atuar em nome de outros, nos termos do art. 115 do Código Civil. O *representante de empresa* assume poderes para concluir operações mercantis, negócios jurídicos de alienação, aquisição ou uso de bens ou direitos (objetos da atividade da empresa), podendo ainda abarcar todos os atos jurídicos de atuação da empresa, como assevera Pontes.[40]

Os conceitos de mandatários, prepostos e empregados; diretores, gerentes ou representantes e comissários estão precisamente identificados no direito privado e devem ser observados pelas normas tributárias, nos termos do art. 109 do CTN. Estão condicionados à atribuição de *poder para realizar negócios*, ou ao exercício de determinada *função*, em nome ou por *conta da empresa*, não podem ser alterados para alcançar quaisquer pessoas que não detenham esses poderes ou funções.

Todos esses conceitos específicos de direito privado têm em comum o *poder* para exercer determinado ato em nome ou por conta da empresa. A outorga de competência para realizar negócios, no exercício de determinada função, é pressuposto necessário para a responsabilidade tributária. Contudo, não é suficiente a outorga de *poder*, mas sim a prova de que os terceiros responsáveis deveriam ter agido de modo *ilegal*, em contrariedade às normas de direito privado acima tratadas, ou com *excesso em relação aos poderes que lhe foram conferidos*.

O Código Civil disciplina quais as provas necessárias para demonstrar que o administrador, gerente, preposto, mandatário ou representante atuou com excesso de poderes.[41]

> Art. 1.015. No silêncio do contrato, os administradores podem praticar todos os atos pertinentes à gestão da sociedade; não constituindo objeto social, a oneração ou a venda de bens imóveis depende do que a maioria dos sócios decidir.
>
> Parágrafo único. O excesso por parte dos administradores somente pode ser oposto a terceiros se ocorrer pelo menos uma das seguintes hipóteses:
>
> I – se a limitação de poderes estiver inscrita ou averbada no registro próprio da sociedade;
>
> II – provando-se que era conhecida do terceiro;
>
> III – tratando-se de operação evidentemente estranha aos negócios da sociedade.

---

[40] PONTES DE MIRANDA, F. Cavalcanti. *Tratado de direito privado.* 3ª ed., São Paulo: RT, 1984, tomo XLIV, p. 67.

[41] TEIXEIRA, Egberto Lacerda. TOZZINI, Syllas (atual.) e BERGER, Renato (atual.). *Das sociedades por quotas de responsabilidade limitada – atualizado de acordo com o novo código civil.* São Paulo: Quartier Latin, 2007, p. 120.

Embora o art. 1.015 do Código Civil trate especificamente da responsabilidade da sociedade perante terceiros, quando há excesso de poderes dos administradores, evidencia-se que o direito privado exige a comprovação de que o ato praticado envolveu excesso de poder (a); impõe o exame detido do contrato social ou do instrumento de mandato (b) e o cotejo do ato com os poderes que outorgados pela sociedade (c).

A responsabilidade do art. 135 é *pessoal* e *não está limitada ao capital social* da empresa. A atribuição dessa responsabilidade tem como pressuposto a ocorrência de um ato ilícito, logo, não está adstrita aos limites do Código Civil, mas exige a demonstração de culpabilidade.[42] Comprovada a *culpa* do administrador, procurador ou outro, que tenha atuado com excesso de poderes, a responsabilidade é ilimitada em relação aos débitos tributários da pessoa jurídica a que deu causa.

Em síntese rigorosa, os procuradores, mandatários ou prepostos que não possuem poderes de gerência de negócios não poderão ser cobrados dos débitos tributários das pessoas jurídicas, exceto se agirem com excesso de poderes. A atribuição de responsabilidade a procuradores, mandatários ou prepostos demanda o poder de decisão para influenciar a concretização do fato gerador ou a possibilidade de ressarcimento por parte do contribuinte; por isso, não pode alcançar o procurador nomeado com poderes específicos para atuar como advogado (clausula *ad judicia*) ou para representar pessoas jurídicas em situações que não envolvem decisões negociais da empresa.

8. A prova dos atos ilícitos ou do excesso de poderes para imputação de responsabilidade de terceiros

O lançamento tributário, assim como a cobrança do crédito pela Fazenda Pública são atividades plenamente vinculadas e pautadas pela tipicidade, *impessoalidade, moralidade* e motivação,[43] como de resto todos os atos administrativos vinculados.

Atos de constrição do patrimônio dos particulares em condições excepcionais, como aquelas do art. 135 do CTN, devem ser motivados de forma suficiente para que se denote a subsunção do evento à norma. Reclama-se, assim, a demonstração dos requisitos de legalidade e, igualmente, o nexo lógico entre estes e os fatos apurados mediante provas suficientes para autorizar a imputação da responsabilidade a terceiros, com superação do vínculo entre estes e o fato jurídico.

---

[42] Nota de atualização: "Como regra, a responsabilidade dos administradores é individual e decorre da sua própria culpabilidade. O administrador só será responsável pelos atos ilícitos de outros administradores se com eles for conivente, se negligenciar em descobri-los ou se não impedir sua prática, salvo quando consignar sua divergência nos termos da lei." TEIXEIRA, Egberto Lacerda. TOZZINI, Syllas (atual.) e BERGER, Renato (atual.). *Das sociedades por quotas de responsabilidade limitada – atualizado de acordo com o novo código civil.* São Paulo: Quartier Latin, 2007, p. 120.

[43] Lei nº 9.784/99, que dispõe sobre o processo administrativo federal impõe que: "A Administração Pública obedecerá, dentre outros, aos princípios da legalidade, finalidade, motivação, razoabilidade, proporcionalidade, moralidade, ampla defesa, contraditório, segurança jurídica, interesse público e eficiência." (art. 2º).

No exercício da competência facultada pelo citado art. 135 do CTN, cabe às autoridades administrativas, como dever de motivação, descrever, com provas suficientes, a conduta que representa o ato *ilícito* ou *com excesso de poderes em relação ao instrumento de mandato, contrato social ou estatuto.*

Quem alega o ilícito ou o excesso de poderes tem o dever de provar. No nosso direito positivo, o ônus da prova será sempre do Poder Público, nos termos do art. 333, I, do Código de Processo Civil, que poderá se valer de todos os meios de prova admitidos no art. 220 do Código Civil e nos arts. 332 e seguintes do Código de Processo Civil, quais sejam: confissão, documentos, testemunha, perícia.[44]

Em qualquer ato tributário que se queira recorrer à responsabilidade de terceiros,[45] a autoridade fiscal que efetuar o lançamento ou aquela responsável pela cobrança do crédito tributário deverá comprovar o ilícito ou a conduta com excesso de poderes.[46]

O redirecionamento de execução fiscal para o sócio, administrador ou procurador é medida excepcional e somente pode ser autorizado caso comprovada a presença dos requisitos prescritos no art. 135 do CTN. E nessa linha de aplicação é que a Portaria PGFN nº 180/2010 admite caber à Fazenda Pública o ônus da prova quanto *à ilegalidade, excesso de poderes, infração ao contrato social ou estatuto ou dissolução irregular da pessoa jurídica,* na medida em que o seu art. 2º impõe à autoridade da RFB ou da PGFN declarar, motivadamente, a persistência de ao menos um desses pressupostos materiais.

Na hipótese que se examina, não persistem maiores dificuldades em comprovar se a pessoa responsabilizada (sócio, administrador ou outro mencionado no art. 135 do CTN) agiu com *ilegalidade* ou *excesso de poderes*. Ao confrontar os atos de atuação do procurador ou do sócio de quota única com o estatuto, contrato social, ou instrumento de mandato, pode-se determinar se o sujeito agiu mediante atos típicos de gestão administrativa ou

---

[44] Veja-se: HOFFMANN, Susy Gomes. *Teoria da prova no direito tributário.* Campinas: Copola, 1999. 246p.; CIPOLLA, Giuseppe Maria. La prova nel diritto tributario. *Diritto e Pratica Tributaria,* Padova, v. 80, n. 3. p. 539-612. mai./jun.. 2009; TÔRRES, Heleno Taveira. Provas e presunções em matéria tributária e sua aplicabilidade nos casos de simulação. In: SALES, Lília Maia de Morais; LIMA, Martonio Mont'Alverne Barreto (Org.). *Constituição, democracia, poder judiciário e desenvolvimento:* estudos em homenagem a José Albuquerque Rocha. Florianópolis: Conceito Editorial, 2008. p. 215-235; RODRIGUEZ-BEREIJO LEÓN, María. *La prueba en derecho tributario:* formación y preconstitución de la prueba en derecho tributario. Navarra: Editorial Arazandi, 2007. 315p.; FERRER BELTRÁN, Jordi. *La valoración racional de la prueba.* Barcelona: Marcial Pons, 2007. 166p.; PESCE, Giovanni. *Poteri istruttori e mezzi di prova nel processo amministrativo.* Milano: Giuffré, 2003. 261p; TESAURO, Francesco. La prova nel processo tributário. *Rivista di Diritto Finanziario e Scienza Delle Finanze,* Milano, v. 59, n. 1. p. 72-98. 2000;

[45] Como alerta Betina Trieger Grupenmacher são necessárias provas dos fatos constitutivos do direito de a Fazenda responsabilizar terceiros pelos débitos tributários da pessoa jurídica: "Ao realizar o pedido de redirecionamento da dívida tributária para o sócio ou administrador, a autoridade fazendária deverá, portanto, de antemão, comprovar os fatos constitutivos de seu direito, a mera alegação da ocorrência de infração à lei, contrato social ou estatutos, não é bastante em si mesma a autorizar a responsabilização pessoal. *Tais fatos, por serem constitutivos do alegado direito do sujeito ativo, devem ser por este amplamente comprovados quando da formulação de seu pedido.*" GRUPENMACHER, Betina Treiger. Responsabilidade Tributária do Sócio e do Administrador – Nova sistemática. In: OLIVEIRA, Valdir de (Coord.). *Grandes Questões atuais do Direito Tributário.* São Paulo: Dialética, 2010. v. 14. p. 39.

[46] LEONARDO, Rodrigo Xavier. *Imposição e inversão do ônus da prova.* Rio de Janeiro: Renovar, 2004. 330p.

patrimonial suficientes a comprometer a pessoa jurídica (i) e se estes implicaram a ilegalidade ou excesso de poderes conferidos nos atos jurídicos atributivos de tais poderes (ii). A seguir, deve-se ainda verificar se estes concorreram para com o evento tributário alegado, o que se obtém pelo exame das declarações, livros e documentos contábeis e fiscais.

E, assim, ponderado o conjunto de provas, à luz das motivações assinaladas, verificado que o advogado sócio de quota única ou o procurador não dispunha de poderes administrativos de gestão patrimonial ou que tenha praticado ato ilegal ou com excesso de poderes, cessa a competência da autoridade administrativa para imputar os efeitos de responsabilidade de terceiro do art. 135, do CTN, defeso qualquer exigibilidade de tributos devidos pela pessoa jurídica a um ou ao outro.

Por isso, corretamente, a PGFN acolhe o dever de comprovação dos pressupostos materiais referidos acima como necessários para o redirecionamento da execução fiscal para terceiros, nos termos do art. 2º da Portaria PGFN nº 180/2010, *verbis*:

> Art. 2º A inclusão do responsável solidário na Certidão de Dívida Ativa da União somente ocorrerá após a declaração fundamentada da autoridade competente da Secretaria da Receita Federal do Brasil (RFB) ou da Procuradoria-Geral da Fazenda Nacional (PGFN) acerca da ocorrência de ao menos uma das quatro situações a seguir:
>
> I – excesso de poderes;
>
> II – infração à lei;
>
> III – infração ao contrato social ou estatuto;
>
> IV – dissolução irregular da pessoa jurídica.

Para a atribuição de responsabilidade a sócios, administradores ou procuradores, em homenagem ao princípio da verdade material, cabe às autoridades apresentar um conjunto de provas objetivas e coerentes para que se possa formar a convicção quanto à presença dos fatos imputados.

Conclui-se, portanto, que a Fazenda Pública tem o ônus da prova dos casos de alegações de *infração à lei, excesso de poderes, infração ao contrato social ou estatuto, ou dissolução irregular da pessoa jurídica*, o que somente poderá autorizar responsabilidade ao sócio ou procurador que detinha poderes de gerência patrimonial ao tempo da ocorrência do fato gerador do tributo objeto da demanda.

Nestes termos, confirma-se a coerência sistêmica do nosso ordenamento para não admitir a imputação de responsabilidade a advogados que exerçam as funções de procuradores ou sócios de quota única, geralmente em favor de não residentes, quando estes não desempenhem funções de gestão patrimonial (*poderes de gerência*) e, nessas atividades, promovam atos com *ilegalidade, excesso de poderes, infração ao contrato social ou estatuto ou dissolução irregular da pessoa jurídica*, notadamente ao tempo da *ocorrência do fato gerador da obrigação tributária objeto de cobrança judicial*.

9. Conclusões

As normas que impõem responsabilidade tributária a terceiros, estabelecidas nos arts. 134 e 135 do CTN são excepcionais, restritas e taxativas. A responsabilidade dos sócios está relacionada aos tipos societários delineados Código Civil e nas sociedades limitadas é representada pelo capital social.

A transferência de responsabilidade tributária a terceiros, nos termos dos arts. 134 e 135 do CTN, pressupõe a prática de ato ilícito ou com excesso aos poderes que foram outorgados no mandato. Dessa forma, somente na hipótese de o procurador realizar ato ilícito ou extrapolar os poderes que lhe foram outorgados, por *ilegalidade, excesso de poderes, infração ao contrato social ou estatuto ou dissolução irregular da pessoa jurídica*, é que se poderá vislumbrar a *culpa*, pressuposto indispensável para a transferência de responsabilidade tributária ao procurador.

Nos termos do art. 135 do CTN, os procuradores somente poderão ser responsabilizados por débitos de pessoas jurídicas residentes no Brasil se, cumulativamente: (i) atuarem em nome da empresa residente no Brasil; (ii) tiverem poderes de gerência para realizar negócios por conta da empresa brasileira; (iii) praticarem ato com excesso aos poderes que lhe foram outorgados, ou infração ao contrato ou estatuto social da empresa brasileira.

O procurador de sócio-quotista estrangeiro não terá poder de gestão da sociedade brasileira e, portanto, não poderá ser responsabilizado nos termos dos arts. 134 e 135 do CTN. O procurador de sócio estrangeiro não detém poderes de gerência em relação à sociedade constituída no Brasil, nem tampouco quanto à pessoa jurídica estrangeira que representa. Exercerá poderes específicos que estão adstritos ao interesse do investidor estrangeiro, nos limites das prerrogativas dos sócios (arts. 1001 a 1009 do Código Civil) e outros.

Dessa forma, na medida em que o procurador que representa o sócio estrangeiro não possui poderes de gerência da sociedade brasileira, os débitos tributários e trabalhistas da última não poderão alcançá-lo. A única exceção que permite a responsabilização do procurador está expressa na legislação tributária, no art. 26 da Lei nº 10.833/2003, que lhe imputa a responsabilidade pelo imposto devido sobre os ganhos de capital que o investidor estrangeiro auferir quando da alienação de bens e direitos localizados no Brasil, ainda que sob estreitos limites, como acima se viu demonstrado.

O administrador não sócio, assim como ocorria no passado com o gerente-delegado, deve ser nomeado pelos sócios da sociedade limitada, por unanimidade ou maioria. Ao subscrever instrumento de nomeação do administrador ou da extinta figura do gerente-delegado, o advogado atuará como representante legal de um sócio residente no exterior. Nesse instrumento de nomeação, não é o advogado que outorga poderes ao administrador ou ao gerente-delegado; mas sim os sócios que compõem a sociedade limitada. Ao subscrevê-lo, o advogado o faz *em nome e por conta do sócio da sociedade limitada.* O poder para escolher e designar o administrador pertence aos sócios da sociedade limitada, o advogado que os representa não tem poderes de administração – logo, não poderia transferi-los – e nem sequer tem competência para nomear um administrador para a sociedade.

Ao ser nomeado, o gerente-delegado exercerá a administração, passará a ter poderes para gerenciar os negócios da empresa estrangeira no Brasil e, dessa forma, ele poderá ser responsabilizado por eventuais débitos tributários relativos a esse período, se agir com excesso de poderes ou cometer ato ilícito. O advogado procurador terá, nessas circunstâncias, atuado exclusivamente como representante do investidor estrangeiro, que escolheu o administrador da sociedade limitada brasileira; e por sua ordem, subscreveu instrumento nomeando o administrador ou o gerente-delegado.

A eleição de um gerente ou administrador para fazer negócios em nome do investidor estrangeiro, ou para gerenciar a empresa por ele detida no Brasil, afasta a responsabilidade do advogado por eventuais débitos tributários do referido investidor ou da empresa brasileira por ele controlada. Com efeito, o administrador ou gerente será a pessoa com poderes de decisão para realizar negócios no Brasil; ele deverá, por conseguinte, adimplir as obrigações tributárias respectivas. Se porventura esse administrador ou gerente praticar ato ilícito, *i.e.*, se não adotar a conduta de um homem probo – ou se exercitar atos para os quais não possua poderes, ser-lhe-á imputada a responsabilidade tributária nos termos do art. 135 do CTN. Nesse caso, o administrador ou gerente age com culpa e deverá ser *pessoalmente* punido. O advogado, no entanto, não terá qualquer culpa ou vínculo com o ilícito praticado pelo administrador, de modo que resta incabível a transferência de responsabilidade tributária nessas condições.

Diante disso, não se pode admitir a imputação de responsabilidade a procurador que – atuando como representante legal de um sócio residente no exterior – subscreva procuração em nome e por conta do estrangeiro para constituir um administrador ou gerente-delegado. Ao contrário, ao ser nomeado, o administrador gerente-delegado passa a ter poderes para gerenciar os negócios da empresa estrangeira no Brasil e; dessa forma, esse (administrador), e não aquele (advogado), poderá ser responsabilizado por eventuais débitos tributários se agir com excesso de poderes ou cometer ato ilícito.

Logo, não basta ser *sócio, mandatário, preposto, empregado, diretor, gerente ou representante* para tornar-se responsável pelos débitos tributários e previdenciários da empresa. É imprescindível que a pessoa responsabilizada tenha *poderes de gerência*; que haja uma obrigação de direito privado imposta a essas pessoas (que cometem ilícito ao deixar de cumpri-la) ou; que elas atuem de modo abusivo, excedendo os poderes que lhe foram conferidos no contrato ou estatuto social mediante a prática de negócios que não estão relacionados ao objeto social da empresa.

Ausentes os poderes de gerência dos negócios da empresa, queda-se defeso à autoridade fazendária pretender imputar os efeitos de responsabilidade de terceiros ou pleitear o redirecionamento da execução fiscal contra advogados que atuaram nas funções de procuradores da pessoa jurídica brasileira ou de seus sócios estrangeiros.

É vedada a imputação de responsabilidade a advogados que exerçam as funções de procuradores ou sócios de quota única, quando estes não desempenhem funções de gestão patrimonial (*poderes de gerência*) e, nessas atividades, não promovam atos com *ilegalidade, excesso de poderes, infração ao contrato social ou estatuto ou dissolução irregular da pessoa jurídica*, notadamente ao tempo da *ocorrência do fato gerador da obrigação tributária objeto de cobrança judicial*.

A responsabilidade tributária pelos débitos da sociedade atinge o sócio apenas no que concerne ao capital social não integralizado (a) ou; se houver prova de que o sócio praticou ato ilícito ou com excesso de poderes (b). Essa é a conclusão da interpretação sistemática do art. 146, III, 'a' da CF; dos arts. 109, 110, 135 e 137 do CTN e; do art. 1052 e s.s. do Código Civil.

A imposição da responsabilidade tributária ao sócio-gerente não advêm da qualidade de sócio, mas do exercício da administração da sociedade. Como se depreende, a responsabilidade pelas obrigações tributárias da pessoa jurídica somente pode ser imposta ao sócio que exerceu a administração à época do fato gerador, quando ocorrer (a) atuação com excesso de poder; (b) infração à lei; (c) infração ao contrato ou estatuto social; (d) dissolução irregular da pessoa jurídica.

A responsabilidade pela dissolução irregular de sociedades encontra-se no art. 134, VII do CTN, que impõe a responsabilidade solidária aos *sócios* de sociedades de pessoas, nos atos que intervierem ou pelas omissões que forem responsáveis quando ocorrer a liquidação da sociedade. Frisemos que aqui a responsabilidade solidária estende-se *exclusivamente* ao *sócio da sociedade de pessoas*; *não* atinge o administrador, o mandatário, preposto e as demais figuras taxativamente arroladas no art. 135 do CTN.

A imputação de responsabilidade aos sócios estabelecida no art. 134, VII, do CTN não pode ser ampliada para alcançar o administrador, o procurador, o mandatário, o preposto ou outras pessoas arroladas no art. 135 do CTN. A única hipótese em que o procurador do sócio-quotista poderá ser responsabilizado por débitos tributários está expressa no art. 26 da Lei nº 10.833/03, que lhe imputa a responsabilidade pelo pagamento do imposto sobre os ganhos de capital auferidos por não residente no Brasil em decorrência da alienação de bens aqui localizados.

— 11 —

A competência da Justiça do Trabalho para a execução de contribuições previdenciárias e seus desdobramentos

ANDRÉ MENDES MOREIRA

Mestre (UFMG) e Doutor (USP) em Direito Tributário;
Diretor da Associação Brasileira de Direito Tributário;
Professor de Direito Tributário da UFMG
e da Faculdade Milton Campos; Advogado.

LÍVIA MENDES MOREIRA MIRAGLIA

Mestre (PUC/MG) e Doutora (UFMG) em Direito do Trabalho;
Professora de Direito do Trabalho do Centro
Universitário Newton Paiva.

SOPHIA GORETI ROCHA MACHADO

Especialista em Direito Tributário pelas Faculdades Milton Campos;
Bacharel em Direito pela UFMG. Advogada.

Sumário: 1. A competência da Justiça do Trabalho para a execução das contribuições previdenciárias; 1.1. A execução tributária de ofício pelo juiz do trabalho nas sentenças condenatórias e nos acordos homologados que estabeleçam obrigação pecuniária; 1.2. A execução *ex officio* e as parcelas remuneratórias fixadas pela comissão de conciliação prévia; 1.3. A contribuição previdenciária e a natureza das parcelas trabalhistas; 2. O fato gerador das contribuições previdenciárias; 2.1. As fontes de financiamento da seguridade social e a contribuição sobre as remunerações pagas a pessoas físicas; 2.2. A origem do questionamento: o advento da Lei nº 11.941/09; 2.3. O artigo 195 da Constituição e a prestação do serviço como fato gerador da contribuição previdenciária; 2.4. As consequências da declaração de validade ou invalidade da nova hipótese de incidência das contribuições previdenciárias prescrita pela Lei nº 11.941/09; 2.4.1. Declaração de inconstitucionalidade: a necessária ocorrência do fato gerador no momento do pagamento; 2.4.2. A legitimação do dispositivo: decadência das contribuições relativas a serviços prestados há mais de cinco anos; 3. Conclusões.

1. A competência da Justiça do Trabalho para a execução das contribuições previdenciárias

1.1. A execução tributária de ofício pelo juiz do trabalho nas sentenças condenatórias e nos acordos homologados que estabeleçam obrigação pecuniária

A Emenda Constitucional n. 20, de 15 de dezembro de 1998, modificou o inciso VIII do artigo 114 da Constituição e estabeleceu a competência da Justiça do Trabalho para "executar, de ofício, as contribuições sociais previstas no artigo 195, I, *a* e II da Constituição e seus acréscimos legais, decorrentes das suas sentenças".

Posteriormente, a Lei n. 10.035/00 acrescentou o parágrafo único ao artigo 876 da Consolidação das Leis Trabalhistas, vazado nos seguintes termos:

Art. 876. (...)

Parágrafo único. Serão executados *ex officio* os créditos previdenciários devidos em decorrência de decisão proferida pelos Juízes e Tribunais do Trabalho, *resultantes de condenação ou homologação de acordo*. (g.n.)

De acordo com o então novel dispositivo, a Justiça do Trabalho teria competência para executar as contribuições previdenciárias reconhecidas:

(a) nas sentenças condenatórias; ou

(b) nos acordos homologados em juízo que estabelecessem obrigação pecuniária.

Desse modo, consoante a norma em comento, não caberia ao juiz do trabalho executar as contribuições previdenciárias decorrentes de sentenças meramente declaratórias, como as que reconhecem vínculos trabalhistas em relação aos quais já houve o pagamento das verbas devidas ao obreiro.

Tal entendimento foi, posteriormente, sedimentado em diversos julgados do TST, que, no ano de 2005, editou a Súmula n. 368 para estabelecer que "a competência da Justiça do Trabalho, quanto à execução das contribuições previdenciárias, limita-se às sentenças condenatórias em pecúnia que proferir e aos valores, objeto de acordo homologado, que integrem o salário-de--contribuição".

Diante desse quadro normativo, que inibia a execução *ex officio* das contribuições previdenciárias sobre os salários já pagos no bojo de uma relação de emprego posteriormente reconhecida por sentença declaratória, foi editada a Lei n. 11.457/07, que modificou o aludido parágrafo único do artigo 876 da CLT, atribuindo-lhe a seguinte redação:

Art. 876. (...).

Parágrafo único. Serão executadas ex-officio as contribuições sociais devidas em decorrência de decisão proferida pelos Juízes e Tribunais do Trabalho, resultantes de condenação ou homologação de acordo, *inclusive sobre os salários pagos durante o período contratual reconhecido*. (g.n.)

Em julho daquele mesmo ano foi realizada junto ao TST a I Jornada de Estudos de Direito Trabalho, que resultou na edição de diversos enunciados, dentre eles o de número 73, no qual se assentou a competência da Justiça Trabalhista "para a execução de contribuições à Seguridade Social (CF, art. 114, § 3°) nas **ações declaratórias**, condenatórias ou homologatórias de acordo", ressaltando apenas que tal competência se limitaria à execução das contribuições previdenciárias referidas no art. 195, I, *a*, e II, da CR/88,[1] não se estendendo à execução das intituladas "contribuições para terceiros", como as destinadas ao "sistema S" e "salário-educação", porquanto não se constituem em contribuições vertidas para o sistema de Seguridade Social, objeto da delegação de competência executória pela Lei Maior.

No mesmo sendeiro – acusando a inovação trazida ao parágrafo único do art. 876 da CLT pela Lei n. 11.457/07, que passou a permitir a execução *ex officio* das contribuições previdenciárias incidentes sobre relações de emprego reconhecidas pelo Judiciário em sentenças apenas declaratórias, sem caráter condenatório – posicionou-se Mauro Schiavi:

> Se a Justiça do Trabalho declara o vínculo de emprego deve executar as contribuições pretéritas desse reconhecimento, pois isso possibilita não só maior efetividade da jurisdição, como também da eficácia social da norma. De outro lado, propiciará que o empregado obtenha futuramente a aposentadoria sem maiores transtornos, pois são notórias as vicissitudes que enfrenta o trabalhador quando vai averbar o tempo de serviço reconhecido em sentença trabalhista, mas os recolhimentos previdenciários não estão realizados.[2]

O autor entende ainda que o ideal seria a atribuição de competência à Justiça do Trabalho não apenas para executar as contribuições referentes ao período contratual reconhecido em juízo, mas também para determinar a averbação do tempo de serviço do empregado junto ao INSS.[3]

Inobstante a clareza hialina da nova redação do parágrafo único do artigo 876 da CLT a respeito da possibilidade de execução *ex officio* das contribuições previdenciárias sobre os salários já pagos durante período contratual meramente reconhecido em juízo, o TST manteve o entendimento consubstanciado na Súmula n. 368, restringindo a competência da Justiça do Trabalho às sentenças condenatórias que proferir. Confira-se:

> DESCONTOS PREVIDENCIÁRIOS E FISCAIS. COMPETÊNCIA. RESPONSABILIDADE PELO PAGAMENTO.
>
> I. A Justiça do Trabalho é competente para determinar o recolhimento das contribuições fiscais. A competência da Justiça do Trabalho, quanto à execução das contribuições previdenciárias, limita-se às sentenças condenatórias em pecúnia que proferir e aos valores, objeto de acordo homologado, que integrem o salário-de-contribuição. (g.n.)

---

[1] Confira-se a CR/88: "Art. 195. A seguridade social será financiada por toda a sociedade, de forma direta e indireta, nos termos da lei, mediante recursos provenientes dos orçamentos da União, dos Estados, do Distrito Federal e dos Municípios, e das seguintes contribuições sociais: I – do empregador, da empresa e da entidade a ela equiparada na forma da lei, incidentes sobre: a) a folha de salários e demais rendimentos do trabalho pagos ou creditados, a qualquer título, à pessoa física que lhe preste serviço, mesmo sem vínculo empregatício; (...) II – do trabalhador e dos demais segurados da previdência social, não incidindo contribuição sobre aposentadoria e pensão concedidas pelo regime geral de previdência social de que trata o art. 201;".

[2] SCHIAVI, Mauro. *Manual de Direito Processual do Trabalho*. 2ª ed. São Paulo: LTr, 2009, p. 228.

[3] SCHIAVI, 2009, p. 229.

Nesse mesmo sentido, e em caso no qual se reconheceu repercussão geral à matéria, o Supremo Tribunal Federal decidiu em 2008, no bojo do RE n. 569.056 – interposto pelo INSS contra decisão do TST – que a Justiça do Trabalho não é competente para executar de ofício as contribuições previdenciárias incidentes sobre salários já pagos no passado e retratados em sentenças declaratórias que se limitam a reconhecer a existência de vínculo trabalhista, *verbis*:

> Recurso extraordinário. Repercussão geral reconhecida. Competência da Justiça do Trabalho. Alcance do art. 114, VIII, da Constituição Federal.
>
> 1. A competência da Justiça do Trabalho prevista no art. 114, VIII, da Constituição Federal alcança apenas a execução das contribuições previdenciárias relativas ao objeto da condenação constante das sentenças que proferir.
>
> 2. Recurso extraordinário conhecido e desprovido.
>
> (STF. Tribunal Pleno, RE 569.056 PA, rel. min. Menezes Direito, DJ de 12/12/2008). (g.n.)

No ano de 2008 houve, inclusive, a formulação de projeto de súmula vinculante determinando não caber à "Justiça do Trabalho estabelecer, de ofício, débito de contribuição social para com o INSS com base em decisão que apenas declare a existência de vinculo empregatício",[4] a qual, todavia, não chegou a ser votada.

Embora a Associação dos Magistrados Trabalhistas tenha se manifestado em sentido contrário, a posição do Supremo Tribunal Federal permanece a mesma, tal como a do TST, como se infere da ementa abaixo:

> AGRAVO DE INSTRUMENTO EM RECURSO DE REVISTA. EXECUÇÃO. COMPETÊNCIA DA JUSTIÇA DO TRABALHO PARA EXECUTAR CONTRIBUIÇÕES PREVIDENCIÁRIAS DECORRENTES DO RECONHECIMENTO DO VÍNCULO DE EMPREGO. SÚMULA Nº 368, ITEM I, DO TRIBUNAL SUPERIOR DO TRABALHO. O Tribunal Pleno desta Corte, no julgamento do processo E-RR-346/2003-021-23-00.4, realizado no dia 17/11/2008, manteve o entendimento consubstanciado no item I da Súmula nº 368, que limita a competência da Justiça do trabalho para executar contribuições previdenciárias apenas às sentenças condenatórias em pecúnia e aos valores objeto de acordo. Por conseguinte, esta Justiça Especializada não tem competência para executar as mencionadas contribuições decorrentes de decisões que declaram o vínculo de emprego. Esse entendimento converge para o do Supremo Tribunal Federal, consoante se verifica da decisão proferida no processo nº RE-569.056/PA, publicada em 29/3/2008, Relator Ministro Carlos Alberto Menezes Direito, o qual negou provimento ao recurso extraordinário interposto pelo INSS, cujo apelo tratava da competência da Justiça do Trabalho para a execução de contribuições previdenciárias e da fixação do alcance do art. 114, VIII, da CF. Nesse contexto, inviabiliza-se o processamento do recurso de revista quando se verifica que a decisão recorrida se encontra em sintonia com a orientação consubstanciada no item I da Súmula nº 368 desta Corte. Agravo de instrumento conhecido e não provido.
>
> (TST. Oitava Turma, AIRR – 200000-39.2006.5.02.0482, rel. min. Dora Maria da Costa, DJ de 01/06/2012)

Dessarte, a execução das contribuições previdenciárias de ofício pelo magistrado do trabalho limita-se, mesmo diante da atual redação do parágrafo único do art. 876 da CLT, às sentenças condenatórias e às decisões ho-

---

[4] LEITE, Carlos Henrique Bezerra. *Curso de Direito Processual do Trabalho*. 8ª ed. São Paulo: LTr, 2010, p. 1070.

mologatórias de acordo que estabeleçam obrigação pecuniária. As sentenças declaratórias, ainda que reconheçam expressamente a existência da relação empregatícia, não ensejam a execução *ex officio*.

1.2. A execução ex officio e as parcelas remuneratórias fixadas pela comissão de conciliação prévia

Em recente decisão da Seção de Dissídios Individuais (SDI-1),[5] o Tribunal Superior do Trabalho pacificou o entendimento acerca da competência da Justiça do Trabalho para executar, de ofício, as contribuições previdenciárias referentes às parcelas remuneratórias fixadas no termo de conciliação da comissão de conciliação prévia.

A comissão de conciliação prévia é meio extrajudicial de solução dos conflitos trabalhistas e o termo por ela lavrado tem natureza jurídica de título executivo extrajudicial, nos termos do parágrafo único do artigo 625-E da CLT.

Assim, o termo lavrado no âmbito desta comissão decorre diretamente da relação de trabalho, inserindo-se sua execução na competência da Justiça do Trabalho por força do inciso IX do artigo 114 da Constituição que prevê a possibilidade da justiça laboral processar e julgar "outras controvérsias decorrentes da relação de trabalho".

Nesse sentido, nos autos da mencionada decisão proferida pela SDI-1, o ministro-relator José Roberto Freire Pimenta explicou que, além da norma constitucional, há previsão nos artigos 876 e 877[6] do texto celetista acerca da competência da Justiça do Trabalho para executar os valores consubstanciados nos termos firmados perante as comissões, tendo, ainda, mencionado que a Lei n. 11.941/2009 determina "expressamente a incidência da contribuição previdenciária sobre os valores pagos nas comissões de conciliação prévia".

Conclui-se, então, que a Justiça do Trabalho é competente para executar, de ofício, as contribuições previdenciárias decorrentes não apenas das sentenças condenatórias e homologatórias de acordos que proferir, mas também dos títulos executivos extrajudiciais firmados perante as comissões de conciliação prévia.

Registre-se, outrossim, que as comissões – tal e qual devem fazer os magistrados na sentença condenatória e as partes no acordo pecuniário a ser homologado em juízo – precisam consignar, expressamente, os valores a serem pagos, discriminando a sua natureza: se remuneratória ou indeniza-

---

[5] TST. SDI-1, RR-40600-80.2009.5.09.0096, rel. min. José Roberto Freire Pimenta, julgado em 24/05/2012.

[6] Art. 876 – As decisões passadas em julgado ou das quais não tenha havido recurso com efeito suspensivo; os acordos, quando não cumpridos; os termos de ajuste de conduta firmados perante o Ministério Público do Trabalho e os termos de conciliação firmados perante as Comissões de Conciliação Prévia serão executada pela forma estabelecida neste Capítulo. (Redação dada pela Lei n. 9.958, de 12.1.2000) Parágrafo único. Serão executadas *ex-officio* as contribuições sociais devidas em decorrência de decisão proferida pelos Juízes e Tribunais do Trabalho, resultantes de condenação ou homologação de acordo, inclusive sobre os salários pagos durante o período contratual reconhecido. (Redação dada pela Lei n. 11.457, de 2007) (g.n.) Art. 877 – É competente para a execução das decisões o Juiz ou Presidente do Tribunal que tiver conciliado ou julgado originariamente o dissídio.

tória. Isso porque, as contribuições previdenciárias somente incidem sobre as parcelas de natureza remuneratória e desde que estejam expressamente delimitadas pela sentença, pelo acordo ou pelo termo de conciliação prévia, conforme adiante se passa a expor.

1.3. A contribuição previdenciária e a natureza das parcelas trabalhistas.

Cumpre destacar inicialmente que, mesmo sendo a sentença, o acordo ou o termo de conciliação prévia omissos, o juiz executório não poderá se eximir de efetuar os descontos previdenciários, uma vez que se trata de norma de ordem pública, consagrada pela Constituição de 1988.

O item II da súmula 368 do Tribunal Superior do Trabalho frisa ser do empregador "a responsabilidade pelo recolhimento das contribuições previdenciárias e fiscais, resultante de crédito do empregado oriundo de condenação judicial". Ressalte-se que os artigos 20 e 22 da Lei n. 8.212/1991 fixa em 20% a alíquota referente à contribuição do empregador, de 8% a 11% para o empregado e em 11% para o prestador de serviços sem vínculo empregatício.

Desse modo, cabe ao juiz do trabalho determinar, de ofício, o valor a ser recolhido pelo empregador a título de contribuição previdenciária, fixando também o montante a ser descontado do trabalhador. Esse o escólio de Cléber Lúcio de Almeida:

> Se da decisão proferida pela Justiça do Trabalho, julgando o dissídio ou homologando acordo celebrado pelas partes, resulta fato gerador de contribuição previdenciária, a execução do crédito respectivo será realizada, de ofício pela Justiça do Trabalho.[7]

De fato, o entendimento acima é o mesmo que se depreende da Súmula n. 401 do TST, segundo a qual é cabível ação rescisória por ofensa à coisa julgada quando o título exequendo, expressamente, afastar a dedução das contribuições previdenciárias, porquanto, em sendo omisso, o juiz executório deverá realizar normalmente os descontos sobre o valor integral reconhecido.[8]

A contribuição previdenciária incide apenas sobre as parcelas de natureza remuneratória, sendo certo que indenizações pagas ao obreiro não sofrem a incidência do tributo, consoante dispõe a própria CLT:

> Art. 832 (...)
>
> § 3° As decisões cognitivas ou homologatórias deverão sempre indicar a natureza jurídica das parcelas constantes da condenação ou do acordo homologado, inclusive o limite de responsabilidade de cada parte pelo recolhimento da contribuição previdenciária, se for o caso.

---

[7] ALMEIDA, Cléber Lúcio. *Direito Processual do Trabalho*. 3ª ed. Belo Horizonte: Del Rey, 2009. P. 209.

[8] SUM-401 AÇÃO RESCISÓRIA. DESCONTOS LEGAIS. FASE DE EXECUÇÃO. SENTENÇA EXEQÜENDA OMISSA. INEXISTÊNCIA DE OFENSA À COISA JULGADA (conversão da Orientação Jurisprudencial n. 81 da SB-DI-2) – Res. 137/2005 – DJ 22, 23 e 24/08/2005 Os descontos previdenciários e fiscais devem ser efetuados pelo juízo executório, ainda que a sentença exeqüenda tenha sido omissa sobre a questão, dado o caráter de ordem pública ostentado pela norma que os disciplina. A ofensa à coisa julgada somente poderá ser caracterizada na hipótese de o título exeqüendo, expressamente, afastar a dedução dos valores a título de imposto de renda e de contribuição previdenciária.

A não discriminação das parcelas na sentença condenatória ou no acordo homologado implica a incidência da contribuição sobre o valor total aposto no título executivo judicial. Nessa linha de entendimento, confira-se a Orientação Jurisprudencial n. 363 da SDI-1 do Tribunal Superior do Trabalho:

DESCONTOS PREVIDENCIÁRIOS E FISCAIS. CONDENAÇÃO DO EMPREGADOR EM RAZÃO DO INADIMPLEMENTO DE VERBAS REMUNERATÓRIAS. RESPONSABILIDADE DO EMPREGADO PELO PAGAMENTO. ABRANGÊNCIA (DJ de 20, 21 e 23/05/2008). *A responsabilidade pelo recolhimento das contribuições social e fiscal, resultantes de condenação judicial referente a verbas remuneratórias, é do empregador e incide sobre o total da condenação.* Contudo, a culpa do empregador pelo inadimplemento das verbas remuneratórias não exime a responsabilidade do empregado pelos pagamentos do imposto de renda devido e da contribuição previdenciária que recaia sobre sua quota-parte. (g.n.)

No que tange à discriminação da natureza das parcelas constantes da sentença condenatória ou do acordo homologado perante o juiz do trabalho, também cabe trazer à lume a Orientação Jurisprudencial n. 376 da SDI-1 do TST:

CONTRIBUIÇÃO PREVIDENCIÁRIA. ACORDO HOMOLOGADO EM JUÍZO APÓS O TRÂNSITO EM JULGADO DA SENTENÇA CONDENATÓRIA. INCIDÊNCIA SOBRE O VALOR HOMOLOGADO (DJ de 19, 20 e 22/04/2010) É devida a contribuição previdenciária sobre o valor do acordo celebrado e homologado após o trânsito em julgado de decisão judicial,[9] respeitada a proporcionalidade de valores entre as parcelas de natureza salarial e indenizatória deferidas na decisão condenatória e as parcelas objeto do acordo.

A referida orientação visa evitar fraude à execução da contribuição previdenciária, impedindo que se celebre um acordo com parcelas de natureza exclusivamente ou, ao menos, eminentemente indenizatórias, quando a própria sentença já tenha estipulado a proporção entre essas. Tal conduta implicaria em lesão à Fazenda Pública e ao próprio empregado, haja vista que o recolhimento a menor dos valores devidos à Previdência Social pode acarretar a redução ou, até mesmo, a não concessão de benefício previdenciário ao qual o obreiro faria jus.

A homologação de acordo é faculdade do juiz, que deve negá-la quando do estiver diante de uma proposta lesiva aos direitos trabalhistas e previdenciários de sua competência.[10]

Por fim, cumpre lembrar que cabe à Secretaria da Receita Federal do Brasil fiscalizar o recolhimento das contribuições previdenciárias (artigo 2º da Lei n. 11.457/2007), competindo à Procuradoria-Geral Federal, nos termos do artigo 16 da Lei n. 11.457/2007:

(...) representar judicial e extrajudicialmente:

I – o INSS e o FNDE, em processos que tenham por objeto a cobrança de contribuições previdenciárias, inclusive nos que pretendam a contestação do crédito tributário, até a data prevista no § 1º deste artigo;

---

[9] Sabe-se que é possível a celebração e a homologação de acordo a qualquer tempo no processo trabalhista, inclusive após o trânsito em julgado da decisão condenatória. A homologação de acordo na fase executória visa a garantir a efetividade do provimento jurisdicional, além de assegurar a celeridade e realizar, concretamente, o acesso à justiça.

[10] Nesse sentido, a Súmula 418 do TST dispõe ser incabível mandado de segurança contra a decisão do juiz que nega a homologação de acordo.

CONTRIBUIÇÕES PREVIDENCIÁRIAS SOBRE A REMUNERAÇÃO

II – a União, nos processos da Justiça do Trabalho relacionados com a cobrança de contribuições previdenciárias, de imposto de renda retido na fonte e de multas impostas aos empregadores pelos órgãos de fiscalização das relações do trabalho, mediante delegação da Procuradoria--Geral da Fazenda Nacional.

Assim, deverá a União ser intimada de todas as sentenças condenatórias e decisões homologatórias de acordo proferidas pela Justiça do Trabalho que contenham parcelas de natureza remuneratória, cabendo-lhe, inclusive, a interposição de recurso no que tange aos valores referentes às contribuições previdenciárias devidas.

Desse modo, conclui-se que cabe ao juiz do trabalho executar, de ofício, as contribuições previdenciárias decorrentes das parcelas de natureza remuneratórias derivadas das sentenças condenatórias ou homologatórias de acordo que proferir, intimando a União para compor a lide.

Assentadas essas premissas, passa-se adiante.

2. O fato gerador das contribuições previdenciárias

2.1. As fontes de financiamento da seguridade social e a contribuição sobre as remunerações pagas a pessoas físicas

Os tributos criados para financiar a Seguridade Social (previdência, assistência e saúde) têm suas bases de cálculo delineadas no artigo 195 da Constituição de 1988, que autoriza a exigência de contribuições sobre:

(a) folha-de-salários e demais remunerações pagas a empregados ou pessoas físicas prestadoras de serviço (ditas "contribuições previdenciárias", porquanto especificamente destinadas a financiar a previdência social, por meio do pagamento de aposentadorias, pensões e auxílios diversos aos trabalhadores como o salário-maternidade e a remuneração quando do afastamento por doença superior a 15 dias);

(b) receita e faturamento;

(c) lucro;

(d) importações de bens ou serviços.

Outrossim, o § 4º do artigo 195 autoriza o legislador complementar a instituir novas fontes para custeio da Seguridade, além daquelas expressamente previstas no corpo da Constituição.

A Justiça do Trabalho, como já assentado, é competente para executar de ofício as contribuições previdenciárias.

Já é assente na doutrina e na jurisprudência o âmbito de alcance desses tributos, que somente podem ser exigidos sobre valores pagos à pessoa física pelo trabalho realizado, não integrando a sua base de cálculo os montantes referentes a indenizações e quejandos.

De fato, recentes decisões do Superior Tribunal de Justiça têm afastado a incidência de contribuições previdenciárias sobre verbas não remuneratórias pagas pelos empregadores, como é o caso do auxílio-creche,[11] do aviso-prévio indenizado,[12] dos primeiros quinze dias de auxílio-doença pagos pelo empregador[13] e, até mesmo, do salário-maternidade e das férias gozadas que, nos autos do AgRg no AI 1.420.247/DF,[14] tiveram reconhecida sua natureza indenizatória ao argumento de que, se não há efetiva prestação de serviço pelo empregado, não é possível caracterizar o pagamento feito como uma contraprestação pelo trabalho, tratando-se de verdadeira compensação legalmente prevista com o fim de proteger e auxiliar o trabalhador.

De todo modo, possuindo natureza remuneratória a parcela, a incidência da contribuição previdenciária é inquestionável, cabendo perquirir aqui um dos questionamentos centrais deste estudo: qual seria o fato gerador dessas contribuições? A prestação do serviço pelo empregado ou somente a efetiva percepção dos valores relativos ao período trabalhado?

A resposta terá impactos no cálculo de juros e multa sobre as contribuições devidas no âmbito de condenações trabalhistas, assim como poderá ocasionar a decadência do direito do Fisco de exigi-las (e, consequentemente, a impossibilidade de o magistrado do trabalho executá-las).

É o que se analisará a seguir.

2.2. A origem do questionamento: o advento da Lei nº 11.941/09

Em dezembro de 2008, por meio da Medida Provisória n. 449 – posteriormente convertida na Lei n. 11.941 – a Lei Orgânica da Seguridade Social (n. 8.212/91) foi modificada, passando a estipular, em seu artigo 43, §§ 2º e 3º, que as contribuições previdenciárias (calculadas, em regra, à alíquota de 20% sobre a remuneração paga aos trabalhadores) se tornam devidas a partir do momento em que o serviço é prestado ao contratante e não quando do recebimento do salário pelo obreiro.

Logo, se o serviço foi prestado no passado e o pagamento da verba remuneratória ocorre somente em momento posterior, ter-se-á a incidência de juros e multa moratória sobre as aludidas contribuições.

A nova redação da Lei da Seguridade Social, portanto, traz como consequência o fato de que as contribuições previdenciárias devidas sobre verbas pagas no âmbito de condenações trabalhistas deverão, sempre, ser acrescidas de juros e multa moratória. Afinal, a ação trabalhista se presta exatamente a viabilizar o recebimento, pelo reclamante, da remuneração não paga no tempo devido, sendo certo ainda que as contribuições previdenciárias são cobradas diretamente do reclamado pelo próprio juiz do trabalho, em obe-

---

[11] STJ. Primeira Seção, REsp 1.146.772/DF, rel. min. Benedito Gonçalves, DJ de 04/03/2010 (recurso representativo de controvérsia).

[12] STJ. Primeira Turma, REsp 1.221.665/PR, rel. min. Teori Albino Zavascki, DJ de 23/02/2011; STJ. Segunda Turma, REsp 1.218.797/RS, rel. min. Herman Benjamin, DJ de 04/02/2011.

[13] STJ. Segunda Turma, REsp 1.149.071/SC, rel. min. Eliana Calmon, DJ de 22/9/2010; STJ. Primeira Turma, AgRg no REsp 1.107.898/PR, rel. min. Benedito Gonçalves, DJ de 17/3/2010.

[14] STJ. Primeira Turma, AgRg no Ag 1420247/DF, rel. min. Napoleão Nunes Maia Filho, DJ de 10/02/2012.

diência ao artigo 114, VIII, da Constituição de 1988, como já visto anteriormente.

A norma em comento adveio com o fito de elevar a arrecadação previdenciária, modificando entendimento já consolidado no âmbito do próprio TST, que – aplicando o Regulamento da Previdência Social vigente até 2008 – considerava devidas as contribuições previdenciárias tão somente após o pagamento da remuneração ao empregado.

De fato, em mais de uma oportunidade o Tribunal assentou que "só haverá incidência de juros de mora e de multa se a parte executada não efetuar o recolhimento da parcela devida ao INSS no prazo que lhe faculta a lei, qual seja, até o dia dois do mês subsequente ao pagamento realizado ao obreiro".[15]

Cumpre, portanto, analisar o seguinte ponto: pode a Lei n. 11.941/09 alterar a hipótese de incidência das contribuições previdenciárias ou a Constituição de 1988 já seria suficientemente clara a esse respeito, determinando que a prestação do serviço é, *per se*, suficiente para exigir-se do empregador a exação em comento? Inclinamo-nos por essa segunda opção, pelas razões demonstradas na sequência.

2.3. O artigo 195 da Constituição e a prestação do serviço como fato gerador da contribuição previdenciária

A análise da regra-matriz de incidência tributária é essencial para a correta compreensão da estrutura da norma jurídico-fiscal, fornecendo importantes subsídios para a interpretação da Constituição, onde estão estabelecidos os parâmetros e limites para o exercício da competência impositiva.

Conforme Geraldo Ataliba,[16] a hipótese de incidência tributária é a "formulação hipotética, prévia e genérica, contida na lei, de um fato. (...) É o meio pelo qual o legislador institui um tributo", que estará criado desde que a lei descreva sua hipótese de incidência, a ela associando o mandamento "pague".

Já o fato concreto, ocorrido no mundo fenomênico como acontecimento "fático, sensível, palpável, concreto, material, apreensível e que corresponde rigorosamente à formulação abstrata", foi definido pelo autor como sendo o fato imponível.[17] Da junção entre um e outro, surge a obrigação tributária.

Tem-se, então, que o dever tributário decorre da configuração de um fato (aspecto material) que, conectado com algum sujeito específico (aspecto pessoal) e consumado em espaço e momento determinados (aspectos espacial e temporal, respectivamente), conduzem ao efeito jurídico desejado pela

---

[15] TST. Sexta Turma, RR n. 129400-39.2008.5.06.0311, rel. min. Maurício Godinho Delgado, DJ de 18/03/2011.

[16] ATALIBA, Geraldo. *Hipótese de incidência tributária*. 6ª ed. São Paulo: Malheiros, 2005. P.71 e 106.

[17] ATALIBA, 2005. P.71 e 106.

lei, criando uma obrigação jurídica concreta, via de regra, uma obrigação de dar.

Ressalte-se que a subsunção de um fato à norma, capaz de fazer nascer a obrigação tributária, implica na completa e rigorosa correspondência entre o fato e a hipótese de incidência. Nas palavras de Ataliba:[18]

Como mera previsão (descrição hipotética e genérica), a hipótese de incidência se limita a colocar os dados que caracterizam uma situação, dispondo o mandamento legal que, à sua verificação, se seguirá automaticamente o surgimento da obrigação de dar dinheiro ao estado. (...)

O fato imponível, como fato individual e concreto, caracteriza-se por localizar no tempo e no espaço, por ter peculiaridades individuais (forma própria, localização espacial e temporal, medida definida, etc.) e por referir-se a pessoa determinada e individualizada.

É um fato da vida, do mundo dos fatos, um acontecimento empírico que recebe da lei (h.i.) a qualificação que o torna apto a determinar o nascimento de uma obrigação tributária. É, pois, um fato jurígeno.

Pois bem. A hipótese de incidência se apresenta sob variados aspectos, cuja reunião lhes confere entidade (aspectos material, pessoal, temporal e espacial).

Sob semelhante enfoque, Paulo de Barros Carvalho[19] propõe que a norma tributária seja dividida em duas partes: a hipótese (antecedente), isto é, o conjunto de critérios necessários à identificação do fato lícito gerador do dever jurídico, dentro da qual estariam inseridos os critérios material, temporal e espacial, e a consequência (mandamento), isto é, o conjunto de critérios esclarecedores da relação jurídica que se forma com a ocorrência do fato gerador, composto pelos critérios pessoal e quantitativo.

A partir desta teoria, à qual adicionou algumas modificações, Sacha Calmon Navarro Coelho[20] desenvolveu elucidativa explicação gráfica, da qual nos valemos a fim de desenhar didaticamente a norma tributária prevista no artigo 195, I, *a* da CF/88, típica norma de conduta[21] e pano de fundo sobre o qual se sustenta este trabalho. Confira-se:

Art. 195. A seguridade social será financiada por toda a sociedade, de forma direta e indireta, nos termos da lei, mediante recursos provenientes dos orçamentos da União, dos Estados, do Distrito Federal e dos Municípios, e das seguintes contribuições sociais:

I – do empregador, da empresa e da entidade a ela equiparada na forma da lei, incidentes sobre:

a) a folha de salários e demais rendimentos do trabalho pagos ou creditados, a qualquer título, à pessoa física que lhe preste serviço, mesmo sem vínculo empregatício;

---

[18] ATALIBA, 2005. P.71 e 106.

[19] CARVALHO, Paulo de Barros. *Teoria da norma tributária*. São Paulo, Lael, 1974. P. 78.

[20] COELHO, Sacha Calmon Navarro. *Curso de Direito Tributário Brasileiro*. 9ª Ed. Rio de Janeiro: Forense, 2007. P. 428.

[21] Segundo Luís Roberto Barroso, normas de conduta são aquelas que preveem um fato e a ele atribuem determinada consequência jurídica. BARROSO, Luís Roberto. *Interpretação e aplicação da Constituição*. 2ª ed. São Paulo, Saraiva, 1998. p. 103.

Hipótese de incidência (fato previsto como jurígeno)	Consequência jurídica (dever tributário decorrente)
Aspecto material (o fato em si): pagar ou creditar salários ou rendimentos do trabalho	A quem pagar – União Federal Quem deve pagar: a empresa ou entidade a ela equiparada.
Aspecto temporal (condições de tempo): momento do pagamento	Quanto se deve pagar (base de cálculo e alíquotas, adições e subtrações): 20% sobre o total das remunerações pagas, devidas ou creditadas durante o mês aos segurados empregado, trabalhador avulso e contribuinte individual.
Aspecto espacial (condições de lugar): local da prestação do serviço	
Aspecto pessoal (condições e qualificações relativas às pessoas envolvidas com o fato): sujeito passivo é a empresa ou entidade a ela equiparada e o sujeito ativo é a União Federal.	Como e onde pagar: mediante emissão da GPS – Guia da Previdência Social, que deverá ser paga diretamente nos bancos conveniados, casas lotéricas ou mediante débito em conta, comandado por meio da rede Internet ou por aplicativos eletrônicos disponibilizados pelos bancos.

Vê-se, pois, que o aspecto material da hipótese de incidência (que é o "fato em si",[22] descrito com um verbo e seu complemento) repercute diretamente nos demais aspectos da norma, sendo, por isso mesmo, o mais complexo dentre os que a compõem, já que, como advertira Geraldo Ataliba, "revela sua essência, permite sua caracterização e individualização e função de todas as demais hipóteses de incidência".

Destarte, o aspecto material, núcleo da hipótese de incidência da norma tributária, traz implicações a todos os outros aspectos da proposição jurídica, que devem necessariamente refleti-lo. Assim, no caso da contribuição prevista no artigo 195, I, *a* da Constituição, se o cerne da norma está em "pagar ou creditar remuneração", não se pode admitir que os demais aspectos – pessoal, temporal ou espacial – não se vinculem diretamente a tal conduta elementar.

Ao arrepio desta lógica, todavia, os §§ 2º e 3º do artigo 43 da Lei n. 8.212/91, incluídos pela Lei n. 11.941/2009, elegeram como aspecto material da hipótese de incidência da contribuição previdenciária a prestação do serviço, não obstante o artigo 195, I, *a*, da Constituição tenha explicitado que a contribuição social em questão incidirá sobre "a folha de salários e demais rendimentos do trabalho pagos ou creditados, a qualquer título, à pessoa física que lhe preste serviço, mesmo sem vínculo empregatício", vale dizer, sobre o pagamento ou creditamento dos valores decorrentes da prestação do serviço, que lhe antecede.[23]

Ora, sabe-se que o comando constitucional é dotado de superioridade jurídica, donde se extrai que "a supremacia da Constituição é a nota mais es-

---

[22] COÊLHO. Sacha Calmon Navarro. *Teoria geral do tributo, da interpretação e da exoneração tributária*. São Paulo: Dialética, 2003. P. 58, 96.

[23] O artigo 459, § 1º da CLT dispõe que "quando o pagamento houver sido estipulado por mês, deverá ser efetuado, o mais tardar, até o quinto dia útil do mês subsequente ao vencido". Vê-se, portanto, que o salário poderá ser pago no mesmo mês em que o serviço for prestado (mês da competência) ou até o quinto dia útil do mês seguinte ao da competência.

sencial do processo de interpretação constitucional, eis que é ela que confere à Lei Maior o caráter paradigmático e subordinante de todo ordenamento",[24] verdadeiro pressuposto do controle de constitucionalidade dos atos normativos.

Destarte, tendo em mente a redação da Constituição, não há dúvidas de que a intenção do legislador foi exatamente eleger o pagamento ou creditamento de remuneração como núcleo da hipótese de incidência. Deveras, valendo-nos do método interpretativo gramatical, segundo o qual a linguagem é essencial à revelação do sentido correto da disposição normativa, depreende-se que, havendo os verbos sido empregados no passado ("pagos ou creditados"), qualquer interpretação no sentido de que a Constituição tenha autorizado a tributação de valores legitimamente esperados (ainda não pagos) em razão de um serviço prestado (valores devidos) deve ser rechaçada.

Ademais, se a intenção fosse eleger como fato gerador a prestação de serviço, por que falar em pagamento e creditamento e não utilizar outra expressão que, de forma mais clara, remontasse à relação laboral?

Entender que o aspecto material da referida norma constitucional consiste em "prestar serviço" implica alterar a estrutura da norma de competência prevista na Magna Carta. Não há, assim, margem para interpretação válida dos §§ 2º e 3º do artigo 43 da Lei n. 8.212/91 em conformidade com a Constituição.

Por isso mesmo, parece-nos que a solução anterior à alteração legal em comento que o TST conferia ao problema – prescrevendo que as contribuições previdenciárias somente seriam devidas após o pagamento da remuneração ao empregado – é a única compatível com o texto constitucional e deve, mesmo à luz das atuais disposições legais, continuar sendo aplicada. Isso porque, repita-se, a Constituição é clara ao prescrever, em seu artigo 195, I, *a*, que a contribuição previdenciária incide sobre os valores "pagos ou creditados" à pessoa física que lhe preste serviço.

Por conseguinte, é a própria Lei Maior que esclarece não ser possível a cobrança do tributo antes do "pagamento ou crédito" do valor devido ao empregado.

É bem verdade que a interpretação do dispositivo não ensejaria maiores discussões não fosse o fato de que, em nível infraconstitucional, o artigo 22, I, da Lei n. 8.212/91, a pretexto de explicitar o comando maior, extrapolou a hipótese de incidência delineada pela Constituição para determinar que a contribuição a cargo da empresa será de 20% (vinte por cento) sobre o total das remunerações pagas, *devidas* ou creditadas.

A respeito do tema, Carlos Vitor Muzzi Filho,[25] perfilhando entendimento no sentido de que não se pode admitir a configuração do fato gerador

---

[24] BARROSO, 1998. P. 101.

[25] MUZZI FILHO, Carlos Victor. A exigência pela Justiça do Trabalho de contribuições sobre a folha de pagamentos. *In* COÊLHO, Sacha Calmon Navarro (coord). *Contribuições para a Seguridade Social*. São Paulo: Quartier Latin, 2007. P. 178.

CONTRIBUIÇÕES PREVIDENCIÁRIAS SOBRE A REMUNERAÇÃO

da contribuição previdenciária a partir da circunstância de haver remuneração devida, assevera que:

> Pagamento e creditamento são atos específicos, que não se confundem com a existência de um dever jurídico, senão que representam o adimplemento daquele dever. Eventual dever jurídico pode não ser cumprido, hipótese em que não se configuraria o fato gerador da obrigação tributária em exame. A Constituição Federal, por isso, elegeu como âmbito de incidência das contribuições previdenciárias incidentes sobre a folha de salários e devidas pelas empresas, o *pagamento* ou *creditamento* das remunerações, não se referindo, pois, às contribuições meramente devidas, ainda que não pagas ou não creditadas. Repare-se que a própria Lei n° 8.212, de 1991, em seu art. 43, previa a obrigação de o Juiz do Trabalho determinar o "*imediato recolhimento das importâncias devidas à Seguridade Social*" nas "*ações trabalhistas de que resultar o pagamento de direitos sujeitos "a incidência de contribuições sociais*".

Com efeito, em se admitindo que a referida contribuição incidirá sobre as remunerações devidas, vale dizer, sobre a remuneração que se espera receber em retribuição pelo trabalho prestado, independentemente de seu efetivo pagamento ou creditamento,[26] o fato gerador da contribuição previdenciária configurar-se-ia pela mera prestação do serviço, independentemente de ter ou não havido o correspondente pagamento.

Em outras palavras, o núcleo da hipótese de incidência seria não mais o pagamento de valores em função de um contrato de trabalho, mas a relação laboral onerosa em si considerada, tese esta que inclusive encontra guarida em antigas decisões do Superior Tribunal de Justiça, segundo as quais o fato gerador da contribuição previdenciária seria "a relação laboral onerosa, da qual se origina a obrigação de pagar o trabalhador (até o quinta dia subsequente ao mês trabalhado) e a obrigação de recolher a contribuição previdenciária aos cofres da Previdência".[27]

Há que se registrar, contudo, que tal posicionamento não restou acolhido pelo Plenário do STF, que se manifestou sobre a matéria quando do julgamento do já citado RE n. 569.056 (vide item 1.2, *supra*). Ao discorrer sobre o fato gerador da contribuição previdenciária, o relator do julgado na Suprema Corte, min. Menezes Direito, anotou que a jurisprudência do Superior Tribunal de Justiça havia se firmado no contexto das discussões acerca da data de recolhimento das contribuições previdenciárias, sendo taxativo ao concluir que tal entendimento (no sentido de que o fato gerador é a própria constituição da relação trabalhista) inova em relação ao que foi previsto na própria Constituição eis que, segundo o inciso I, *a*, do artigo 195, a contribuição social do empregador incide sobre a folha de salários e demais rendimentos pagos ou creditados, a qualquer título, à pessoa física que lhe preste serviço, com ou sem vínculo empregatício. Nessa toada, assentou-se que:

---

[26] De acordo com Leandro Paulsen, "pagamento é o valor prestado ao trabalhador seja em espécie, seja mediante depósito em conta corrente, ou mesmo in natura, como utilidades. Creditamento é o lançamento contábil a crédito do trabalhador, ainda que ainda não prestado efetivamente. Não se pode confundir a remuneração paga ou creditada com a que eventualmente seja devida mas que não foi sequer formalizada em favor do trabalhador." (PAULSEN, Leandro. *Direito Tributário – Constituição e Código Tributário à Luz da Doutrina e da Jurisprudência.* 10ª ed. Porto Alegre: Livraria do Advogado, 2008. P. 462)

[27] STJ. Segunda Turma, REsp n. 502.650/SC, rel. min. Eliana Calmon, DJ de 25/02/2004.

Seja semanal, quinzenal ou mensal, a folha de salários é emitida periodicamente, e periodicamente são pagos ou creditados os rendimentos do trabalho. É sobre essa folha periódica ou sobre essas remunerações periódicas que incide a contribuição. E por isso ela é devida também periodicamente, de forma sucessiva, seu fato gerador sendo o pagamento ou creditamento do salário. Não se cuida de um fato gerador único, reconhecido apenas na constituição da relação trabalhista. Mas tampouco se cuida de um tributo sobre o trabalho prestado ou contratado, a exemplo do que se dá com a propriedade ou o patrimônio, reconhecido na mera existência da relação jurídica.

Contudo, não se pode dizer que esta manifestação do STF tenha colocado uma pá de cal sobre a polêmica em torno do fato gerador das contribuições previdenciárias, mormente porque a inovação trazida pelo artigo 43, §§ 2º e 3º da Lei n. 8.212/91 reacendeu as discussões sobre a matéria, haja vista a expressa menção à data da prestação do serviço tanto para incidência da contribuição quanto para a indicação do modo de sua apuração.

Aliás, ainda hoje não se tem um norte confiável, afinal, ao mesmo tempo em que existe o entendimento externado no RE 596.056, não se pode ignorar precedentes como o AgRg no RE 419.612, no qual o min. Joaquim Barbosa defendeu ser aplicável o regime de competência para cálculo das contribuições previdenciárias devidas, concluindo que "o tributo incide no momento em que surge a obrigação legal de pagamento".

Neste cenário de incertezas – e apesar de nossa opinião já externada – faz-se necessário avaliar as consequências tanto da esperada declaração de invalidade quanto de uma indesejada (mas possível) validação pelo STF dos atuais §§ 2º e 3º da Lei n. 8.212/91, com a redação da Lei n. 11.941/09.

2.4. As consequências da declaração de validade ou invalidade da nova hipótese de incidência das contribuições previdenciárias prescrita pela Lei nº 11.941/09

2.4.1. Declaração de inconstitucionalidade: a necessária ocorrência do fato gerador no momento do pagamento

Com a esperada invalidação do dispositivo, restará confirmado o entendimento segundo o qual só ocorre a mora previdenciária se o respectivo valor não for recolhido até o dia 02 do mês subsequente àquele em que o pagamento dos créditos trabalhistas, cobrados em ação judicial, se tornou exigível (artigo 276 do Regulamento da Previdência Social, Decreto n. 3.048/99).

Destarte, todo pagamento de juros e multa com espeque na mora decorrente do lapso temporal entre a prestação do serviço e a percepção da remuneração pelo obreiro se tornará indevido, ensejando ainda o direito à restituição dos valores pagos no passado, observado obviamente o prazo prescricional para tanto (5 anos a contar do pagamento indevido, nos termos do artigo 168 do CTN).

2.4.2. A legitimação do dispositivo: decadência das contribuições relativas a serviços prestados há mais de cinco anos

Não obstante, mesmo na hipótese de as Cortes Superiores entenderem legítima a nova norma, a vitória do Fisco não será integral, por uma questão de coerência.

Uma vez reconhecido que o fato gerador da contribuição previdenciária ocorre no ato da prestação do serviço (e não quando do pagamento da correspondente remuneração), sempre que o serviço tiver sido prestado há mais de cinco anos contados da data em que o pagamento da verba for realizado (o que não é incomum em ações trabalhistas), a totalidade da contribuição previdenciária respectiva (principal, juros e multa) não deverá ser recolhida, pois estará extinta por força da decadência.

Explica-se: em Direito Tributário, o prazo decadencial para que o Fisco possa cobrar tributos devidos e não pagos pelo contribuinte é de 5 anos, contados do fato que gerou o dever de recolher a exação. Se a contribuição previdenciária (que é tributo) torna-se devida quando da prestação do serviço (regra prevista atualmente na Lei da Seguridade Social), e não quando do pagamento do valor ao obreiro, toda vez que a prestação do serviço tiver ocorrido há mais de 5 anos contados da data em que a correspondente remuneração for paga, o direito do Fisco de perceber a contribuição e seus consectários terá decaído. E a decadência, consoante o Código Tributário Nacional (artigo 156, V), ocasiona a extinção do próprio crédito tributário, liberando o contribuinte de toda e qualquer exigência fiscal.

Portanto, ainda que o Poder Judiciário legitime as novas disposições da Lei da Seguridade Social, não se poderá dizer que a pretensão fiscal foi a única a prevalecer.

Como já diziam os romanos: onde a mesma razão, a mesma disposição. Se há interesse na cobrança de juros e multa pela mora, não se pode olvidar que essa mesma mora pode, em determinadas situações, ocasionar a extinção do crédito da Fazenda Pública.

3. Conclusões

Nos últimos anos – mais precisamente, desde 1998, quando foi publicada a Emenda Constitucional n. 20, que alterou o artigo 114 da Constituição para ampliar a competência da Justiça do Trabalho outorgando-lhe competência para executar contribuições previdenciárias incidentes sobre verbas pagas em decorrência de suas sentenças – tem-se observado um expressivo movimento legislativo no sentido de engrandecer o papel da Justiça do Trabalho enquanto agente arrecadatório-previdenciário.

De fato, permitir que o juiz execute de ofício as contribuições incidentes sobre as verbas de natureza remuneratória é medida que traz em si inconteste coerência e, evidentemente, praticidade. Afinal, diante do Estado-juiz são postos os contribuintes da Previdência, próprios usuários do sistema, debatendo questões fáticas donde, via de regra, surgirão obrigações pecuniárias que, em última instância, ensejam o nascimento da obrigação tributária referente à contribuição previdenciária. Em outras palavras, a norma se materializa aos olhos do Judiciário Trabalhista que, tendo ao seu alcance meios para perseguir o crédito, indubitavelmente o fará com a eficiência ímpar.

A esse respeito, interessante mencionar que, a pedido do Conselho Nacional de Justiça, entre novembro de 2009 e fevereiro de 2011, o Instituto de Pesquisa Econômica Aplicada (IPEA) executou projeto de pesquisa objetivando determinar qual o tempo e custo de tramitação das ações de execução fiscal na Justiça Federal que, registre-se, é o órgão competente para execução das contribuições sociais em geral (excluída, por óbvio, aquelas cuja competência foi atribuída à Justiça do Trabalho).

O estudo, publicado em 20/01/2012 na edição n. 1.040 do Informativo da Associação Nacional dos Servidores da Previdência e Seguridade Social – ANASPS,[28] identificou que, do total de ações executivas movidas pela PGFN, 37,5% versam sobre contribuições sociais. A pesquisa estimou o custo unitário médio total de uma ação de execução fiscal promovida pela PGFN junto à Justiça Federal em R$ 5.606,67, e concluiu que o tempo médio de tramitação é de aproximadamente 9 anos e 10 meses. Tudo isso, com probabilidade de obter-se a recuperação integral do crédito à margem de apenas 25,8%.

Por outro lado, a título ilustrativo, tem-se que na Justiça do Trabalho,[29] um processo leva aproximadamente 1.677 dias (4 anos e 7 meses) para ser concluído, desde o ajuizamento da ação até a execução de sentença. E mais: a arrecadação em favor do INSS pela Justiça do Trabalho, restrita às contribuições previdenciárias devidas pelo empregado e pelo empregador sobre a folha de salários, tem aumentado consideravelmente. Segundo dados divulgados pelo Tribunal Superior do Trabalho, em 2007 a instituição arrecadou R$ 1.260 bilhões, ao passo que em 2011 a Justiça do Trabalho arrecadou quase R$ 2 bilhões em contribuições previdenciárias,[30] o que representa um expressivo acréscimo de 54% em 4 anos!

Não há dúvidas, pois, de que o procedimento de execução das contribuições previdenciárias pela Justiça do Trabalho é mais ágil, tem seu custo reduzido ante a desnecessidade de se movimentar novamente o aparato estatal, economizando pessoal e burocracia, tudo a favor de uma célere e efetiva percepção do crédito tributário. Evidente, então, o benefício aos principais interessados: enquanto a Justiça do Trabalho dá mostras bilionárias de seu estratégico papel arrecadatório, os cofres previdenciários, sabidamente deficitários, são incrementados, sem os inconvenientes de se instigar uma persecução fiscal tradicional.

---

[28] Disponível em: <http://www.anasps.org.br/mostra_materia.php?id=3039>. Acesso em 29/05/2012.

[29] Dados compilados pelo Serviço de Estatística e Informações do Tribunal Regional do Trabalho da 15ª Região (Campinas-SP), relativos ao ano de 2009. Disponível em: < http://www.cnj.jus.br/atos-administrativos/8781:justica-do-trabalho-em-campinas-mede-tempo-de-tramitacao-de-processos>. Acesso em 30/05/2012.

[30] Arrecadação de contribuições previdenciárias em 2007: R$ 1.260.865.302,41 e em 2011: R$ 1.942.960.144,24. Dados disponíveis em < http://www.tst.jus.br/jt-arrecadacoes>. Acesso em 21/05/2012.

A Medida Provisória n. 449/08, convertida na Lei n. 11.941/09, introduziu na legislação previdenciária disposições (artigo. 43, §§ 2º e 3º da Lei n. 8.212/91) informando que a contribuição previdenciária considera-se ocorrida à época da prestação do serviço. Em outras palavras: a inovação parece sugerir que o fato gerador do tributo em questão é a relação laboral e não o pagamento ou creditamento de valores em razão desta (que é o conteúdo literal do artigo 195, I, *a*, da Constituição).

Pode-se perguntar: se essa alteração atinge a estrutura da contribuição, cujo âmbito de incidência dos valores arrecadados na seara trabalhista, por que tanta polêmica envolvendo a Justiça Laboral?

Simples. Porque como a essência de uma reclamatória trabalhista é a cobrança de valores e direitos decorrentes de um serviço prestado no passado, por entenderem que o fato gerador é a relação de trabalho, e não o pagamento ou creditamento de valores em razão desta, muitos juízes têm aplicado, sobre o principal devido, tanto multa moratória como juros contados desde a prestação do serviço, majorando significativamente o crédito tributário a ser executado.

Diante disso, indubitavelmente, a convalidação ou invalidação da alteração – esta última, aliás, nos parece mais acertada – trará importantes consequências para contribuintes e Fisco previdenciário.

Se invalidado o dispositivo, todo pagamento de juros e multa com espeque na mora decorrente do lapso temporal entre a prestação do serviço e a percepção da remuneração pelo obreiro se tornará indevido, ensejando ainda o direito à restituição dos valores pagos no passado. Restituição esta, registre-se, que deverá ser pleiteada na Justiça Comum, afinal, falece à Justiça do Trabalho competência para processar ações desta natureza.

Lado outro, se convalidado o dispositivo e firmado que o fato gerador é a prestação do serviço em si, sempre que o serviço tiver sido prestado há mais de cinco anos contados da data em que o pagamento da verba for realizado (o que não é incomum em ações trabalhistas), a totalidade da contribuição previdenciária respectiva (principal, juros e multa) não deverá ser recolhida, pois estará extinta por força da decadência, a ser reconhecida pelo juiz do Trabalho.

Uma e outra posição encontram respaldo em decisões emanadas dos mais diversos Tribunais, pelo que dada a incerteza e relevância atinentes ao tema, em breve espera-se seja a questão pacificada pelo Supremo Tribunal Federal. Neste momento, ter-se-á a definição: ou se mantém os juros e a multa, correndo-se o risco de ter o crédito extinto pela decadência, ou se abre mão desses encargos, mantendo-se vívido o crédito tributário, ainda que sem os almejados consectários. Uma coisa, ou outra. Não há como a balança da justiça pender apenas para um lado.

— 12 —

Pressupostos jurídicos da ação regressiva previdenciária

RAPHAEL SILVA RODRIGUES

Advogado e Especialista em Direito Tributário pelo IEC/PUC-Minas
Professor dos Cursos de Pós-Graduação em Direito Processual do IEC/PUC-Minas,
Gestão Pública das Faculdades Del Rey e de Gestão de Tributos do
Centro Universitário Newton Paiva

Sumário: I. Introdução; II. Fundamentos constitucionais e infraconstitucionais da ação regressiva previdenciária e os seus pressupostos autorizativos; III. Pressupostos do dever de indenizar e o ônus da prova; IV. Da síntese conclusiva.

I. Introdução

Os acidentes de trabalho vitimam anualmente um grande número de trabalhadores no Brasil, o que rendeu ao país o título de "campeão mundial de acidentes de trabalho", ainda na década de 1970.

Esses acidentes trazem consequências traumáticas e limitativas da capacidade laboral, e em muitos casos chega a provocar a invalidez permanente ou até mesmo a morte do acidentado, com repercussões danosas para o próprio trabalhador, aos seus familiares, a empresa e a sociedade.

Sobre o número de trabalhadores afastados por acidentes e doença relacionados ao trabalho no Brasil, o Ministério da Previdência Social divulgou, a título exemplificativo, os seguintes dados:[1]

Acidentes de trabalho no Brasil	
2006	512.532 mil
2007	653.090 mil
2008	774.473 mil
2009	752.121 mil
2010	720.128 mil

---

[1] http://www.mps.gov.br/conteudoDinamico.php?id=572 e http://www.mps.gov.br/conteudoDinamico.php?id=1162

Com base nessas informações, podemos concluir que todos os dias por volta de quase 50 trabalhadores brasileiros são afastados em definitivo das suas atividades laborais, seja em decorrência de aposentadorias por incapacidade permanente ou mortes ocorridas no trabalho.[2]

A Previdência Social tem gasto algo em torno de R$ 14,20 bilhões/ano com o pagamento de benefícios com origem em acidentes ou doença do trabalho e aposentadorias especiais decorrentes das condições ambientais do trabalho. Se adicionarmos despesas como custo operacional do INSS, mais despesas na área da saúde (SUS) e afins, o custo geral do país atinge valor superior a R$ 56,80 bilhões/ano (Fonte: Previsão MPS).

O contexto acidentário brasileiro torna ainda mais relevante o cumprimento por parte dos empregadores das normas de segurança e medicina do trabalho, instituídas para minorar o risco acidentário da atividade produtiva.[3]

Mas por outro lado, o risco é inerente, em maior ou menor grau, a todas as atividades econômicas, sendo que o cumprimento das normas de segurança não tem o efeito de elidir por completo o risco de sua ocorrência.

Nesse ponto, citamos os ensinamentos de Carlos Alberto Pereira de Castro e João Batista Lazzari,[4] quando da análise do risco social da atividade empresária:

> Segundo tal teoria, cabe à sociedade assegurar seu sustento ao indivíduo vitimado por uma incapacidade laborativa, já que toda a coletividade deve prestar solidariedade aos desafortunados, sendo tal responsabilidade de cunho objetivo – não se cogitando, sequer, da culpa do vitimado. Se a proteção dos infortúnios decorrentes de acidente do trabalho, por exemplo, vier a ser feita somente por intermédio de seguros privados, desaparece o conceito de risco social, ficando a encargo do tomador do serviço, exclusivamente, a obrigação de reparar o dano.

> Ademais, em relação à teoria do risco social e à cobertura pela previdência social, cumpre emendar que: "o risco da atividade profissional" deve ser suportado por toda a sociedade em virtude de que toda a sociedade tire proveito da produção, devendo arcar então com os riscos; incluídas as prestações por acidente no campo da Previdência Social, e, sendo essa regida pelo ideal da solidariedade, a proteção social passa a ser responsabilidade de todos.

Já o Instituto Nacional do Seguro Social (INSS) tem defendido em juízo a tese de que o que exorbita o normal é risco extraordinário, não estando abarcado pelo seguro social, o que supostamente ensejaria, de plano, a responsabilização civil do empregador. No que se refere à Previdência Social, como esta responde objetivamente pela concessão e pagamento dos benefícios, tenta pressupor o seu direito de regresso apenas na prova de concessão provocada do benefício ao trabalhador.

---

[2] OLIVEIRA, Sebastião Geraldo de. Indenização por Acidente do Trabalho ou Doença Ocupacional. 4. ed. São Paulo: LTr, 2008, p. 33.

[3] Conforme lecionam Lazzari e Castro: "[...] apesar da exigência legal de adoção, pelo empregador, de normas de higiene e segurança no trabalho, e da imposição de indenização por danos causados, em casos de conduta comissiva ou omissiva de empregador, o número de acidentados é absurdo. O aspecto da prevenção, em regra, é relegado a segundo plano pelas empresas, sendo a razão de tais números." (in Manual de Direito Previdenciário, de Carlos Alberto Pereira de Castro e João Batista Lazzari, 3. ed. São Paulo: LTr, 2002, p. 435.)

[4] Manual de Direito Previdenciário, 6. ed. São Paulo: LTr, 2005, p. 43 e 495.

Tal fato é extremamente relevante, já que a ocorrência do infortúnio no ambiente do trabalho, por si só, não autoriza o ajuizamento da ação regressiva previdenciária. Essa modalidade de regresso pressupõe a prova cabal do descumprimento de norma vigente quando da ocorrência do acidente e que este decorra lógica e comprovadamente desta negligência.

Pela sua natureza, a ação regressiva previdenciária possui relevante e dúplice objetivo social: ressarcir os cofres públicos dos gastos decorrentes da desídia do empregador; induzir a conduta no cumprimento das normas de medicina e segurança.

O objetivo relevante, entretanto, não permite o ajuizamento de ações em face de situações de fato que não se adéquam ao seu pressuposto legal, conforme pretendemos demonstrar nos próximos tópicos.

Buscamos, por meio do presente estudo, analisar, ainda que brevemente, os principais problemas relacionados à malversação dos pressupostos jurídicos da ação regressiva previdenciária.

II. Fundamentos constitucionais e infraconstitucionais da ação regressiva previdenciária e os seus pressupostos autorizativos

A pretensão de indenização em favor do INSS se baseia na alegação de que os eventos que deram ensejo ao pagamento de benefícios decorrem da negligência do empregador na observância das normas-padrão de segurança e higiene do trabalho, conforme dispõem os artigos 7º, XXII, 170 e 225 da Constituição Federal de 1988 (CF/88) e, especificamente, os artigos 120 e 121 da Lei nº 8.213/91. Transcrevemos, abaixo, os dispositivos legais que autorizam a propositura de ação regressiva:

Constituição Federal de 1988

Art. 7º São direitos dos trabalhadores urbanos e rurais, além de outros que visem à melhoria de sua condição social:

[...]

XXVIII – seguro contra acidentes de trabalho, a cargo do empregador, sem excluir a indenização a que este está obrigado, quando incorrer em dolo ou culpa;

Art. 170. A ordem econômica, fundada na valorização do trabalho humano e na livre iniciativa, tem por fim assegurar a todos existência digna, conforme os ditames da justiça social, observados os seguintes princípios:

[...]

VI – defesa do meio ambiente, [...];

Art. 225. Todos têm direito ao meio ambiente ecologicamente equilibrado, bem de uso comum do povo e essencial à sadia qualidade de vida, impondo-se ao Poder Público e à coletividade o dever de defendê-lo e preservá-lo para as presentes e futuras gerações.

Lei nº 8.213/91

Art. 120. Nos casos de negligência quanto às *normas-padrão de segurança e higiene do trabalho indicados para a proteção individual e coletiva*, a Previdência Social proporá ação regressiva contra os responsáveis.

Art. 121. O pagamento, pela Previdência Social, das prestações por acidente de trabalho não exclui a responsabilidade civil da empresa ou de outrem.

Analisando os dispositivos citados, temos que: a) o artigo 7º determina que o empregador deve zelar pela saúde física, mental e social do seu trabalhador; b) já o artigo 225 comprova que o meio ambiente do trabalho está inserido na definição do meio ambiente geral, de modo que é impossível alcançar qualidade de vida sem ter qualidade de trabalho, tampouco se pode atingir um meio ambiente equilibrado e sustentável, ignorando o meio ambiente do trabalho; c) por sua vez, o artigo 170 estabelece expressamente que a ordem econômica deve se alinhar ao princípio da defesa do meio ambiente, indo ao encontro da ideia de existência de um ambiente laboral saudável.

Na ordem internacional, o Brasil ratificou diversas convenções da Organização Internacional do Trabalho (OIT) a respeito do tema segurança e saúde do trabalhador, sendo que, a depender da atividade exercida pela empresa, devem ser consultadas as convenções e normas regulamentadoras específicas, na hipótese de inexistência de norma genérica.

As normas que conferem objetividade a essas premissas no plano legal infraconstitucional estão dispostas na Consolidação das Leis do Trabalho (CLT) e na Lei de Benefícios da Previdência Social (Lei nº 8.213/91).

Neste ponto, verificamos que a Previdência Social possui legalmente assegurado o direito de buscar o ressarcimento das despesas decorrentes do pagamento dos benefícios previdenciários vinculados a acidentes que decorreram *da* comprovada e exclusiva negligência por parte do empregador no cumprimento das normas-padrão de segurança e saúde do trabalho, independentemente de eventual ação reparatória movida pelos dependentes do segurado acidentado.

O Regulamento da Previdência Social (Decreto nº 3.048/99), em seus artigos 341 e 342, praticamente repete o previsto na legislação previdenciária a respeito das demandas regressivas. Senão vejamos:

Art. 341. Nos casos de negligência quanto às normas de segurança e saúde do trabalho indicadas para a proteção individual e coletiva, a previdência social proporá ação regressiva contra os responsáveis.

Parágrafo único. O Ministério do Trabalho e Emprego, com base em informações fornecidas trimestralmente, a partir de 1º de março de 2011, pelo Ministério da Previdência Social relativas aos dados de acidentes e doenças do trabalho constantes das comunicações de acidente de trabalho registradas no período, encaminhará à Previdência Social os respectivos relatórios de análise de acidentes do trabalho com indícios de negligência quanto às normas de segurança e saúde do trabalho que possam contribuir para a proposição de ações judiciais regressivas.

Art. 342. O pagamento pela previdência social das prestações decorrentes do acidente a que se refere o art. 336 não exclui a responsabilidade civil da empresa ou de terceiros.

Por outro lado, acompanhando o incremento dessa prática, temos identificado no cotidiano forense o ajuizamento de uma enxurrada de ações a partir de uma interpretação dos pressupostos e alcance da previsão legal desta espécie de ação regressiva que não nos parece juridicamente correta.

Cumpre ressaltar desde já que não acreditamos que o manejo da ação regressiva pelo INSS é medida destituída de legalidade e constitucionalidade. Isso porque, a jurisprudência dos Tribunais pátrios já reconhece a sua procedência no plano constitucional, senão vejamos:

ADMINISTRATIVO. RESPONSABILIDADE CIVIL. AÇÃO ORDINÁRIA REGRESSIVA DE RESSARCIMENTO DE DANOS RELATIVOS A ACIDENTE DO TRABALHO. IMPROCEDÊNCIA.

– Ao julgar a Arguição de Inconstitucionalidade na Apelação Cível 1998.04.01.023654-8, este Tribunal Regional Federal, em 23.10.02, por unanimidade, rejeitou-a e, portanto, deu por constitucional o art. 120, da Lei 8.213/91.

– Caso em que formalmente provada a ausência de culpa da apelante pelo evento acidental, de vez que tomou as medidas de proteção laboral ao seu alcance para evitá-lo. (TRF da 4ª Região, AC nº 2003.71.04.001386-2/RS, Quarta Turma, Rel. Des. Valdemar Capeletti, DJ 17.05.2006)

PREVIDENCIÁRIO E CIVIL. RESPONSABILIDADE CIVIL. ACIDENTE DE TRABALHO. AÇÃO REGRESSIVA AJUIZADA PELO INSS CONTRA O EMPREGADOR.

1. É constitucional a previsão de ressarcimento do INSS a que se refere o art. 120 da Lei 8.213/91.

2. O INSS é parte legítima para ajuizar ação contra o empregador que não observou as normas de segurança do trabalho, a fim de reaver as despesas decorrentes da concessão de benefício previdenciário aos filhos de empregado que se acidentou em serviço (art. 120 da Lei 8.213/91). Precedente desta Corte.

3. A empresa cujo empregado morreu em acidente de trabalho é parte legítima passiva em ação de regresso proposta pelo INSS. Precedente do STJ.

4. Como as provas juntadas aos autos comprovam que a Apelante agiu com culpa e nem ela mesma, em sua apelação, nega que tenha sido negligente, é de se entender que deva ressarcir o INSS pelo que a autarquia teve que pagar a título de pensão por morte aos filhos do empregado da empresa que se acidentou em serviço.

5. Nega-se provimento à apelação. (TRF da 1ª Região, AC nº 1999.38.00.021910-0, Rel. Desembargadora Maria Isabel Gallotti Rodrigues, Sexta Turma, DJ 17.10.2005)

Contudo, vincula o direito de ação à demonstração da presença dos pressupostos legais para o direito de regresso, decorrente da comprovada negligência do empregador no atendimento as regras referentes à segurança e medicina do trabalho, a qual teria provocado ou contribuído para a ocorrência do infortúnio laboral:

RECURSO ESPECIAL. PREVIDENCIÁRIO. ACIDENTE DE TRABALHO. CULPA DO EMPREGADOR. AÇÃO REGRESSIVA. POSSIBILIDADE.

"Em caso de acidente decorrente de negligência quanto à adoção das normas de segurança do trabalho indicadas para a proteção individual coletiva, os responsáveis respondem em ação regressiva perante a Previdência Social."

"O fato de a responsabilidade da Previdência por acidente de trabalho ser objetiva apenas significa que independe de prova da culpa do empregador a obtenção da indenização por parte do trabalhador acidentado, contudo não significa que a Previdência esteja impedida de reaver as despesas suportadas quando se provar culpa do empregador pelo acidente."

"O risco que deve ser repartido entre a sociedade, no caso de acidente de trabalho, não se inclui o ato ilícito praticado por terceiro, empregadores, ou não."

Recurso não conhecido. (STJ, REsp nº 506.881/SC, Rel. Ministro José Arnaldo da Fonseca, Quinta Turma, DJ 17.11.2003)

No julgado acima ementado, o Superior Tribunal de Justiça, acompanhando o Ministério Público Federal, reconheceu que existem dois tipos de responsabilidade no que se refere ao acidente do trabalho: a objetiva, da Previdência Social, que está legalmente obrigada a pagar os benefícios previdenciários independentemente de perquirição de culpa; e a subjetiva, do empregador, que somente será responsabilizado se comprovado que o seu descumprimento de normas protetivas, de forma culposa ou dolosa, deu ensejo ao evento acidentário.

Ainda sobre a jurisprudência dos Tribunais sobre a referida ação:

PREVIDENCIÁRIO E CIVIL. RESPONSABILIDADE CIVIL. ACIDENTE DE TRABALHO. AÇÃO REGRESSIVA AJUIZADA PELO INSS CONTRA O EMPREGADOR.

1. É constitucional a previsão de ressarcimento do INSS a que se refere o art. 120 da Lei 8.213/91.

2. O INSS é parte legítima para ajuizar ação contra o empregador que não observou as normas de segurança do trabalho, a fim de reaver as despesas decorrentes da concessão de benefício previdenciário aos filhos de empregado que se acidentou em serviço (art. 120 da Lei 8.213/91). Precedente desta Corte.

3. A empresa cujo empregado morreu em acidente de trabalho é parte legítima passiva em ação de regresso proposta pelo INSS. Precedente do STJ.

4. Como as provas juntadas aos autos comprovam que a Apelante agiu com culpa e nem ela mesma, em sua apelação, nega que tenha sido negligente, é de se entender que deva ressarcir o INSS pelo que a autarquia teve que pagar a título de pensão por morte aos filhos do empregado da empresa que se acidentou em serviço.

5. Nega-se provimento à apelação. (TRF da 1ª Região, AC nº 1999.38.00.021910-0, Rel. Desembargadora Maria Isabel Gallotti Rodrigues, Sexta Turma, DJ 17.10.2005)

Nesse segundo precedente está explícito que a condenação do empregador de efetuar o regresso para a Previdência Social decorre da prova da sua negligência, com o que contribuiu com a ocorrência do infortúnio. Sendo que a comprovação dessa situação decorreu da junta de provas pelo INSS, através das quais se materializou o direito ao regresso.

Como já exposto, a ação regressiva possui pressupostos de ajuizamento bem definidos pela legislação, os quais estão diretamente ligados ao seu dúplice objetivo: a) ressarcimento aos cofres públicos dos valores despendidos com benefícios previdenciários decorrentes do descumprimento das normas laborais pelo empregador; b) indução dos empregadores ao cumprimento das normas de medicina e segurança do trabalho.

Ressaltamos, ainda, que a própria Lei nº 8.213/91 confirma a vinculação do direito de regresso a um fato típico (descumprimento de normas-padrão de medicina e segurança do trabalho), inclusive tipificando a atitude negligente do empregador em contravenção penal:

Art. 19. Acidente do trabalho é o que ocorre pelo exercício do trabalho a serviço da empresa ou pelo exercício do trabalho dos segurados referidos no inciso VII do art. 11 desta Lei, provocando lesão corporal ou perturbação funcional que cause a morte ou a perda ou redução, permanente ou temporária, da capacidade para o trabalho.

§ 1º A empresa é responsável pela adoção e uso das medidas coletivas e individuais de proteção e segurança da saúde do trabalhador.

§ 2º Constitui contravenção penal, punível com multa, deixar a empresa de cumprir as normas de segurança e higiene do trabalho.

Destacamos, ainda, que a "recente" inclusão de parágrafo único ao artigo 341 do Regulamento da Previdência Social já transcrito, instituiu o intercâmbio de informações entre os Ministérios do Trabalho e da Previdência Social, visando à identificação de casos que demandem o ajuizamento da ação de regresso.

A ação regressiva é, portanto, instrumento processual que visa à devolução aos cofres públicos da verba que foi despendida com o pagamento de benefícios previdenciários, decorrente de acidente ou doença do trabalho cuja ocorrência foi provocada ou ao menos facilitada pela negligência, culposa ou dolosa, do empregador no cumprimento das normas-padrão de segurança e medicina do trabalho.

Passemos, dessa forma, à análise dos principais pontos que contornam o dever de indenizar e o direito de ressarcimento na ação regressiva previdenciária.

III. Pressupostos do dever de indenizar e o ônus da prova

Como visto, a ação regressiva deverá estar fundamentada em prova real da negligência do empregador quanto ao cumprimento das normas de segurança do trabalho e também do nexo entre o fato concreto identificado, o descumprimento de norma protetiva pelo empregador e a ocorrência do evento acidentário.

Nos termos dos artigos 186 e 927 do Código Civil de 2002 (CC/02), a obrigação de reparar o dano pressupõe a sua ocorrência, o dolo ou culpa e o nexo de causalidade (ato ilícito). Por se tratar de reparação civil de natureza subjetiva, todos os requisitos se revelam indispensáveis para que se configure o dever de indenizar, como se verá a seguir.

Dispõem os dispositivos do CC/02 acima citados:

Art. 186. Aquele que, por ação ou omissão voluntária, negligência ou imprudência, violar direito e causar dano a outrem, ainda que exclusivamente moral, comete ato ilícito.

Art. 927. Aquele que, por ato ilícito (arts. 186 e 187), causar dano a outrem, fica obrigado a repará-lo.

A conduta danosa é definida como ato ilícito e o dever de indenizar os prejuízos decorrentes do dano experimentado, estabelecido o nexo causal, encontra-se assentado na culpa, como regra geral.

Caio Mário da Silva Pereira disserta acerca do conceito e dos requisitos essenciais da responsabilidade civil:

Em princípio, a responsabilidade civil pode ser definida como fez o nosso legislador de 1916: a obrigação de reparar o dano imposta a todo aquele que, por ação ou omissão voluntária, negligência ou imprudência, violar direito ou causar prejuízo a outrem (Código Civil, art. 159). Deste conceito extraem-se os requisitos essenciais: a) em primeiro lugar, a verificação de uma conduta antijurídica, que abrange comportamento contrário a direito, por comissão ou por omissão, sem necessidade de indagar se houve ou não o propósito de malfazer; b) em segundo lugar, a existência do dano, tomada a expressão no sentido de lesão a um bem jurídico, seja este de ordem material ou imaterial, de natureza patrimonial ou não-patrimonial; c) e em terceiro lugar, o estabelecimento de um nexo de causalidade entre uma e outra, de forma a precisar-se que o dano decorre da conduta antijurídica, ou, em termos negativos, que sem a verificação do comportamento contrário ao direito não teria havido o atentado ao bem jurídico. (*in* Instituições de Direito Civil, v. 1, Rio de Janeiro: Forense, 1991, p. 457)

Ao ajuizar uma ação regressiva previdenciária, o INSS tem argumentado perante o Judiciário que os supostos danos sofridos pelos segurados decorrem da inobservância das empresas as normas de segurança e higiene do ambiente de trabalho, motivo pelo qual as concessões dos benefícios previdenciários se concretizam em razão de atos ilícitos praticados pelas empresas.

Verificamos, pois, que o direito de regresso surgiria da negligência do empregador, que, ao não cumprir os ditames legais em sede de prevenção de acidentes de trabalho, acaba criando um ambiente propício ao acontecimento destes acidentes.

Todavia, o simples afastamento e a consequente aposentadoria por invalidez dos segurados, por si só, não indicam e muito menos comprovam a negligência por parte das empresas. É plenamente factível que, mesmo as empresas tendo tomado todas as medidas de controle e prevenção a acidentes de trabalho exigidos pela legislação de regência, ocorram eventos acidentários. Reiteramos, portanto, a alegação de que o risco é inerente a toda atividade econômica, inclusive por isso as empresas recolhem a contribuição ao Risco Ambiental do Trabalho (RAT), sendo que as normas de segurança e medicina do trabalho visam na verdade direcionar as atividades de forma a minorar esse risco, não tendo a pretensão de afastá-lo totalmente.

Para que se possa validamente imputar a responsabilidade do custo financeiro do seguro social ao empregador é fundamental a existência da comprovação de que a negligência no cumprimento das normas pelo empregador tenha causado ou contribuído fortemente para o evento acidentário e, consequentemente, ao dano suportado pelo INSS (pagamento de benefícios previdenciários). Assim, a caracterização do nexo causal exige que o resultado danoso guarde relação direta com o ato praticado pelo agente, tratando-se, na verdade, de uma relação de causa e efeito.

Já para a ocorrência do pressuposto da ação de regresso, tem que existir uma determinada norma reguladora de conduta da empresa, referente à medicina e segurança do trabalho, vigente no período em que se deu o evento previdenciário, que, inequivocamente, tenha sido descumprida pelo empregador. Sendo que, além disso, deve ser aferível que o descumprimento causou ou contribuiu indiscutivelmente para a ocorrência do evento.

O tipo da norma que prevê a possibilidade da ação regressiva previdenciária (artigo 120 da Lei nº 8.213/91) exige a identificação de uma norma-padrão de medicina e segurança do trabalho, vigente a época dos fatos, e diretamente vinculada à natureza do evento acidentário.

Ocorre que, a experiência na análise de ações regressivas tem demonstrado que o INSS (representado pela Procuradoria Federal), em diversos casos não se desincumbe do ônus de ao menos identificar qual a norma-padrão que considera não ter sido respeitada. Nessas situações é comum a acusação genérica com base no fato de que o acidente ocorreu no ambiente do trabalho.

Tal tipo de acusação genérica é totalmente incabível. O nexo entre o ambiente laboral e o infortúnio simplesmente o classifica como acidente de trabalho. Mas de forma alguma por si só imputa ao empregador o ônus de regresso.

Inequivocamente, o risco é inerente a qualquer atividade laborativa, sendo que a Constituição Federal e a Lei nº 8.213/91, entre outras normas, exigem das empresas é a realização de condutas que visem minimizar as variáveis previsíveis tendentes a lesar o trabalhador dentro do ambiente laboral, conforme vem reconhecendo a jurisprudência ao analisar o cabimento do regresso pleiteado judicialmente. Vejamos:

DIREITO PREVIDENCIÁRIO. ACIDENTE DE TRABALHO. VERBAS SECURITÁRIAS. ART. 120 DA LEI 8.213/91. CONSTITUCIONALIDADE, EM TESE. CULPA DO EMPREGADOR. DESCARACTERIZAÇÃO. OBRIGAÇÃO DE RESSARCIMENTO AO INSS. AFASTAMENTO, NO CASO.

1. [...]

2. Dispõe o art. 120 da Lei n. 8.213/91 que, "nos casos de negligência quanto às normas padrão de segurança e higiene do trabalho indicados para a proteção individual e coletiva, a Previdência Social proporá ação regressiva contra os responsáveis". Esse o dispositivo que os primeiros apelantes alegam ser inconstitucional.

3. A Constituição prevê, de fato, "seguro contra acidentes do trabalho, a cargo do empregador, sem excluir indenização a que este está obrigado, quando incorrer em dolo ou culpa" (art. 7º, XXVIII). Não está aí prevista ação regressiva com objetivo de ressarcimento à entidade securitária pelo que houver desembolsado em razão de acidente do trabalho ocorrido por culpa do empregador, mas não há impedimento a que tal ressarcimento seja instituído por lei. É o chamado "espaço de conformação" que se reserva à legislação ordinária (Cf., em situação semelhante, acórdão da Corte Especial no Incidente de Inconstitucionalidade n. 2000.38.00.034572-0/MG).

4. Por mais que o responsável por obra de construção civil tome medidas preventivas contra acidentes, permanecerá sempre uma margem de risco que só pode ser prevenida pela diligência e cautela de cada empregado. O cuidado que o infeliz vítima não teve (colocando a cabeça para dentro do poço do elevador) é semelhante ao que se recomenda a uma pessoa ao atravessar a rua.

5. O principal fator (causa imediata) do acidente foi, pois, a falta de cuidado do operário. Poder-se-ia entender que a vítima apenas contribuiu para o acidente, caso em que haveria responsabilidade parcial do empregador, mas não é razoavelmente previsível que um operário vá colocar a cabeça para dentro do poço do elevador da obra sem certificar-se de sua aproximação.

6. Fossem as empresas construtoras responsabilizadas em todas as semelhantes situações, tornar-se-ia economicamente desinteressante a atividade ou os custos, repassados para o produto, elevariam desmedidamente os preços para os consumidores.

7. É para cobrir essa álea natural da atividade que se instituiu o seguro contra acidente do trabalho. Entendeu o MM. Juiz que "somente a ausência total de negligência por parte das rés (caso fortuito, força maior ou culpa exclusiva da vítima) é que as isentaria da responsabilidade". Mas tal assertiva é típica da responsabilidade objetiva, que não é o caso.

8. Provimento à apelação dos réus; prejudicada a apelação do autor; invertidos os ônus da sucumbência. (TRF da 1ª Região, AC nº 2004.01.00.000393-3, Rel. Desembargador Federal João Batista Moreira, Quinta Turma, DJ 26.02.2010)

Como autor da ação, cabe ao INSS o ônus da prova do direito que alega possuir em face do empregador (Réu), nos termos do inciso I do artigo 333 do Código de Processo Civil.[5]

No entanto, tem sido habitual o ajuizamento de ações regressivas que buscam transferir ao empregador o ônus da prova de que não descumpriu norma-padrão que tenha dado ensejo ao acidente de trabalho. Trata-se de prova negativa, totalmente incabível no que se refere à natureza da ação de regresso previdenciário.

Inclusive porque o INSS e o Ministério do Trabalho possuem mecanismos de fiscalização e apuração que lhe permitem comprovar a eventual conduta da empresa em descumprimento de normas padrões de medicina e segurança do trabalho.

A prerrogativa, e na verdade o dever de Fiscalização do INSS quanto ao cumprimento das normas protetivas é confirmada pela legislação previdenciária, conforme comprova o disposto no artigo 12 da Instrução Normativa INSS nº 31/08:

Art. 12 A perícia médica do INSS, quando constatar indícios de culpa ou dolo por parte do empregador, em relação aos benefícios por incapacidade concedidos, deverá oficiar à Procuradoria Federal Especializada-INSS, subsidiando-a com evidências e demais meios de prova colhidos, notadamente quanto aos programas de gerenciamento de riscos ocupacionais, para as providências cabíveis, inclusive para ajuizamento de ação regressiva contra os responsáveis, conforme previsto nos arts. 120 e 121 da Lei nº 8.213/91 de modo a possibilitar o ressarcimento à Previdência Social do pagamento de benefícios por morte ou por incapacidade, permanente ou temporária.

Parágrafo único. Quando a perícia médica do INSS, no exercício das atribuições que lhe confere a Lei nº 10.876/04, constatar desrespeito às normas de segurança e saúde do trabalhador, fraude ou simulação na emissão de documentos de interesse da Previdência Social, por parte do empregador ou de seus prepostos, deverá produzir relatório circunstanciado da ocorrência e encaminhá-lo, junto com as evidências e demais meios de prova colhidos, à Procuradoria Federal Especializada-INSS para conhecimento e providências pertinentes, inclusive, quando cabíveis, representações ao Ministério Público e/ou a outros órgãos da Administração Pública encarregados da fiscalização ou controle da atividade.

Também é equivocada a utilização de decisões em processos trabalhistas que reconhecem o nexo entre evento acidentário e a atividade laboral como se fossem comprovações irrefutáveis do direito de regresso. Na maioria dos casos essas decisões apenas comprovam a existência do nexo entre o trabalho e o acidente, mas não perquirem se esse nexo está vinculado à negligência do empregador de específica norma padrão. A lógica processual do Direito do Trabalho é o da responsabilidade objetiva, a qual não é aplicável às ações regressivas.

---

[5] "Art. 333. O ônus da prova incumbe: I – ao autor, quanto ao fato constitutivo do seu direito; II – ao réu, quanto à existência de fato impeditivo, modificativo ou extintivo do direito do autor".

Mas a utilização das decisões trabalhistas pelo INSS para este fim impõe um ainda maior cuidado das empresas nas conduções desse tipo de lide, quando se deve atentar nessa possível repercussão, que extrapola a discussão entre a parte e a empresa.

A jurisprudência dos Tribunais vem reconhecendo que a ação regressiva previdenciária pressupõe a prova, a cargo do INSS, do nexo entre evento acidentário e a negligência do empregador no cumprimento de norma-padrão, efetivamente vigente e que tenha correlação lógica com o acidente. Vejamos:

CIVIL. AÇÃO REGRESSIVA. INDENIZAÇÃO. ACIDENTE NO TRÂNSITO. ÁREA DE TRABALHO. INSS – INSTITUTO NACIONAL DO SEGURO SOCIAL. INEXISTÊNCIA DE PROVA DE CULPABILIDADE DA EMPRESA NO SINISTRO. (...). II. Para a configuração dos elementos indispensáveis para caracterizar a responsabilidade da empresa e a possibilidade de restituição à Previdência Social deve se evidenciar o acidente de trabalho, a negligência das normas padrão de segurança e higiene do trabalho de serviços e o nexo de causalidade entre um e outro. É necessário analisar se o empregador incorreu em culpa, relativamente ao cumprimento das normas legais. III. No caso, o empregado da ré trafegou com sua motocicleta em horário e área de trabalho na contramão, não observando a sinalização, colidindo com automóvel, o que ocasionou sua morte. O acidente não ocorreu pelas condições de trabalho proporcionadas ao empregado, mas sim por não ter o de cujus seguido as orientações de trânsito. IV. Remessa oficial e apelação improvidas. (TRF da 5ª Região, Apelação / Reexame Necessário nº 15.078, DJ 31.03.2011)

ADMINISTRATIVO E CIVIL. ACIDENTE DE TRABALHO. INSS. AÇÃO REGRESSIVA. SÚMULA 229 DO STF. ALCANCE. (...)

- Portanto, a ação de indenização por direito comum, em acidente de trabalho, pressupõe: a) dano; b) existência de dolo ou culpa grave do empregador; c) nexo causal entre o dano e o dolo ou culpa grave. Ausentes tais pressupostos, descabe a aludida indenização, consoante a reiterada jurisprudência da Suprema Corte, verbis: "Acidente de trabalho. Indenização de direito comum. Está em plena vigência o verbete da Súmula 229, que admite a ação de direito comum para indenização de acidente de trabalho decorrente de dolo ou falta inescusável do empregador. Não se verificando tais pressupostos, não cabe tal indenização. RE conhecido e provido. (In RTJ 121/1.198. No mesmo sentido: RTJ 64/746; 91/604; 101/1.098; 108/1.289).

No caso dos autos não restou comprovado o nexo de causalidade entre o dano e o dolo ou culpa grave da requerente. Ademais, sequer restou provado o dolo ou culpa grave da apelante, ônus do INSS.

2. Apelação conhecida e provida. (TRF da 4ª Região, AC 2000.72.03.000377-0, Rel. Desembargador Federal Carlos Eduardo Thompson Flores Lenz, Terceira Turma, DJ 21.05.2003)

INSS – PEDIDO DE INDENIZAÇÃO COM FUNDAMENTO NA LEI Nº 8.213/91 – FALTA DE PROVA – IMPROCEDÊNCIA.

1. Se o INSS não demonstra a culpa da empresa por acidente de trabalho, é incabível a indenização com apoio no artigo 121, da Lei nº 8.213/91.

2. Apelação e remessa, esta considerada interposta, desprovidas. (TRF da 1ª Região, AC nº 1999.01.00.023525-4, Rel. Juiz Federal Convocado Evandro Reimão dos Reis, Terceira Turma Suplementar, DJ 23.05.2002)

O precedente abaixo demonstra a vinculação da ação regressiva com a prova a cargo do INSS (no caso o Relatório da Delegacia do Trabalho) e também de situações em que haja culpa recíproca entre empregador e o empregado, com a proporcionalização do regresso:

CONTRIBUIÇÕES PREVIDENCIÁRIAS SOBRE A REMUNERAÇÃO

1. Demonstrada a negligência da empregadora quanto à adoção, uso e fiscalização das medidas de segurança do trabalhador, tem o INSS direito à ação regressiva prevista no art. 120 da Lei nº 8.213/91. 2. No caso dos autos, o acidente que causou a morte do empregado deveu-se à culpa da demandada quanto à fiscalização do cumprimento do determinado pelas normas de segurança. O relatório elaborado pela Delegacia Regional do Trabalho e os depoimentos das testemunhas ouvidas em juízo dão conta da desobediência pela empresa ré das normas de segurança do trabalho; no entanto, da prova dos autos também exsurge a culpa da vítima, ao não utilizar o equipamento necessário para o seu trabalho, conforme se infere das declarações de dois colegas de trabalho da vítima, ouvidos no Inquérito Policial. Presente a culpa recíproca, uma vez que comprovada a culpa concorrente da vítima, deverá a empresa demandada arcar com o ressarcimento de 50% (cinqüenta por cento) dos valores pagos pelo INSS à título de pensão por morte. 3. Verba honorária compensada, nos termos do art. 21 do CPC. 4. Apelação provida em parte. (TRF da 4ª Região, AC nº 2006.72.04.000386-0, DJ 18.03.2009)

Os estritos pressupostos da ação de regresso previdenciário, inclusive o ônus da prova do INSS, tem o objetivo de se evitar a sua utilização como simples meio complementar de arrecadação para custeio previdenciário, para o qual as empresas já suportam a tributação legalmente instituída.

Mais uma vez ratificamos aqui o nosso entendimento de que tanto no plano constitucional e legal encontram-se estabelecidos o dever geral de o empregador cumprir as normas de segurança e saúde do trabalho, para que sejam atendidos os deveres constitucionalmente impostos às entidades patronais e assim sejam garantidas aos trabalhadores as condições ideias para o livre exercício laboral.

Com efeito, a inerência do risco da atividade laboral, mesmo com o cumprimento de todas as normas regulatórias, justifica a cobrança da Contribuição sobre os Riscos Ambientais do Trabalho (RAT), cuja definição da alíquota devida por cada empresa, e que varia de 1% a 3%, é vinculado ao grau de risco preponderante da sua atividade (leve, médio ou grave). Além disso, a recente entrada em vigor do Fator Acidentário Previdenciário (FAP) trabalha para a individualização do grau de risco potencial de cada empresa, inclusive com possibilidade de majoração em até cem por cento da alíquota do RAT.

E já havendo uma específica fonte de arrecadação para o custeio do pagamento dos custos previdenciários decorrentes da acidentalidade inerente à atividade produtiva, é despropositada a tentativa de se utilizar a ação regressiva previdenciária como pura e simples nova fonte de custeio através da deturpação ou ilegal extensão do seu âmbito de aplicação.

IV. Da síntese conclusiva

Em vista do acima exposto, percebemos que com o ajuizamento da ação regressiva previdenciária, almeja o INSS o ressarcimento das despesas relativas aos benefícios acidentários concedidos aos segurado, decorrentes da comprovada negligência da empresa em cumprir as normas de segurança e higiene no ambiente do trabalho, sendo que tal pretensão se baseia na alegação de culpa da empresa quanto à negligência na observância das normas e padrão de segurança e higiene do trabalho, conforme dispõem os artigos 7°, XXII, 170 e 225 da CF/88 e os artigos 120 e 121 da Lei n° 8.213/91.

Não se almejou no presente texto defender a inconstitucionalidade e/ou ilegalidade da medida processual em análise, mas sim o de estabelecer o seu real objetivo no mundo jurídico, pois é certo que o empregador está obrigado ao recolhimento da contribuição ao seguro de acidentes de trabalho, bem como à manutenção de um ambiente laboral que possa primar pela segurança e saúde dos seus trabalhadores, mas a satisfação desse encargo deve respeitar o previsto na Constituição Federal e na Lei de Planos e Benefícios da Previdência Social (Lei n° 8.213/91).

Dessa forma, buscamos demonstrar que para que se possa imputar a responsabilidade do empregador, torna-se indispensável que o ato praticado pelo agente seja o efetivo causador do dano suportado pela Previdência Social. Assim, a caracterização do nexo causal exige que o resultado danoso guarde relação direta com o ato praticado pelo agente, tratando-se, na verdade, de uma relação de causa e efeito.

Tal posicionamento visa a corroborar a linha de raciocínio de que, no momento do ajuizamento da ação regressiva previdenciária, deve o INSS comprovar a presença de todos os requisitos necessários para configurar o dever de indenizar pelo empregador, pois, caso contrário, estar-se-ia permitindo a transferência ilegal da responsabilidade do ônus probatório que lhe cabe, inclusive por força de norma constitucional.

A própria Lei n° 8.213/91 (art. 19) trata da excepcionalidade do tema, inclusive em face da gravidade do acidente decorrente do trabalho, transformando a atitude negligente do empregador em fato típico penal.

Ou seja, tendo em vista que a responsabilização autorizadora do direito de regresso não é objetiva, mas deriva da culpa dos responsáveis pelo evento danoso (subjetiva), compete ao INSS demonstrar e provar que o empregador não observou as normas padrão para a segurança individual e coletiva de seus funcionários. Tem-se, pois, que deve ficar devidamente comprovado que as normas técnicas, os cuidados exigidos pelo serviço não foram observados e também que não houve orientação aos seus empregados para evitarem acidentes decorrentes da atividade laborativa.

Por outro lado, a legislação trabalhista e previdenciária institui diversas obrigações às empresas, no âmbito da medicina e segurança do trabalho, que visam a reduzir o risco da ocorrência de acidentes do trabalho. Entre essas obrigações destaca-se a de instituir Comissão Interna de Prevenção de Acidentes – CIPA, o Serviço Especializado de Engenharia de Segurança e Medicina do Trabalho (SEESMET), de dar execução aos Programas de Prevenção de Riscos Ambientais – PPRA – e de Controle Médico de Saúde Ocupacional – PCMSO –, além da adoção de Equipamentos de Proteção Individual – EPIs –, compatíveis com a sua atividade e os riscos a estas inerentes.

Considerando a insegurança jurídica quanto à interpretação das mais variadas normas de medicina e segurança do trabalho, bem como que o ajuizamento das ações regressivas e a sua vinculação a comprovações fáticas no cumprimento das normas protetivas pelas empresas, torna-se cada vez mais necessário que as empresas busquem gerir melhor os seus documentos e controles pertinentes à medicina e segurança do trabalho, campos estes muito pouco explorados no âmbito empresarial, principalmente no que se refere à gestão documental.

— 13 —

CRIMES PREVIDENCIÁRIOS DE NATUREZA TRIBUTÁRIA: PRESSUPOSTOS E LIMITES JURÍDICOS

DOUGLAS FISCHER

Procurador Regional da República na 4ª Região,
Mestre em Instituições de Direito e do Estado pela PUCRS,
Professor de Direito Penal e Direito Processual Penal.
Diretor de Ensino do MPF na Escola Superior do
Ministério Público da União.

Sumário: 1. Considerações preambulares; 2. Mandamentos constitucionais de incriminação; 3. Os princípios garantistas como delimitadores ou impositivos da incidência do Direito Penal; 4. A tipologia dos delitos previstos nos arts. 168-A, § 1º, I, e 337-A, ambos do CP, e o modo de suas configurações; 5. A extinção da punibilidade pela devolução dos valores sonegados ou pela mera confissão: a manifesta inconstitucionalidade diante de argumentos míticos, retóricos e falsos de que a finalidade seria arrecadatória e/ou de política criminal; 6. Conclusões.

1. Considerações preambulares

O presente texto tem por finalidade analisar não apenas a forma de configuração dos dois principais delitos tributário-previdenciários, mas, sobretudo, enfrentar os fundamentos constitucionais de criminalização (ou não), os limites do legislador (e também do intérprete) diante de tais comandos (inclusive para descriminalizar) e a realidade decorrente das interpretações que estão sendo conferidas pelos tribunais a esse tipo de (grave) delinquência, notadamente por atingir os interesses coletivos. A proposta é de analisar no espaço permitido o modo de configuração dos crimes e a incidência do *efetivo* e *integral* Princípio da Proporcionalidade, em suas duas vertentes, sobretudo com enfoque na *Proibição de Proteção Deficiente* (*untermassverbot*), interligando-se com os postulados *verdadeira e integralmente* garantistas.

2. Mandamentos constitucionais de incriminação

Já há muito – e em inúmeras oportunidades[1] – defendemos que o problema inicial a ser enfrentado está no conhecimento dos valores e critérios que possam limitar ou conformar constitucionalmente o Direito Penal.

A Constituição Federal assenta seus pilares nos princípios ordenadores de um Estado Social e Democrático de Direito, tendo como fundamentos, dentre outros, o da cidadania e o da dignidade da pessoa humana.

Os objetivos fundamentais consistem na construção de uma sociedade livre, justa e solidária, e também na erradicação da pobreza e da marginalização, buscando-se, ainda, a redução das desigualdades sociais e regionais (art. 3°, I e III, CF/88). Há também (dentre outros, por evidente, mas especialmente estes) o reconhecimento dos direitos sociais à educação, à saúde, ao trabalho, à moradia, à segurança e à previdência social.

Assenta também que a administração pública direta e indireta deverá obedecer, especialmente, aos princípios da *legalidade, impessoalidade, moralidade, publicidade e eficiência*. Uma observação que não pode ser esquecida: a moralidade e a eficiência a que se refere a Constituição não pauta (vinculativamente) apenas as ações do Poder Executivo, mas de todos os Poderes e instituições.

Há se ver que a Carta Maior também destaca ser necessária a defesa de uma "ordem econômica" (art. 170, CF/88), com a observância dos princípios da livre concorrência e da redução das desigualdades regionais e sociais. A propósito, atente-se para as considerações do Presidente do Conselho Consultivo do Instituto Brasileiro de Ética Concorrencial, Marcílio Marques Moreira, em artigo intitulado "Existe uma ética de mercado?": "O lucro da empresa não pode, portanto, ser gerado por sonegação ou falcatruas, nem à custa dos concorrentes. A concorrência desleal, além do dano ao erário público, desfigura o mais eficaz instrumento de mercado – a competição empresarial".[2]

Específica e diretamente relacionado à matéria principal enfocada, o artigo 194 da Constituição dispõe que a "seguridade social compreende um conjunto integrado de ações de iniciativa dos Poderes Públicos e da sociedade, destinadas a assegurar os direitos relativos à saúde, à previdência e à assistência social", competindo ao Poder Público organizar a seguridade, atendendo-se a vários objetivos, dentre os quais se destaca sobremaneira a equidade na participação de custeio.

Em complemento, o artigo 195 assenta que a seguridade social será financiada *por toda a sociedade*, mediante contribuições sociais: a) *do empregador*, da empresa e da entidade a ela equiparada na forma da lei, incidente

---

[1] Talvez a primeira, e até de forma mais enfática, em FISCHER, Douglas. *Delinquência Econômica e Estado Social e Democrático de Direito*. Porto Alegre: Verbo Jurídico, 2006. Depois, em coincidências do que aqui reproduzido, em FISCHER, Douglas. *Garantismo Penal Integral (e não o garantismo hiperbólico monocular) e o Princípio da Proporcionalidade: breves anotações de compreensão e aproximação de seus ideais*. Revista de Doutrina da 4ª Região, v. 28, p. 1, 2009.

[2] Revista do Instituto Brasileiro de Ética Concorrencial n° 10, ano 5, agosto de 2008.

sobre: I – folha de salários e demais rendimentos do trabalho pagos ou creditados, a qualquer título, à pessoa física que lhe preste serviço, mesmo sem vínculo empregatício; receita ou faturamento; lucro; II – *do trabalhador e dos demais segurados da previdência social*, não incidindo contribuição sobre aposentadoria e pensão concedidas pelo regime geral de previdência social de que trata o artigo 201.

Fundamental também o artigo 203 da Constituição, que firma ser a assistência social um direito independentemente de contribuição (característica vinculada diretamente ao Princípio da Solidariedade).

Assim, se a Constituição é o ponto de partida para (também) a análise (vertical, "de cima para baixo")[3] da criminalidade contra a seguridade social, é fundamental que este processo hermenêutico não se assente sobre fórmulas rígidas e pela simples análise *pura* dos textos das "leis".[4][5] Do texto, mediante processo interpretativo, há se chegar ao conteúdo da norma.[6]

Portanto, como a Constituição ocupa uma função central no sistema vigente, irradiando efeitos sobre o ordenamento infraconstitucional, pode-se dizer que seus comandos se traduzem como *ordenadores* e dirigentes aos criadores e aos aplicadores das leis. Como salienta Maria Fernanda Palma, "a Constituição que define as obrigações essenciais do legislador [e complementa-se: do Judiciário também !] perante a sociedade. Ora, esta função de protecção activa da Sociedade configura um Estado não meramente liberal, no sentido clássico, mas promotor de bens, direitos e valores".[7]

Para Köhler, defensor também de uma concepção substancialista e não formalista, só encontrariam justificativa no conceito de crime (à luz da Constituição) os fatos atentatórios à liberdade das pessoas *ou* que atinjam a existência do Estado e o exercício de suas funções essenciais.[8]

Significa, ainda, que a compreensão do ordenamento jurídico penal também reclama uma interpretação sistemática dos princípios, regras e valores constitucionais[9] para tentar justificar que, a partir da Constituição Fede-

---

[3] Como diz Maria Fernanda Palma, *"a Constituição pode conformar o Direito Penal porque funciona como uma espécie de norma fundamental autorizadora do Direito ordinário, assumindo um papel hierarquicamente superior"*. PALMA, Maria Fernanda. *Direito Constitucional Penal*. Coimbra: Almedina, 2006, p. 16.

[4] Na senda de Alexy, a aplicação do direito *"é algo mais que mera subsunção de um fato a uma regra"*. ALEXY, Robert. *Derecho y razón práctica*. 2 reimpresión. Colonia del Carmen: Biblioteca de Ética, Filosofia del derecho y política, 2002, p. 33.

[5] STRECK, Lenio. *Verdade e Consenso – Constituição, Hermenêutica e Teorias Discursivas*. Rio de Janeiro: Lúmen Júris, 2006, p. 179 (nota de rodapé n. 10).

[6] GRAU, Eros Roberto. *Ensaio sobre a Interpretação/Aplicação do Direito*. 3 ed. São Paulo: Malheiros, 2005, p. 26, 78 e 176.

[7] PALMA, Maria Fernanda. *Direito Constitucional Penal*. Coimbra: Almedina, 2006, p.106-7.

[8] KÖHLER, Michael. *Strafrecht, Allgemeiner Teil, 1997, apud* PALMA, Maria Fernanda. *Direito Constitucional Penal*.Coimbra:Almedina,2006,p. 48, nota n. 37.

[9] Palma adverte, com razão em nosso sentir, que a "superação da antinomia entre jusnaturalismo e juspositivismo [...] permite encontrar uma Constituição de valores que se impõe à Constituição positiva, mas que é relativamente aberta e apta à configuração desses valores através de fins concretos e determinados no processo político". PALMA, Maria Fernanda. *Direito Constitucional Penal*.Coimbra: Almedina,2006,p. 41.

ral de 1988, há novos paradigmas influentes em matéria penal e processual penal, contexto dentro do qual merecem ser analisados, *concomitantemente à delinquência tradicional*, especialmente os delitos contra a Seguridade Social, mas conforme suas características e diferenças, obedecendo-se especialmente à proporcionalidade (dignidade penal).

Noutras palavras, deve haver uma articulação do Direito Penal com a defesa de bens, direitos e valores que sejam condições de liberdade com relevo constitucional (visão *clássica*) com uma intervenção do Direito Penal para proteger bens que (cor)respondam a uma opção política do Estado (*bens de interesses difusos* à luz do Estado Republicano e democrático).[10]

Uma interpretação jurídica que se tem por mais adequada,[11] *mais razoável*, necessita ser contemporânea, motivo pelo qual se compreende que não basta sejam lançados os olhos ao que assentou o legislador infraconstitucional, apegando-se inclusive à sua literalidade. É fundamental saber, no momento de sua aplicação, o que a realidade dos fatos revela e reclama, mormente diante dos valores axiológicos vigentes insertos na Constituição.

Além disso, o intérprete (especialmente aquele vinculado ao Tribunal Constitucional – no Brasil com a característica fundamental da existência do controle difuso, atribuído a todos os magistrados, diferentemente da sistemática germânica, por exemplo) não pode se desvincular dos anseios sociais diante das ações legiferantes.

Quer-se dizer: não pode ficar isolado da realidade em que desenvolve seu mister – pois está ancorado na faticidade e na historicidade – , mas considerar todos os fatos mediante uma racional e justificada *filtragem*, que também faz parte do processo hermenêutico.

O intérprete não pode se separar da realidade socioeconômica, devendo conferir sentido ao texto a partir do modo de *ser-no-mundo* no qual está inserido.

Como defende Hesse, "quanto mais conteúdo de uma Constituição lograr corresponder à natureza singular do presente [incorporando o estado espiritual de seu tempo, tarefa da qual é incumbido o seu intérprete], tanto mais seguro há de ser o desenvolvimento de sua força normativa",[12] faz-se essencial compreender e sedimentar que sua verdadeira força dependerá de uma adequada interpretação de seu conteúdo material.[13]

Neste diapasão, tem-se notado certa distância do *melhor* procedimento hermenêutico em relação à delinquência que atinge (*lato sensu*) a seguridade social, na medida em que tem ocorrido, na grande maioria das vezes, uma

---

[10] PALMA, Maria Fernanda.*Direito Constitucional Penal.*Coimbra: Almedina, 2006, p. 116.

[11] "A interpretação constitucional está submetida ao princípio da ótima concretização da norma [..] A interpretação adequada é aquela que consegue concretizar de forma excelente o sentido da proposição normativa dentro das condições reais dominantes numa determinada situação. HESSE, Konrad. *A Força Normativa da Constituição*. Porto Alegre: SAFE, 1991, p. 22-3.

[12] HESSE, Konrad. *A Força Normativa da Constituição*. Porto Alegre: SAFE, 1991, p. 20.

[13] STRECK, Lenio. *Verdade e Consenso – Constituição, Hermenêutica e Teorias Discursivas*. Rio de Janeiro: Lúmen Júris, 2006, p. 209.

simples reiteração e reprodução acrítica de decisões anteriores (*muitas vezes apenas ementas, e não raro totalmente dissociadas de uma mínima racionalidade*), sem que o intérprete se atenha se efetivamente são aplicáveis ao caso concreto que reclama solução, e, especialmente, se aqueles paradigmas efetivamente são os melhores, os mais razoáveis, estando (ou não) consentâneos com a realidade da matriz embasadora do pensamento complexo e sistêmico que emana da ordem constitucional.

Segundo ainda preconiza Hesse,[14] se uma Constituição quiser preservar sua força normativa em sistema caracterizado por constantes mudanças político-sociais, não pode ter assento em uma estrutura apenas unilateral, devendo incorporar, mediante ponderação muito meticulosa, parte de uma estrutura contrária.

De seu entendimento aflora que direitos fundamentais não podem existir sem correlatos deveres. Vez por todas, então, compreende-se ser necessária uma *superação* (mas não *afastamento*) da concepção tradicional (liberal) de que existem (unilateralmente) apenas direitos. Pelo prisma de uma sociedade plural e do Direito Constitucional vigente, a ideia de Justiça também está vinculada diretamente à imposição de deveres.[15]

Os deveres fundamentais são, portanto, posições que se traduzem como quotas-partes constitucionalmente (por isso, *deveres* materialmente fundamentais) exigidas de cada um e, consequentemente, do conjunto dos cidadãos para o bem comum.[16]

Em nosso sentir, Adolfo Bidart é preciso quando define que "la mera formulación de los derechos humanos con el alcance indicado revela la necesidad de su complementación con los deberes humanos, que tienen igual significación y trascendencia que aquellos con los que mutuamente se deslindan y garantizan en su ejercicio o realización. Los derechos humanos en cada hombre requieren, para su efectiva existencia, igual fundamento o base, de deberes de igual jerarquía y significación".[17]

Sistemicamente falando, compreende-se que a todos os direitos se apresentam *correlatos e necessários* deveres constitucionais, de modo que não se imagina o desenvolvimento de um pensamento jurídico que não leve também em consideração essa *dupla face interligada e conexa de preceitos*.

Esse paradigma conceitual é relevante de modo mais intenso diante dos delitos que atinjam os interesses da coletividade (nos quais se enquadram especialmente os delitos contra a Seguridade Social), pois há uma violação dos deveres do cidadão não em relação a um específico ou especificados concidadãos, mas em face de toda a coletividade.

---

[14] HESSE, Konrad. *A Força Normativa da Constituição*. Porto Alegre: SAFE, 1991, p. 21.

[15] ZAGREBELSKY, Gustavo. *El derecho dúctil. Ley, derechos, justicia*. 6 ed. Madrid: Trotta, 2005, p. 86.

[16] NABAIS, José Casalta. *O Dever Fundamental de Pagar Impostos*. Coimbra: Almedina, 1998, p. 73. Também PÉREZ LUÑO, Antonio Enrique. *Dimensiones de la igualdad*. Madrid: Dykinson, 2005, p. 110.

[17] BIDART, Adolfo Gelsi. *De Derechos, deberes y garantías del hombre común*. Montevideo-Buenos Aires: Julio Cesar Faira Editor, 2006, p. 24-5.

Ao abordar os problemas decorrentes das relações entre a Constituição e a lei em sua "Constituição Dirigente e Vinculação do Legislador", Canotilho reconhece[18] que o núcleo essencial do debate que propõe está no "que deve (e pode) uma constituição ordenar aos órgãos legiferantes e o que deve (como e quando deve) fazer o legislador para cumprir, de forma regular, adequada e oportuna, as imposições constitucionais". Em suas palavras, "a ideia de 'vinculação constitucional' é, nos seus contornos gerais, extremamente simples e, segundo se crê, indiscutível: no Estado de Direito Democrático-Constitucional todos [todos !] os poderes e funções do Estado estão juridicamente vinculados às normas hierarquicamente superiores da constituição".[19]

Sustenta, em suma, que os princípios fornecem diretivas materiais de interpretação das normas constitucionais, gerando, assim, uma vinculação ao legislador, de "modo a poder dizer-se ser a liberdade de conformação legislativa positiva e negativa vinculada pelos princípios jurídicos".[20]

Especificamente no problema atinente aos desvios (*lato sensu*) do Poder Legislativo (mas cujas premissas valem também para as – desviadas – decisões judiciais), Canotilho destaca que, diante de situações de *manifesto arbítrio, irracionalidade e discriminação injustificada*, é corrente a admissibilidade do controle de constitucionalidade arrimada (comumente) em violação do Princípio da Proibição do Arbítrio, do Princípio da Proibição do Excesso [também do Princípio da Proibição de Proteção Deficiente] e do Princípio da Igualdade.[21]

Enquanto a proibição de excesso (*übermaßverbot*) depende da aferição de estar sendo restringido excessivamente um direito fundamental, a proibição de proteção deficiente (*untermaßverbot*) está em se apurar quando direitos fundamentais – em face de condutas (notadamente criminais) que os atinjam – não estão sendo suficientemente protegidos, ou ainda quando se está afastando indevidamente o cumprimento dos deveres fundamentais.

Como corretamente pondera Gilmar Mendes, analisando os deveres de proteção e os direitos fundamentais, "os direitos fundamentais não contêm

---

[18] CANOTILHO, José Joaquim Gomes. *Constituição Dirigente e Vinculação do Legislador*. 2 ed. Coimbra: Coimbra Editora, 2001, p. 11.

[19] CANOTILHO, José Joaquim Gomes. *Constituição Dirigente e Vinculação do Legislador*. 2 ed. Coimbra: Coimbra Editora, 2001, p. 248. García de Enterría expõe seu pensamento na mesma linha, ao sustentar que "la vinculación normativa de la Constitución afecta a todos los ciudadanos y a todos los poderes públicos, sin excepción, y no sólo al Poder legislativo como mandatos o instrucciones que a éste sólo cumpliese desarrollar – tesis tradicional del carácgter 'programático'de la Constitución -; y entre los poderes públicos, a todos los Jueces y Tribunales – y no sólo al Tribunal Constitucional". GARCÍA DE ENTERRIA, Eduardo. *La Constitución como Norma y El Tribunal Constitucional*. 3 ed. Madrid: Civitas, 2001, p.63-4. Diz também, noutro estudo, que "*la interpretación de una norma conforme a la Constitución es, pues, acomodar su contenido a los principios y preceptos de la Constitución*". GARCÍA DE ENTERRIA, Eduardo. *La Constitución Española de 1978 como Pacto Social y como Norma Jurídica*. Revista de Direito do Estado, ano 1, nº 1, jan./mar/2006, p. 21.

[20] CANOTILHO, José Joaquim Gomes. *Direito Constitucional*. 5 ed., rev. e aum. Coimbra: Almedina, 1992, p. 178. No mesmo sentido, BOROWSKI, Martin. *La Estructura de los derechos fundamentales*. Colombia: Universidad Externado de Colombia, 2003, p. 61.

[21] CANOTILHO, José Joaquim Gomes. *Constituição Dirigente e Vinculação do Legislador*. 2 ed. Coimbra: Coimbra Editora, 2001, p. 261.

apenas uma proibição de intervenção [...], expressando também um postulado de proteção [...]. Haveria, assim, para utilizar uma expressão de Canaris, não apenas uma proibição do excesso (*Übermassverbot*), mas também uma proibição de omissão (*Untermassverbot*). Nos termos da doutrina e com base na jurisprudência da Corte Constitucional alemã, pode-se estabelecer a seguinte classificação do dever de proteção: [...] (b) Dever de segurança [...], que impõe ao Estado o dever de proteger o indivíduo contra ataques de terceiros mediante adoção de medidas diversas; [...] Discutiu-se intensamente se haveria um direito subjetivo à observância do dever de proteção ou, em outros termos, se haveria um direito fundamental à proteção. A Corte Constitucional acabou por reconhecer esse direito, enfatizando que a não observância de um dever de proteção corresponde a uma lesão do direito fundamental previsto no art. 2, II, da Lei Fundamental. [...]".[22] Nesta mesma linha são as percucientes observações de Bernal Pulido quando destaca que "la cláusula del Estado social de derecho modifica el contenido que los derechos fundamentales tenían en el Estado liberal. [...] De este modo, junto a la tradicional dimensión de derechos de defensa, que impone al Estado el deber de no lesionar la esfera de libertad constitucionalmente protegida, se genera un nuevo tipo de vinculación, la vinculación positiva. En esta segunda dimensión, los derechos *fundamentales imponen al Estado un conjunto de 'deberes de protección'* (dizemos nós: de proteção ótima) que encarnan en conjunto el deber de contribuir a la efectividad de tales derechos y de los valores que representan".[23]

Sob a ótica penal, significa que, diante de uma Constituição que preveja, explícita ou implicitamente,[24] a necessidade de proteção de determinados bens jurídicos, incumbe o dever de se utilizar da pena enquanto outros meios não se mostrarem suficientes e adequados para tal desiderato.[25]

Verifica-se, portanto, que, ao tempo em que as Constituições hodiernas continuam (de modo acertado) estabelecendo cláusulas para a proteção das garantias individuais, há também *novos preceitos* e princípios que têm implicado o alargamento da atuação do Direito Penal (*a "expansão do Direito Penal", nas palavras de Silva Sànchez, somente não pode ocorrer quando houver uma expansão "irrazoável"*), de molde a ampliar a área dos bens jurídicos que reclamam proteção nessa seara.

Significa que, enquanto os princípios liberais defendem procedimentos para a descriminalização de certas condutas, as instâncias basilares do Estado Social implicam a criminalização de outras.

---

[22] MENDES, Gilmar Ferreira. *Os Direitos Fundamentais e seus múltiplos significados na ordem constitucional.* Brasília: Revista Jurídica Virtual, vol. 2, n. 13, junho/1999. Também em Anuario Iberoamericano de Justicia Constitucional, Núm. 8, 2004, p. 131-142.

[23] BERNAL PULIDO, Carlos. *El Derecho de los Derechos.* Bogotá: Universidad Externado de Colombia. 2005, p.126.

[24] PALMA, Maria Fernanda. *Direito Constitucional Penal.* Coimbra: Almedina, 2006, p.27.

[25] DOLCINI, Emílio; MARINUCCI, Giorgio. *Constituição e escolha de bens jurídicos.* Revista Portuguesa de Ciência Criminal, ano 4, fascículo 2, abr.-jun./2004, p. 198.

Reforça-se, assim, em âmbito constitucional, um *novo Direito Criminal*, no qual os princípios que dão supedâneo a essas correntes de pensamento se mesclam em convívio necessário – harmônico e, às vezes, tenso – para que se possa proteger valores individuais e também transindividuais.[26]

Portanto, com absoluta razão Luiz Carlos dos Santos Gonçalves[27] ao pontuar que os "mandados de Criminalização, também chamados de ordens de criminalização ou de penalização, são determinações feitas ao legislador para que preveja, como crimes, certos comportamentos. Estas determinações são encontradas na Constituição – mandados constitucionais de criminalização – ou em tratados internacionais firmados pelo país – mandados internacionais de criminalização. Na Constituição, podem ser expressos ou implícitos. [...] Os efeitos dos mandados de criminalização são variados. Obrigam o legislador a definir os crimes, suscitando até mesmo o ajuizamento de ações relativas à omissão inconstitucional, como ADI por omissão ou Mandado de Injunção. Se a conduta já está criminalizada, não é possível descriminalizar. Portanto, não se deixa ao alvedrio legislativo a decisão de criminalizar ou não. Desta maneira, opções de política criminal ou ideologias criminais como o abolicionismo penal ou o direito penal mínimo não podem ser opostas à direta ordem constitucional de criminalização. Em última análise, os mandados de criminalização funcionam como legitimadores do emprego de sanções penais, no Estado Democrático de Direito. Indicam que a função do Direito Penal é a de proteção de bens jurídicos, constitucionalmente previstos ou constitucionalmente adequados. Em muitas situações, a ausência deste emprego implicará na desproteção ou proteção insuficiente de bens jurídicos, ofendendo a proporcionalidade (*untermassverbot*). As sanções penais se apresentam, portanto, em alguns casos, como imprescindíveis para a proteção de direitos fundamentais, daí sua previsão estar concentrada justamente no artigo 5º da Constituição Federal. A partir das ordens constitucionais ou internacionais de criminalização, é possível desenhar um direito penal proporcional, nem mínimo, nem máximo."

3. Os princípios garantistas como delimitadores ou impositivos da incidência do Direito Penal

Da mesma forma, temos criticado enfaticamente a "tradução" em terras brasileiras dos chamados "Princípios Garantistas". Segundo propalado, pelo Princípio da *ultima ratio* do Direito Penal, não haveria sentido em criminalizar determinadas condutas que, em princípio, poderiam ser resolvidas na "seara administrativa". O princípio é absolutamente verdadeiro, porém usado de forma absolutamente equivocada, como verdadeira "frase pronta", uma tábua de salvação para defender a não incidência da criminalização (e de modo severo) de determinadas condutas, dentre elas as que envolvam a chamada *criminalidade econômica*.

---

[26] LUISI, Luiz. *Os Princípios Constitucionais Penais*. 2 ed. rev. e aum. Porto Alegre: SAFE, 2003, p. 12 e 57.

[27] GONÇALVES, Luiz Carlos dos Santos. *Mandados Expressos de Criminalização e a Proteção de Direitos Fundamentais na Constituição Brasileira de 1988*. Fórum: Belo Horizonte, 2007.

Reproduzindo também aqui o que já dissemos noutra oportunidade,[28] e antecipando *vênias* a quem pensa em sentido contrário, fácil encontrar muitas e reiteradas manifestações doutrinárias e jurisprudenciais com simples *referência* aos ditames do *"garantismo penal"*, sem que se compreenda, na essência, qual a extensão e os critérios de sua aplicação.

Em muitas situações, há distorção dos reais pilares fundantes da doutrina de Luigi Ferrajoli (*quiçá* pela *compreensão não integral* dos seus postulados). Daí que falamos que se tem difundido um *garantismo penal unicamente monocular e hiperbólico*, evidenciando-se de forma isolada a necessidade de proteção *apenas* dos *direitos* dos cidadãos que se veem investigados, processados ou condenados. Relembremos: da leitura que fizemos, a grande razão histórica para o surgimento do *pensamento garantista* (que aplaudimos e concordamos, insista-se, desde que devidamente compreendido) decorreu de se estar diante de um Estado em que os direitos fundamentais não eram minimamente respeitados, especialmente diante do fato do sistema totalitário vigente na época. Como muito bem sintetizado por Paulo Rangel,[29] a teoria do garantismo penal defendida por Luigi Ferrajoli é originário de um movimento do uso alternativo do direito nascido na Itália nos anos setenta por intermédio de juízes do grupo Magistratura Democrática (dentre eles Ferrajoli), sendo uma consequência da evolução histórica dos direitos da humanidade que, hodiernamente, considera o acusado não como objeto de investigação estatal, mas sim como sujeito de direitos, tutelado pelo Estado, que passa a ter o poder-dever de protegê-lo, em qualquer fase do processo (investigatório ou propriamente punitivo).

Não por outro motivo que pensamos que o Tribunal Constitucional alemão também (embora *não só* por isso) desenvolveu (e muito bem) a necessidade de obediência (integral) à proporcionalidade na criação e aplicação das regras, evitando-se excessos (*übermaßverbot*) e também deficiências (*untermaßverbot*) do Estado na proteção dos interesses individuais e coletivos. Ainda em sede exemplificativa, entendemos que a Teoria da *Constituição Dirigente* de Canotilho restou diretamente influenciada pela realidade imposta pelo regime totalitário em Portugal, reclamando-se a defesa irrestrita dos postulados fundamentais de uma Constituição Democrática.

Sem pretensão de esgrimir todos os desdobramentos da teoria garantista – até porque incabível nos limites ora propostos –, cumpre destacar que a questão fundamental do pensamento do mestre italiano decorre da necessidade de que se devessem observar rigidamente os direitos fundamentais dos cidadãos (o que até então não ocorria), valorando-se, **substancialmente**, os princípios maiores estampados na Constituição.

Se eventualmente houver alguma dúvida sobre o que *efetivamente* defende Ferrajoli acerca do *Garantismo Penal,*[30] convém-se reportar a excertos

---

[28] FISCHER, Douglas. *O que é garantismo penal (integral) ?* in CALABRICH, Bruno; FISCHER, Douglas; PELELLA, Eduardo. *Garantismo Penal Integral – Questões penais e processuais, criminalidade moderna e a aplicação do modelo garantista no Brasil.* Salvador: Jus Podivm, 2010, p. 25-50.

[29] "O clone da inquisição terrorista", in http://jusvi.com/artigos/1319, acesso em 18.out.2012.

[30] Apenas uma face de toda sua obra, de cunho eminentemente filosófico e constitucional, diga-se àqueles que pensam ainda ser o mestre italiano um "penalista".

CONTRIBUIÇÕES PREVIDENCIÁRIAS SOBRE A REMUNERAÇÃO

(sem que se altere a substância ou contexto) de uma de suas mais recentes obras, em que consolidado em três volumes (*Principia Iuris*) praticamente toda sua *teoria*. No segundo volume,[31] inicia pontuando que "el futuro de la democracia constitucional está pues confiado a la ampliación de su tradicional paradigma liberal y estato-céntrico – concebido para la tutela de los meros derechos civiles y de libertad, reducido como sistema de límites a los meros poderes públicos y anclado en los meros confines del Estado nación – en una triple dirección: a) ante todo, para la garantía de todos los derechos fundamentales y no sólo de los derechos de libertad sino también de los derechos políticos y socilaes; b) en segundo lugar, respecto de todos los poderes, no sólo de los públicos sino también de los económicos y privados; c) en tercer lugar, a todos los níveles, no sólo del derecho estatal sino también del derecho internacional. [...] También *el tradicional garantismo liberal*, como veremos en la primera parte del capítulo XV, *está por lo demás hoy en crisis y exige ser refundado*. Pero lo que exige sobre todo ser desarrollado es un garantismo político, un garantismo social y un garantismo civil, además de un garantismo constitucional" (fls. 81-82).

Abordando o tema das *garantias positivas* (que, em nossa compreensão sistêmica de seu posicionamento engloba *também* a proteção penal, quando necessária), pontua que "se trata pues de desarrollar, junto al sistema liberal de las garantías negativas como lo son en particular las penales, un sistema social de garantías positivas y un sistema correspondiente de funciones e instituciones de garantía, tanto primárias como secundárias, dirigidas a la satisfacción de los derechos sociales y a su tutela jurisdiccional" (fl. 88).

E ao que mais incisivamente interessa aqui (a demonstração de que o Direito Penal deve ser *impositivo* e *eficiente* em se tratando de criminalidade que atinja interesses coletivos, dentre os quais se enquadram os delitos tributários em detrimento da Seguridade Social), enceta com precisão que "há cambiado, sobre todo, la cuestión criminal. La criminalidad que hoy más atenta contra los bienes y derechos fundamentales no es la vieja criminalidad de susistencia, debida a sujetos individuales principalmente marginados. *La criminalidad que más amenaza a los derechos, la democracia, la paz y el futuro mismo de nuestro planeta es actualmente la criminalidade del poder* [..] (fl. 352)", pontuando de modo certeiro que é fundamental "promover el replanteamiento de toda la escala de bienes merecedores de tutela; para colocar en el vértice los bienes y los derechos fundamentales – vida, integridad física, libertad, *los bienes públicos y comunes, el correcto ejercicio de las funciones públicas – hoy lesionados o amenazados sobre todo por las diversas formas de la criminalidad del poder*; para excluir de entre los bienes dignos de tutela penal todos aquellos que no tengan, ni siquiera indirectamente, rango constitucional" (fls. 367-368).

---

[31] Principia Iuris, *La Democracia Constitucional*. Madrid: Editorial Trotta, 2011. Tradução de Perfecto Andrés Ibañez, Carlos Bayón, Marina Gascón, Luís Prieto Sanchís y Alfonso Ruiz Miguel.

À luz dos dirigentes mandamentos constitucionais (que, como diz o próprio Ferrajoli, são nada além do que *outra cara* do seu *garantismo*),[32] parece não resistir mais nenhuma dúvida que é *impositiva* a criminalização de condutas que, como os delitos de natureza tributário-previdenciária, atingem, frontalmente, a capacidade de proteção dos interesses coletivos, na medida em que o Estado (especialmente em razão das consequências dessas condutas) não poderá atender às ordens constitucionais de prestação de todos os direitos fundamentais coletivos, impostos constitucionalmente.

Apropriando-se de considerações de Bernd Schünemann,[33] é preciso dizer novamente,[34] de forma bastante enfática, que, dentre outros, os delitos contra a seguridade social são espécies (*lato sensu*) de crimes contra o patrimônio, com elementares muito mais gravosas na medida em que não atingem interesses de alguns integrantes da sociedade, mas sim violam diretamente o funcionamento institucional do Estado, que tem a função de garantidor das liberdades fundamentais, bem como de promotor dos direitos fundamentais prestacionais.[35] Como pondera Ferreira da Cunha, em um sistema de Direito Social, compete ao Estado assegurar, inclusive mediante a tutela penal, o cumprimento das prestações públicas que são devidas para sua sustentabilidade.[36] Como bem destaca Machado Pelloni, reportando-se a Bowring (inglês) e Mustaniemi-Laakso (finlandês), "los derechos fundamentales cuestan dinero".[37] A propósito, Pablo Galain adverte que o Direito Penal Econômico (*dentro do qual se enquadram os delitos que ora se estudam*) não tem como *principal meta* a proteção de bens jurídicos individuais (ao menos de forma imediata), mas, sim, contrapondo-se aos postulados liberais em matéria penal, pretende solucionar os aspectos da vida moderna em sociedade. Diz ainda que esses delitos "afectan directamente a un bien jurídico colectivo o supraindividual, de contenido económico, confiriendo de este modo a la infracción la cualidad de socio-económica".[38] Corcoy Bidasolo, por sua vez, reconhece que, nos delitos contra a Fazenda Pública (*lato sensu*) – raciocínio aplicável também aos crimes contra a Seguridade Social – *se está protegendo o dever de solidariedade dos obrigados a contribuir à sustentação dos gastos públicos*, para que se possa garantir a contraprestação a que o Estado

---

[32] El garantismo, como se dijo desde el § 7 de la Introducción, es en realidad la otra cara del constitucionalismo. [...] una teoría del constitucionalismo es por eso, en gran parte, una teoría del garantismo. (Op. cit., p. 85)

[33] SCHÜNEMANN, Bernd. *O direito Penal é a ultima ratio da proteção de bens jurídicos ! – Sobre os limites invioláveis do direito penal em um Estado de Direito Liberal.* Revista Brasileira de Ciências Criminais, São Paulo, n. 53, 2005, p. 25.

[34] Tal como já defendemos originariamente em nosso *Delinquência Econômica e Estado Social e Democrático de Direito.* Porto Alegre: Verbo Jurídico, 2006, p. 127-128, aqui parcialmente reproduzido.

[35] STEPHEN, Holmes; SUNSTEIN, Cass. R. *The Cost or rights.*

[36] CUNHA,Maria Conceição Ferreira da.*Constituição e Crime–Uma perspectiva da Criminalização e da Descriminalização.* Porto:Universidade Católica Portuguesa Ed.,1995,p. 144.

[37] MACHADO PELLONI, Fernando M. *Derecho Penal Econômico: su legitimación para la defensa de los derechos fundamentales.* Revista de Estudos Criminais n. 32, jan./mar 2009.

[38] GALAIN, Pablo. *Delitos Económicos.*Buenos Aires: Julio César Faria Editor,2004, p.101 e 106.

está obrigado, que é um direito de todos os integrantes da sociedade.[39] No mesmo sentido, concordam Figueiredo Dias e Costa Andrade, ao encetarem que os cidadãos devem honrar com lealdade e rigor os seus deveres de colaboração para com a administração fiscal.[40] Por fim, para Mestre Delgado, qualquer violação dessas regras, que se encontram ancoradas especialmente no *Princípio da Solidariedade*,[41] implica lesão direta a interesses de *máxima* relevância constitucional.[42]

4. A tipologia dos delitos previstos nos arts. 168-A, § 1º, I, e 337-A, ambos do CP, e o modo de suas configurações

Superada discussão da existência de fundamentação constitucional *ordenatória* à penalização dos delitos contra a Seguridade Social, é fundamental explicitar (mesmo que já conhecidas) as redações dos dois tipos penais mais relevantes ao sistema da Seguridade Social, e aqui objeto de abordagem: art. 168-A, § 1º, I, CP ("§ 1º Nas mesmas penas incorre quem deixar de: – recolher, no prazo legal, contribuição ou outra importância destinada à previdência social que tenha sido descontada de pagamento efetuado a segurados, a terceiros ou arrecadada do público. Pena – reclusão, de 2 a 5 anos, e multa."); e art. 337-A, CP (Suprimir ou reduzir contribuição social previdenciária e qualquer acessório, mediante as seguintes condutas: I – omitir de folha de pagamento da empresa ou de documento de informações previsto pela legislação previdenciária segurados empregado, empresário, trabalhador avulso ou trabalhador autônomo ou a este equiparado que lhe prestem serviços; II – deixar de lançar mensalmente nos títulos próprios da contabilidade da empresa as quantias descontadas dos segurados ou as devidas pelo empregador ou pelo tomador de serviços; III – omitir, total ou parcialmente, receitas ou lucros auferidos, remunerações pagas ou creditadas e demais fatos geradores de contribuições sociais previdenciárias. Pena – reclusão, de 2 a 5 anos, e multa").

O primeiro possui natureza formal (pode ter resultado, mas sua ocorrência não depende dele) e se configura por um ato comissivo (desconto de *pagamento efetuado a segurados, a terceiros ou arrecadada do público*) seguido

---

[39] CORCOY BIDASOLO, Mirentxu. *Delitos de peligro y protección de bienes jurídico-penales supraindividuales.* Valencia: Tirant Lo Blanch, 1999, p. 238. Braga leciona, com precisão, que "a supressão ou redução de tributo caracteriza evidente desvio do dinheiro pertencente a toda coletividade, frustrando a satisfação das despesas decorrentes do pacto político estabelecido. É esta consciência de um dever voltado à reciprocidade social que permite edificar a noção de cidadania e de estado. A cidadania, enquanto ente individual que aceita os termos de cooperação social, onde participa, delibera e aceita as benesses e o ônus decorrente da vida em sociedade. O estado, por sua vez, como expressão da autoridade democrática e corolário das esferas de participação do poder político.".

[40] FIGUEIREDO DIAS, Jorge de; COSTA ANDRADE, Manuel da. *O Crime de fraude fiscal no novo Direito Penal Tributário Português.* Revista Brasileira de Ciências Criminais, ano 4, n. 13, jan./mar. 1996, p. 62. Na mesma senda, MESTRE DELGADO, Esteban. *La Defraudación Tributaria por Omisión.* Madrid: Ministerio de Justicia, Centro de Publicaciones de la Secretaría General Técnica, 1991, p. 33.

[41] A propósito, remete-se a texto desse livro da autoria de LEANDRO PAULSEN, que certamente bem faz o delineamento da questão da Solidariedade.

[42] MESTRE DELGADO, Esteban. *La Defraudación Tributaria por Omisión.* Madrid: Ministerio de Justicia, Centro de Publicaciones de la Secretaría General Técnica, 1991, p. 96.

de um ato omissivo (deixar de repassar os valores no prazo estipulado aos cofres da União). Já o segundo tem natureza material (o resultado é imprescindível para sua existência), sendo essencial que sejam praticadas as condutas-meio (previstas nos incisos) e que, como consequência, tenha havido supressão (total) ou redução (parcial) de contribuições previdenciárias.

Quanto ao bem jurídico tutelado por estes tipos penais (constitucionalmente legitimados, insista-se), compreendemos que ele está diretamente entrelaçado com a arrecadação tributária no *momento esperado*, como corretamente pontua Alécio Lovatto, ao destacar que "não é, em si mesmo, o pagamento, a arrecadação, o objeto primeiro de proteção da Lei n° 8.137/90. O que se protege, antes de tudo, é a ordem tributária. [...] Mais que a arrecadação, pelo texto legal, *protege-se a regularidade*,[43] punindo-se toda a ação ou omissão que, nos termos da antiga definição legal de sonegação, impedia ou retardava o conhecimento da autoridade fazendária da ocorrência do fato gerador da obrigação tributária principal".[44] Como dizem também Figueiredo Dias e Costa Andrade, o bem jurídico, em delitos deste jaez, se constitui no "interesse público no recebimento completo e *tempestivo* dos singulares impostos".[45] Igualmente Silva-Sánchez, reportando-se à STF de 19 de maio de 2005, ao referir que o Tribunal Supremo Espanhol reconhece como necessária a repressão de qualquer conduta que implique uma diminuição da arrecadação *esperada* pela Fazenda Pública.[46]

Repristinando argumentos nossos,[47] mister alertar uma vez mais que não é de hoje que muitos "intérpretes" pretendem *transformar*, mesmo que *a fórceps*, o delito do art. 168-A do CP (denominado, erroneamente, de "apropriação indébita" previdenciária – pois não há previsão no tipo inversão da posse, o *animus rem sibi habendi*) em um delito de natureza *material*. Já chegamos a absurdos de alguns órgãos jurisdicionais reproduzirem *ementas* – sem um mínimo rigor científico ou até pela ausência de uma análise mais acurada do que *efetivamente* decidido, em verdadeiro procedimento *"hermenêutico"* de *"copiar-colar"* – que (supostamente) indicariam que teria havido *modificação* do entendimento jurisprudencial acerca da natureza dos delitos em comento. Novo (e igualmente *suposto*) problema surgiu com a novel redação que foi conferida ao art. 83 da Lei n° 9.430/96 pela Lei 12.350/2010, pois lá se consignou que *"a representação fiscal para fins penais relativa aos crimes contra a ordem tributária previstos nos arts. 1° e 2° da Lei n° 8.137, de 27 de dezembro de 1990, e aos crimes contra a Previdência Social, previstos nos arts. 168-A e 337-A do Decreto-Lei n° 2.848, de 7 de dezembro de 1940 (Código Penal), será encaminhada ao Ministério Público depois de proferida a decisão final, na esfera*

---

[43] Essa proteção exsurge explicitamente – além doutras – de modo especial das regras dos artigos 194 e 195, II, ambos da Constituição Federal, originariamente destacadas.

[44] LOVATTO, Alecio Adão. Crimes Tributários. Porto Alegre: Livraria do Advogado, 2000, p. 78.

[45] FIGUEIREDO DIAS, Jorge de; COSTA ANDRADE, Manuel da. *O Crime de fraude fiscal no novo Direito Penal Tributário Português*. Revista Brasileira de Ciências Criminais, ano 4, n. 13, jan./mar. 1996, p. 62.

[46] SILVA SÁNCHEZ, Jesús-Maria. *El nuevo escenario del delito fiscal en España*. Barcelona: Atelier, 2005, p. 49.

[47] FISCHER, Douglas. *Os delitos dos arts. 168-A, CP e 2°, Lei 8.137/90 continuam sendo de natureza* formal *mesmo após a edição da Lei 12.350/2010*, pendente de publicação.

administrativa, sobre a exigência fiscal do crédito tributário correspondente" (grifamos). Ao que parece, agora é a "lei" que busca complicar a compreensão desse delito: sem alterar o tipo penal, cria-se um empeço por intermédio de regra procedimental.

Era (talvez) o *mote* que faltava para os "juristas" (muitos de *plantão*) para justificar: agora, sim, os delitos em voga são de natureza material, pois enquanto não exaurida a esfera administrativa eles não estarão consumados.

Novo – e uma vez mais – gravíssimo equívoco.

Erro que se vê também na consolidação (sem qualquer sustentação dogmática minimamente *coerente*) da Súmula Vinculante n° 24 do STF, em que, com base em falsas premissas teóricas,[48] se assentou que os delitos previstos no art. 1°, incisos I a IV (e o V?),[49] da Lei 8.137/90 somente *existiriam* com o exaurimento da esfera administrativa. Por coerência, não há outra solução a ser adotada quanto (e só a ele) ao delito previsto no art. 337-A, CP, que tem estrutura tipológica idêntica ao do art. 1°, Lei 8.137/90 (aliás, até a edição da Lei 9.983/2000, que introduziu o tipo penal no art. 337-A, CP), a sonegação fraudulenta de contribuições previdenciárias era tipificada no art. 1°, Lei 8.137/90.

Sem desenvolver minuciosamente todos os pontos de vista que se tem para demonstrar a inconsistência teórica, jurídica e lógico-sistêmica da decisão da Corte Suprema e dos demais tribunais, destacam-se, topicamente, nossas considerações prefaciais a respeito do tema:[50] a) no sistema vigente, o Poder Judiciário não pode(ria) ficar vinculado e jungido às conclusões advindas da seara administrativa, embora a *vinculação* só exista, em verdade, nos delitos desse jaez, por conta dos *precedentes*; b) contraria-se frontalmente o contido no art. 5°, XXXV, CF/88, que determina que a lei (e também as conclusões derivadas da construção jurisprudencial, complementa-se) não excluirá da apreciação do Poder Judiciário lesão ou ameaça de direito; c) no

---

[48] Perelman sempre advertiu que "os problemas específicos de lógica jurídica não surgem quando se trata de deduzir as conseqüências que resultam logicamente de um conjunto de premissas, mas quando se trata de estabelecer essas próprias premissas, dando às normas jurídicas seu alcance exato" (PERELMAN, Chaïm. Ética e Direito. São Paulo: Martins Fontes, 2002, p. 496). No mesmo diapasão, Ricaséns Siches salienta que "el verdadero meollo de la función judicial no radica ni remotamente en el silogismo que pueda formularse, sino que consiste en la elección de premisas, por parte del juez". (RECASÉNS SICHES, Luis. *Nueva Filosofia de la interpretación del Derecho*. 2 ed. México: Porrúa, 1973, p.237).

[49] Na verdade, esta *omissão* decorre diretamente da (pasmem) incompreensão que o próprio Supremo Tribunal Federal tem a respeito destes delitos, como se verifica dos fundamentos do julgamento proferido no HC n° 90.795-PE, donde se extrai, hialinamente, que ministros da Corte Suprema (ainda) confundem sonegação de tributos com dívida tributária. A propósito, remetemos às considerações em outras manifestações de nossa autoria: OLIVEIRA, Eugênio Pacelli de. FISCHER, Douglas. *Comentários ao Código de Processo Penal e sua Jurisprudência*. 4 ed. São Paulo: Atlas, 2012, p. 797-806. FISCHER, Douglas. *A impunidade: sonegação fiscal e exaurimento da esfera administrativa Ainda sobre os problemas derivados dos precedentes do STF no HC n° 81.611-SP e seu confronto com o que decidido no HC n° 90.795-PE*. Direito e Democracia (ULBRA) v. 9, p. 184, 2008.

[50] A que remetemos mais detalhadamente. FISCHER, Douglas. *Os paradoxos da súmula vinculante n° 24/ STF: as contradições, a não-compreensão de como se tipifica o crime material de sonegação fiscal, a impunidade e a agravação da situação do réu em determinados casos*. In BASTOS, Marcelo; AMORIM, Pierre Souto Maior Coutinho (orgs). *Tributo a Afrânio Silva Jardim: escritos e estudos*. 2011. Rio de Janeiro: Lumen Juris, p. 55-94.

âmbito criminal não se discute "crédito tributário", mas *tributo* (vinculado à *obrigação* tributária); d) as provas acerca da materialidade do crime (tributo, *suprimido* ou *reduzido*) não podem ficar restritas àquelas eventualmente produzidas na esfera administrativa. É dizer: na ação penal há possibilidade de outras provas a demonstrar a materialidade e prática do crime, independentemente da decisão administrativa; e) as conclusões tomadas no âmbito administrativo deve(riam) servir tão somente como elementos a mais para formar a convicção do juiz; f) o prazo prescricional para a constituição do *crédito tributário,* de regra, é de 5 (cinco anos), enquanto que, à luz do Código Penal, o delito em voga tem prescrição em abstrato no marco de 12 (doze) anos; mas, em determinados casos, a prescrição pode ser de *até* 22 (vinte e dois) anos; g) a decisão proferida no acórdão-paradigma importa conferir, na prática, efeito vinculante a uma decisão administrativa, quando, salvo exceções, sequer decisões emanadas do próprio STF ostentam tal característica; h) o Código Penal (art. 4º, CP) adotou a denominada *Teoria da Atividade,* considerando-s∙ *"praticado o crime no momento da* ação *ou omissão, ainda que outro seja o momento do resultado".* Portanto, segundo referida teoria, o crime se consuma com a ação (no caso, necessariamente comissiva) *supressão* ou *redução* (*caput* do art. 337-A, CP) de contribuição mediante alguma conduta, fraudulenta ou não, prevista nos respectivos incisos. É importante aqui frisar que a Corte Suprema *não disse* que o crime se consumaria num momento (ação ou omissão), cujos resultados poderiam ocorrer ulteriormente (incidindo, aí sim, corretamente a *Teoria da Atividade*). O que se disse majoritariamente – com absoluto equívoco – é que o crime *só existe* após o exaurimento da esfera administrativa. Uma leitura minimamente *atenta* do *leading case* do HC nº 81.611-SP permite verificar que esta *construção*, acolhida majoritariamente, foi objeto de verdadeira *solução não tão detida* sobre suas consequências pelo relator após as críticas feitas pelo Ministro Joaquim Barbosa acerca da inconsistência teórica[51] do que se estava decidindo e, sobretudo, por conta da *fluência da prescrição,* se mantidos os raciocínios (acolhidos por alguns) de se tratar de hipótese de *condição objetiva de punibilidade* ou então *condição de procedibilidade.*

Não bastasse isso, a "involução" (relacionada com essa irresponsabilidade dogmática e jurisprudencial) não poderia ser pior: iniciou-se a repetição de que o STF teria decidido que também aos delitos (formais) do art. 168-A, CP, seria necessário o exaurimento da esfera administrativa. É preciso se dizer: o STF *nunca* disse isso, mas a propalação se dá com base em uma *ementa* redigida de forma incompleta (o *"precedente"* do Inquérito nº 2.537), olvidando-se *ulterior esclarecimento* da Corte Suprema.

---

[51] A propósito, recomenda-se a análise da obra de Andreas Eisele, intitulada *Crítica ao Direito Penal Tributário Brasileiro.* Blumenau: Editora Acadêmica, 2007, em que o autor, de forma coerente e técnica, literalmente disseca, ponto a ponto, todos os graves equívocos dogmáticos de referida "construção" majoritária do STF.

Com efeito (e grave *defeito)*, assim está *ementado* o acórdão proferido *originalmente* no julgamento do *Agravo* Regimental no Inquérito 2.537:

APROPRIAÇÃO INDÉBITA PREVIDENCIÁRIA – CRIME – ESPÉCIE. A apropriação indébita disciplinada no artigo 168-A do Código Penal consubstancia crime omissivo material e não simplesmente formal.

INQUÉRITO. SONEGAÇÃO FISCAL. PROCESSO ADMINISTRATIVO. Estando em curso processo administrativo mediante a qual questionada a exigibilidade do tributo, ficam afastadas a persecução penal e – ante o princípio da não-contradição, o princípio da razão suficiente – a manutenção de inquérito, ainda que sobrestado.

O único voto que defendeu essa tese (do delito material) foi o e. Relator, que foi acompanhado pelos demais Ministros, mas (e aqui a relevância) por *fundamentos* absolutamente diversos. Tanto é que, por exemplo, constou expressamente do voto do Ministro Cezar Peluso (sem qualquer referência na ementa ou no acórdão): "[...] este caso de apropriação indébita previdenciária não *pode ser equiparado ao dos delitos materiais de débito tributário*, porque aqui o núcleo do tipo, sobretudo no caso, que é o 168, *a*, inciso I, se compõe de dois verbos. As ações são duplas: primeiro, descontar; segundo, deixar de recolher".

O ponto fundamental a se dizer (que revela, smj, a total falta de coerência *dogmática* de alguns posicionamentos) é que, no mesmo suposto caso paradigmático, foram interpostos *embargos de declaração* (sobre o que neles decidido ninguém fala, apenas as referências são à *ementa* do *primeiro julgamento*). Se dúvida alguma pairar, basta uma leitura (minimamente) *atenta* (novamente) do voto do Ministro Peluso (com o que concordou o próprio relator) no julgamento *dos embargos de declaração* opostos pelo Ministério Público Federal: "Ministro Marco Aurélio, peço vênia a Vossa Excelência não para discordar em relação à solução do caso, nem à sua qualificação jurídica. Está-me parecendo que o Ministério Público não se insurge nem quanto à qualificação que Vossa Excelência deu ao crime. O Ministério Público, parece-me, pretende é dissipar a preocupação de que, deste julgado, se tire a tese de que o crime, no caso de desconto, pelo empregador, de verba devida à previdência social, dependa de prévio procedimento administrativo para caracterizar-se como tal. No debate, entendi não ser o caso, porque, quando o empregador, ele mesmo, desconta, sabe o valor que descontou e tem que repassar. Portanto, não há necessidade nenhuma de instaurar-se prévio procedimento administrativo para saber o que ele devia ter recolhido. É ele mesmo que toma a iniciativa, logo sabe o valor que desconta e deveria recolher. E *o Ministério Público está preocupado que, deste julgamento, se extraia a tese de que, ainda nesse caso, quando o empregador desconte e não recolha, seria necessário procedimento administrativo prévio para saber qual é o valor para efeito de caracterização do tributo.* [...] É só para fazer constar esse pronunciamento, deixar claro. Eu também rejeito os embargos. *O Tribunal deixa claro que não concorda com a tese de que é necessário breve procedimento administrativo para caracterizar o tributo".*

Alguma dúvida do que *efetivamente* decidido pelo STF?

Tanto o *STF nunca decidiu* nessa linha que, *ulteriormente*, no âmbito do Plenário, foi reafirmada a desnecessidade do exaurimento da esfera administrativa em crimes formais, como é o caso do (similar) delito previsto no art. 2º, Lei nº 8.137/90. Confira-se:

EMBARGOS DE DECLARAÇÃO. EFEITOS INFRINGENTES. ADMISSIBILIDADE EXCEPCIONAL. NECESSIDADE DE INTIMAÇÃO DA PARTE EMBARGADA PARA CONTRA-RAZÕES. ART. 2º, INC. I, DA LEI Nº 8.137/90. CRIME FORMAL. DESNECESSIDADE DE CONCLUSÃO DO PROCEDIMENTO ADMINISTRATIVO PARA A PERSECUÇÃO PENAL. Visando os embargos declaratórios à modificação do provimento embargado, impõe-se, considerado o devido processo legal e a ampla defesa, a ciência da parte contrária para, querendo, apresentar contra-razões. *O tipo penal previsto no artigo 2º, inc. I, da Lei 8.137/90, é crime formal* e, portanto, independe da consumação do resultado naturalístico correspondente à auferição de vantagem ilícita em desfavor do Fisco, bastando a omissão de informações ou a prestação de declaração falsa, não demandando a efetiva percepção material do ardil aplicado. Dispensável, por conseguinte, a conclusão de procedimento administrativo para configurar a justa causa legitimadora da persecução. Embargos declaratórios providos. (Embargos de Declaração no RHC nº 90.532-CE, Relator Ministro Joaquim Barbosa, Plenário, julgado em 236.09.2009, publicado no DJ em 05.11.2009)

Poderiam surgir eventualmente perguntas: em face da *novel redação* do art. 83 da Lei nº 9.430/96 nos termos conferidos pela Lei nº 12.350/2010, teria o delito previsto no art. 168-A, § 1º, CP, passado (transmudado) a ser de natureza material ?

A resposta é negativa. O delito continua sendo formal, porém o problema está relacionado com a prescrição. Na verdade, o disposto no art. 83, Lei 9.430/96 (vide MC na ADI n. 1.571, STF) apenas é uma cláusula impositiva para a administração em *comunicar* o crime (já configurado com o mero não repasse dos valores no prazo legal após o desconto anterior) ao titular da ação penal. É dizer: as consequências não estão relacionadas com a configuração do crime, mas serão nefastas, pois a prescrição já terá iniciado sua fluência (*art. 111,CP: A prescrição, antes de transitar em julgado a sentença final, começa a correr: I – do dia em que o crime se consumou*), embora a ciência do fato ao Ministério Público se dê muito tempo depois, com o *exaurimento da esfera administrativa*.

Ou seja, aqui, *diferentemente* do que constante na Súmula Vinculante nº 24, por serem crimes formais, a prescrição começará a correr igualmente com fundamento no art. 111, I, CP, mas com marco temporal *não* no exaurimento da esfera administrativa, e sim na conduta *omissiva* de não repasse no tempo previsto dos valores eventualmente descontados ou cobrados.

Em síntese: a prescrição já estará fluindo pela consumação, mas está-se impondo pela regra alterada pela Lei nº 12.350/2010 que a Receita Federal somente comunique o fato criminoso (já consumado e integralizado) após as (eventualmente longas) discussões na esfera administrativa. Um disparate, para dizer o menos.

CONTRIBUIÇÕES PREVIDENCIÁRIAS SOBRE A REMUNERAÇÃO

5. A extinção da punibilidade pela devolução dos valores sonegados ou pela mera confissão: a manifesta inconstitucionalidade diante de argumentos míticos, retóricos e falsos de que a finalidade seria arrecadatória e/ou de política criminal

Inúmeras regras já foram editadas permitindo a extinção da punibilidade se, *em* ou *até* determinado momento (há variáveis nas leis), houver o ressarcimento dos valores sonegados aos cofres públicos. Na Lei 8.137/90, havia o art. 14 (que vigorou por muito pouco tempo, revogado pela Lei 8.383, de 30.12.1991) que dispunha: "Extingue-se a punibilidade dos crimes definidos nos arts. 1° a 3° quando o agente promover o pagamento de tributo ou contribuição social, inclusive acessórios, antes do recebimento da denúncia".

Como num passe de mágica,[52] foi aprovado o art. 34 da Lei 9.249/95,[53] regra ainda válida e aplicável a determinados casos, tendo a jurisprudência passado a interpretar (*de modo mais desprotetivo ainda*) que "o parcelamento idôneo, anterior ao recebimento da denúncia, de dívidas derivadas de fatos delituosos ocorridos antes de 11-04-2000 (início de vigência da Lei 9.964, de 2000) acarreta a extinção da punibilidade, conforme o artigo 34 da Lei 9.249, de 1995, independentemente da posterior rescisão do parcelamento". (Apelação Criminal n° 0010357-79.2004.404.7104/RS, TRF 4ª Região, publicado no DJ em 17.09.2012).

Tendo a finalidade de instituir um programa de recuperação fiscal, por intermédio da Lei n° 9.964/2000 criou-se o REFIS, cuja finalidade primordial seria (artigo 1°) a promoção da regularização "de créditos da União, decorrentes de débitos de pessoas jurídicas, relativos a tributos e contribuições, administrados pela Secretaria da Receita Federal e pelo Instituto Nacional do Seguro Social – INSS, com vencimento até 29 de fevereiro de 2000, constituídos ou não, inscritos ou não em dívida ativa, ajuizados ou a ajuizar, com exigibilidade suspensa ou não, inclusive os decorrentes de falta de recolhimento de valores retidos". Em seu artigo 15, consolidou-se regra no sentido de que seria "suspensa a pretensão punitiva do Estado, referente aos crimes previstos nos arts. 1° e 2° da Lei n° 8.137, de 27 de dezembro de 1990, e no art. 95 da Lei n° 8.212, de 24 de julho de 1991, durante o período em que a pessoa jurídica relacionada com o agente dos aludidos crimes estiver incluída no Refis, desde que a inclusão no referido Programa tenha ocorrido antes do recebimento da denúncia criminal".[54] A forma de parcelamento e de adimplemento dos valores restou regulada pelo artigo 2° da Lei n° 9.964, especificamente no inciso II do seu § 4°, determinando que se daria em parcelas mensais e sucessivas, e o valor de cada parcela seria de acordo com o percentual da receita bruta no mês imediatamente anterior. Em síntese, esse

---

[52] Vide maiores detalhes de como são feitas as leis em nossa obra *Delinquência Econômica e Estado Social e Democrático de Direito*. Porto Alegre: Verbo Jurídico, 2006, p.186-187e 207-208.

[53] Extingue-se "a punibilidade dos crimes definidos na Lei n° 8.137, de 27 de dezembro de 1990 646, e na Lei n° 4.729, de 14 de julho de 1965, quando o agente promover o pagamento do tributo ou contribuição social, inclusive acessórios, antes do recebimento da denúncia".

[54] Na época, o não-recolhimento das contribuições descontadas dos salários dos empregados (tipificado hoje no art. 168-A, § 1, CP) era regulado pelo art. 95, 'd', da Lei 8.212.

regime passou a admitir ao "devedor" [criminoso ou não] – *e aí já uma manifesta discrepância irracional, ilógica e injusta* – proceder a ajustes do valor das parcelas do refinanciamento ao ritmo de seu próprio negócio [interesses], sem nenhuma limitação temporal, fato que redundou em parcelamentos com suspensão de ações penais por até *milhares* de anos.[55] Reitera-se: milhares de anos ! Pior: com a chancela judicial.[56]

Seguiu-se com a Lei n° 10.684, em 30 de maio de 2003, que, em seu artigo 9°, *caput* e § 2°, dispôs que fica "suspensa a pretensão punitiva do Estado, referente aos crimes previstos nos artigos 1o e 2o da Lei no 8.137, de 27 de dezembro de 1990, e nos arts. 168-A e 337-A do Decreto-Lei no 2.848, de 7 de dezembro de 1940 – Código Penal, durante o período em que a pessoa jurídica relacionada com o agente dos aludidos crimes estiver incluída no regime de parcelamento", bem assim que fica extinta "a punibilidade dos crimes referidos neste artigo quando a pessoa jurídica relacionada com o agente efetuar o pagamento integral dos débitos oriundos de tributos e contribuições sociais, inclusive acessórios". O conteúdo normativo do § 2° é muito similar ao do artigo 34 da Lei n° 9.249/95, só que não faz referência explícita em qual momento se deva dar o referido pagamento para se fazer incidir a causa extintiva de punibilidade. O STF veio a dizer (copiado pelos demais): tanto a suspensão da pretensão punitiva como a extinção da punibilidade aplicam-se até aos casos em execução penal (pretensão executória). Realmente parece não haver limites.

Mais recentemente, a Lei 11.941/2009, que, no art. 68, dispôs que "é suspensa a pretensão punitiva do Estado, referente aos crimes previstos nos arts. 1° e 2° da Lei no 8.137, de 27 de dezembro de 1990, e nos arts. 168-A e 337-A do Decreto-Lei no 2.848, de 7 de dezembro de 1940 – Código Penal, limitada a suspensão aos débitos que tiverem sido objeto de concessão de parcelamento, enquanto não forem rescindidos os parcelamentos de que tratam os arts. 1° a 3° desta Lei, observado o disposto no art. 69 desta Lei", bem assim que (art. 69) "extingue-se a punibilidade dos crimes referidos no art. 68 quando a pessoa jurídica relacionada com o agente efetuar o pagamento integral dos débitos oriundos de tributos e contribuições sociais, inclusive acessórios, que tiverem sido objeto de concessão de parcelamento".

---

[55] Em notícia publicada no Jornal Folha de São Paulo no dia 1°/02/2004, restou apurado, apenas a título exemplificativo, que em razão destas regras: a) um contribuinte que praticou delito de sonegação fiscal na ordem de R$ 128.000.000,00 (cento e vinte e oito milhões de reais) estava pagando ao fisco parcelas de R$ 12,00 mensais, situação que geraria a suspensão da pretensão punitiva criminal do Estado por 890.000 (oitocentos e noventa mil) anos; b) um contribuinte que praticou idêntico delito na ordem de R$ 314.000.000,00 (trezentos e quatorze milhões de reais) teria suspensa a pretensão punitiva por prazo de 171.237 (cento e setenta e um mil, duzentos e trinta e sete) anos. Também nos autos da Ação Penal n° 2000.71.00.019274-4, a suspensão da ação penal demandaria 747 anos para o adimplemento integral dos valores. Além desses, Três noticia outro, cuja sonegação alçava a monta de R$ 200.000.000,00 e o pagamento se daria em aproximadamente 432.000 anos TRÊS, Celso Antônio. *Teoria Geral do Delito pelo Colarinho Branco*. Curitiba: Imprensa Oficial do Paraná, 2006, p. 211.

[56] E aí recorda-se pensamento de Dallari, ao ponderar que, ao se apegarem ao formalismo, "os Tribunais de Justiça se reduzem a tribunais de mera legalidade formal, os magistrados passam a aplicadores automáticos de regras que sancionam privilégios, discriminações e violências de várias espécies. Os magistrados que adotam essa atitude renunciaram à sua independência". DALLARI, Dalmo de Abreu. *O Poder dos Juízes*. 2 ed. São Paulo: Saraiva, 2002, p. 85.

Normas desse jaez teriam mesmo a finalidade *arrecadatória* e protegeriam os bens jurídicos (impostos constitucionalmente)?

A resposta também aqui é, *seguramente*, negativa.

Ao se enfrentar o bem jurídico tutelado, anteriormente destacamos que a finalidade é a proteção da arrecadação tributária no *momento esperado*. Sem embargo de outros fundamentos, a seguir delineados, não se pode deixar de visualizar que estas normas (pelo simples fato de permitir a devolução *no futuro* do objeto do crime como causa para extinguir o próprio crime – um paradoxo !) já está desprotegendo totalmente a *ordem constitucional* de maximização dos interesses coletivos. Nem se diga do absurdo (e aplicado pela jurisprudência sem qualquer consideração axiológica) previsto no § 1º do art. 337-A do Código Penal, que permite a extinção da punibilidade pela simples declaração e confissão dos valores sonegados antes do início da fiscalização, sem qualquer necessidade de ressarcimento das quantias aos cofres públicos. Quiçá, o único delito em nível mundial que se extingue pela e só confissão do criminoso. Melhor não adjetivar, nem juridicamente, senão apenas relembrar as percucientes observações de Ferrajoli, para quem "[...] el derecho penal, que en su modelo normativo es un espacio, al menos, de igualdad formal ante la ley, está convirtiéndose en el espacio en que, de hecho, las desigualdades y discriminaciones rsultan enfatizadas. Pues no sólo reproduce las desigualdades presentes en la sociedad, introyectando sus estereotipos clasistas y racistas del delincuente 'social', además de 'natural'; también ha codificado discriminaciones y privilegios jurídicos con políticas legislativas tan severas con la delincuencia callejera *como indulgentes con la del poder*".[57]

Decorrente de representação de nossa lavra, está pendente de julgamento no STF (já faz tempo), a ADI 4.273, em que, sob a ótica jurídico-constitucional, se defende, dentre outros argumentos, sob as premissas muito bem delineadas por Carlos Bernal Pulido,[58] que *há violação do cânone máximo da proporcionalidade sob a perspectiva da Proibição de Proteção Deficiente (em seus três subprincípios)* porque as normas em comento: a) não protegem de maneira ótima o sistema essencial para a *arrecadação tempestiva e esperada* dos recursos e manutenção do Estado frente às suas obrigações de atendimento aos direitos fundamentais dos cidadãos, notadamente da Previdência Social. Desse modo, *fere-se a idoneidade* porque não se favorece a realização de um fim legislativo legítimo (constitucionalmente previsto); b) violam o subprin-

---

[57] Principia Iuris, *La Democracia Constitucional.* Madrid: Editorial Trotta, 2011, p. 363-364.

[58] Diz Bernal Pulido que "el efecto disuasorio o preventivo de la pena es una de las estrategias más efectivas para proteger los derechos fundamentales de ataques provenientes de terceros", enfatizando que "[...] Una abstención legislativa o una norma legal que no proteja un derecho fundamental de manera óptima vulnera las exigencias del principio de proporcionalidad en sentido estricto cuando el grado de favorecimiento del fin legislativo (la no-intervención de la libertad) es inferior al grado en que no se realiza el derecho fundamental de protección. Si se adopta la escala triádica expuesta con ocasión de la interdicción del exceso, se concluirá entonces que, según la prohibición de protección deficiente, está prohibido que la intensidad en que no se garantiza un derecho de protección sea intensa y que la magnitud de la no-intervención en la libertad o en otro derecho de defensa sea leve o media, o que la intensidad de la no-protección sea media y la no-intervención sea leve.[...]" BERNAL PULIDO, Carlos. *El Derecho de los Derechos.* Bogotá: Universidad Externado de Colombia. 2005, p.139-142.

cípio da *necessidade*, porque, racionalmente, dentro do sistema vigente (tal como existente no artigo 16 do Código Penal), não se favorece a realização do direito fundamental de proteção dos bens jurídicos fundamentais que são ínsitos às normas penais incriminadoras nos tipos ora tratados; c) violam a *proporcionalidade em sentido estrito*, pois o grau de favorecimento do fim do legislador (simplesmente afastar a penalização criminal) é absolutamente inferior e desproporcional ao grau em que não se realiza o direito fundamental de proteção dos bens jurídicos tratados pelo tipo penal em voga.

Portanto, segundo a Proibição de Proteção Deficiente, está vedado que a intensidade em que não se garanta um direito de proteção seja intensa (*o que ocorre, pois o sistema fica totalmente desprotegido frente ao seu bem jurídico protegido pelas normas penas de que se trata*) e que a magnitude da não intervenção na liberdade seja leve ou média (*é absolutamente leve, pois afasta qualquer possibilidade de punição por quem já infringiu a norma penal, senão apenas a devolução do bem objeto do crime*).

Se todos esses argumentos jurídicos não forem suficientes para demonstrar a procedência do que defendido, talvez números estatísticos possam ser mais claros e objetivos. De estudo intitulado "O Parcelamento Tributário e seus efeitos sobre o comportamento dos Contribuintes", apresentado por Nelson Leitão Paes no XXXVIII Encontro Nacional de Economia (*em que estudou com base em estatística e dados técnicos as Leis 9.964/2000, 10.684/2003, MP 303, de 2006 e Lei 11.941/2009*), destacam-se algumas conclusões: *a)* "desde 2000 foram concedidos nada menos do que quatro parcelamentos tributários (REFIS, PAES, PAEX, REFIS-CRISE) [...] Segundo dados da Procuradoria Geral da Fazenda Nacional (PGFN), no período de janeiro a novembro de 2008 *foram recuperados apenas 2,16%* do estoque total dos débitos inscritos em dívida ativa" (observação nossa: aí estão incluídas as dívidas propriamente ditas e as dívidas decorrentes de práticas criminosas, o que revela que o incremento decorrente da arrecadação de valores decorrentes dos crimes é menor ainda que o percentual retromencionado) – fl. 2; *b)* "de forma recorrente, logo após a criação do parcelamento, a adesão dos contribuintes é muito grande, o que permite um relativo aumento na arrecadação. Entretanto, tal aumento não se sustenta, e de maneira geral, após pouco tempo, o número de inscritos e *a arrecadação cai substancialmente*" – fl. 03; *c)* "percebe-se uma queda acentuada tanto no número de inscritos quanto na arrecadação média mensal do REFIS ... aqui se apresenta um primeiro indicativo de que a regularidade na concessão dos parcelamentos tem *comprometido a disposição dos contribuintes em pagar seus tributos pontualmente*"- fl. 03; *d)* "quando consideramos os efeitos do parcelamento, os números encontrados se aproximam ainda mais das estimativas de informalidade do Brasil na última década (em torno de 40% do PIB). De fato, a oferta de parcelamento fez *despencar o percentual ótimo de pagamento de tributos para algo em torno de 62% [...]* – fl. 08; *e)* " [...] percebe-se o enfraquecimento na disposição de pagar tributos das firmas, mesmo aquelas não envolvidas nos parcelamentos, reduzindo o percentual ótimo para apenas 62%" – fl. 09; *f)* "O que este exercício simples demonstra é que a *mera expectativa da criação de parcelamentos tributários já tende a enfraquecer a arrecadação atual* e que quanto mais favoráveis forem as condições oferecidas menor tende a ser as receitas presentes [...] a boa cultura tributária, demarcada pelo *correto recolhimento espontâneo dos contribuintes, se enfraquece e pode ser afetada de forma permanente, reduzindo a arrecadação"* – fl. 13; *g)* "O que este trabalho procura apresentar é que [...] *existem perdas* não só do ponto de vista da arrecadação, mas como também da fragilização das instituições, *em particular a maior evasão fiscal"* – fl. 14.

Portanto, prova-se aqui (tanto sob a ótica de argumentos jurídicos como em face de dados técnicos) que regras como as aqui enfrentadas implicam malferimento à arrecadação tributária, notadamente a espontânea e *no momento esperado. A arrecadação tributária não aumenta: diminui!*

Tem razão uma vez mais Ferrajoli ao dizer que "se está produciendo, en medida todavía más masiva que en el pasado, una duplicación del derecho penal: derecho mínimo y dúctil para los ricos y los poderosos; derecho máximo e inflexible para los pobres y los marginados".[59]

6. Conclusões

Encerrando esta breve concentração de argumentos, parece restar indubitável a *imposição* constitucional de que haja proteção criminal (e de forma severa) para as condutas que atinjam frontalmente os interesses de funcionalidade da Seguridade Social.

Como pondera uma vez mais Ferrajoli, este tipo de criminalidade "es la que, más que ninguna otra, resulta generada por la impunidad y frente a la cual la función disuasoria y deslegitimadora del derecho penal alcanza su grado máximo. Esto vale sin duda para todos los delitos del poder, desde los crímenes contra la humanidad a la delincuencia económica".[60] De uma vez por todas é preciso afastar a ideia (mal) propalada de que Ferrajoli seria contra a utilização do Direito Penal em delitos desse jaez. Em inúmeras passagens de suas obras (para quem as analisa na íntegra), sempre foi enfático e incisivo que o Estado deve se preocupar com esta nova criminalidade, "de la cual provienen las ofensas más graves a los derechos fundamentales: la criminalidad del poder [...]".[61] De igual forma, costuma-se ignorar o alerta feito por Ferrajoli no sentido de que o Estado deve preocupar-se notadamente com as infrações cometidas pelos *caballeros* – corrupção, balanços falsos, valores sem origem e ocultos, fraudes fiscais ou lavagem de dinheiro –, ao contrário do que normalmente se faz em relação à propaganda da necessária punição exclusiva dos crimes que "ocorrem nas ruas".[62] E também são conclusões suas (aplicáveis na íntegra aqui) no sentido de que "[...] la eficacia disuasoria del derecho penal, mientras que es máxima frente a la criminalidade en absoluto necesitada de los sujetos de cuello blanco, que prospera

---

[59] Principia Iuris, *La Democracia Constitucional*. Madrid: Editorial Trotta, 2011, p. 364.

[60] Idem, p. 355.

[61] FERRAJOLI, *Democracia y garantismo*, Edición de Miguel Carbonell. Madrid: Editorial Trotta, 2008, p. 200.

[62] Idem, p. 254.

exactamente en la medida de su impunidad, es prácticamente nula en relación con la criminalidad de subsistencia".[63]

Utilizando e adaptando célebre expressão de Dworkin, é preciso de uma vez por todas levar a sério o Direito Penal em se tratando de delitos tributários contra a Seguridade Social, como forma (proporcional) de proteger eficazmente os direitos fundamentais coletivos (maximizando-se na mesma senda os deveres correlatos), não mais se admitindo benesses e interpretações que permitam essa grave forma de criminalidade seja excluída de responsabilização. Por isso, é hora de sepultar definitivamente a "tese" de que a extinção da punibilidade pela devolução dos valores subtraídos decorreria de uma política criminal ou que incrementaria uma (suposta) política criminal. Não há política criminal *válida* que, como no caso, se contraponha diretamente a preceitos dirigentes e ordenadores da Constituição Federal. Ela é inconstitucional. Por fim, está demonstrado, jurídica e faticamente, que não há qualquer incremento arrecadatório. O argumento é mítico, retórico e falacioso. O que há é um aumento da impunidade, por ora com chancela do Poder Judiciário, e um decréscimo da arrecadação tributária esperada, incentivando-se, de outro lado, práticas similares, caracterizando-se o que se denomina de efeito espiral.[64]

---

[63] Principia Iuris, *La Democracia Constitucional.* Madrid: Editorial Trotta, 2011, p. 364-365.

[64] Seoane Spiegelberg explicita que os efeitos de *resaca o espiral* significam que, num mercado de forte concorrência, o primeiro delinquente pressiona os demais a cometerem novos fatos delitivos, gerando uma verdadeira reação em cadeia. SEOANE SPIEGELBERG, José Luis. *El delito de defraudación tributaria.* In: Temas de Derecho Penal Tributario. GARCÍA NOVOA, César; LÓPES DÍAS, Antônio (orgs). Madrid: Marcial Pons, 2000, p. 81. Angel Brandariz, na mesma linha, refere que "el fraude contribuye a la deformación del equilibrio del mercado y a la eliminación de la competencia. Provocar, al tiempo, un efecto de *resaca y espiral,* toda vez que en una economía de fuerte competencia quien primero defraude impulsa a sus competidores en el mercado a delinquir a su vez, ya que contará con unos costes de producción más reducidos, que aquellos no prodrán probablemente alcanzar si nos es mediante las consiguientes infracciones. De este modo, cada defraudador se podría convertir en el eje de una nueva resaca. ANGEL BRANDARIZ, José. *El delito de defraudación a la Seguridad Social.* Valencia: Tirant lo Blanch, 2000, p. 54. Igualmente MASSUD, Leonardo. *O Crime do Colarinho Branco, numa perspectiva criminológica.* Revista dos Tribunais, ano 94, v. 833, mar.2005, p. 446. Também Righi, especificando que "se definió como efecto resaca o espiral al que se produce normalmente en mercados competitivos, cuando la ausencia de eficacia preventiva del Estado genera deslealtad, de modo que el delincuente presiona sobre los demás par que sigan su ejemplo, y así sucesivamente, llegándose a consecuencias de *contagio* generealizado." RIGHI, Esteban. *Los Delitos Económicos.* Buenos Aires: Ad Hoc, 2000, p. 84.

Impressão:
Evangraf
Rua Waldomiro Schapke, 77 - POA/RS
Fone: (51) 3336.2466 - (51) 3336.0422
E-mail: evangraf.adm@terra.com.br